Verfeinerte Lebensweise und geste[i
im augusteischen [

Studien zur klassischen Philologie

Herausgegeben von Prof. Dr. Michael von Albrecht

Band 157

Peter Lang
Frankfurt am Main · Berlin · Bern · Bruxelles · New York · Oxford · Wien

Andrea Scheithauer

Verfeinerte Lebensweise und gesteigertes Lebensgefühl im augusteischen Rom

Urbanitas mit den Augen Ovids gesehen

Peter Lang
Internationaler Verlag der Wissenschaften

Bibliografische Information der Deutschen Nationalbibliothek
Die Deutsche Nationalbibliothek verzeichnet diese Publikation in
der Deutschen Nationalbibliografie; detaillierte bibliografische
Daten sind im Internet über <http://www.d-nb.de> abrufbar.

Gedruckt auf alterungsbeständigem,
säurefreiem Papier.

ISSN 0172-1798
ISBN 978-3-631-55289-6
© Peter Lang GmbH
Internationaler Verlag der Wissenschaften
Frankfurt am Main 2007
Alle Rechte vorbehalten.

Das Werk einschließlich aller seiner Teile ist urheberrechtlich
geschützt. Jede Verwertung außerhalb der engen Grenzen des
Urheberrechtsgesetzes ist ohne Zustimmung des Verlages
unzulässig und strafbar. Das gilt insbesondere für
Vervielfältigungen, Übersetzungen, Mikroverfilmungen und die
Einspeicherung und Verarbeitung in elektronischen Systemen.

Printed in Germany 1 2 3 4 5   7

www.peterlang.de

Meinem Vater

Vorwort

Mein Interesse am Thema dieser Monographie wurde geweckt, als ich mich bei der Abfassung meiner Habilitationsschrift eingehend mit der augusteischen Zeit beschäftigte. Dabei fielen mir besonders Ovids Äußerungen auf, in denen er eine Veredelung der Lebensweise und eine damit einhergehende beträchtliche Steigerung der Lebensqualität in jenen Jahren feststellt.

Da diese kulturgeschichtliche Erscheinung in der Forschung noch nicht gebührend gewürdigt wurde, soll ihre Umsetzung in der vorliegenden Untersuchung umfassend dargestellt und die Bedeutsamkeit, die ihr im psychologischen und sozialgeschichtlichen Zusammenhang zukommt, am Beispiel dieses Dichters herausgestellt werden. Die auf Interdisziplinarität ausgerichtete Arbeit will einen Beitrag zur Verbindung von Klassischer Philologie, Alter Geschichte und Klassischer Archäologie leisten; denn nur auf diese Weise kann das Thema in seiner ganzen Breite erfaßt werden. Wie man weiß, obliegt die Erforschung der Bereiche, in denen Ovid eine Verfeinerung der Lebensweise sieht, diesen drei Disziplinen der Altertumswissenschaften. Bekanntlich werden die Baumaßnahmen des Augustus, die Frisuren, Gewänder und Kosmetik der Menschen jener Zeit primär von Althistorikern und Archäologen untersucht; die Bildung, die veredelten Umgangsformen, die der Dichter am Liebes- und Flirtverhalten der Römer darlegt, und die Sublimierung in der Literatur, die mit der Kultivierung in der Lebensweise gepaart ist, sind Gegenstand philologischer und kulturgeschichtlicher Studien. Damit man Ovids Umgang oder Spiel mit diesen Gegebenheiten sowie den Kausalzusammenhang zwischen der Kultivierung der Lebensweise und der Sublimierung in der Literatur zeigen kann, müssen die Zustände zu seinen Lebzeiten betrachtet werden. Außerdem können nur auf interdisziplinärem Weg gemeinsame ästhetische Kriterien von Kunst und Literatur bestimmt werden; so wird das Sujet dieser Studie in den geistesgeschichtlichen Kontext der augusteischen Zeit gestellt. Weil Unterschiede zwischen Stadt und Land noch im Denken von Menschen der Gegenwart wahrzunehmen sind, hat das Thema schließlich eine aktuelle Komponente und kann auch für die Behandlung rezeptionsästhetischer Fragestellungen wichtig sein.

Eine solche Monographie entsteht nicht ohne die Hilfe anderer. Herrn Prof. Dr. Dr. h.c. M. von Albrecht, der diese Untersuchung mit wertvollem Rat und persönlicher Anteilnahme unterstützte und sie in die Reihe „Studien zur klassischen Philologie" aufnahm, bin ich vor allem zu Dank verpflichtet. Ebenso herzlich danken möchte ich Herrn Prof. Dr. W. Schubert (Heidelberg), der das Manuskript las und mir manche wichtige Hinweise gab, Frau Prof. Dr. B. Borg (Exeter) und Frau Prof. Dr. G. Wesch-Klein (Heidelberg), die einzelne Kapitel der Studie lasen und mir förderliche Kritik zuteil werden ließen, sowie Herrn

Prof. Dr. K. Boshnakov (Sofia / Heidelberg) und Herrn Prof. Dr. H. von Hesberg (Köln) für Anregungen und Kommentare. Herr F.M. Scherer, M.A. (Heidelberg) hat meine Arbeit erleichtert, indem er mir mit großer Aufmerksamkeit bei der Beschaffung von Literatur behilflich war. Für ihre Hilfe bei der Bewältigung technischer Probleme schulde ich Herrn D. Kotelmann, Frau Ch. Martinet und Herrn W. Plank Dank. Besonders verbunden bin ich dem Verlag Peter Lang GmbH dafür, daß er sich entschlossen hat, dieses Buch auf eigene Kosten zu publizieren. Herr Dr. K. Wallat hat in seiner bewährten Art die Betreuung von Verlagsseite übernommen; auch ihm gebührt herzlicher Dank.

Diese Studie ist meinem Vater gewidmet, der ihre Entstehung mit großer Anteilnahme verfolgte, aber ihre Vollendung nicht mehr erleben durfte.

Heidelberg, im Juni 2006   Andrea Scheithauer

Inhaltsverzeichnis

1. Einleitung — 11

2. Das architektonische Ambiente des hauptstädtischen Lebensstandards — 33

3. Die Wichtigkeit von Bildung für einen urbanen Lebensstil — 43

4. Die urbane Sprechweise — 59
    - 4.1 Merkmale der verfeinerten Sprache von Stadtrömern — 59
    - 4.2 Ausdrucksformen der Beredsamkeit — 68
    - 4.3 Gesten zur Verstärkung der Ausdrucksformen der Beredsamkeit — 79

5. Verfeinertes Benehmen im sozialen Verkehr der Geschlechter — 85
    - 5.1 *Amabilitas* — 87
    - 5.1.1 *Indulgentia* — 88
    - 5.1.2 Großzügigkeit — 97
    - 5.1.3 Einfallsreichtum — 104
    - 5.1.4 Opferbereitschaft — 106
    - 5.2 Die Kunst des Maßes — 110
    - 5.3 Emotionen — 112
    - 5.4 Angemessenes Verhalten beim Gastmahl — 118
    - 5.5 Nicht durch das Thema Liebesbeziehungen bedingte urbane Umgangsformen — 124

6. Der Habitus kultivierter Stadtrömer — 131
    - 6.1 Männer — 131
    - 6.2 Frauen — 135
    - 6.2.1 Haarpflege — 139
    - 6.2.2 Kleidung — 148
    - 6.2.3 Körper- und Schönheitspflege — 152
    - 6.2.3.1 Körperpflege — 153
    - 6.2.3.2 Diskretion bei der Schönheitspflege — 157
    - 6.2.3.3 Das Verhalten beim Frisieren — 159
    - 6.2.4 Der Ausgleich körperlicher Mängel — 161
    - 6.2.5 Ovids Schönheitslehre — 163

7. Die Kehrseite der *urbanitas*		167
7.1	Materialistische Gesinnung	167
7.2	Wandel der herkömmlichen Werte	173
7.3	Überfeinerung	191
7.4	Gepränge im äußeren Erscheinungsbild wohlhabender Stadtrömer	194

8. *Urbanitas – rusticitas / barbaria*   203

9. *Urbanitas* in der augusteischen Dichtung   233

10. Gemeinsamkeiten zwischen Literatur und Kunst der augusteischen Zeit   263

11. Schluß   287

Literaturverzeichnis   295

Register   313

1. Einleitung

Urbanitas, die Manifestation der Kultur eines städtischen Zentrums, der Ovid in seinen Dichtungen viel Aufmerksamkeit schenkt, zählt zu den Themen, mit denen sich Griechen und Römer von der archaischen Zeit bis in die Spätantike in Werken unterschiedlicher literarischer Gattungen immer wieder beschäftigten. Da ihre Gestaltung von der jeweiligen Stadt bestimmt wird, ist sie kein abstraktes Konzept, sondern ihre Erscheinungsformen weisen lokale Unterschiede auf.[1] Trotz dieser regionalen Verschiedenheiten sind einige Gemeinsamkeiten festzustellen, die den Städter ausmachen und ihn von der Landbevölkerung abgrenzen. So sind sich die griechischen und römischen Autoren darüber einig, daß er an seiner Sprache, seinen Verhaltensweisen und seinem Äußeren zu erkennen ist.

Nach den Darlegungen von K. Lammermann durchziehen das Lob der feinen Lebensart des Städters und die Herabsetzung des Landbewohners, Sujets, in denen der Gegensatz zwischen diesen Lebensformen seinen Ausdruck findet, von der Dichtung der archaischen Zeit an das gesamte griechische Schrifttum.[2] Für die theoretische Auseinandersetzung der Griechen mit der kultivierten städtischen Lebensweise ist die berühmte Leichenrede auf die im ersten Jahr des Peloponnesischen Krieges Gefallenen (431/430 v.Chr.) relevant, in der Perikles das Bild des Städters aus dem klassischen Athen des 5. Jahrhunderts v.Chr.[3] entwickelte. In diesem Epitaph stellt sich dieses Phänomen als Produkt aus richtiger Erziehung, Muße und Schönheit dar. Das Auftreten eines Atheners, das diesen Anforderungen gerecht wird, ist durch Großzügigkeit, die sich vornehmlich bei der Verleihung von Ehren zeigt, gekennzeichnet.[4] Da er sich dem Prinzip des Maßhaltens verpflichtet fühlt, meidet er sowohl Extravaganzen als auch Weichlichkeit und entwickelt ein sicheres Gespür für das Angemessene.[5] Solch eine Lebensweise kann sich nur entfalten, wenn ausreichend Gelegenheit zu Muße in einem ästhetischen Ambiente besteht.[6]

Platon stellt in seinen Dialogen Sokrates als einen Repräsentanten dieser sozialen Gruppe vor Augen. Sein feines städtisches Wesen äußert sich im Denken und Sprechen. Sein Benehmen läßt Zurückhaltung, Taktgefühl und Rück-

---

[1] E.S. Ramage, Urbanitas 3f. Die lokalen Unterschiede in den Erscheinungsformen der *urbanitas* kommen auch in Bezeichnungen wie *Patavinitas* und *Romanitas* zum Vorschein.
[2] K. Lammermann, Urbanität 7ff.
[3] Thuk. 2,35-46; dazu siehe E.S. Ramage, Urbanitas 8ff.
[4] Thuk. 2,40,4; vgl. E.S. Ramage, Urbanitas 9.
[5] Thuk. 2,40,1; vgl. E.S. Ramage, Urbanitas 9.
[6] Thuk. 2,38. 40,1; vgl. E.S. Ramage, Urbanitas 9.

sichtnahme erkennen.[7] Er drängt den Zuhörern seine Gedanken nicht auf, sondern bringt sie höflich vor und schwächt Widerspruch ab. Mit diesem Verhalten geht Nachgiebigkeit einher; denn er zeigt sich in Dialogen stets für Korrekturen offen. Weil Platon den Eindruck erwecken will, als werde jede Konversation von beiden Partnern bestritten, um dadurch die Bescheidenheit des Sokrates zu unterstreichen, läßt er ihn bevorzugt das Personalpronomen der ersten Person Plural verwenden. Ferner manifestiert sich seine ἀστειότης im Witz seiner Sprache, der wesentlich durch seine Ironie bestimmt ist. Daß auch die Redeweise nach Ansicht der Zeitgenossen einen Stadtbewohner verriet, geht aus dem Fragment des Aristophanes hervor, in dem er drei Ebenen der städtischen Sprechweise unterscheidet: den „mittleren" Dialekt der Polis (διάλεκτον ἔχοντα μέσην πόλεως), den „allzu weibischen der City" (ἀστείαν ὑποθηλυτέραν) und den „unfeinen, ganz bäurischen" (ἀνελεύθερον ὑπαγροικοτέραν).[8]

Während Thukydides und Platon den kultivierten Athener in einem urbanen Ambiente zeigen, führt Menander ihn seinem Publikum in der Komödie Dyskolos in einem ländlichen Umfeld vor Augen.[9] Sostratos, ein in den Annehmlichkeiten des Stadtlebens aufgewachsener junger Athener, der das Ideal eines ἀστεῖος in hohem Maße verkörpert, hat Probleme, sich in seinem abgelegenen neuen Wohnort Phyle, in den er samt Eltern und Sklaven gezogen ist, zurechtzufinden; denn er paßt sein Verhalten nicht der Umgebung an, sondern verkehrt mit der Landbevölkerung in der gleichen Art, wie er es in der Stadt gewohnt war. Von diesem Gegensatz zwischen ἀστεῖος und ἄγροικος ist sein erstes Zusammentreffen mit dem jungen Bauern Gorgias geprägt.[10] So bittet Sostratos beispielsweise um die Erlaubnis zu sprechen und legt seinen Standpunkt präzise, aber zurückhaltend dar.[11] Auf diese Weise vermittelt Menander seinem Publikum die Einsicht, daß aus einer bestimmten Lebensform resultierende Verhaltensweisen an ihr Milieu gebunden und nicht beliebig auf ein anderes Umfeld übertragbar sind. Doch kann ein Mensch bis zu einem gewissen Grad auch durch seine Umgebung geformt werden. Obwohl Getas, der Sklave des Kallipides, keine veredelten Umgangsformen besitzt, ist er doch schlau, so daß er als einziger aus der athenischen Familie mit Knemon umgehen kann. Andererseits gibt es in dieser Komödie keinen einheitlichen Typ eines ἀστεῖος,

---

[7] Dazu ausführlich K. Lammermann, Urbanität 26-82; vgl. E.S. Ramage, Urbanitas 10f.
[8] Fr. 706 Austin – Kassel = 685 Kock; dazu E. Frank, Urbanitas 13; R. Müller, Sprachbewußtsein 278 mit weiterer Literatur.
[9] E.S. Ramage, Urbanitas 11f.
[10] Men. Dysk. 269-319. Zur Bedeutung von ἀστεῖος und ἄγροικος siehe E. Frank, Urbanitas 10ff.; D.M. Schenkeveld, Asteismus 1129f. mit weiterer Literatur; vgl. E.S. Ramage, Urbanitas 8ff.
[11] Men. Dysk. 299f.

sondern einzelne Personen repräsentieren verschiedene Aspekte des Stadtlebens. An Kallipides, der sich die verfeinerte Lebensart allzu sehr zu eigen gemacht hat, so daß er eine ihrer weit verbreiteten Kehrseiten, nämlich die Überfeinerung, versinnbildlicht, demonstriert Menander eindrucksvoll, zu welcher Seichtheit übermäßiger Reichtum und Muße führen können.

Der griechische Roman schließlich gibt eine Vorstellung von der kultivierten städtischen Lebensart in hellenistischer Zeit. Weil die Personen Typen und keine Individuen sind, ist die Aussagekraft dieser Quellen freilich eingeschränkt. Die Träger dieser Lebensweise sind reiche Grundbesitzer, die eine Villa auf dem Land besitzen, aber die meiste Zeit des Jahres in der Stadt verbringen.[12] Sie gehören einer kultivierten griechischen Minderheit an, die in einer weniger zivilisierten Umgebung lebt. Ein schönes Beispiel ist Dionysios in Charitons Chaireas und Kallirhoe. Nachdem er eine gute Erziehung genossen hatte, bekleidete er in Milet eine einflußreiche Stellung, aufgrund deren er zum Freund des Großkönigs wurde.[13] In diesen Romanen zählt das Liebespaar zu den zivilisierten Städtern. Während der ἀστεῖος in hellenistischer Zeit im wesentlichen die gleichen Eigenschaften wie seine Vorgänger hat, erscheint die kultivierte Dame erst in jenen Jahren in der griechischen Literatur. Sie stammt aus vornehmer Familie wie ihr Freund und zeichnet sich durch Schönheit aus, ein Merkmal, das für Stadtbewohner typisch ist.[14] Ferner kennzeichnet den Gentleman aus dem griechischen Roman noch die Verbindung von verfeinerter städtischer Lebensform und φιλανθρωπία, die neben weiteren Gemeinsamkeiten bereits beim ἀστεῖος der Neuen Komödie zu finden ist.[15] So bezeichnet Kallirhoe Dionysios als Griechen, als Bürger einer Stadt, deren Bewohner φιλανθρωπία und Bildung besitzen.[16] Dionysophanes und sein Sohn Astylos aus dem Roman Daphnis und Chloe dürfen ebenfalls als Vertreter der Synthese der bereits genannten Eigenschaften gelten.

Obwohl sich Thukydides, Platon, Menander und die Verfasser von Romanen aus ganz unterschiedlichen Gründen mit der verfeinerten städtischen Lebensart befassen, haben sie dennoch sehr ähnliche Vorstellungen vom kultivierten Städter; denn sein Bild wird im Lauf der Zeit zusehends typisiert und kodifiziert. Der ἀστεῖος ist nach ihren Ausführungen bereits an seiner Sprache, die sich durch Witz und einen kultivierten Akzent auszeichnet, zu erkennen. Darüber hinaus charakterisieren ihn Bildung, Wendigkeit in der Konversation,

---

[12] Chariton 1,13.
[13] Chariton 1,12,6.
[14] Longos 1,7,1.
[15] Diese Übereinstimmungen deuten darauf hin, daß der Typ des kultivierten Städters in beiden Literaturgattungen in der gleichen Tradition steht. Dazu siehe E.S. Ramage, Urbanitas 17.
[16] Chariton 2,5,11. Ähnlich: 2,5,4 (Dionysios besitzt φιλανθρωπία und εὐσέβεια).

Schlauheit und Raffinesse. Ferner hat er einen ausgeprägten Sinn für das, was schicklich ist. Von diesem Gefühl für das πρέπον und Aufgeschlossenheit für Modernes sind seine Umgangsformen geprägt. Seine fortschrittlichen Ansichten kommen auch in modischer Kleidung zum Ausdruck. Da er aufgrund dieser Vorzüge ein elitäres Bewußtsein entwickelt hat, verhält er sich allen Mitmenschen gegenüber, die diesem Standard nicht genügen, arrogant und grenzt sich scharf von ihnen ab.[17]

Bei den Römern sind erste Spuren einer Auseinandersetzung mit dem Problem der Urbanität von dem Zeitpunkt an festzustellen, als sie Formen des Dramas von anderen Völkern übernahmen. In diesem Zusammenhang sind vor allem die Berührung mit dem Mimus aus Magna Graecia, der oskischen Atellane und den Fesezenninen aus Etrurien und das Engagieren etruskischer Schauspieler 364 v.Chr. von Bedeutung; denn darin treten Bemühungen, ein breiteres Bedürfnis nach Kultur zu befriedigen, zutage. Zudem deuten Wörter aus den Werken des Naevius und Plautus trotz der in der Komödie üblichen Übertreibungen darauf hin, daß die Römer im 3. Jahrhundert v.Chr. ein gewisses Gefühl für Verfeinerung entwickelt haben. So ist das Adverb *facete* in Verbindung mit *defricate* in einem Fragment des Naevius belegt,[18] während *scurra* zum ersten Mal bei Plautus bezeugt ist.[19] Alle diese Faktoren weisen darauf hin, daß sich die Römer bereits in der vorliterarischen Periode des Phänomens der Kultivierung und des Witzes bewußt waren. Außerdem kommt bei ihnen infolge der zunehmenden Expansion das Gefühl auf, den Nachbarn kulturell überlegen zu sein.[20] Daneben wuchs die Rivalität zwischen Stadt und Land.[21]

Obwohl die Römer im 3. Jahrhundert v.Chr. die kultivierte städtische Lebensweise der Griechen durch die Neue Komödie kennengelernt haben, geht Plautus nur vereinzelt auf dieses Problem ein. Eines der schönsten Beispiele ist die Selbstcharakteristik des Periplectomenus im Miles gloriosus.[22] Nach seinen eigenen Worten besitzt er Witz[23] und ist ein angenehmer, taktvoller Gast,[24] der

---

[17] E.S. Ramage, Urbanitas 3f.
[18] Naev. com. 80.
[19] Zu *scurra* siehe Plaut. Curc. 296; Plaut. Epid. 15; Plaut. Most. 15; Plaut. Poen. 612. 1281; Plaut. Trin. 202; Plaut. Truc. 491.
[20] Z.B. Liv. 1,17,2 (Römer behandeln Sabiner in der Frühzeit als Fremde); 1,35,2-4. 41,3 (fremde Herkunft des Tarquinius Priscus und der Tanaquil); 7,10,5 (gallischer Gegner des T. Manlius).
[21] Diese Rivalität wurde dadurch verstärkt, daß Stadt- und Landbewohner unterschiedliche Aufgaben im Heer erfüllten und zu verschiedenen Zeiten zum Kriegsdienst eingezogen wurden (Liv. 7,25,8). Siehe auch Anm. 33.
[22] Plaut. Mil. 635-668. Zur Verwendung von *urbanus* bei Plautus und Terenz siehe E. de Saint-Denis, Essais 147ff.
[23] Plaut. Mil. 642: *cavillator facetus*.

sich bei Tischgesprächen zu benehmen weiß.[25] Diese Manieren sind nicht zuletzt durch seine Herkunft aus einer Stadt wie Ephesus bedingt.[26] Sein Wohlwollen seinen Mitmenschen gegenüber äußert sich darin, daß er beim Gastmahl niemals einem anderen die Freundin abspenstig macht und sich beim Essen und Trinken zu beherrschen weiß.[27] Schließlich rühmt er seine Anpassungsfähigkeit, die ihn befähigt, einem Freund jede Art von Hilfe zu leisten. So erweist er sich als kundiger Rechtsbeistand, fideler Zechkumpan, erfolgreicher Parasit und talentierter Tänzer.[28] In dieser Charakteristik parodiert Plautus die verfeinerte griechische Lebensart, mit der die Römer im Zuge ihrer Expansion nach Süditalien und Sizilien in Berührung kamen. Ihre Beschäftigung mit dieser städtischen Lebensart der Griechen zeigt auch die Übernahme des Wortes *barbarus* durch diesen Dichter und seine Zeitgenossen.[29]

Wie aus den Komödien des Plautus hervorgeht, wurde der Gegensatz zwischen der städtischen und ländlichen Lebensform im 3. Jahrhundert v.Chr. thematisiert.[30] In diesen Werken sind Symposien, verschwenderischer Umgang mit Geld, Durchfüttern von Parasiten und käufliche Damen als typische Merkmale der *vita urbana* hingestellt.[31] Auch das recht häufige Vorkommen der Adjektive *urbanus*, *rusticus* und *agrestis* deutet darauf hin, daß sich die Römer für dieses Thema interessierten und sich ihrer zunehmenden Kultivierung bewußt waren.[32] Freilich hat *urbanus* in jenen Jahren noch nicht die Bedeutung „verfeinert" angenommen, doch ist diese Entwicklung bereits angelegt.[33] So kommen in den Komödien des Plautus Spaßmacher vor, die in der lateinischen Literatur als un-

---

[24] Plaut. Mil. 642: *conviva commodus*.
[25] Plaut. Mil. 643-646.
[26] Plaut. Mil. 648.
[27] Plaut. Mil. 651-654.
[28] Plaut. Mil. 661-668; vgl. auch Iuv. 3,58-125.
[29] Plaut. Asin. 11; Plaut. Trin. 19; vgl. Plaut. Bach. 121. 123. In einem Fragment des Naevius ist die Einteilung der Welt in Griechen und Barbaren überliefert (zitiert bei Cic. orat. 152). Caecilius verbindet mit diesem Wort pejorative Konnotationen wie Dummheit, Zügellosigkeit und Unwissenheit (zitiert bei Non. p. 395 Lindsay). Dazu siehe E.S. Ramage, Urbanitas 26.
[30] Plaut. Most. 1-83; Plaut. Vid. 20-55; Plaut. Merc. 712-719.
[31] E.S. Ramage, Urbanitas 27.
[32] *Urbanus*: Plaut. Cas. 101; Plaut. Merc. 714. 717f.; Plaut. Most. 15; Plaut. Rud. 1024; Plaut. Trin. 202; Plaut. Vid. 32. 35; *rusticus*: Plaut. Most. 40; Plaut. Persa 169; *agrestis*: Plaut. Truc. 253. In dieser Zeit sind die Abstrakta *urbanitas* und *rusticitas* noch nicht bezeugt.
[33] Plaut. Most. 15; Plaut. Trin. 202; Plaut. Truc. 658; dazu E.S. Ramage, Urbanitas 30. Mit dieser Entwicklung geht die erstmals bei Plautus erkennbare Geringschätzung des Städters für das Landvolk einher. Siehe R. Müller, Sprachbewußtsein 53.

erwünschte Begleiterscheinung der Veredelung gelten.[34] Die Existenz dieser Leute weist darauf hin, daß bereits im 3. Jahrhundert v.Chr. Auswüchse der *urbanitas* zu beklagen waren, weil die Verfeinerung übertrieben wurde.

Unter der bereits erwähnten Überzeugung der Römer, daß ein qualitativer Unterschied zwischen dem Stadt- und Landleben bestehe, hatten die Italiker zu leiden. In jener Zeit wurden vornehmlich die Einwohner von Praeneste wegen ihres altertümlichen Lateins, das als Ausbund von *rusticitas* galt, kritisiert. Nach einer Bemerkung des Sklaven Stasimus aus dem Trinummus des Plautus verwendeten sie beispielsweise statt der gebräuchlichen Form *modo* die altmodische *tammodo*.[35] Ferner kennzeichnen Verballhornungen ihren Wortschatz.[36] Diese Attacken lassen erkennen, daß die Vermeidung von Archaismen[37] und die Verwendung von korrektem Vokabular zwei wesentliche Merkmale des *sermo urbanus* waren.

Über die Vorstellungen, die gebildete Römer im 3. und 2. Jahrhundert v.Chr. von *urbanitas* hatten, gibt ein Fragment aus den Annalen des Ennius Aufschluß. Der Dichter stellt den vornehmen Servilius Geminus, der in Freundschaft mit einem Mann niedrigerer Herkunft verbunden ist, als attraktive, zufriedene und gelehrte Persönlichkeit hin, die sich durch verfeinerte Umgangsformen auszeichnet. Sein kultiviertes Wesen kommt vor allem in der Konversation, die er durch Beiträge zu verschiedenen Themen und durch seinen Witz bereichert, zum Vorschein.[38] Freilich drängt er sich bei Unterhaltungen nicht in den Vordergrund, sondern weiß, wann er zu reden und zu schweigen hat. Nach dieser Charakteristik machen Bildung, Anstand und Zurückhaltung einen *homo urbanus* aus. Die Betonung der veredelten Sprechweise ist eine Antizipation von Ciceros Ausführungen zu diesem Sujet.

Da das Interesse der Römer an griechischer Kultur vom 2. Jahrhundert v.Chr. an wuchs, nahmen sie auch die Ansichten dieses Volkes über die veredelte Lebensweise fortan stärker wahr.[39] Die wichtigsten Quellen, durch die ihnen dieses Gedankengut vermittelt wurde, waren die Vertreter der Alten und Neuen Komödie, Xenophon, Sokrates und Panaitios. So ließ sich Terenz durch die Neue Komödie, besonders durch Menander inspirieren, während Lucilius

---

[34] Plaut. Most. 15; Plaut. Trin. 202; Plaut. Curc. 462-484.
[35] Plaut. Trin. 609; vgl. Fest. p. 492,26 Lindsay: *tammodo antiqui ponebant pro modo*.
[36] Plaut. Truc. 688-691: Verwendung von *rabo* statt *arrabo*, von *conea* statt *ciconia*; dazu R. Müller, Sprachbewußtsein 57 mit weiterer Literatur.
[37] Zu Archaismen siehe Cic. de orat. 3,153; dazu R. Müller, Sprachbewußtsein 173.
[38] Enn. ann. 234-251 V. (zitiert bei Gell. 12,4,4). Zu dieser Stelle siehe U. Knoche, Über die Aneignung griechischer Poesie im älteren Rom, Gymnasium 65, 1958, 338; O. Skutsch, Enniana V, CQ 57 (N.S. 13), 1963, 94ff.
[39] E.S. Ramage, Urbanitas 35.

sich in seinen Satiren die Alte Komödie zum Vorbild nahm.[40] Xenophons Kyrupädie schlug Scipio derart in ihren Bann, daß er dieses Buch kaum „aus der Hand legte."[41] In gleicher Weise faszinierte der Platonische Sokrates ihn und seine Zeitgenossen.[42] Wie die Ausführungen zum *decorum* im ersten Buch von Ciceros De officiis zeigen, übte der stoische Philosoph Panaitios einen noch stärkeren Einfluß auf die Römer aus.[43] Nach seiner Definition steht das Schickliche mit der Natur in Einklang und äußert sich in Zurückhaltung, Selbstbeherrschung und einem Äußeren, das eines freien Mannes würdig ist.[44] Diese Voraussetzungen garantieren, daß ein kultivierter Mann das rechte Maß kennt und die Kehrseiten veredelten Verhaltens, nämlich Überfeinerung und *rusticitas*, vermeidet. Freilich schlägt sich die *urbanitas* am besten in einer Sprechweise, die von Witz und feinem Humor bestimmt ist, nieder.[45] Obwohl sich die Meinung des Panaitios über korrekte Konversation am Vorbild des Sokrates orientiert, ist sie in erster Linie von der stoischen Auffassung über das Leben geprägt.[46]

Neben dem griechischen Einfluß spielte auch das Gefühl, daß die eigene Kultur zu bewahren sei, für die Vorstellungen der Römer von *urbanitas* eine wichtige Rolle.[47] Daraus ergab sich für sie das Problem, daß sie das von den Griechen übernommene Gedankengut adaptieren und mit ihren Überzeugungen kombinieren mußten, um ein Konzept von Kultur und Verfeinerung zustande zu bringen, das als spezifisch römisch gelten konnte. Diese Zweiteilung im römischen Denken tritt in den Werken des Lucilius und Terenz zutage. Weil Terenz griechische Vorbilder für seine Komödien verwendete, vermittelt er in ihnen ein anschauliches Bild von den Ansichten der Griechen über Veredelung,[48] während

---

[40] Hor. sat. 1,4,1-8 (zu Vorbildern des Lucilius); M. von Albrecht, Literatur I 176 (Terenz). 206 (Lucilius) jeweils mit weiterer Literatur.
[41] Cic. Tusc. 2,62; Cic. ad Q. fr. 1,1,23; E.S. Ramage, Urbanitas 35 mit Anm. 2 und weiterer Literatur.
[42] E.S. Ramage, Urbanitas 35 mit Anm. 3 und weiterer Literatur.
[43] E.S. Ramage, Urbanitas 35.
[44] Cic. off. 1,96: *Quae autem pars subiecta generi est, eam sic definiunt ut id decorum velint esse quod ita naturae consentaneum sit ut in eo moderatio et temperantia appareat cum specie quadam liberali.*
[45] Cic. off. 1,103f.; dazu siehe E.S. Ramage, Urbanitas 36.
[46] Cic. off. 1,133-137.
[47] E.S. Ramage, Urbanitas 37.
[48] So weisen beispielsweise die zahlreichen Übereinstimmungen zwischen den Charakteren in den Adelphoe und denen in der Neuen Komödie darauf hin, daß Terenz in seinen Werken griechisches Gedankengut und keine römischen Vorstellungen von der kultivierten städtischen Lebensart übernommen hat. Zur Frage der Originalität siehe O. Rieth, Die Kunst Menanders in den «Adelphen» des Terenz mit einem Nachwort und herausgegeben von K. Gaiser, Hildesheim 1964, 25ff. 133ff.; vgl. auch E.S. Ramage, Urbanitas 42ff.

seine Sprache, der *sermo purus*, Merkmale römischer Verfeinerung aufweist. In gleicher Weise lassen die Darlegungen des Lucilius zu diesem Phänomen den römischen Standpunkt erkennen.[49]

Terenz stellt Pamphilus in seiner Komödie Andria als idealen Städter hin. Anders als seine Altersgenossen, die sich intensiv mit der Zucht von Pferden und Jagdhunden oder dem Studium der Philosophie beschäftigen, geht er solchen Aktivitäten nur mit Maß und Ziel nach. Er bemüht sich nicht um ein einseitiges Spezialistentum, indem er eine dieser Tätigkeiten favorisiert, sondern ist darauf bedacht, sich Kenntnisse in den verschiedensten Bereichen anzueignen.[50] In diesem Verhalten kommt die für einen *homo urbanus* typische Zurückhaltung zum Vorschein. In den Adelphoe präzisiert der Dichter diese Charakteristik des Städters, indem er sie der Beschreibung eines Landbewohners gegenüberstellt.[51] Der Bauer Demea stößt durch sein vom harten Landleben geprägtes mürrisches, grimmiges Wesen, besonders aber durch seine Sparsamkeit und seine Besessenheit, Geld zu erwerben, die Menschen in seiner Umgebung derart ab, daß er im Alter völlig vereinsamt ist und von allen gehaßt wird.[52] Sein Bruder Micio dagegen führt in der Stadt ein sorgenfreies Leben, das von Freigebigkeit, Muße und Geselligkeit bestimmt ist. Da er umgänglich und verträglich ist und zahlreiche Freundschaften pflegt, wird er von seinen Mitmenschen geachtet und geliebt, obwohl er nie die Verantwortung für eine Familie auf sich nahm.[53] Wie die freundlichen Worte, mit denen er Demea bei seinem ersten Auftritt begrüßt, zeigen, äußern sich seine Eigenschaften in kultivierten Umgangsformen.[54] So ist sein Verhalten besonders von Zurückhaltung, Selbstbeherrschung[55] und einer angeborenen Klugheit,[56] die in krassem Gegensatz zu Demeas bäurischer Einfalt steht, geprägt. In diesen Charakteristiken des Demea und Micio vereinen sich die typischen Qualitäten der Stadt- und Landbewohner und die aus dem griechischen Adelsethos herrührende Geringschätzung der Erwerbsarbeit.[57]

Lucilius dagegen, ein Vertreter des römischen Standpunktes,[58] maß anscheinend dem Kontrast zwischen Stadt und Land in seinen Satiren großes Gewicht bei. Er führt das Land einerseits als Vorbild an, wenn er Auswüchse

---

[49] E.S. Ramage, Urbanitas 37f.
[50] Ter. Andr. 55-60.
[51] Ter. Ad. 860-881; dazu E.S. Ramage, Urbanitas 39ff.
[52] Ter. Ad. 866-871.
[53] Ter. Ad. 67. 863-865.
[54] Ter. Ad. 80f.
[55] Ter. Ad. 934-945 (einzige Stelle, an der Micio seine Emotionen nicht unter Kontrolle hat).
[56] Ter. Ad. 635-683.
[57] Ter. Ad. 863-876.
[58] Lucil. 84f. M = 74f. K; 86 M = 76 K; dazu E.S. Ramage, Urbanitas 45f.

der *vita urbana* kritisiert, andererseits nimmt er auch dessen Schattenseiten wahr und beanstandet sie. Die Ansicht des *homo urbanus* Lucilius tritt vor allem in der Attacke gegen einen gewissen Vettius zutage, den er tadelt, weil er sein Vokabular durch Anleihen aus der Sprache der Etrusker, der Sabiner und der Einwohner von Praeneste bereichert hat.[59] Seine Darlegungen lassen erkennen, daß er diesem Mann nicht nur wegen seines Wortschatzes, sondern auch wegen seiner Aussprache und Intonation Vorwürfe machte;[60] denn er gab offensichtlich den Diphthong *ae* in der Art der Landbewohner wie ein langes, tiefes *e* wieder.[61] Nach dieser Bemerkung des Satirikers hatten die Römer im 2. Jahrhundert v.Chr. klare Vorstellungen vom *sermo urbanus*; sie umfaßten das korrekte Vokabular, seine richtige Verwendung und eine sorgfältige kultivierte Aussprache. Da schon in jener Zeit Anstrengungen unternommen wurden, um die Aussprache immer mehr zu veredeln, waren bereits Auswüchse in Form von Überfeinerung zu beklagen. Ein schönes Beispiel ist Scipio, der *pertisum* statt *pertaesum* verwendete, um gebildeter zu erscheinen.[62] Schließlich ruft das Gefühl, zivilisiert zu sein, bei den Römern das Bewußtsein der Überlegenheit über Nicht-Römer hervor, weil sie in ihren Augen diesem Standard nicht genügten. Diese Entwicklung zeigt der Gebrauch des Wortes *barbarus* für Völker, die nicht zum Imperium Romanum gehörten wie ein Lusitanier namens Viriatus oder der Karthager Hannibal.[63]

In der 1. Hälfte des 1. Jahrhunderts v.Chr. erklärten und definierten die Römer *urbanitas* erstmals genau. Von ihrer Reflexion über dieses Phänomen zeugen eine Bedeutungserweiterung des Adjektivs *urbanus* um die Konnotation der Veredelung und der erste Beleg des einschlägigen Substantivs.[64] Die Überzeu-

---

[59] Quint. inst. 1,5,56. Zur Entlehnung von Wörtern aus nichtlateinischen Sprachen siehe R. Müller, Sprachbewußtsein 44.

[60] Ähnlich: Kritik an der Sprache eines gewissen Caecilius: *Cecilius pretor ne rusticus fiat* (Lucil. 1130 M = 1146 K). Vgl. R. Müller, Sprachbewußtsein 32f. mit weiterer Literatur. Die gleichen Vorwürfe erhebt Cicero später gegen Quintus Valerius Soranus (Cic. de orat. 3,43). Dazu siehe E.S. Ramage, AJPh 81, 1960, 70f.; ders., Urbanitas 47f. mit Anm. 32 und weiterer Literatur; vgl. 5. 109f.

[61] Dazu R. Müller, Sprachbewußtsein 32f.

[62] Lucil. 963f. M = 971f. K; dazu siehe E.S. Ramage, Urbanitas 48 mit Anm. 35 und weiterer Literatur.

[63] Lucil. 615f. M = 685f. K; dazu siehe E.S. Ramage, Urbanitas 50 mit Anm. 39 und weiterer Literatur. Vgl. S. 229f.

[64] Cic. S. Rosc. 120f. Zur Semantik von *urbanus* und *urbanitas* siehe E. Frank, Urbanitas; E. de Saint-Denis, Essais 145-161; E.S. Ramage, Urbanitas, rusticitas, peregrinitas: The Roman View of Proper Latin, Diss. University of Cincinnati 1957 (Mikrofilm), 15ff.; ders., AJPh 81, 1960, 65-72; ders., ebd. 84, 1963, 390-414; ders., Urbanitas passim; vgl. R. Müller, Sprachbewußtsein 227. Ansätze zur semantischen Erweiterung des lokalen *urbanus* finden sich schon bei Plautus.

gung, daß ein Gegensatz zwischen Stadt und Land besteht, den Cicero mit den Begriffen *urbana expolitio* und *res rusticae* ausdrückt,[65] und die mit Nationalstolz gepaarte Empfindung, die eigene Lebensweise übertreffe die der Italiker und Fremden, nehmen stark überhand.

Wie Catulls Gedichte zeigen, war *urbanitas* vor 50 v.Chr. mit dem Gedanken der Verfeinerung verbunden. Diese Kombination kommt in der Charakteristik des Suffenus, den der Dichter als *venustus, dicax, urbanus* und *bellus* hinstellt, deutlich zum Vorschein.[66] Demnach zeichnete sich dieser Mann durch Anmut, Untadeligkeit, treffenden Witz und ein feines städtisches Wesen aus. Nach diesen Versen bezeichnet das Adjektiv *urbanus* nicht nur den persönlichen Charme und Witz, sondern schließt auch Klugheit und Sublimierung ein.

Zu Ciceros Zeit ist *urbanitas* ein komplexes Konzept, das eine Reihe von Qualitäten umfaßt. Für seine Bestimmung ist nach wie vor der Gegensatz zwischen Stadt und Land entscheidend; denn diese Klassifizierung fußt auf dem Grad der Kultivierung. Deshalb ist der Anspruch, sich zu den Städtern rechnen zu dürfen, an den permanenten Aufenthalt in einem urbanen Zentrum gebunden. Er kann verloren gehen, wenn die Voraussetzungen dafür fehlen. So fordert Cicero Tiro auf, seine verfeinerten Verhaltensweisen abzulegen, weil er inzwischen auf dem Land lebt.[67] Die Vorstellungen, die Cicero und seine Zeitgenossen mit *urbanitas* verbanden, werden aus einer Passage aus der Rede Pro Sex. Roscio Amerino erhellt. Nach dieser Stelle sind Kenntnisse auf dem Gebiet der Literatur und der schönen Künste neben Klugheit, Witz samt der damit einhergehenden Sprachkultur, Freundlichkeit, Eleganz, Charme und feine Umgangsformen wichtige Komponenten dieses Phänomens.[68] Bemerkenswert ist, daß der Autor die Literatur sowohl mit *urbanitas* als auch mit *humanitas* in Verbindung bringt. Diese Kombination deutet darauf hin, daß beide Wörter etwa die gleiche Bedeutung, nämlich „Kultur" oder „Verfeinerung", haben; denn sie basieren auf einer ausgezeichneten Bildung und guten Manieren.[69]

Die beiden wichtigsten Ausdrucksformen der Veredelung sind der feine Humor und eine gewählte Sprechweise, Eigenschaften, die einen *homo urbanus* von seinen weniger kultivierten Mitmenschen in und außerhalb von Rom unterscheiden. Aus diesem Grund zählt Cicero einen gewissen Charme und Witz,

---

[65] Cic. ad Q. fr. 3,1,6.
[66] Catull. 22,2. 9; dazu siehe bes. E. de Saint-Denis, Essais 152; E.S. Ramage, Urbanitas 53f.
[67] Cic. epist. 16,21,7.
[68] Cic. S. Rosc. 120f.; vgl. Cic. nat. deor. 2,74; Cic. epist. 3,8,3; Cic. de orat. 1,72; 2,25.
[69] E.S. Ramage, Urbanitas 56; vgl. R. Müller, Sprachbewußtsein 227. Zur Bedeutung des Begriffes *humanitas* siehe F. Kühnert, Humanismus 58ff. Daß dieses Wort die intellektuelle Bildung und die Lebensart der Oberschichten umfaßt, geht aus Cic. de orat. 2,40 hervor.

eine Ausbildung, die eines freien Mannes würdig ist, Schlagfertigkeit und Kürze bei Erwiderungen und Attacken, die mit Eleganz und Anmut gepaart ist, zu den unerläßlichen Qualitäten jedes guten Redners.[70] Auf die Synthese von Verfeinerung und Humor, die durch *facetia* und *urbanitas* bewirkt wird, gründet sich der geistreiche, geschmackvolle Witz jedes Gentleman.[71] Freilich wird *urbanitas* nicht nur durch das, was gesagt wird, sondern auch durch die Art und Weise, wie etwas ausgedrückt wird, bestimmt. Nach Ansicht Ciceros verkörperten die Catuli das Ideal des *sermo urbanus* am besten. Ihre Aussprache war gewinnend, die Artikulation der Laute wohldosiert, damit der Klang nicht undeutlich oder affektiert sei. Ihre Stimme war weder kraftlos noch singend: *sonus erat dulcis, litterae neque expressae neque oppressae, ne aut obscurum esset aut putidum, sine contentione vox nec languens nec canora.*[72] Den italischen Rednern dagegen spricht Cicero diese Qualität ab;[73] denn ihnen fehlt die *suavitas*, die durch die Kombination von präziser Aussprache und weichem Klang der Stimme zustande kommt. Während sich das Niveau der eigenen Sprechweise durch Unterricht oder Nachahmung von Stadtrömern verbessern läßt,[74] können sich Personen, die nicht dauerhaft in Rom leben, die urbane Intonation kaum aneignen; denn sie stellt sich erst bei einem ständigen Aufenthalt in dieser Stadt ein.

Ciceros Betrachtungen des *sermo urbanus* in seinen rhetorischen Schriften werden durch seine Darlegungen zum *decorum* in seinem Werk De officiis, in denen er auf den *homo urbanus* und seine Eigenschaften eingeht, ergänzt.[75] Für die Zuordnung zu den Gentlemen ist das Erscheinungsbild von entscheidender Bedeutung; denn ihre Ausstrahlung wird durch ihre Haltung, ihr Mienenspiel, ihre Gestik, ihren Gang, ihre Blicke und Umgangsformen bestimmt.[76] Sie machen auf ihre Mitmenschen nur einen günstigen Eindruck, wenn sie sich vor zwei gravierenden Fehlern hüten. Ihr Äußeres samt ihrem Verhalten muß eines freien Mannes würdig sein und darf nicht weiblich oder geckenhaft wirken.[77]

---

[70] Cic. de orat. 1,17; vgl. Cic. Brut. 177 (*festivitas, facetiae, urbanitas, lepos, suavitas* als wichtigste Eigenschaften von C. Iulius Caesar Strabo Vopiscus).

[71] Cicero unterscheidet zwei Arten des Witzes: *duplex omnino est iocandi genus, unum inliberale petulans flagitiosum obscenum, alterum elegans urbanum ingeniosum facetum* (Cic. off. 1,104; vgl. Cic. Cael. 6). Dazu siehe E. de Saint-Denis, Essais 154. 157; E.S. Ramage, Urbanitas 58; vgl. auch 56f.; D.M. Schenkeveld, Asteismus 1132. Zur Verbindung von Humor und *urbanitas* siehe auch Cic. de orat. 2,269f.

[72] Cic. off. 1,133; dazu siehe ausführlich S. 60.

[73] Cic. Brut.170f.; vgl. auch Cic. de orat. 3,42f.; dazu siehe E. de Saint-Denis, Essais 155; E.S. Ramage, Cicero on Extra-Roman Speech, TAPhA 92, 1961, 486ff.; R. Müller, Sprachbewußtsein 41. 223.

[74] Cic. off. 1,133.

[75] Cic. off. 1,96-140.

[76] Cic. off. 1,128.

[77] Cic. off. 1,130.

Außerdem sollen sie sich nicht ungeschliffen und grobschlächtig ausnehmen.[78] Solch eine würdevolle Erscheinung wird durch eine aus körperlicher Abhärtung resultierende gesunde Hautfarbe abgerundet.[79] Ferner ist auf Gepflegtheit Wert zu legen.[80] Da diese Eigenschaft vor allem vom Zustand der Kleidung abhängt, darf ein *homo urbanus* seine Garderobe nicht vernachlässigen.[81] Mit der Würde eines Mannes geht die *constantia* einher, die innere Ausgeglichenheit gewährleistet und sämtliche dem *decorum* abträglichen Emotionen zu vermeiden hilft.[82]

Wegen der Bedeutung von geistreicher Konversation in einem urbanen Ambiente sind für einen kultivierten Städter rhetorische Fähigkeiten, deren Wirkung durch eine deutliche, angenehme Stimme erhöht wird,[83] und veredelte Umgangsformen unerläßlich.[84] In Gesprächen zeigt er sich gelassen und nicht rechthaberisch, stellt seinen Charme unter Beweis und sorgt für Abwechslung. Vor allem ist er darauf bedacht, bei solchen Gelegenheiten nicht die eigenen Charakterfehler zum Vorschein kommen zu lassen, indem er andere verunglimpft und herabsetzt.[85] Vielmehr achtet er seine Gesprächspartner und bemüht sich um Mäßigung, damit die Konversation nicht durch Gefühlsausbrüche beeinträchtigt[86] und die eigene Würde gewahrt wird.[87] Schließlich gilt es als taktlos, daß er sich in einer Unterhaltung brüstet und die Zuhörer durch erfundene Beiträge beeindrucken will. Demnach trachtet ein Stadtrömer grundsätzlich danach, in Gesprächen nicht zu dominieren, und richtet seinen Humor auf die jeweilige Situation aus.[88]

Cicero rundet seine Ausführungen zur Charakteristik eines Gentleman durch Darlegungen zu dessen privatem Umfeld ab, indem er beschreibt, welchen Anforderungen das Haus einer geachteten, führenden Persönlichkeit zu genügen hat.[89] Seiner Meinung nach soll es sich sowohl am praktischen Nutzen und der Bequemlichkeit des Eigentümers orientieren als auch dessen Würde widerspiegeln.[90] Weil ein vornehmer Römer gesellschaftliche Verpflichtungen hat, muß das Gebäude zwar geräumig sein, um die zahlreichen Gäste und Besucher auf-

---

[78] Cic. off. 1,129.
[79] Cic. off. 1,130.
[80] Cic. off. 1,130.
[81] Cic. off. 1,130.
[82] Cic. off. 1,131.
[83] Cic. off. 1,133.
[84] Cic. off. 1,132-137.
[85] Cic. off. 1,134.
[86] Cic. off. 1,136.
[87] Cic. off. 1,137.
[88] Cic. off. 1,137.
[89] Cic. off. 1,138; dazu H. von Hesberg, Häuser 33.
[90] Cic. off. 1,138f.; vgl. Vitr. 6,5,2 (*maiestas, magnificentia* als Merkmale solcher Häuser).

nehmen zu können,[91] aber bei seiner Ausstattung sind allzu großer Aufwand und übermäßige Prachtentfaltung zu vermeiden, damit sich der Besitzer nicht dem Vorwurf der *luxuria privata* aussetzt.[92] Nach diesen Auslassungen soll ein *homo urbanus* in einer angemessenen, repräsentativen Umwelt leben, in der seine Vornehmheit eine äußere Entsprechung findet.

In Ciceros Charakteristik des kultivierten Städters sind bereits wesentliche Merkmale enthalten, die später auch in den Werken Ovids zu finden sind, nämlich eine Sprechweise, die für die Metropole des Imperium Romanum typisch ist, feiner Witz und Humor, sublimierte Umgangsformen, ein gepflegtes Äußeres und ein stilvolles Ambiente, in dem solch ein Gentleman lebt. Daß die verfeinerte Lebensweise im 1. Jahrhundert v.Chr. bei gebildeten Römern ein lebhaftes Echo fand, zeigt ferner eine Stelle aus den Noctes Atticae des Gellius, an der er Varros Beschreibung eines gelungenen Gastmahls wiedergibt.[93] Nach Varro hängt der Erfolg dieser gesellschaftlichen Ereignisse wesentlich von der richtigen Wahl der Gäste ab; denn nur Leute, die eine interessante, amüsante Konversation über Themen aus dem Alltagsleben bestreiten können, sorgen für angenehme Unterhaltung und gelten als charmant.

Das zunehmende Bewußtsein der eigenen Exklusivität führte dazu, daß kultivierte Stadtrömer Menschen, die diesem Standard nicht genügten, nicht akzeptierten. In ihren Augen wurden vier Gruppen von Leuten diesen Anforderungen nicht gerecht.[94] Zu der ersten zählten alle, die als überfeinert anzusehen waren. Ihr Gegenteil waren die *homines rustici*, die hinter dem Niveau der veredelten Lebensart zurückblieben.[95] Gleiches trifft für die Italiker zu, die Stadtrö-

---

[91] Cic. off. 1,139.
[92] Cic. off. 1,140. Vgl. H. von Hesberg, Häuser 34.
[93] Gell. 13,11.
[94] E.S. Ramage, Urbanitas 64f.
[95] Die Äußerungen der antiken Autoren lassen zwei Seiten des Landes erkennen. Einige wie vor allem Varro, Vergil (bes. Verg. ecl. 2) und Tibull stellen es als idealen Ort hin, andere wie beispielsweise Properz und Horaz beurteilen es ambivalent. Da Varro das Alte idealisiert, vertritt er den Standpunkt, dem Landleben gebühre der Vorrang vor einem Leben in der Stadt, mit Nachdruck. Er zieht besonders in den Proömien zum 2. und 3. Buch seines Werkes Res rusticae das Leben auf dem Land, das in seiner Schlichtheit und Unverfälschtheit dem *mos maiorum* entspricht, der seiner Meinung nach überfeinerten *vita urbana* vor. Da Ovid Varro rezipierte, war er mit dessen Anschauungen durchaus vertraut. Dazu siehe M. Peglau, Varro, ein Antiquar zwischen Tradition und Aufklärung, in: A. Haltenhoff - A. Heil - F.-H. Mutschler (Hg.), O tempora, o mores! Römische Werte und römische Literatur in den letzten Jahrzehnten der Republik. Beiträge zur Altertumskunde 171, München – Leipzig 2003, 153ff. In seinem zwischen 47 und 45 v.Chr. verfaßten, fragmentarisch erhaltenen Werk De lingua Latina erschließt er den lateinischen Wortschatz nach Sachgruppen etymologisch. Er erforscht nicht nur die Bedeutung der alten Wörter, sondern sieht auch die Etymologie in Zusammenhang mit

mer ebenfalls nicht als ebenbürtig ansahen, selbst wenn sie nicht mit der Landbevölkerung auf die gleiche Stufe gestellt wurden. Schließlich wurden auch Unterschiede zwischen den Bewohnern der Metropole und der übrigen Reichsbevölkerung festgestellt.

Obwohl die Wertschätzung der *urbanitas* in vielen Fällen zu Übertreibungen geführt haben dürfte, werden Personen, die sich solche Verstöße zuschulden kommen ließen, in den literarischen Quellen relativ selten erwähnt. Nach Meinung der Zeitgenossen wurden die Fehler, die sie am Beispiel des Clodius und C. Arrius demonstrieren, absichtlich oder unabsichtlich begangen. Arrius verfiel in derartige Auswüchse, weil er offenbar keine klaren Vorstellungen von der gepflegten Redeweise eines Stadtrömers hatte. Nach Catulls Darstellung glaubte er, eine wunderschöne Aussprache zu erzielen, wenn er anlautende Vokale aspiriere, und merkte nicht, daß er dabei gegen das für den *sermo urbanus* typische Gebot, solche Laute sanft und leicht zu sprechen, verstieß: *chommoda dicebat, si quando commoda vellet / dicere, et insidias Arrius hinsidias, / et tum mirifice sperabat se esse locutum, / cum quantum poterat dixerat hinsidias. / ... / hoc misso in Syriam requierant omnibus aures: / audibant eadem haec leniter et leviter, / nec sibi postilla metuebant talia verba, / cum subito affertur nuntius horribilis, / Ionios fluctus, postquam illuc Arrius isset, / iam non Ionios esse sed Hionios.*[96] Clodius dagegen war sich durchaus des urbanen Standards bewußt, setzte sich aber darüber hinweg, weil er neue Maßstäbe suchte.[97] Bei ihm äußert sich die Abweichung von den Normen der verfeinerten Lebensart in Weichheit, „Verweiblichung"[98] und geckenhaftem Verhalten.[99]

In Ciceros Zeit besteht der alte Gegensatz zwischen Stadt- und Landbevölkerung weiter.[100] Nach Ansicht der Städter gelten die Landbewohner als ungepflegt,[101] ungebildet, wild und rüpelhaft, weil sie von ihrer rauhen, unzivilisier-

---

der Kulturgeschichte des römischen Volkes. Da er die Überzeugung hegt, das gute Alte solle wiedergewonnen werden, beurteilt er die Abweichungen des *sermo rusticus* vom *sermo urbanus* nicht geringschätzig. Ein schönes Beispiel sind seine Ausführungen zum Unterschied zwischen der in Rom üblichen Form *haedus* und der im ländlichen Latium gängigen Version *hedus* (Varro ling. 5,97; vgl. auch ebd. 5,177; 6,78; 7,73. 84. 96). Dazu R. Müller, Sprachbewußtsein 32.

[96] Catull. 84,1-4. 7-12; dazu siehe E.S. Ramage, Urbanitas 66f.; vgl. auch Cic. Att. 2,14,2. 15,3; zum Problem der Aspiration R. Müller, Sprachbewußtsein 37ff.
[97] E.S. Ramage, Urbanitas 67.
[98] Cic. Cael. 33.
[99] Cic. Att. 1,16,10; dazu siehe E.S. Ramage, Urbanitas 65f. mit Anm. 31.
[100] Zum Gegensatz zwischen Stadt und Land siehe Varro rust. 3,1,1. 4f.; zur Gliederung der Bevölkerung in Stadt- und Landbewohner: Cic. har. resp. 56; Cic. leg. agr. 2,79; Cic. part. 90; unterschiedliche Merkmale der Stadt- und Landbevölkerung: Cic. Phil. 5,20; Cic. ad Q. fr. 2,8,1; 3,1,6.
[101] Cic. off. 1,130; Cic. leg. 1,6.

ten Umgebung geprägt werden.[102] Die Isolation, in der sie ihr Leben fristen,[103] findet in Einfalt und Schüchternheit ihren Ausdruck. Aufgrund dieser Voraussetzungen gehen ihnen jeglicher Schliff[104] und jegliche Veredelung ab, so daß sie in der Stadt fehl am Platz sind.[105] Eine Reihe von Äußerungen in den literarischen Quellen der ausgehenden Republik läßt die Vorstellungen kultivierter Stadtrömer von der Landbevölkerung deutlicher erkennen, als es bisher der Fall war. Eine eindrucksvolle Attacke gegen bäurische Plattheit reitet Catull in dem Gedicht, in dem er die literarischen Ambitionen des Suffenus beschreibt.[106] Der Dichter stellt ihn als Mann hin, der sich durch Anmut, treffenden Witz und städtische Art auszeichnet.[107] Freilich kann er diese Attribute nur beanspruchen, solange er keine Verse schmiedet, verwandelt er sich bei dieser Tätigkeit doch augenblicklich in einen *rusticus*,[108] dem Geistlosigkeit und mangelndes Gefühl für das Angemessene eigentümlich sind.[109] Am krassesten zeigt sich der Unterschied zwischen dem kultivierten Städter und dem Mann vom Land an der Sprache. Cicero stellt den gefälligen, angenehm klingenden *sermo urbanus* der holprigen, kunstlosen Redeweise eines Landbewohners gegenüber.[110] Er führt diese Charakteristika ungeschliffener Diktion am Beispiel des L. Cotta aus, der mit schwerer Zunge und rauher Stimme sprach und davon überzeugt war, daß der ungehobelte Klang seiner Sprache altertümlich wirke.[111] Diese Gepflogenheiten verstießen in erster Linie gegen das Gebot des urbanen Tonfalls und der Eleganz; denn Landbewohner fielen durch eine Wortstellung auf, für die Konsonantenhäufungen kennzeichnend waren.[112] Außerdem wurde der abgehackte Eindruck ihrer Rede durch ungewöhnliche Hiatus verstärkt.[113] Schließlich galt auch der für den *sermo rusticus* typische breite Redefluß als unkultiviert;[114] er

---

[102] Cic. S. Rosc. 74f. Zur Gleichsetzung von ungebildet mit ländlich siehe Quint. inst. 12,10,53; Amm. 21,10,8.
[103] Cic. epist. 5,12,1; Cic. S. Rosc. 20.
[104] Cic. Cael. 54f.; Cic. off. 1,12; Sall. or. Macri 26f. (hist. frg. 3,48); Mart. 3,24,10; Iuv. 14,25.
[105] Cic. Quinct. 59; Cic. S. Rosc. 143.
[106] Catull. 22; dazu siehe E.S. Ramage, Urbanitas 68.
[107] Catull. 22,1f.; dazu A. Zierl, Werte 201.
[108] Catull. 22,9-15.
[109] Catull. 22,9-11. 14.
[110] Cic. orat. 81; vgl. Cic. fin. 2,77.
[111] Cic. de orat. 3,42; dazu R. Müller, Sprachbewußtsein 41.
[112] Cic. de orat. 3,45: *aspere, vaste, rustice, hiulce* (Merkmale des *sermo rusticus*); dazu siehe E.S. Ramage, Urbanitas 69.
[113] Cic. de orat. 3,45. Zur Deutung von *hiulce* siehe M. Tulli Ciceronis De oratore libri tres. With Introduction and Notes by A.S. Wilkins, Oxford 1892 (Nachdruck Amsterdam 1962, Hildesheim 1965) 433, zu *concursus hiulcus* ebd. 504.
[114] Cic. de orat. 3,45.

kam vor allem durch die Aussprache der Vokale zustande. So ließ Cotta gelegentlich den Buchstaben *i* aus und sprach ein langgezogenes *e*.[115] Mit dieser Aussprache ging oftmals der Hang zu exzessiver Aspiration einher, der ebenfalls als Eigenheit der Redeweise von Landbewohnern angesehen wurde.[116] Cicero attackiert diese schwerfällige, langsame Art des Sprechens scharf, weil etliche Stadtrömer sie wegen ihres altertümlichen Flairs pflegten und unter Umständen darauf sogar ihren Ruf als Redner gründeten.

Nach den Äußerungen Ciceros und seines Bruders Quintus wurden die Bewohner der italischen Landstädte als eigenständige Gruppe aufgefaßt, die zwischen den Stadtrömern und der breiten Masse der Landbewohner stand.[117] Die Haltung der Einwohner Roms, d.h. vor allem der Mitglieder des Senatoren- und Ritterstandes, diesen Leuten gegenüber war ambivalent: Einerseits stammten etliche von ihnen aus diesen Städten, andererseits galt solch eine Herkunft als minderwertig und konnte auf dem Forum und vor Gericht der Verunglimpfung dienen.[118] Diese Erfahrung machte auch Cicero, als Clodius ihn fragte, warum sich ein Tölpel aus Arpinum mit Baiae beschäftige.[119] Obwohl Cicero die Italiker verteidigt, stellt er in seiner Beschreibung der Redner trotzdem einen Unterschied zwischen ihnen und den Stadtrömern fest.[120] Zwar waren die Redner aus den italischen Landstädten hochgebildet und widmeten sich intensiver literarischen Studien als die Bewohner der Metropole, doch hatten sie keine urbane Intonation und Aussprache. Aus diesem Grund übertraf jeder weniger gelehrte Mann aus Rom die *oratores externi* durch seine Redeweise. Neben dem Klang ihrer Stimme und ihrem Tonfall dürfte auch ihr Wortschatz dazu beigetragen haben, daß die italischen Redner nicht mit ihren stadtrömischen Kollegen auf die gleiche Stufe gestellt wurden.[121] Demnach war es nach Meinung Intellektueller aus der Hauptstadt des Römischen Reiches nicht möglich, das Manko des *sermo urbanus* durch Gelehrtheit zu kompensieren.

---

[115] Cic. de orat. 3,46; dazu siehe E.S. Ramage, Urbanitas 69; K.-W. Weeber, Landleben 44; R. Müller, Sprachbewußtsein 31.

[116] Weitere Beispiele dieses Phänomens: Varro rust. 1,2,14. 48,2 (*veha* statt *via*; *speca* statt *spica*). Das sabinische Wort *fedus* wird auf dem Land *hedus*, in Rom dagegen *aedus* ausgesprochen (Varro ling. 5,97). Vgl. auch Varro ling. 7,96 (*Mesius* statt *Maesius*); R. Müller, Sprachbewußtsein 32f.; zu Varro rust. 1,48,2 ebd. 34f. Zur übermäßigen Aspiration im *sermo rusticus* siehe P. Nigidius Figulus bei Gell. 13,6,3. Dazu R. Müller, a.a.O. 37.

[117] Cic. Att. 9,13,4. 15,3; Cic. Sest. 97; Q. Cic. pet. 31.

[118] E.S. Ramage, Urbanitas 70f.

[119] In P. Clod. et C. Cur. fr. 20 (447 Schoell); dazu siehe E.S. Ramage, Urbanitas 71.

[120] Cic. Brut. 169-172; R. Müller, Sprachbewußtsein 223.

[121] Cic. Brut. 242: *oppidano quodam et incondito genere dicendi*.

In den Augen der Einheimischen wurde die *urbanitas* durch den wachsenden Zustrom von Fremden in die Metropole, der sich infolge der zunehmenden Expansion des Imperium Romanum einstellte, immer stärker gefährdet.[122] Catulls Gedichte geben uns eine gewisse Vorstellung von den Einwänden, die gegen Zuwanderer aus den diversen Provinzen des Römischen Reiches erhoben wurden.[123] Er demonstriert die Vorbehalte der kultivierten Stadtrömer gegen diese Personen am Beispiel des Keltiberers Egnatius, dem nach seinen Darlegungen, die mit Übertreibungen, Unterstellungen und Topoi von Invektiven angereichert sind, in mehrfacher Hinsicht *urbanitas* abgeht.[124] Zunächst entspricht sein Bart offensichtlich nicht dem in der Metropole üblichen Habitus.[125] Ferner verstößt er mit seinen Gewohnheiten gegen jegliches ästhetische Empfinden; behält er doch die in seiner Heimat gängige Sitte bei, die Zähne mit Urin zu putzen.[126] Schließlich sind seine Umgangsformen weder geschmackvoll noch fein; statt sich der Situation gemäß zu verhalten, lächelt er bei jeder Gelegenheit, um seine strahlend weißen Zähne zeigen zu können.[127] Das Benehmen des Egnatius, dem jegliches Gefühl für das Angemessene und das rechte Maß fehlt, ist so unnatürlich und eingefleischt, daß der Dichter es als Krankheit deutet.[128] Cicero richtet sein Augenmerk auf die Auswirkungen, die der Strom von Zuwanderern aus den Provinzen auf den *sermo urbanus* hatte.[129] Nach seinen Ausführungen fielen Peregrine durch fremdklingende Irregularität und die Grobheit ihrer Sprache, d.h. auf Wohlklang nicht bedachtes, unkontrolliertes Kombinieren „rauher" Konsonanten an den Wortgrenzen, sowie die Verwendung von ungewöhnlichem Vokabular auf.[130] Folglich wies ihre Sprechweise die gleichen Merkmale wie die der Landbewohner auf; war sie doch langsam, schwerfällig und genau das Gegenteil vom *sermo urbanus*, der sich durch Knappheit und glatten, gleichmäßigen Fluß auszeichnete.[131] Zudem beklagt Cicero in einem Brief an Paetus, daß

---

[122] E.S. Ramage, Urbanitas 73.
[123] Catull. 37; 39.
[124] Catull. 37,17-20; 39. Zur Topik des ungehobelten Tölpels vom Land in der literarischen Polemik siehe K.-W. Weeber, Landleben 44f.
[125] Catull. 37,19.
[126] Catull. 37,20; 39,17-21.
[127] Catull. 39,1-8; dazu A. Zierl, Werte 201.
[128] Catull. 39,6-8. 15f.
[129] Cic. Brut. 258; dazu R. Müller, Sprachbewußtsein 42. 224.
[130] Cic. de orat. 3,44; dazu siehe E.S. Ramage, Urbanitas 75; R. Müller, Sprachbewußtsein 42. 223. Den Klang ihrer Sprache erläutert er in der Kritik, die er an den Dichtern aus Córdoba übt, näher: ... *ut etiam Cordubae natis poetis pingue quiddam sonantibus atque peregrinum tamen auris suas dederet* (Cic. Arch. 26); dazu siehe E.S. Ramage, Urbanitas 75.
[131] Cic. de orat. 3,45; dazu R. Müller, Sprachbewußtsein 42.

der für den *homo urbanus* typische feine Witz unter diesem Zulauf von Fremden gelitten habe.[132]

Ciceros Äußerungen zu *urbanitas* lassen gelegentlich eine pessimistische Einstellung erkennen, die aus seiner Besorgnis über den wachsenden Einfluß der Fremden, Landbewohner und Städter, die deren Sprachgewohnheiten imitierten, resultiert. Seine Skepsis wird noch durch einen weiteren Faktor verstärkt. Da die Kultivierung auf die Gegebenheiten in der Metropole ausgerichtet ist, setzt er sie zum Schicksal der *libera res publica* in Beziehung und befürchtet, daß dieser Prozeß mit dem Niedergang der Staatsform sein Ende findet. Deshalb fordert er 44 v.Chr. Curius in einem Brief auf, sich mit aller Energie für den Fortbestand der verfeinerten Lebensweise in Rom einzusetzen.[133]

Im Zeitalter der ausgehenden Republik nimmt das Interesse der gebildeten Römer für *urbanitas* nach Ausweis der Zeugnisse stark zu. Wie die Ausführungen in Ciceros rhetorischen und philosophischen Schriften zeigen, fand eine theoretische Auseinandersetzung mit diesem Phänomen statt, in deren Mittelpunkt die Sprache eines Stadtrömers sowie sein darauf basierender feiner Witz und Humor standen. Wegen der Bedeutung der geistreichen Redeweise richteten die Autoren ihr Augenmerk vor allem auf deren Anwendung in gepflegten Konversationen und den damit einhergehenden Umgangsformen. Infolge dieser Reflexion werden die sprachlichen Fähigkeiten dieser Personengruppe differenzierter wiedergegeben und nicht mehr wie früher an einzelnen Beispielen demonstriert und deskriptiv abgehandelt. Daneben würdigten sie auch die weiteren Qualitäten, die einen *homo urbanus* ausmachten. Ihre Darlegungen lassen erkennen, daß das Bild des Gentleman in jener Zeit bereits weitgehend standardisiert ist; denn er ist mit den gleichen Eigenschaften wie in den Werken früherer Autoren charakterisiert. Außerdem führte die in der späten Republik zunehmende Prachtentfaltung im privaten Bereich dazu, daß die Autoren verstärkt von der Überzeugung durchdrungen waren, die Verfeinerung der Sprache und Verhaltensweisen müsse im Habitus und Ambiente eines Menschen ihre äußere Entsprechung finden.[134]

Zu Beginn des Prinzipates wurde zunächst die theoretische Auseinandersetzung mit der *urbanitas*, besonders dem *sermo urbanus* fortgesetzt. Domitius Marsus, der eine verlorene Schrift über dieses Thema verfaßte, macht den feinen Humor zum Hauptgegenstand seiner Überlegungen,[135] berücksichtigt aber auch

---

[132] Cic. epist. 9,15,2; vgl. 7,32,2. Zu Cic. epist. 9,15,2 siehe R. Müller, Sprachbewußtsein 224.
[133] Cic. epist. 7,31,2; dazu siehe E.S. Ramage, Urbanitas 76.
[134] Cic. off. 1,96-140; dazu siehe auch S. 38. 132f.
[135] Quint. inst. 6,3,103. Zu Domitius Marsus siehe E. de Saint-Denis, Essais 145f. 155ff.; E.S. Ramage, CPh 54, 1959, 250-255; ders., Urbanitas 100ff.; vgl. F. Kühnert, Erörterung 136ff.; R. Müller, Sprachbewußtsein 230 mit Anm. 19.

die Charakteristika eines kultivierten Stadtrömers. Nach Marsus ist *urbanitas,* der gute Ton, ein Merkmal der Sprache, das vor allem in kurzen Aussprüchen, die den Zuhörer erfreuen und bewegen sollen, zum Vorschein kommt: *urbanitas est virtus quaedam in breve dictum coacta et apta ad delectandos movendosque homines in omnem adfectum animi, maxime idonea ad resistendum vel lacessandum, prout quaeque res ac persona desiderat.*[136] Weil diese Fähigkeit auf dem Gefühl für das Angemessene basiert, ist ein Bewohner der Metropole imstande, mit ihrer Hilfe situationsgemäß auf jede Art von Äußerungen zu reagieren. Das bedeutet, daß er bei seinen Gesprächspartnern sämtliche Emotionen wecken kann. Ferner muß der Sinn der Aussage trotz der Kürze getroffen sein. Nach dieser Definition bestehen Beziehungen zwischen *urbana dicta* und *sententiae.*[137] Anders als die Sentenzen orientierten sich die geistreichen Aussprüche allerdings ausschließlich an den Verhältnissen in der Hauptstadt des Imperium Romanum. Nach Quintilians Bemerkungen über die Schrift des Domitius Marsus hatte die eingehende Beschäftigung mit der verfeinerten Sprechweise im augusteischen Rom eine weitere Präzisierung und Definition dieser Erscheinung zur Folge. Daß solche Bemühungen den Bedürfnissen dieser Zeit entsprochen haben dürften, zeigen die Werke der augusteischen Dichter sehr deutlich.

Von der Auseinandersetzung mit der veredelten urbanen Sprechweise abgesehen wendeten die Autoren zu Beginn des Prinzipates in ihren Darlegungen zur *urbanitas* ihre Aufmerksamkeit verstärkt dem Habitus eines Stadtrömers und seinem Ambiente zu und führten diese von Cicero erstmals ausführlich behandelten Komponenten des Themas weiter aus. Diese Entwicklung ist einerseits durch die wachsende Wertschätzung von Äußerlichkeiten im *saeculum aureum,* andererseits durch das Sujet einzelner Werke bedingt.

Ovid verlieh dem bereits vorgegebenen, standardisierten Bild des *homo urbanus* eine neue Prägung und obendrein Dynamik, indem er verstärkt Zeitbezüge einfließen ließ und Merkmale hervorkehrte, die sich aus dem Zweck seiner Liebeslehre herleiteten.[138] Bemerkenswert ist, daß der Dichter trotz seines lebhaften Interesses für Verfeinerung diesen Prozeß in seinen Werken nicht mit dem gängigen terminus technicus bezeichnet, sondern das Adjektiv *urbanus* nur vereinzelt verwendet und das Substantiv aus metrischen Gründen überhaupt nicht gebraucht.[139] So faßt er in einem Brief an Severus aus Tomi die

---

[136] Quint. inst. 6,3,104; dazu siehe E. de Saint-Denis, Essais 145; E.S. Ramage, Urbanitas 103; F. Kühnert, Erörterung 136f.; D.M. Schenkeveld, Asteismus 1132f.; R. Müller, Sprachbewußtsein 230 Anm. 19. Da er *urbana dicta* in *seria, iocosa* und *media* unterteilte (Quint. inst. 6,3,106) und durch Beispiele veranschaulichte, enthielt sein Werk zugleich Literaturkritik.
[137] E.S. Ramage, Urbanitas 104ff.
[138] Dazu ausführlich S. 85ff.
[139] Ov. rem. 152; Ov. Pont. 1,8,29; vgl. auch Nux 137.

Annehmlichkeiten des stadtrömischen Lebens in der Junktur *urbanae commoda vitae* zusammen.[140] Obwohl das Adjektiv an dieser Stelle eine rein lokale Bedeutung hat, läßt doch der ganze Ausdruck erkennen, daß der Dichter die Lebensweise in der Metropole des Römischen Reiches mit Veredelung in Verbindung brachte. Weil man zweifellos davon ausgehen darf, daß ihm der gesamte Inhalt des Wortes *urbanus* geläufig war, springt seine Wahl der Terminologie in die Augen. In seinem Lob der Zivilisation im dritten Buch der Ars amatoria verwendet Ovid das Substantiv *cultus,* das nur einen Teilbereich der *urbanitas,* nämlich die verschönernde Körperpflege und die Pracht der augusteischen Bauten, erfaßt.[141] Im weiteren Sinn subsumiert er darunter alles, was mit Benehmen und Bildung zu tun hat.[142] *Cultus* äußert sich demnach im Verhalten der Menschen, ihrer Lebensweise und ihrem Betragen.[143] Darüber hinaus kommt dieses Phänomen in zivilisatorischen Errungenschaften wie der Dichtung zum Vorschein.[144] Somit kann dieser Begriff die Bedeutung „verfeinerte Lebensart" oder „Raffinement des Lebens" annehmen und kommt der Bezeichnung „Kultur" nahe.[145] Freilich versteht Ovid darunter nicht den übertriebenen Prunk oder die Sucht nach Luxus,[146] sondern die angemessene, als schön empfundene Pracht.[147] Selbst wenn man von diesem weiteren Sinn des Wortes *cultus* ausgeht, wird darin nicht die gepflegte Sprache des Stadtrömers, die in Ovids Liebeslehre zweifellos eine zentrale Rolle spielt, erfaßt. Aus diesem Grund wird in der vor-

---

[140] Ov. Pont. 1,8,29.

[141] Ov. ars 3,101ff. Zu *cultus* siehe ThLL IV (1909) 1337; E. Küppers, ANRW II 31.4 (1981) 2548-2551; M. Myerowitz, Games 41ff.; vgl. 71f.; S. Fontaine, Parures 75f.; M. Steudel, Literaturparodie 109 mit weiterer Literatur.

[142] Ov. ars 3,281-386. Zu *cultus* im Sinn von Bildung bei Ovid siehe auch E. Doblhofer, Philologus 104, 1960, 228ff.

[143] Zu den veredelten Manieren rechnet Ovid auch die Kunst zu lieben. B. Otis deutet den auf die Liebe bezogenen *cultus* als Überfeinerung, dessen eigentlicher Zweck das Spiel, nicht der Besitz der Frau oder des Mannes ist. Siehe B. Otis, Ovids Liebesdichtungen 245.

[144] „*Cultus* ist für Ovid ein Prinzip, das im Bereich der außermenschlichen Natur in gleicher Weise wirkt wie im Bereich des Historisch-Menschlichen. Das Wirkungsspektrum des *cultus* in der Menschenwelt reicht von der Kosmetik, vom Verhalten der Menschen, ihrer Lebensart und ihren Manieren bis zu dem hin, was die Zivilisation des zeitgenössischen Rom ausmacht: seinen Bauten, seiner Dichtung." Siehe E. Küppers, ANRW II 31.4 (1981) 2548. „Ausdruck des *cultus* sind die *artes* der Zeit, zu denen auch – und im Verständnis Ovids vorrangig - seine erotischen Lehrdichtungen zu rechnen sind." Siehe ders., ebd. 2550.

[145] S.A. Schlueter, Studies 118; vgl. E.W. Leach, TAPhA 95, 1964, 147; M. Steudel, Literaturparodie 109.

[146] Ov. ars 3,123ff.

[147] H. Fränkel, Ovid 65; E. Zinn, Worte 6f.; S.A. Schlueter, Studies 121; E. Küppers, ANRW II 31.4 (1981) 2550; M. Steudel, Literaturparodie 109.

liegenden Untersuchung *urbanitas* als Schlüsselkategorie gewählt; denn dieses Wort umschließt neben seiner allgemeinen Bedeutung *vita urbana* ein ganzes Feld von Konnotationen. Ferner bezeichnet es metonymisch das städtische Wesen, die veredelten Umgangsformen, die kultivierte Redeweise, den feinen Witz, Scherz oder Spaß. Diese Aspekte sind in den Ausführungen des Dichters von großer Wichtigkeit, wenn sie auch in unterschiedlicher Weise gewürdigt werden. Während er die Voraussetzungen für die verfeinerte Lebensart, nämlich das architektonische Ambiente und die Bildung, die veredelten Verhaltensweisen und die Körperpflege zum Gegenstand seiner Anweisungen macht, thematisiert er eine wesentliche Komponente der *urbanitas*, den Humor, nicht, sondern demonstriert seinen Lesern diese sprachliche Erscheinung an seinen Werken. Da die Ausdrucksformen des Humors in der Regel darauf hindeuten, daß Ovid manche seiner Äußerungen nicht ganz ernst meint, relativieren sie das Gesagte und sind ein Indiz für sein Spiel mit den Lesern. Das bedeutet, daß seine Dichtungen zugleich das beste Beispiel der Sublimierung der lateinischen Literatur in der augusteischen Zeit sind.[148] Andererseits macht gerade der Umstand, daß es in einigen Fällen nicht leicht ist herauszufinden, wo die Grenzen dieses *ludus* sind, für das Publikum den Reiz der Lektüre dieser Poesie aus. Demnach behandelt Ovid dieses Sujet auf verschiedenen Ebenen; durch sein persönliches Schicksal bedingt, kommen zwei unterschiedliche Perspektiven hinzu: in seiner Liebesdichtung betrachtet er es aus dem Blickwinkel des Stadtrömers, der die Annehmlichkeiten der Metropole genießt, und in der Exilliteratur aus der Sicht des Verbannten, der sich nach den Zuständen in Rom sehnt und sie von den Gegebenheiten in seinem als unkultiviert apostrophierten neuen Wohnort abgrenzt. Seine Bemerkungen zu den Verhältnissen in Tomi vervollständigen seine Darlegungen; sie dienen als Kontrastmodell, auf dessen Folie sich die Hauptstadt des Römischen Reiches wirkungsvoll abhebt. Gattungsbedingt setzt er sich mit den Zuständen in der Metropole auf verschiedene Art und Weise auseinander. Während die Lebensweise in dieser Stadt in den Amores als Hintergrund für seine Elegien dient, vermittelt er in der Ars amatoria, den Remedia amoris und den Medicamina faciei femineae seinem Leserpublikum Kenntnisse auf dem Gebiet des städtischen Wesens und den daraus resultierenden verfeinerten Umgangsformen und fungiert als Lehrer der Zivilisation.

Da Ovid *urbanitas* nicht auf die Sprache der Stadtrömer und die damit einhergehenden veredelten Verhaltensweisen beschränkt, sondern die Voraussetzungen der Kultivierung und die Schönheitspflege einbezieht, umfaßt dieses Thema bei ihm zahlreiche verschiedene Komponenten: 1) die Umgestaltung und Monumentalisierung der Stadt Rom als Grundlage für den gegenwärtigen haupt-

---

[148] Zum Zusammenhang zwischen Spiel und Dichtung siehe J. Huizinga, Homo ludens 135ff.

städtischen Lebensstandard, 2) die Wichtigkeit von Bildung für einen kultivierten Lebensstil, 3) das verfeinerte Benehmen im sozialen Verkehr der Geschlechter, 4) die Körperpflege, 5) die Kehrseite der *urbanitas,* 6) ihre Abgrenzung von *rusticitas* und *barbaria* und 7) den Humor, der in seinen Werken zu finden ist. Um die Eigenheit seiner Konzeption zu bestimmen, werden die Ausführungen weiterer augusteischer Dichter zu diesem Sujet in die vorliegende Studie einbezogen. Darüber hinaus hat dieses Phänomen eine allgemeinmenschliche Bedeutung; denn Ovid kehrt Gegebenheiten hervor, deren Beurteilung sich im Laufe der Jahrhunderte nicht gewandelt hat. Schließlich wird es in den historischen und kulturgeschichtlichen Kontext der augusteischen Epoche integriert, indem Gemeinsamkeiten zwischen Kunst und Literatur jener Jahre eruiert werden.

2. Das architektonische Ambiente des hauptstädtischen Lebensstandards

Nach Ansicht Ovids konnte sich ein angemessener hauptstädtischer Lebensstandard samt der daraus resultierenden Lebensqualität nur in einem gebührenden architektonischen Ambiente entfalten;[1] diesen Rahmen schuf der erste *princeps* mit seinen Baumaßnahmen. Weil an das Aussehen einer Weltstadt hohe Ansprüche gestellt wurden, schenkt der Dichter dem veränderten Erscheinungsbild, das dieser intensiven Bautätigkeit zu verdanken war, große Beachtung. Er stellt der Ansiedlung der Frühzeit die Metropole der eigenen Zeit gegenüber, um im Kontrast zwischen einstiger Schlichtheit und Kleinheit und gegenwärtiger Größe und Herrlichkeit das Wachstum und den tiefgreifenden Wandel Roms zu konkretisieren. Im Gegensatz zu Properz, Tibull und Vergil, die in ihren Vergleichen zwischen der Siedlung der Gründerjahre und der Stadt der Gegenwart keineswegs deren ehemalige Kleinheit verachteten, weil Schlichtheit auch etwas Erhabenes hatte,[2] würdigt Ovid im Lob der Zivilisation die Einfachheit der alten Zeit herab.[3] Er erläutert seine Überzeugungen an zentralen stadtrömischen Bauwerken. Als Beispiele für den Glanz der Stadt zu seiner Zeit wählt er das Kapitol, das sich so stark gewandelt hat, daß es kaum wiederzuerkennen war, die Kurie, die unter König Tatius aus Schilf und Stroh bestand und erst unter Augustus des hohen Senats würdig wurde, und das Palatium, das Domizil des *princeps* und Apollos, einst Weideplatz der Stiere:

> *simplicitas rudis ante fuit; nunc aurea Roma est*
> *et domiti magnas possidet orbis opes.*
> *aspice, quae nunc sunt, Capitolia, quaeque fuerunt:*
> *alterius dices illa fuisse Iovis.*
> *Curia consilio nunc est dignissima tanto,*
> *de stipula Tatio regna tenente fuit;*
> *quae nunc sub Phoebo ducibusque Palatia fulgent,*
> *quid nisi araturis pascua bubus erant?*

---

[1] Daß Bauten zu einer zivilisierten Lebensweise gehören, wird in literarischen Quellen vornehmlich aus dem Prinzipat wiederholt betont (Strab. 4,1,5; Dion. Chr. 31,159f.; 40,10; Paus. 10,4,1f.; Tac. Agr. 21).

[2] Bes. Prop. 4,1,1ff.; vgl. 3,13; Verg. Aen. 8,306-365; Tib. 2,5,23-34. 55-64. Zu Properz 4,1 siehe M. von Albrecht, Properz 360ff.

[3] Ov. ars 3,113-128; dazu siehe R.K. Gibson, Ovid 134-144. Ähnlich: Liv. 1,6,3ff. (frühes Rom als bescheidene Ansiedlung eines derben Hirtenvolkes).

prisca iuvent alios, ego me nunc denique natum gratulor.[4]

Nach Ovids Ausführungen veränderten sich die Bauten zunächst äußerlich. Der Dichter veranschaulicht ihr charakteristisches Merkmal, nämlich ihre Pracht, durch das Verb *fulgent,* in dem er die Wirkung der kostbaren Materialien, vor allem des Goldes auf den Betrachter zusammenfaßt.[5] Demnach deutet er die Baumaßnahmen des Machthabers als Beitrag zur Verschönerung und Monumentalisierung der Metropole. Wie seine Bemerkung *nunc aurea Roma est* erkennen läßt,[6] billigt er diese Maßnahmen aus der allen Menschen gemeinsamen Freude an Kultiviertem.[7] Doch war der Gold- und Marmorglanz der Gebäude für Ovid kein rein ästhetisches Phänomen, sondern die *opera publica* bekamen dadurch zugleich einen neuen Wert. So erhielt die Kurie endlich die *dignitas,* die dem Tagungsort des Senates zukam.[8] Diese Äußerung offenbart, daß der Dichter wesentliche Merkmale der Baupolitik des Prinzipatsgründers erkannt hat und sie subtil in seine Darlegungen zur ästhetischen Gestaltung der Metropole einfließen läßt. Die Voraussetzung für die Verwirklichung kostspieliger Bauprojekte sieht Ovid in den Ressourcen, die den Römern infolge ihrer Expansion vornehmlich im östlichen Mittelmeerraum in reichlichem Maße zur Verfügung standen.[9] Indirekt heißt er in diesen Versen den Imperialismus gut, weil er die Voraussetzung für die Erreichung einer höheren Stufe der Zivilisation bildete.[10]

Andererseits erschöpft sich *cultus* für Ovid keineswegs in der Verwendung kostbarer Materialien für öffentliche Bauwerke und somit in ihrem ansprechenden Äußeren. Vielmehr kam ihm in seinem Verbannungsort Tomi der praktische Nutzen stadtrömischer *opera publica* zum Bewußtsein. Er erinnerte sich vor allem an die Fora, die Heiligtümer, die Porticus, die mit Marmor verkleideten

---

[4] Ov. ars 3,113-122; dazu G. Mader, Latomus 47, 1988, 368ff.; A. Scheithauer, RhM N.F. 141, 1998, 296f.; dies., Bautätigkeit 37. Zur Verwendung des Mythos in diesen Versen siehe W. Schubert, Mythologie 245. 249f.
[5] Ov. ars 3,119. Ovid unterstreicht den dreifachen Glanz, den das Kapitol außerdem durch seine Umgebung erhält, durch die Verschmelzung der mythischen Metonymie *sub Phoebo* und der Metapher *ducibus.* Dazu W. Schubert, Mythologie 219f. Siehe auch S. 234ff.
[6] Ov. ars 3,113; dazu siehe R.K. Gibson, Ovid 135f.
[7] Ov. medic. 7f.; dazu K. Heldmann, WJA N.F. 7, 1981, 161.
[8] Ov. ars 3,117f.; dazu siehe R.K. Gibson, Ovid 137f.
[9] Ov. ars 3,113f. Ähnlich: Ov. trist. 3,1,33f. (domus Augusti).
[10] Anders: Hor. carm. 1,38,1; 2,18,1ff.; 3,1,45ff. 24,1ff.; Hor. epist. 1,18,21ff.; vgl. auch Petron. 27ff. (Schilderung der *cena Trimalchionis* in der für die Satire typischen Übertreibung).

Theater, das Marsfeld und die von Agrippa errichteten Nutzbauten, stagnum, euripus und aqua Virgo:

> *nunc fora, nunc aedes, nunc marmore tecta theatra,*
> *nunc subit aequata porticus omnis humo.*
> *gramina nunc Campi pulchros spectantis in hortos,*
> *stagnaque et euripi Virgineusque liquor.*
> *at, puto, sic urbis misero est erepta voluptas,*
> *quolibet ut saltem rure frui liceat?*[11]

Nach diesen Worten vermißte er zunächst die infrastrukturellen Anlagen der Metropole; denn eine geregelte Wasserversorgung durch Aquädukte war seiner Meinung nach für den Lebensstandard einer Metropole wie Rom unbedingt erforderlich. Darüber hinaus mußte die Wasserqualität einer Leitung die Ansprüche ihrer Benutzer befriedigen. Diesen Anforderungen wurde die aqua Virgo in jeder Beziehung gerecht; denn die Kühle und Reinheit ihres Wassers wurden in der Antike wiederholt gepriesen.[12] Diese weit verbreitete Ansicht teilte auch Ovid, der ihr kaltes Wasser ausdrücklich lobt.[13]

Freilich machten infrastrukturelle Anlagen für Ovid nicht den ganzen Komfort einer Hauptstadt aus. Zu ihren unentbehrlichen Annehmlichkeiten gehörten ferner Sport- und Vergnügungsstätten, weil diese Einrichtungen dem Zeitvertreib der Massen dienten und folglich als Steigerung ihrer Lebensqualität empfunden wurden. Deshalb kamen ihm in Tomi besonders die marmornen Theater in den Sinn, die er fortan nicht mehr besuchen konnte.[14] Der Dichter deutet den Verlust dieser von ihm hochgeschätzten Form der Unterhaltung als Minderung des Wertes seines Lebens: *at, puto, sic urbis misero est erepta voluptas, / quolibet ut saltem rure frui liceat.*[15] Somit demonstriert er am Beispiel der Theater subtil den Zusammenhang zwischen *voluptas* und *urbanitas*; denn nur in einem städtischen Ambiente konnte sich gepflegte, anspruchsvolle Kurzweil entfalten. Aus diesem Grund preist der Verbannte jeden glücklich, der diese Segnungen

---

[11] Ov. Pont. 1,8,35-40; vgl. Ov. trist. 3,2,21ff. 12,17ff. Zu Ov. Pont. 1,8 siehe M. Helzle, Epistulae bes. 217f.; G.D. Williams, Voices 26ff.; A.J. Boyle, Ovid 17f. 180.

[12] Ov. ars 3,385f.; Mart. 7,32,11f.; 11,47,5f.; Cassiod. var. 7,6,3; vgl. A. Scheithauer, Bautätigkeit 261.

[13] Ov. ars 3,385f. Daß Aquädukte zum hauptstädtischen Lebensstandard zählen, bestätigen auch Ovids Ausführungen zur Wasserversorgung in Tomi. Dazu siehe S. 207 mit Belegen.

[14] Ov. Pont. 1,8,35. A.J. Boyle, Ovid 18 bringt den relegierten Dichter, der keinen Zugang zu Rom und dessen Bauwerken mehr hat, mit dem *exclusus amator* in Verbindung.

[15] Ov. Pont. 1,8,39f. Ähnlich: Ov. trist. 3,12,25f.

genießen darf: *o quantum et quotiens non est numerare, beatum, / non interdicta cui licet urbe frui!*[16]

Ovid wußte als Intellektueller solche kulturellen Veranstaltungen sicherlich zu schätzen, doch sind diese Vorlieben nicht ausschließlich in seinem Interesse für Bildung und Zivilisation begründet. Wie seine Ausführungen im 1. und 3. Buch der Ars amatoria zeigen, richtet er sein Augenmerk auf alle stadtrömischen Bauwerke, die als Begegnungsstätten von Männern und Frauen dienen konnten und ihm die für einen urbanen Lebensstil notwendigen Kontakt- und Kommunikationsmöglichkeiten sicherten.[17] Für diesen Zweck kamen nach seinen Worten vor allem Säulenhallen, der Isistempel, Fora, Theater, die saepta Iulia und die Naumachie des Augustus in Frage.[18] Da die Gelegenheit, Frauen zu treffen, bei öffentlichen Festen besonders günstig war, empfiehlt er seinen männlichen Le-

---

[16] Ov. trist. 3,12,25f.; dazu U. Eigler, Hermes 130, 2002, 296f. Ferner machen auch Triumphzüge den Betrachtern Freude: *nos procul expulsos communia gaudia fallunt* (Ov. trist. 4,2,17).

[17] Ov. ars 1,41-262; 3,381-432. Wegen dieser Funktion sieht A.J. Boyle, Ovid 18 in den stadtrömischen Bauwerken, die der Dichter in der Ars amatoria, den Amores und Remedia amoris erwähnt, primär Objekte sexueller Triumphe und Verfolgungen und weniger Zeugnisse der kulturellen Identität der Römer. Diese Schlußfolgerung ist keineswegs zwingend. Daß der Poet zu einer zeitweiligen zweckentfremdeten Nutzung der Bauwerke rät, erklärt sich nicht zuletzt aus der gesteigerten Bedeutung, die dem privaten Bereich in jenen Jahren beigemessen wurde. Dadurch stellt er ihre eigentliche Bestimmung und ihre vom Bauherrn intendierte Aussage, in der sich die Wertvorstellungen der Oberschichten spiegeln, nicht in Frage.

[18] Ov. ars 1,67-74; 3,387f. 391f.; Ov. rem. 627ff. (Säulenhallen); Ov. ars 1,77f.; 3,393; Ov. am. 2,2,25f. (Isistempel); Ov. ars 1,79-88 (Fora). 89-134; 3,394; Ov. am. 2,2,25f. 7,3f. (Theater); Ov. am. 3,2; Ov. ars 1,135-163; 3,396; Ov. trist. 2,283ff. (Zirkus); Ov. ars 1,163-170; 3,395 (Forum bei Gladiatorenspielen); 1,171-176 (Naumachie des Augustus); Ov. ars 3,389f.; Ov. trist. 2,287ff. (Tempel). Ovids Bemerkung, er habe mit Curtius Atticus in Rom Foren, Säulenhallen, Theater und die (Sacra?) via besucht, weist ebenfalls auf die Funktion dieser Anlagen als Begegnungsstätten hin: *nos fora viderunt pariter, nos porticus omnis, / nos via, nos iunctis curva theatra locis* (Ov. Pont. 2,4,19f.). Dazu M. Helzle, Epistulae 316f. Zu den aus Triumphzügen resultierenden Kontaktmöglichkeiten siehe auch Ov. trist. 4,2,19. 65f. Zur Anbahnung von Bekanntschaften beim Rennen Ov. am. 3,2; zur Anlehnung von Ov. ars 1,135-163 an Ov. am. 3,2 siehe K. Jäger, Crambe 56f.; zu den Begegnungsstätten B. Otis, Ovids Liebesdichtungen 247f.; K. Jäger, Crambe 51ff.; L. Pepe (cur.), Ovidio 348ff.; S.A. Schlueter, Studies 128ff.; E.F. Wright, PhQ 63, 1984, 6; P.J. Davis, Ramus 24, 1995, 186ff.; C.M.C. Green, TAPhA 126, 1996, 232ff.; P. Zanker, Kaiser 7ff.; N. Holzberg, Ovid 103f.; K. Heldmann, Dichtkunst 375; U. Schmitzer, Gymnasium 108, 2001, 525; ders., Ovid 67ff.; A.J. Boyle, Ovid 176ff. 181f. (forum Romanum). 199ff. (circus maximus). 264f. (Isistempel). 274 (Naumachie des Augustus); Ch. Walde, GB 24, 2005, 160. 162; zu Rom als geeigneter Kulisse kultivierter Liebesbeziehungen Ov. am. 1,8,39ff.

sern, die einschlägigen Stätten an diesen Tagen aufzusuchen.[19] Auch Triumphzüge, Gelage und der Badeort Baiae eigneten sich in hervorragender Weise für die Anknüpfung neuer Bekanntschaften.[20] Es fällt auf, daß Ovid mehrere augusteische Bauten in seinen Darlegungen zu den Treffpunkten von Männern und Frauen erwähnt[21] und ihre kostbaren Materialien und Ausstattungsgegenstände anführt.[22] Diese Bemerkungen erklären sich zweifellos aus der Freude des Dichters an Schönheit, Eleganz und Geschmack; darüber hinaus zeigen sie, daß er ein wichtiges Element der offiziellen Baupropaganda erfaßt hat und damit eine Loyalitätsbekundung dem Herrscher gegenüber verbindet.

Ferner erwähnt der Dichter in seinen Erinnerungen an stadtrömische Bauten in Tomi gelegentlich die domus Augusti.[23] Als er zu Beginn des 3. Buches der Tristien ausführlich den Weg, der über das forum Iulium, das forum Augusti und die Sacra via zum Heiligtum der Vesta, dem Palatium und dem Tempel des Iuppiter Stator führt, schildert,[24] schenkt er zwei Ausstattungsgegenständen dieses Wohnsitzes besondere Aufmerksamkeit: der *corona civica* aus Eichenlaub, die über seinem Tor angebracht war, und den beiden Lorbeerbäumen, die seinen Eingang umgaben und das Haus mit dem Tempel des palatinischen Apollo, dem der Lorbeer heilig war, in Verbindung brachte.[25] Bemerkenswert ist, daß Ovid die Funktion und Bedeutung des Eichenkranzes eingehend erläutert[26] und den Herrscher mittels dieses Gegenstandes zu Jupiter in Beziehung setzt:[27]

> *singula dum miror, video fulgentibus armis*
> *conspicuos postes tectaque digna deo.*
> *'et Iovis haec' dixi 'domus est?' quod ut esse putarem,*
> *augurium menti querna corona dabat.*

---

[19] Ov. ars 1,75f.
[20] Ov. ars 1,177-228 (Triumphzug). 229-252 (Gelage). 253-258 (Baiae).
[21] Ov. ars 1,69f. (porticus Octaviae). 71f. (porticus Liviae). 73f. (porticus Danaidum um den Apollotempel auf dem Palatin). 81ff. (forum Iulium, Venustempel, Springbrunnenanlage Apiades). 171ff. (Naumachie des Augustus).
[22] Ov. ars 1,69f. (fremder Marmor der porticus Octaviae). 71 (Bilder der porticus Liviae). 73f. (Statuen der Beliden in der porticus Danaidum); dazu siehe K. Heldmann, WJA N.F. 7, 1981, 161; A. Scheithauer, Bautätigkeit 225ff.
[23] Ov. trist. 3,1,33ff.; Ov. Pont. 2,8,13ff. Zu Ov. trist. 3,1,33ff. siehe A.J. Boyle, Ovid 227f.
[24] Ov. trist. 3,1,27ff. An einer weiteren Stelle aus den Tristien erwähnt Ovid die domus Augusti, weil er hofft, daß sein Werk in die Hände des Herrschers gelangt und dadurch eine Wende in seinem Schicksal herbeigeführt wird (Ov. trist. 1,1,69-71).
[25] Ov. trist. 3,1,35ff.
[26] Ov. trist. 3,1,47ff.; dazu G. Bretzigheimer, Gymnasium 98, 1991, 66f.
[27] Ov. trist. 3,1,35ff. Zum Vergleich der domus Augusti mit dem Olymp siehe W. Schubert, Mythologie 313.

> *cuius ut accepi dominum, 'non fallimur,' inquam,*
> *'et magni verum est hanc Iovis esse domum'.*[28]

Danach teilt er seinen Lesern den Anlaß für die Widmung der *corona civica* am 13.1.27 v.Chr. mit und nimmt diese Information als Ausgangspunkt für sein eigentliches Anliegen, die Bitte an den Machthaber, seine durch diesen Kranz honorierte Hilfe für römische Bürger im Bürgerkrieg der ausgehenden Republik auch ihm selbst zuteil werden zu lassen und die Verbannung aufzuheben, so daß er dieses Gebäude wieder mit eigenen Augen betrachten kann.[29] An dieser Stelle macht sich Ovid geschickt die offizielle Baupropaganda für seine Zwecke zunutze: Mit ihrer Hilfe kann er eine weitere Verpflichtung für den Herrscher konstruieren, indem er diese Ehrung aus dem historischen Kontext löst und allen römischen Bürgern, selbst aus eigenem Verschulden in Not geratenen, ein Anrecht auf Unterstützung zubilligt. So wandelt er das Motiv der Rettung der Bürger ab; denn er bittet dieselbe Person, die ihn relegiert hat, um Rücknahme oder Milderung dieses Beschlusses. Durch den Bezug zu Jupiter verherrlicht er einerseits den *princeps*, andererseits unterstreicht er auch seine Verantwortung den seiner Macht Unterstellten gegenüber.

Durch die Erwähnung der Lorbeerbäume am Portal der *domus Augusti* betont Ovid die enge Beziehung des Herrschers zu seinem Schutzgott Apollo und kehrt erneut den sakralen Charakter dieser Wohnstätte hervor.[30] Auch in diesem Fall erklärt er die Bedeutung des Ausstattungsgegenstandes, führt allerdings mehrere Deutungen an, die sich von einem bedeutsamen Sieg des *princeps* herleiten und als eine Art Huldigung an ihn fungieren:

> *cur tamen opposita velatur ianua lauro,*
> *cingit et augustas arbor opaca comas?*
> *num quia perpetuos meruit domus ista triumphos,*
> *an quia Leucadio semper amata deo est?*
> *ipsane quod festa est, an quod facit omnia festa?*
> *quam tribuit terris, pacis an ista nota est?*
> *utque viret semper laurus nec fronde caduca*
> *carpitur, aeternum sic habet illa decus?*[31]

---

[28] Ov. trist. 3,1,33-38; dazu U. Schmitzer, Ovid 192f. Vgl. auch Ov. trist. 5,2,45-54. In diesen Versen kommt die schon von Cicero vertretene Auffassung, daß das Haus den Charakter des Bewohners erkennen läßt, zum Vorschein. Die gleiche Überzeugung tritt in der Schilderung des Hauses der Invidia (Ov. met. 2,760-770), des Somnus (Ov. met. 11,592-615) und der Fama (Ov. met. 12,39-63) zutage.
[29] Ov. trist. 3,1,47ff.
[30] Ov. trist. 3,1,39f.
[31] Ov. trist. 3,1,39-46.

Mit dem Attribut *Leucadius* spielt der Dichter auf den Apollotempel von Leukas an, in dessen Nähe Octavian 31 v.Chr. den Seesieg von Actium errungen hat, und glorifiziert dadurch den wichtigen Erfolg, mit dem die Bürgerkriege beendet wurden. Dieses Ereignis war die unumgängliche Voraussetzung für den Frieden und die daraus resultierende Hochstimmung im Römischen Reich.[32] Somit greift Ovid in diesen Versen drei zentrale Motive der offiziellen Propaganda der augusteischen Zeit auf, nämlich Sieg, Triumph und *pax Romana*. Zuletzt knüpft er an den immergrünen Lorbeer den Wunsch nach ewigem Bestand des Herrscherhauses und geht damit auf ein aktuelles Thema ein, das dynastische Element, das in den letzten Jahren der Regierung des ersten *princeps* eine zentrale Rolle spielte.[33] An dieser Stelle macht der Dichter die Baupropaganda des Prinzipatsgründers erneut seinen Zwecken dienstbar: Einerseits verherrlicht er den Machthaber damit, indem er sich mit Nachdruck zu dessen Politik bekennt; andererseits nutzt er sie als Vehikel für seine eigenen Absichten. Daß Ovids Interesse für die domus Augusti allein im Bestreben, den Herrscher zur Milde gegen seine Person zu bewegen, begründet ist, bestätigt auch eine Äußerung in den Epistulae ex Ponto.[34] In einem Brief an Cotta Maximus macht er den Wert des Palatins von der Anwesenheit des *princeps* abhängig und setzt diesen Hügel und implizit wohl auch die Wohnanlage des Machthabers darauf mit Rom gleich:

> *quid nostris oculis nisi sola Palatia desunt?*
> *qui locus ablato Caesare vilis erit.*
> *hunc ego cum spectem, videor mihi cernere Romam;*
> *nam patriae faciem sustinet ille suae.*[35]

Wieder tritt in seinem Wunsch, den Herrscher in der domus Augusti sehen zu dürfen, seine Sehnsucht nach Aufhebung der Relegation zutage.

Schließlich kommt Ovid in seinen Ausführungen zu den Bauten auf dem Palatin auf die bibliotheca Apollinis und die Bibliothek im atrium Libertatis zu sprechen;[36] denn für einen Intellektuellen zählten auch Bildungseinrichtungen zu den unverzichtbaren Kulturgütern und notwendigen Bedingungen für eine verfeinerte städtische Lebensweise:

---

[32] Ov. trist. 3,1,43f.
[33] Ov. trist. 3,1,45f.
[34] Ov. Pont. 2,8,13ff.
[35] Ov. Pont. 2,8,17-20; dazu M. Helzle, Epistulae 363.
[36] Ov. trist. 3,1,63-80. Zur Göttin Libertas und ihrer Bedeutung an dieser Stelle siehe W. Schubert, Mythologie 303. Neben der topographischen Angabe enthalten die Verse 71f. fast ein Oxymoron; denn die Göttin der Freiheit verwehrt Ovids Werken den Zugang zu den öffentlichen Bibliotheken. Vgl. auch U. Schmitzer, Gymnasium 108, 2001, 530.

quaeque viri docto veteres cepere novique
pectore, lecturis inspicienda patent.
quaerebam fratres, exceptis scilicet illis,
quos suus optaret non genuisse pater.
quaerentem frustra custos e sedibus illis
praepositus sancto iussit abire loco.
altera templa peto, vicino iuncta theatro:
haec quoque erant pedibus non adeunda meis.
nec me, quae doctis patuerunt prima libellis,
atria Libertas tangere passa sua est.
in genus auctoris miseri fortuna redundat,
et patimur nati, quam tulit ipse, fugam.
forsitan et nobis olim minus asper et illi
evictus longo tempore Caesar erit.
di, precor, atque adeo (neque enim mihi turba roganda est)
Caesar, ades voto, maxime dive, meo.
interea, quoniam statio mihi publica clausa est,
privato liceat delituisse loco.

An dieser Stelle tritt die Abhängigkeit der Bildung und des geistigen Lebens von den städtischen Zentren, die als Foren der Gelehrtenwelt dienten, besonders deutlich zutage. Freilich erwähnt Ovid die Bibliotheken nicht primär aus diesem Grund; vielmehr stellt er auch in diesem Fall eine Beziehung zwischen den beiden Institutionen und seinem Schicksal her: Nach seinen eigenen Worten waren seine gesamten Werke wegen der Verfehlungen ihres Verfassers daraus verbannt.[37] Demnach führt er diese Anlagen an, um mit ihrer Hilfe das Bild des politisch verfolgten Poeten, dessen Schrifttum der Zensur zum Opfer gefallen ist, zu konstruieren und Augustus außerdem als unversöhnlichen Herrscher hinzustellen. Dieser Eindruck wird vor allem durch seine Behauptung, daß nicht nur die anstößige Ars amatoria, sondern auch seine übrigen Werke aus den Bibliotheken entfernt worden seien, erweckt.[38] Der Dichter hat unter diesen drastischen Maßnahmen schwer zu leiden: Da seine Bücher fortan nur noch im privaten Bereich gelesen und verbreitet werden können, verringert sich sein Publikum, und seiner Bekanntheit und *gloria* werden Schranken gesetzt. Dadurch spricht Ovid dem Machthaber jegliche Bemühung um Förderung wertvoller zeitgenössischer Literatur ab und stellt dessen Mäzenatentum in Frage.

---

[37] Ov. trist. 3,1,65f.
[38] Ov. trist. 3,1,65f. 71ff.

Wenn Ovid in Tomi von seinen Erinnerungen an die Metropole überwältigt wird, denkt er nicht zuletzt an sein eigenes Haus, in dem er mit seiner Gattin glückliche Jahre verbracht hat:

> *Roma domusque subit desideriumque locorum,*
> *quicquid et amissa restat in urbe mei.*[39]

Es fällt auf, daß der Dichter an diesen Stellen sein Wohnhaus nicht mit den *opera publica* erwähnt; denn ihm liegt offensichtlich daran, zwischen seinem privaten Umfeld und den durch die öffentlichen Gebäude symbolisierten Bereichen des Lebens in der Metropole des Römischen Reiches zu differenzieren. Durch die Nennung seines Hauses verdeutlicht er seinen Lesern nicht nur die Bedeutung der Relegation für sich und seine Familie, sondern führt ihnen auch seinen Ausschluß von der an diese Stadt gebundenen Lebensform, d.h. den Verlust seiner Zugehörigkeit zu den *homines urbani*, vor Augen.

Insgesamt geht der Dichter in seinen Werken aus drei Gründen auf stadt-römische Bauten ein. Zunächst äußert er sich anerkennend über das veränderte Aussehen der Metropole und kehrt die Pracht und aufwendige Ausstattung ihrer Bauwerke hervor, weil derart gestaltete Anlagen seiner Meinung nach der veredelten Lebensart seiner Zeit einen stilvollen Rahmen gaben. Außerdem hält er *opera publica* der Erwähnung wert, die für den Lebensstandard einer Großstadt unbedingt nötig sind wie infrastrukturelle Anlagen, Bildungseinrichtungen sowie Sport- und Vergnügungsstätten. Während er sein Augenmerk ausschließlich auf den Nutzen der infrastrukturellen Anlagen richtet, kommen bei den übrigen Gebäudegattungen Interessen auf zwei verschiedenen Ebenen zum Vorschein. Zuerst liegt ihm als Gelehrtem zweifellos ihr Bildungs- und Unterhaltungswert am Herzen. Noch wichtiger sind für ihn jedoch ihre Funktion als Begegnungsstätten der Geschlechter und die daraus resultierenden Kontakt- und Kommunikationsmöglichkeiten. Schließlich würdigt er stadtrömische Bauwerke und deren Ausstattung in seiner Exilliteratur, um an ihnen sein persönliches Schicksal zu demonstrieren und dem Herrscher seine Bitte um Milderung seiner Relegation zu übermitteln. Diesen Zweck erfüllt vor allem die domus Augusti auf dem Palatin, deren Torschmuck an die Rettung von *cives Romani* im Bürgerkrieg erinnerte. Darüber hinaus bringt er auch Bildungseinrichtungen mit seiner Person in Verbindung und prangert auf diese Weise zugleich die seiner Ansicht nach nicht gerechtfertigte Zensur von Werken mißliebiger Autoren an. So wird aus sämtlichen Äußerungen deutlich, daß Ovid nicht aus genuinem Interesse auf die *opera publica* der Metropole eingeht, sondern an ihnen zentrale Themen seiner Schriften abhandelt. Er würdigt zwar in einigen Fällen ihre übliche, vom jewei-

---

[39] Ov. trist. 3,2,21f. Ähnlich: Ov. trist. 3,4b,57-60.

ligen Bauherrn intendierte Aufgabe, mißt ihnen aber darüber hinaus noch eine zusätzliche Funktion zu. Nichtsdestoweniger beschreibt er einen „natürlichen" Prozeß der Höherentwicklung von Urbanisation an sich, dessen treibende Kraft in diesem Fall Augustus war. Demnach sind die stadtrömischen Bauten nach Ovids Darstellung mit der kulturellen Identität der Römer verflochten, wie A.J. Boyle betont.[40] Freilich überzeugt seine Folgerung, der Dichter habe seinen Lesern anhand dieser Bauwerke den Kampf zwischen der kulturellen Identität und ihrer Usurpation durch den Herrscher demonstrieren wollen, nicht. Der Poet stellt in seiner Liebespoesie die durch die *opera publica* verkörperten Werte nicht in Frage, sondern ergänzt sie, indem er auf die Nutzungsmöglichkeiten der Anlagen im privaten Bereich eingeht und so der Mentalität seiner Zeitgenossen Rechnung trägt, die den Anforderungen, die der Machthaber an die Reichsaristokratie stellte, durch Rückzug ins Privatleben zu entgehen suchten; denn in den Ausführungen zu den Begegnungsstätten liegt die Aufwertung der *vita privata* offen zutage. Somit spielen in seinen Darlegungen zum architektonischen Ambiente eines kultivierten Lebensstils in den Liebesdichtungen und der Exilpoesie von der domus Augusti abgesehen der politische Bereich und die damit einhergehende Auseinandersetzung mit der Baupropaganda des *princeps* keine zentrale Rolle, selbst wenn das Zitieren von Bauwerken als Seitenhieb gegen Augustus gedeutet werden kann.

---

[40] A.J. Boyle, Ovid 45.

3. Die Wichtigkeit von Bildung für einen urbanen Lebensstil

Für einen urbanen Lebensstil ist nach Ovids Ausführungen nicht nur ein angemessenes architektonisches Ambiente vonnöten, sondern die Menschen müssen auch bestimmte Voraussetzungen, nämlich eine umfassende, keineswegs rein intellektuelle Bildung, mitbringen. Der Dichter legt zunächst den Fächern des höheren Unterrichts großen Wert bei; garantierten sie seiner Meinung nach doch alle Fertigkeiten, die für das gesellschaftliche Leben jener Zeit von Belang waren. Da er sein Unterrichtsprogramm am Rollenspiel von Mann und Frau in der Ars amatoria orientiert, weist es geschlechtsspezifische Unterschiede auf.

Weil die Männer beim Werben um eine Frau die Initiative ergreifen sollen, erachtet es Ovid für unerläßlich, daß sie sich veredelte Umgangsformen, vor allem aber eine gewählte Sprechweise aneignen. Der beste Weg, dieses Ziel zu erreichen, war die Beherrschung der *bonae artes;*[1] daher empfiehlt der Dichter den jungen Männern, sich diese zu erwerben und sie ständig zu pflegen:

> *disce bonas artes, moneo, Romana iuventus,*
>   *non tantum trepidos ut tueare reos:*
> *quam populus iudexque gravis lectusque senatus,*
>   *tam dabit eloquio victa puella manus.*
> *sed lateant vires, nec sis in fronte disertus;*
>   *effugiant voces verba molesta tuae.*
> *quis, nisi mentis inops, tenerae declamat amicae?*
>   *saepe valens odii littera causa fuit.*
> *sit tibi credibilis sermo consuetaque verba,*
>   *blanda tamen, praesens ut videare loqui.*[2]

Nach diesen Versen basiert Ovids Bildungsideal auf dem Curriculum von Fächern, deren Studium für einen Freien standesgemäß[3] und für einen *vir bonus* verpflichtend war. Diese Beschäftigungen konnten geistiger, musischer, körperlicher und militärischer Natur sein. Ob Ovid den Kanon der *bonae artes*, die von

---

[1] Zur Notwendigkeit, die *bonae artes* zu pflegen, siehe ferner Cic. de orat. 1,73: *omnibus ingenuis artibus instructus.* Möglicherweise subsumiert Ovid in den *bonae artes* auch Versiertheit in der Liebeskunst. A. Sharrock, Seduction 49 deutet *ingenuae artes* unter Einbeziehung von Ov. Pont. 2,7,47f. primär als *ars amatoria.* Diese Interpretation engt den Begriff zu stark ein.

[2] Ov. ars 1,459-468; dazu A.S. Hollis, Ovid 113f.; E. Pianezzola (cur.), Ovidio. L'arte di amare. Commento I 239ff.; vgl. ders., QIFL 2, 1972, 53f.; M. Myerowitz, Games 142.

[3] Sen. epist. 88,2: *quare liberalia studia dicta sint vides: quia homine libero digna sunt.*

der Spätantike an in der Regel als *artes liberales*[4] bezeichnet werden und in ein aus Grammatik, Rhetorik und Dialektik bestehendes *trivium* und ein aus Arithmetik, Geometrie, Astronomie und Musik gebildetes *quadrivium* unterteilt werden, vor Augen hatte, läßt sich nicht mit Sicherheit feststellen; denn er nennt explizit nur die Rhetorik und Musik. Außerdem setzt er die Grammatik voraus.[5] Mit dieser Auswahl trägt er den Gegebenheiten des höheren Unterrichts in Rom Rechnung, dessen Schwergewicht auf der grammatisch-rhetorischen Bildung lag. Für einen kultivierten Lebensstil waren vor allem die Fächer des späteren *trivium* bedeutsam; denn Grammatik, d.h. das Studium der griechischen und lateinischen Autoren, und Dialektik, die Kunst der Unterredung, schufen die Grundlage für die Beschäftigung mit der Rhetorik.

Der Redekunst mißt der Dichter eine entscheidende Bedeutung bei, erleichtert die Fähigkeit, sich angemessen auszudrücken, doch einem Mann das Werben um eine Frau erheblich und läßt ihn als *urbanus*, d.h. als galanten Gentleman, erscheinen. Seiner Meinung nach ist sie überhaupt der Schlüssel zum Erfolg bei Frauen; bekanntlich erliegen sie zwangsläufig der Gewalt der Rede, wenn ein Mann von dieser Waffe richtig Gebrauch macht.[6] Freilich warnt der *praeceptor amoris* seine männlichen Leser vor einer übertriebenen Zurschaustellung ihrer rhetorischen Talente, weil solch ein Übermaß nicht die beabsichtigte Wirkung erzielt, sondern die Geliebte abschreckt.[7] Nach Ovid fußt ein erfolgversprechender Umgangston auf Natürlichkeit und Schlichtheit. Diese Voraussetzungen finden sich in einer Sprache, deren Wortschatz in der Metropole gängig ist und die sich durch Glaubhaftigkeit auszeichnet. Um jedoch den Ansprüchen einer Konversation in feinen Kreisen zu genügen, bedarf die Sprache noch der Veredelung, eines Vorganges, der sich am besten durch Schmeicheleien bewerkstelligen läßt.[8] Die Wirkung von Schmeicheleien kommt besonders bei den Briefen, deren sprachliche Form der Rede sehr stark ähnelt,[9] zum Vorschein: Sie garantieren, daß selbst die sprödeste Dame nach geraumer Zeit dem Werben eines Verehrers nachgibt.[10] Ovid verdeutlicht die unwiderstehliche Macht dieser Ausdrucksweise an allgemein bekannten Belegen für die Argu-

---

[4] Frühester Beleg des Terminus *artes liberales* bei Cic. inv. 1,35.
[5] Zu den *artes liberales* siehe F. Kühnert, Reihenfolge 7ff.; ders., Einteilung 23ff.; I. Hadot, Geschichte 17ff. mit weiterer Literatur.
[6] Ov. ars 1,462. Zum *sermo urbanus* siehe ausführlich S. 59ff.
[7] Ov. ars 1,463ff.; dazu A.S. Hollis, Ovid 114; E. Pianezzola (cur.), Ovidio. L'arte di amare. Commento I 240ff.; W. Stroh, WJA N.F. 5, 1979, 118ff.
[8] Ov. ars 1,467f.
[9] Nach der antiken Theorie galten Briefe als die eine Hälfte eines Dialogs (Demetr. eloc. 223). Vgl. S. 61.
[10] Ov. ars 1,469ff.

mentation „Steter Tropfen höhlt den Stein"[11] und erläutert sie durch Beispiele aus dem Mythos:

> *tempore difficiles veniunt ad aratra iuvenci,*
> *tempore lenta pati frena docentur equi.*
> *ferreus adsiduo consumitur anulus usu,*
> *interit adsidua vomer aduncus humo.*
> *quid magis est saxo durum, quid mollius unda?*
> *dura tamen molli saxa cavantur aqua.*
> *Penelopen ipsam, persta modo, tempore vinces:*
> *capta vides sero Pergama, capta tamen.*[12]

So gewöhnen sich die Stiere mit der Zeit an den Pflug, die Pferde an das Zaumzeug;[13] ferner nutzt sich Eisen durch steten Gebrauch ab,[14] und weiches Wasser höhlt hartes Gestein aus.[15] Die Aufzählung der Exempel gipfelt in der Behauptung, selbst Penelope, das Muster unwandelbarer, standhafter Treue, könne sich derartigen Bemühungen nicht verschließen.[16] In dieser Passage liegt das für Ovids Denken charakteristische Ideal der *munditia*, das seine Vorstellungen von einer verfeinerten Lebensart entscheidend geprägt hat, offen zutage. Er lehnt eine auf rein technischen Perfektionismus ausgerichtete intellektuelle Bildung ab; denn sie wirkt unecht, geziert und deplaciert und behindert die zwischenmenschlichen Beziehungen.

Die Wirksamkeit der Rhetorik wird nach Ansicht Ovids noch durch Fremdsprachenkenntnisse gesteigert:

> *iam molire animum, qui duret, et adstrue formae:*
> *solus ad extremos permanet ille rogos.*
> *nec levis ingenuas pectus coluisse per artes*
> *cura sit et linguas edidicisse duas.*[17]

---

[11] Ov. Pont. 4,10,5; vgl. Ov. ars 1,476; Ov. Pont. 1,1,70; 2,7,40. Zu diesem Topos siehe R. Müller, Motivkatalog 22 mit weiteren Belegen.
[12] Ov. ars 1,471-478; dazu A.S. Hollis, Ovid 114f.; E. Pianezzola, a.a.O. 241f.
[13] Ov. ars 1,471f.
[14] Ov. ars 1,473f.
[15] Ov. ars 1,475f. Ovid unterstreicht die unglaubliche Macht des Wassers in V. 475 durch einen Chiasmus.
[16] Ov. ars 1,477. Zu Ovids frivolem Spiel mit dem mythischen Musterbild der Gattentreue und seiner konstruktiven Mythenkritik siehe W. Schubert, Mythologie 234. 244.
[17] Ov. ars 2,119-122; dazu siehe M. Janka, Ovid 123ff.; A. Sharrock, Seduction 47ff.

Weil sie Frauen mit intellektuellen Fähigkeiten am stärksten beeindrucken können, rät er seinen männlichen Lesern, in zwei Sprachen, nämlich in Latein und Griechisch, bewandert zu sein. In diesen Versen wird ein charakteristisches Merkmal des römischen Bildungssystems als Ideal hingestellt; denn die Aneignung des Wissens beim *grammaticus Graecus* und *grammaticus Latinus* setzte Zweisprachigkeit voraus. Da die Beherrschung der lateinischen und griechischen Sprache in den literarischen Quellen bis in die Spätantike anerkennend hervorgehoben wird,[18] ist anzunehmen, daß es sich um weiterführende, keineswegs selbstverständliche Kenntnisse und somit um eine noch bessere Sprachkompetenz, als sie der Grammatiker vermittelte, handelte. Ovid begründet die Notwendigkeit einer soliden Ausbildung mit der Vergänglichkeit der Schönheit; denn solche Werte sind ein bleibender Besitz. Sie wiegen zeitliche und äußere Vorzüge auf[19] und lassen körperliche Mängel in Vergessenheit geraten. Demnach geben derartige Qualitäten den Ausschlag für die Wirkung eines Menschen auf seine Mitmenschen und bestimmen seinen Erfolg in der Gesellschaft, weil sie ihn anziehend machen.

Weil Ovid der Rhetorik wegen der dominierenden Rolle der Männer beim Werben um eine Frau besondere Wichtigkeit beilegt, geht er auf die übrigen Disziplinen des *trivium* nicht ein. Wie aus seinen Darlegungen zur Ausbildung der Frauen hervorgeht, sieht er Versiertheit in diesen Künsten jedoch als selbstverständlich an; denn seine Empfehlungen, daß Frauen sich literarische Kenntnisse aneignen sollen, sind nur sinnvoll, wenn die Männer die gleichen Voraussetzungen mitbringen.

Da Frauen kein Rhetorikstudium absolvierten, sollten sie gemäß ihrer Aufgabe im Rollenspiel der Geschlechter statt dessen ihre literarische Bildung pflegen.[20] Ovid stellt einen stattlichen Lektürekanon geeigneter poetischer Werke zusammen, der verschiedene literarische Gattungen, nämlich Lyrik, Epos, Komödie, Elegie und Monodrama,[21] umfaßt:

---

[18] Z.B. Cic. off. 1,1; Cic. orat. 2,75f.; Cic. fin. 2,12; Varro ling. 5,74; Sall. Iug. 95,3; Hor. carm. 3,8,5; Mart. 10,76,6; Plut. Luc. 1,5; Plin. epist. 3,1,7; 7,25,4; Gell. 17,5,3; Amm. 18,5,1. Zur Zweisprachigkeit gebildeter Römer siehe M. Dubuisson, AC 50, 1981, 274ff.; R. Weis, Kenntnis 137ff.; B. Rochette, EtClass 64, 1996, 3ff.

[19] Ov. ars 2,119f. 143f.; dazu siehe M. Janka, Ovid 123. 140ff.

[20] Die Auffassung, daß aus der Lektüre alter Autoren resultierende Bildung die Voraussetzung von *urbanitas* ist, vertritt noch Ammian im 4. Jahrhundert: *subagreste ingenium nullis vetustatis lectionibus expolitum* (Amm. 30,4,2).

[21] Zur Gattung der Epistulae Heroidum siehe P. Steinmetz, Die literarische Form der Epistulae Heroidum Ovids, Gymnasium 94, 1987, 128ff. bes. 140 mit weiterer Literatur; P.E. Knox, The Heroides: Elegiac Voices, in: B. Weiden Boyd (ed.), Brill's Companion to Ovid, Leiden – Boston – Köln 2002, 123ff.

sit tibi Callimachi, sit Coi nota poetae,
sit quoque vinosi Teia Musa senis;
nota sit et Sappho (quid enim lascivius illa?)
cuive pater vafri luditur arte Getae;
et teneri possis carmen legisse Properti
sive aliquid Galli sive, Tibulle, tuum
dictaque Varroni fulvis insignia villis
vellera germanae, Phrixe, querenda tuae
et profugum Aenean, altae primordia Romae,
quo nullum Latio clarius extat opus;
forsitan et nostrum nomen miscebitur istis
nec mea Lethaeis scripta dabuntur aquis
atque aliquis dicet, 'nostri lege culta magistri
carmina, quis partes instruit ille duas,
deve tribus libris, titulo quos signat AMORVM,
elige, quod docili molliter ore legas,
vel tibi composita cantetur EPISTVLA voce;
ignotum hoc aliis ille novavit opus'.[22]

Nach dieser Stelle hält es der Autor für wünschenswert, daß die Frauen Kallimachos und Philetas von Kos, zwei wichtige hellenistische Dichter, Anakreon und Sappho, zwei Vertreter der frühgriechischen Lyrik, die Komödien des Terenz oder eher des Menander, die Epen des Varro von Atax und Vergil, die Elegien des Gallus, Tibull und Properz und seine eigenen Werke kennen.[23] Diese Auswahl ist unter zwei Gesichtspunkten getroffen: Einerseits schlägt der Dichter überwiegend (Liebes)elegien vor, andererseits bevorzugt er zeitgenössische Werke, wobei er seine eigenen Schriften, nämlich die *culta carmina* Ars amatoria, Amores und Epistulae Heroidum, an betonter Stelle am Ende der Liste aufführt und sie ausführlicher als das Oeuvre der übrigen Autoren würdigt.[24] In al-

---

[22] Ov. ars 3,329-346; dazu siehe L. Pepe (cur.), Ovidio 343ff.; L. Cristante (cur.), Ovidio. L'arte di amare. Commento III 385ff.; R.K. Gibson, Ovid 230-239; vgl. S.A. Schlueter, Studies 22; H. Zabulis, Klio 67, 1985, 187; W. Schubert, Mythologie 196f.; F. Spoth, MH 49, 1992, 201ff.; M. von Albrecht, SCI 15, 1996, 180.

[23] Ov. ars 3,329 (Kallimachos, Philetas von Kos). 330 (Anakreon). 331 (Sappho). 332 (Terenz oder eher Menander). 333f. (Properz, Gallus, Tibull). 335f. (Argonautenepos des Varro von Atax). 337 (Vergils Aeneis.). 338-346 (Ovids Werke). Da die Verse über die beiden Epiker Varro und Vergil nach Ansicht von F. Spoth schlecht in diesen Zusammenhang passen, zieht er ihre Authentizität in Zweifel. Siehe F. Spoth, MH 49, 1992, 202ff. Diese Folgerung ist jedoch keinesfalls nötig.

[24] Ov. ars 3,341f. (Ars amatoria). 343 (Amores). 345f. (Epistulae Heroidum); dazu R.K. Gibson, Ovid 237ff.

len diesen Werken ist die Liebe ein wichtiges Thema, auch wenn sie in den einzelnen Gattungen unterschiedlich dargestellt ist und jeweils andere Aspekte dominieren. So erfährt Ovids weibliches Publikum aus den zitierten Typenkomödien, wie ein listiger Sklave einem geizigen Vater Geld entlockt, damit dessen leichtlebiger, vergnügungssüchtiger Sohn seine amourösen Beziehungen finanzieren kann. Varro behandelte in seinem verlorenen Argonautenepos am Beispiel Jasons und Medeas zweifellos auch die zerstörerische Macht der Liebe. In der Aeneis schildert Vergil, wie der Held seine ihm vorbestimmte politische Sendung über sein persönliches Liebesglück stellt und deshalb Dido in den Tod treibt. Anakreon und Sappho gehen in ihren Ausführungen zur vornehmen zeitgenössischen Gesellschaft auch auf Liebesbeziehungen in diesen Kreisen ein. Von den Werken des Kallimachos dürfte Ovid wohl vor allem die erotischen Epigramme und die Aitia für geeigneten Lesestoff gehalten haben.[25] Erwartungsgemäß legt er seinen Leserinnen die Werke des Gallus, Properz und Tibull, seiner Vorgänger in der römischen Liebeselegie, ans Herz, in denen die selbstzerstörerischen Züge der Liebe hervorgekehrt sind.[26] Somit trägt die vorgeschlagene Literatur zunächst zur Allgemeinbildung der Frauen bei, denn Ovid bezieht auch Schulautoren wie Vergil in seine Auswahl ein. Außerdem vermittelt diese Auslese umfangreiche Kenntnisse auf dem Gebiet der Liebe. Sie dienen als Folie und als Kontrast für die eigenen Überzeugungen des Dichters. Bemerkenswert ist, daß er seine Werke mit Begriffen charakterisiert, die für die verfeinerten Umgangsformen seiner Gegenwart typisch sind und in seinen Anweisungen in der Ars amatoria eine zentrale Rolle spielen.[27] Diese Ausdrücke deuten darauf hin, daß er in seinen Elegien eine humanere Auffassung von der Liebe vertritt als seine Vorgänger. Demnach kündigt er in diesen Versen an, welche Erwartungen sein weibliches Publikum an seine Werke knüpfen kann. So nutzt er diese Sammlung lesenswerter Schriften für seine Selbstdarstellung, indem er die eigenen Qualitäten erläutert, in der Auseinandersetzung mit seinen Vorgängern Individualität gewinnt und seine Leserinnen auf das Spiel, das ihnen seine Darlegungen eröffnen, einstimmt.

Diese nach dem Gesichtspunkt des konkreten Nutzens ausgesuchten Werke vermitteln ihren Leserinnen die für den sozialen Verkehr mit Männern nötigen Kenntnisse. Da sie beim Flirten und Werben nicht die Initiative ergreifen sollen,

---

[25] Ovid spezifiziert die Lektüre des Kallimachos nicht näher. Das Werk des Philetas von Kos ist fast vollständig verloren, so daß offen bleiben muß, welche Schrift der Dichter den Frauen empfohlen haben könnte. Zu diesen Dichtern siehe R.K. Gibson, Ovid 231f.

[26] Zu Ovids Verhältnis zu Properz und Tibull siehe W. Schubert, Mythologie 76ff. mit weiterer Literatur; zum Unterschied zwischen Ovid und seinen Vorgängern L. Alfonsi – W. Schmid, RAC IV (1959) 1045f.; vgl. H. Wagenvoort, LEC 4, 1935, 108-120; R. Muth, Poeta ludens 76; J.R.C. Martyn, ANRW II 31.4 (1981) 2436-2459.

[27] Ov. ars 3,341f. (*culta magistri carmina*). 344 (*docili molliter ore legas*).

sondern anziehend sein müssen, um die Liebe eines Mannes zu erwecken, benötigen sie weniger rhetorische Fertigkeiten als die Männer; also genügt es, daß sie sich mit Hilfe von Lektüre die in solchen Situationen üblichen Verhaltensweisen aneignen.[28] Insgesamt ist Ovid in seinen Ausführungen zu den literarischen Kenntnissen der Damenwelt anspruchsvoll; er spielt sich zwar als Lehrer der Verführung auf, hat aber im Grunde ein recht hohes Bildungsziel. Wie man weiß, ist seine Zielvorstellung die *femina docta*. Somit entpuppt sich der *praeceptor amoris* obendrein als Lehrmeister der Zivilisation. Da Schönheit ein vergängliches Gut ist, legt er den Frauen ans Herz, sich rechtzeitig mit Hilfe von Dichterlektüre und musischen Fertigkeiten dauerhafte Werte zu erwerben.[29]

Von den Fächern des Quadriviums, die von den Römern in der Regel vernachlässigt werden,[30] erachtet Ovid die Musik für sehr wichtig. Da Versiertheit in der Musenkunst ebenfalls ein Indiz für eine kultivierte Lebensweise ist, darf sie in der Ausbildung keineswegs vernachlässigt werden. Solche Talente erweisen sich wieder bei der Annäherung der Geschlechter als äußerst vorteilhaft. Wie im Fall der mit Schmeicheleien angereicherten Sprechweise demonstriert Ovid die unwiderstehliche Macht dieser Kunst an bekannten Beispielen aus dem Mythos:

> *monstra maris Sirenes erant, quae voce canora*
> *quamlibet admissas detinuere rates;*
> *hic sua Sisyphides auditis paene resolvit*
> *corpora (nam sociis inlita cera fuit).*
> *res est blanda canor: discant cantare puellae*
> *(pro facie multis vox sua lena fuit)*
> *et modo marmoreis referant audita theatris*
> *et modo Niliacis carmina lusa modis;*
> *nec plectrum dextra, citharam tenuisse sinistra*
> *nesciat arbitrio femina docta meo:*
> *saxa ferasque lyra movit Rhodopeius Orpheus*

---

[28] Diese Zuordnung der Wissenschaften zu den Geschlechtern ist typologisch zu verstehen. Ihre korrekte Beurteilung ist aus einem Brief Ovids an den Rhetoriklehrer Cassius Salanus, in dem er auf die wechselseitige Bereicherung beider Gebiete hindeutet, zu ersehen: *utque meis numeris tua dat facundia nervos, / sic venit a nobis in tua verba nitor* (Ov. Pont. 2,5,69f.). Nach diesen Darlegungen verleiht die Rhetorik *nervi* und erhebt die Kraft, die nach der *communis opinio* als männliches Spezifikum gilt, ins Geistige. Die Poesie hingegen vergeistigt neben der Musik die Schönheit, die in der römischen Gesellschaft eine Domäne der Frauen war.

[29] Siehe M. von Albrecht, SCI 15, 1996, 180.

[30] Cic. Tusc. 1,5; Hor. ars 323-332. Ovid faßt die Musik in seinen Werken nicht als theoretisch-mathematische Wissenschaft, sondern als praktische Kunst auf.

> *Tartareosque lacus tergeminumque canem;*
> *saxa tuo cantu, vindex iustissime matris,*
> *fecerunt muros officiosa novos;*
> *quamvis mutus erat, voci favisse putatur*
> *piscis Arioniae, fabula nota, lyrae.*
> *disce etiam duplici genialia nablia palma*
> *verrere: conveniunt dulcibus illa iocis.*[31]

Der Dichter stellt den Mädchen zunächst die verrufenen Sirenen vor Augen; denn sie konnten durch ihren Gesang alle Männer verführen, obwohl sie Ungeheuer waren.[32] Da in der Ars amatoria die Verführung als Positivum gilt, läßt Ovid die Musik möglichst vorteilhaft erscheinen und wertet selbst traditionell negativ besetzte Topoi wie die Sirenen neu auf.[33] Die außergewöhnlichen musischen Gaben der übrigen Sänger bestehen vornehmlich darin, daß sie entweder leblose Materie sozusagen beseelten und zu Handlungen inspirierten, die im allgemeinen nur Menschen vollbringen können, oder ein Tier zu einer völlig ungewöhnlichen Verhaltensweise veranlaßten. So bezwang der thrakische Orpheus mit seinem Gesang Felsen, wilde Tiere, die Gewässer des Tartarus und selbst Cerberus,[34] das Ungeheuer der Unterwelt, das zu keinerlei menschlichen Regungen fähig war. In diesem Fall erübrigt sich eine Umdeutung, weil Orpheus als Verkörperung der magischen Wirkkraft der Musik angesehen wurde. Über ähnliche Talente verfügte Amphion, der mit seinem Gesang die Felsen bewegte, so daß sie sich von selbst zur Mauer von Theben zusammenfügten.[35] Als letzten begnadeten Sänger erwähnt Ovid den lyrischen Dichter Arion, der durch seinen auf der Kithara begleiteten Vortrag einen Delphin fesselte.[36] Aus der gewaltigen Faszination, welche die Musenkunst, vor allem der Gesang auf die Zuhörer ausübte, leitet er die berechtigte Forderung ab, daß sich Männer und Frauen ebenfalls dieser Kunst widmen sollten, um sie zur Anbahnung von Liebesbeziehungen nutzen zu können, zumal der Erfolg nach seiner Darstellung von vornherein garantiert war. Außerdem bot sich Frauen die Möglichkeit, durch musikalische Bildung mangelnder Schönheit abzuhelfen.[37]

---

[31] Ov. ars 3,311-328; dazu siehe L. Cristante (cur.), Ovidio. L'arte di amare. Commento III 382ff.; R.K. Gibson, Ovid 223-229; zu V. 311f. R. Martin, Art 81.

[32] Ov. ars 3,311-314; dazu siehe L. Cristante, a.a.O. 382f.; W. Schubert, Mythologie 192.

[33] Zur neuen Wertung der Sirenen durch Ovid siehe M. von Albrecht, SCI 15, 1996, 180. 184.

[34] Ov. ars 3,321f.; dazu siehe L. Cristante, a.a.O. 384; R.K. Gibson, Ovid 227f.; R. Martin, Art 81. 87.

[35] Ov. ars 3,323f.; dazu E. Martin, Art 81. 87.

[36] Ov. ars 3,325f.; dazu R.K. Gibson, Ovid 228f.; R. Martin, Art 81. 87. Vgl. Hdt. 1,23.

[37] Ov. ars 3,316.

Um einer jungen Frau zu gefallen, sollte der Bewerber, sofern er dazu imstande war, unbedingt seine Gesangs- und Tanzkünste unter Beweis stellen: *si vox est, canta; si mollia bracchia, salta.*[38] Qualitäten dieser Art stellten sich auch für die Damenwelt als besonders wirksam heraus.[39] Anscheinend war Tanzen nach Meinung des Dichters für Frauen noch wichtiger als für Männer; zogen doch die anmutigen Bewegungen die Zuschauer in besonderem Maße in ihren Bann:

> *quis dubitet, quin scire velim saltare puellam,*
> *ut moveat posito bracchia iussa mero?*
> *artifices lateris, scaenae spectacula, amantur:*
> *tantum mobilitas illa decoris habet.*[40]

Ovid verweist bei der Empfehlung dieser Aktivität auf die Bühnenkünstlerinnen, weil sie sich wegen ihrer Kunst allgemeiner Beliebtheit erfreuen. Bekanntlich besitzen sie *decor*, eine Qualität, die nach seinen Vorstellungen in einem kultivierten Lebensstil eine wichtige Rolle spielt. Ferner hält es der Dichter für wünschenswert, daß Frauen singen lernten;[41] vor allem sollten sie Melodien, die sie im Theater gehört hatten, und ägyptische Weisen, die als besonders verführerisch galten, kennen.[42] Zudem erwartet Ovid von seinen Leserinnen, daß sie ein Saiteninstrument, d.h. die mit einem Plektron gezupfte Kithara,[43] beherrschten und damit ihre Gesangsdarbietungen begleiteten:

> *haec quia dulce canit flectitque facillima vocem,*
> *oscula cantanti rapta dedisse velim;*
> *haec querulas habili percurrit pollice chordas:*
> *tam doctas quis non possit amare manus?*[44]

Außerdem legt der Dichter seinem weiblichen Publikum das Nablium, die mindestens zehnsaitige Harfe, die mit beiden Händen gespielt wurde und deren rauschender, aber etwas gedämpfter Klang privaten Festen eine besondere Note

---

[38] Ov. ars 1,595; dazu siehe A. Sharrock, Seduction 252; zum Tanzen K.-W. Weeber, Alltag 353ff.
[39] Ov. ars 2,305; 3,349ff.; Ov. am. 2,4,25ff.; Ov. rem. 333ff. Zu Ov. ars 2,305 siehe M. Janka, Ovid 245f.
[40] Ov. ars 3,349-352; dazu siehe R.K. Gibson, Ovid 240ff.
[41] Ov. ars 3,315.
[42] Ov. ars 3,317f.
[43] Ov. ars 3,319f.
[44] Ov. am. 2,4,25-28; dazu G. Lieberg, Maia 49, 1997, 355.

verleihen konnte,[45] ans Herz;[46] denn es paßte zu den für verfeinerte Umgangsformen wichtigen heiteren Scherzen. Diese Anweisungen offenbaren, daß Ovid sehr anspruchsvoll ist und ein hohes Bildungsziel verfolgt, stellt doch die Beherrschung der Gesangskunst und zweier Musikinstrumente eine respektable Leistung dar. Aus diesem Grund bezeichnet der Dichter Frauen, die solche musischen Fertigkeiten aufweisen, zu Recht als *doctae*,[47] deutet aber zugleich an, daß die Stadtrömerinnen nach seiner Ansicht diesem Ideal nicht allzu häufig entsprochen haben.[48] Freilich zeigt sich in seiner Äußerung in den Amores, daß er sich nicht primär für die Musik interessiert, sondern für die von ihr und den Musizierenden ausgehende erotisierende Wirkung, die diesem Lebensstil das charakteristische Flair verleiht. Somit begründet er eine Ausbildung in diesem Bereich mit der verführerischen Macht der Musenkunst. Weil der Dichter die Aufgabe der Seduktion den Frauen zuweist, sind seine Ratschläge zur Musikpflege in erster Linie an sein weibliches Publikum gerichtet und recht detailliert. Bei den Männern dagegen begnügt er sich mit dem knappen, pauschalen Hinweis, daß sie singen und tanzen sollen, falls sie das nötige Talent besitzen;[49] denn sie haben bei der Ausübung dieser beiden Künste weniger Ausstrahlung als Frauen.

Ovids Empfehlungen deuten auf eine lebhafte Musizierpraxis in der vornehmen Gesellschaft seiner Zeit hin; sie wird durch zahlreiche weitere Äußerungen in der griechischen und römischen Literatur und durch bildliche Darstellungen bestätigt. Eine wichtige Voraussetzung für den Anklang der Musenkunst in den Oberschichten war, daß sie zu den Fächern gehörte, die Kinder vornehmer Römer wohl vom 3. Jahrhundert v.Chr. an im höheren Unterricht kennenlernten.[50] Diese Unterweisung konnte durch den Besuch von Musik- und Tanzschulen, die bereits im Zeitalter der Punischen Kriege bekannt waren[51] und in der frühen Kaiserzeit in großer Anzahl existierten,[52] vervollkommnet werden. Freilich standen besonders konservative Senatoren dem Musizieren ihrer Standesgenossen noch im 2. Jahrhundert v.Chr. höchst skeptisch gegenüber, handelte es sich doch um eine griechische Kunst. So vertrat Cato die Ansicht, daß Singen keine angemessene Beschäftigung für einen ernsthaften Mann sei.[53] Diese

---

[45] Ath. 4,175.
[46] Ov. ars 3,327f.; dazu siehe M. von Albrecht, SCI 15, 1996, 180.
[47] Ov. am. 2,4,28.
[48] Ov. ars 2,281f.; dazu siehe M. Janka, Ovid 231ff.
[49] Ov. ars 1,595.
[50] Zum Wert musikalischer Bildung siehe Quint. inst. 1,10,9-33; dazu G. Wille, Einführung 166f.; vgl. H.-I. Marrou, Geschichte 362f. 411.
[51] Macr. sat. 3,14,4.
[52] Sen. epist. 90,19.
[53] Macr. sat. 3,14,10; vgl. 3,14,7f.

Vorbehalte wurden in der Folgezeit zunehmend abgebaut und waren keineswegs für sämtliche Angehörige der Oberschichten typisch, wenn auch die Einwände gegen allzu große Perfektion, d.h. gegen professionelles Niveau, bestehen blieben. Sulla war ein ausgezeichneter Sänger;[54] der Ritter Numerius Furius, ein Bekannter Ciceros, hatte während seiner Ausbildung singen gelernt und gab gelegentlich Kostproben seines Könnens.[55] Außerdem offenbaren die Feierlichkeiten nach Caesars Tod, bei denen Stücke des Pacuvius und Atilius zu Gehör gebracht wurden,[56] die Wertschätzung der Musenkunst in den führenden Kreisen in Rom. Selbstverständlich beherrschten Dilettanten von Stand auch Instrumente, wie das Beispiel des L. Norbanus Balbus zeigt. Der Konsul des Jahres 19 n.Chr. war der Tuba derart ergeben, daß er sich sogar am Morgen seines Konsulatsantrittes nicht des Spielens enthalten konnte.[57] Demnach waren Männer von hoher Abkunft fraglos in der Lage, Ovids Anweisungen zu musikalischen Aktivitäten in die Tat umzusetzen.

Aber auch vornehme Damen und Frauen unfreier Herkunft, die eine entsprechende Ausbildung genossen hatten, verfügten über die vom Dichter geforderten Qualitäten. Allerdings durften sich Frauen von edler Geburt in diesem Bereich nicht allzu sehr hervortun; denn Virtuosität tat ihrer *probitas* Abbruch. So wirft Sallust Sempronia vor, sie habe Zither gespielt und besser zu tanzen verstanden, als es sich für eine anständige Frau ziemte: *litteris Graecis Latinis docta, psallere [et] saltare elegantius quam necesse est probae, multa alia, quae instrumenta luxuriae sunt.*[58] Ähnliche Vorhaltungen machte Cicero auch Clodia.[59] Frauen unfreier Herkunft dagegen waren solchen Anschuldigungen grundsätzlich nicht ausgesetzt, weil sie die Musenkunst als Gewerbe betreiben konnten und keinen Ruf zu verlieren hatten. Wir kennen einige dieser Musikerinnen aus stadtrömischen Inschriften. Ein schönes Beispiel ist Pollia Saturnina, die zu den herausragenden Sängerinnen Roms zählte. Ihrer schönen Stimme wird in der Feststellung, sie klinge süßer als Honig, höchstes Lob gezollt.[60] Von Quintia, einer *liberta* der jüngeren Antonia, der Frau des Drusus Germanicus, die ihre Kunst mit hoher Wahrscheinlichkeit im Umfeld der *domus Augusta* ausübte,[61]

---

[54] Macr. sat. 3,4,10. Zu den Laienmusikern siehe A. Baudot, Musiciens romains 101ff.; A. Scheithauer, IJM 10, 2001 (im Druck).
[55] Cic. de orat. 3,87.
[56] Suet. Iul. 84,2.
[57] Dio 57,18,3f.
[58] Sall. Catil. 25,2.
[59] Cic. Sest. 116.
[60] CIL VI 10131 (cf. p. 3492. 3906) = ILS 5264. Weitere Beispiele: CIL VI 7285 (cf. p. 3431) (Chrysanthis). 9230 (cf. p. 3469) = ICUR n.s. VIII 22393 = ILCV 647 (Peloris); CIL VI 33794 (cf. p. 3891) = ILS 1696 (Quintia). 37783 (Thelxis, Chelys).
[61] CIL VI 33794.

abgesehen, bleibt der Tätigkeitsbereich der Sängerinnen im dunkeln. Wegen der Vielfalt der Aufgaben grenzten einige Sängerinnen ihr Wirken auf Spezialgebiete ein. Die kaiserliche Sklavin Paezusa widmete sich dem Sologesang,[62] Demetria, eine Sklavin der von Nero freigelassenen Acte, der Vortragskunst.[63] Ferner bestätigen Inschriften aus Rom Ovids Empfehlungen, daß Frauen Musikinstrumente beherrschen sollten. Allerdings spielen sie eine Vielzahl von Instrumenten und beschränken sich nicht auf die vom Dichter angeratene Auswahl. Diese Diskrepanz erklärt sich aus der Thematik der Ars amatoria. Da der *praeceptor amoris* in der Musik ein Mittel zur Verführung sieht, rät er seinem weiblichen Publikum nur zu Saiteninstrumenten, nämlich Kithara und Nablium, die solch eine Wirkung zeitigen konnten. Er übergeht die Blasinstrumente zunächst aus ästhetischen Gründen,[64] werden doch die Gesichtszüge der Spielerin beim Blasen verzerrt.[65] Hinzu kommt, daß Aulos bzw. Tibia wegen ihres orgiastischen Charakters nicht in das Ambiente kultivierter Kurzweil passen. Zu den Künstlerinnen, die ihren Beruf im Rahmen privater Unterhaltung oder bei den *ludi scaenici* ausübten, gehört die Kitharödin Auxesis;[66] sie ist der beste Beweis dafür, daß Ovid seine Anweisungen zur musikalischen Ausbildung der Frauen an den realen Gegebenheiten des Lebens in der Metropole orientierte. Seinen Anforderungen wurden ferner die Kitharaspielerin Kleopatra,[67] die Zitherspielerinnen Iconium[68] und Licinia Erotis, die in Murenas Diensten stand und zu Zwecken der Zerstreuung engagiert war,[69] gerecht. Schließlich sind die musischen Fertigkeiten von Frauen auch anhand von bildlichen Darstellungen aufzuzeigen. Von den zahlreichen Beispielen sei in diesem Zusammenhang nur auf eine berühmte Konzertszene aus Herculaneum verwiesen, die von einem Tibiabläser, einer Kitharistin und einer Sängerin oder Rezitatorin vor zwei bekränzten Zuhörern bestritten wird.[70] Selbst wenn sich Ovids Darlegungen zur

---

[62] CIL VI 10132 (cf. p. 3906) = ILS 5231; weiteres Beispiel: CIL VI 10120 (cf. p. 3906) = ILS 5232 (Heria Thisbe).

[63] CIL VI 8693; vgl. auch A. Scheithauer, IJM 10, 2001 (im Druck).

[64] Aus dieser Gruppe sind in den Inschriften die Tibiabläserin Fulvia Copiola, eine *liberta* (CIL VI 33970 [cf. p. 3906] = ILS 5240), und die *choraule* Licinia Selene, eine Freigelassene des M. Crassus (CIL VI 10122 [cf. p. 3906] = ILS 5236 = IGUR 746), die bei der musikalischen Ausgestaltung der *ludi scaenici* mitwirkten, bezeugt.

[65] Wegen der Entstellung ihrer Gesichtszüge beim Spielen soll Athene den von ihr erfundenen Aulos weggeworfen haben (Ov. ars 3,505f.; vgl. Ov. met. 6,384).

[66] CIL VI 10125 (cf. p. 3492. 3906) = ILS 5244.

[67] IGUR 716. Eine auf ihrem Grabstein abgebildete Kithara samt Plektron deutet darauf hin, daß sie wahrscheinlich diesen Beruf ausübte.

[68] CIL VI 10137 (cf. p. 3906) = ILS 5249.

[69] CIL VI 10138 (cf. p. 3906) = ILS 5248.

[70] G. Fleischhauer, Etrurien 102f. mit Abb. 57 (um 25 v.Chr.); G. Wille, Musica Romana 319 mit Anm. 174.

musikalischen Unterweisung von Frauen mit Hilfe von weiteren literarischen Zeugnissen, Inschriften und bildlichen Darstellungen verifizieren lassen, bleibt doch zu bedenken, daß nur ein verhältnismäßig kleiner Teil der weiblichen Bevölkerung in der Metropole diese Fähigkeiten besaß.[71]

Ein wesentlicher geschlechtsspezifischer Unterschied im stadtrömischen Bildungsprogramm, der für die verfeinerte Lebensweise allerdings keine zentrale Rolle spielt, besteht darin, daß Ovid körperliche Ertüchtigung den Männern vorbehält:

hos ignava iocos tribuit natura puellis;
materia ludunt uberiore viri:
sunt illis celeresque pilae iaculumque trochique
armaque et in gyros ire coactus equus;
nec vos Campus habet nec vos gelidissima Virgo
nec Tuscus placida devehit amnis aqua.[72]

Zu den typisch männlichen Betätigungen rechnet der Dichter Ball- und Reifenspiele, Übungen mit Wurfspeeren und Waffen, das Trainieren von Pferden und implizit auch Schwimmen; denn er nimmt den Tiber neben dem Marsfeld und der aqua Virgo von den für Frauen geeigneten Aufenthaltsorten aus. Alle von Ovid aufgezählten Aktivitäten waren nach Ansicht der Römer eher Spiel als Sport; einige von ihnen dienten darüber hinaus als militärische Übung. Dieser Zweck ist zweifellos einer der Gründe, daß der Dichter den Frauen mit Nachdruck davon abrät. Außerdem dürfte hinzukommen, daß sich derartige Beschäftigungen nicht mit den damals gängigen Vorstellungen von Schicklichkeit und Anmut vereinbaren ließen. Freilich befolgten manche Damen Ovids Anweisungen zum Schwimmen nicht immer. Wie Agrippinas Beispiel, die den ersten Mordanschlag ihres Sohnes Nero durch ihre Schwimmkünste zunichte machte, zeigt, besaßen einige Frauen diese Fähigkeit durchaus; allerdings war sie wohl nicht selbstverständlich, denn die Initiatoren dieses Planes hatten anscheinend nicht mit solchen Talenten gerechnet.[73] Auffällig ist, daß Ovid Thermen nicht zu den Begegnungsstätten von Männern und Frauen zählt, obwohl die von Agrippa errichtete Anlage zur Entstehungszeit der Ars amatoria bereits existierte und sich dort durchaus auch gesellschaftliches Leben entfaltete. Vermutlich hat sich die in der Republik übliche Trennung von Männer- und Frauenbädern in augusteischer Zeit noch nicht so weit gelockert, daß der Dichter Thermen für der-

---

[71] Ov. am. 2,4,28; vgl. Ov. ars 2,281f.
[72] Ov. ars 3,381-386; dazu R.K. Gibson, Ovid 255ff.; zum Ballspiel K.-W. Weeber, Alltag 43f.; zum Sport ebd. 340ff.
[73] Suet. Nero 34,2f.; 39,3; Dio 62(61),13,2ff.

artige Zwecke empfehlen konnte. Wahrscheinlich wurden die weitläufigen Räumlichkeiten in diesen Anlagen, die der Geselligkeit, dem Sport und Spiel dienten, ausschließlich für Zeitvertreib, Gespräche, Geschäfts- und Sozialkontakte von Männern genutzt; denn die gleichzeitige Anwesenheit von Frauen wird in der antiken Literatur nicht erwähnt. Ovid war sich zweifellos darüber im klaren, daß es für gemeinsame Badefreuden und daran anknüpfende Kontakte zwischen Männern und Frauen außerhalb der großen öffentlichen Thermen geeignetere Möglichkeiten gab; daher rät er seinen männlichen Lesern, die Damenbekanntschaften machen wollten, ausdrücklich zum Besuch des mondänen Badeortes Baiae, der wegen zahlreicher Liebesaffären am Strand verrufen war.[74]

Ovid sieht in den traditionellen Fächern des höheren Unterrichts die Grundlage für die intellektuelle Bildung, wählt allerdings den Stoff für seine Schülerschaft nach dem Thema der Ars amatoria aus, wie seine Liste der für Frauen geeigneten Lektüre zeigt. Außerdem übernimmt er die geschlechtsspezifischen Unterschiede des römischen Erziehungswesens in der Unterweisung von Männern und Frauen, weil sie zum Gegenstand seiner Liebeslehre und dem Rollenverhalten passen. Allerdings muß die rein intellektuelle Ausbildung, die durch die Unterrichtsfächer des Triviums, vor allem durch Grammatik und Rhetorik, erzielt wird, noch durch weitere Fähigkeiten ergänzt und vervollkommnet werden, nämlich die Beherrschung der Musenkunst. Wegen ihrer verführerischen Wirkung spielt die Musik nach Ovids Ausführungen für Frauen anscheinend eine noch größere Rolle als für Männer. Weil der Dichter sein Lernpensum am Rollenspiel in der Ars amatoria orientiert, nimmt er sämtliche Fächer des höheren Unterrichts, die nicht zur Aneignung veredelter Verhaltensweisen beitrugen, ausdrücklich aus seinen Anweisungen aus. Für diese Zwecke eigneten sich weder für Spezialisten typische Fächer wie Rechtskunde, Geschichte und Philosophie, deren Studium sich an die Propädeutik der *bonae artes* anschloß, noch die Disziplinen des Quadriviums, wenn man von der Musik absieht.[75] Folglich hält Ovid eine breit angelegte Bildung von Männern und

---

[74] Ov. ars 1,253-258; dazu C.M.C. Green, TAPhA 126, 1996, 238ff. Zum Ruf dieses Badeortes siehe Cic. Cael. 35; Prop. 1,11,27-30. Vgl. K.-W. Weeber, Alltag 39ff. (Baden). 344f. (Strandleben).

[75] Allerdings sollte aus dem Fehlen einiger Fächer in der Ars amatoria nicht geschlossen werden, daß Ovid sie für grundsätzlich verzichtbar erachtet; denn nach antiker Vorstellung bildeten die rationalen Wissenschaften des Studienprogramms eine Einheit, weil ihre Gegenstände mit derselben rationalen (dialektischen) Methode erschlossen werden können. Demnach sollte das Ideal der Gesamtheit des Wissens angestrebt werden. Zum antiken Studienprogramm siehe I. Hadot, Arts libéraux et philosophie dans la pensée antique, Paris 1984, 215ff.; S. Grebe, Martianus Capella 'De nuptiis Philologiae et Mercurii'. Darstellung der Sieben Freien Künste und ihrer Beziehungen zueinander. Beiträge zur Altertumskunde 119, Stuttgart - Leipzig 1999, 37ff. mit weiterer Literatur.

Frauen, die sich durch ein hohes Niveau auszeichnet, aber nicht allzu spezialisiert ist, für die idealen Voraussetzungen für einen urbanen Lebensstil. Diese Auffassung kommt in seinen Darlegungen zur Rhetorik besonders deutlich zum Vorschein.[76] Da die Redekunst seiner Ansicht nach der eleganten Muße in der vornehmen Gesellschaft dienen und zur Veredelung der Ausdrucksweise beitragen soll, ohne daß die Kunst zu sehr zu merken ist, warnt er die jungen Männer ausdrücklich vor einer professionellen Verwendung dieser Disziplin im privaten Bereich.

Weil Ovids Bildungsideal auf den realen Gegebenheiten in Rom fußt, waren die Voraussetzungen für einen kultivierten Lebensstil im großen und ganzen gegeben. Freilich existierte ein „Bildungsgefälle", auf das der Dichter explizit hinweist. Während junge Männer von Stand in der Regel den erforderlichen Unterricht genossen hatten, war dies bei den meisten Frauen nicht der Fall.[77] Demnach war nur ein kleiner Teil der Stadtrömerinnen imstande, Ovids Anweisungen in die Tat umsetzen zu können. Seine Wertschätzung der Bildung zeigt, daß die verfeinerte Lebensart zu seiner Zeit für ihn keine bloße Äußerlichkeit ist, die sich in Pracht und Luxus erschöpft, sondern daß sie auf innere Werte gegründet sein muß, weil nur sie einen Menschen anziehend und liebenswürdig machen.

---

[76] Ov. ars 1,459-465.
[77] Ov. ars 2,281f. Sein vielleicht zu pessimistisches Urteil über die Bildung der Frauen relativiert Ovid in seiner an eine junge Dichterin gerichteten Epistel (Ov. trist. 3,7).

4. Die urbane Sprechweise

Neben der im vorigen Kapitel geschilderten anspruchsvollen Ausbildung muß ein Stadtrömer eine veredelte, für diese Metropole typische Sprechweise sein eigen nennen; denn solche Qualitäten sind für die Zugehörigkeit zu den *homines urbani* unerläßlich. Zudem war eine derartige Sprache eine wichtige Voraussetzung für die verfeinerten Umgangsformen, auf denen der soziale Umgang in der vornehmen Gesellschaft basierte.

4.1 Merkmale der verfeinerten Sprache von Stadtrömern

Wegen der Bedeutung des *sermo urbanus* für kultiviertes Benehmen geht Ovid in seinen Anweisungen ausführlich auf dieses Thema ein, obwohl er sich zweifellos darüber im klaren ist, daß sich seine Schüler Verfeinerung nicht in einer Art Schnellkurs aneignen können, und er seine Lehren dadurch bewußt *ad absurdum* führt.[1] Um den Anforderungen, die an diese Sprechweise gestellt wurden, gerecht zu werden, mußte ein Römer nach den Darlegungen in den rhetorischen Schriften seine Worte situationsgemäß wählen, seiner Stimme eine angenehme Intonation geben, sich einer gepflegten Aussprache befleißigen und sich ständig in Rom aufhalten, weil nur in der Metropole der erforderliche Grad der Verfeinerung erreicht werden konnte.[2] Eine hauptstädtische Färbung, die den Stadtrömer von allen übrigen Bewohnern des Imperium Romanum unterschied, wurde durch die Wahl von dort gebräuchlichen Wendungen und den Klang der Sprache erzielt:

> *Et Brutus: Qui est, inquit, iste tandem urbanitatis color? Nescio, inquam; tantum esse quendam scio. Id tu, Brute, iam intelleges, cum in Galliam veneris; audies tu quidem etiam verba quaedam non trita Romae, sed haec mutari dediscique possunt; illud est maius, quod in vocibus nostrorum oratorum retinnit quiddam et resonat urbanius. Nec hoc in oratoribus modo apparet sed etiam in ceteris ... Sic, ut opinor, in nostris est quidam urbanorum, sicut illic Atticorum sonus.*[3]

---

[1] Zum *sermo urbanus* siehe ausführlich R. Müller, Sprachbewußtsein 219ff.
[2] Cic. Brut. 171.
[3] Cic. Brut. 171f.; dazu A. Barbieri, RCCM 29, 1987, 112; R. Müller, Sprachbewußtsein 42. 223; vgl. T. Fögen, Patrii sermonis egestas 127. 136 mit Anm. 180. Zum Klang der Sprache siehe auch Cic. de orat. 3,42f.

Nach diesen Ausführungen beruhte der urbane Klang der Sprache auf *suavitas, lenitas, sonus* und *subtilitas*, d.h. der Kombination von offenbar gefälliger Laut- und Wortanlautartikulation, feiner Gestaltung und Wohlklang.[4] Diese Qualitäten konnten durch Übung und Nachahmung von Leuten, die gut artikuliert und ruhig sprachen, verbessert werden.[5] Nach Cicero verkörperten die Catuli dieses Ideal, denn sie beherrschten die lateinische Sprache am besten: Ihre Aussprache war gewinnend, die Laute waren weder zu stark noch zu wenig artikuliert, damit der Klang nicht undeutlich oder affektiert sei, und die Stimme war ohne Anstrengung weder kraftlos noch singend.[6] Ferner zeichnete sich das Latein der Stadtrömer durch das Fehlen sämtlicher Merkmale aus, die für einen *rusticus* oder *peregrinus* typisch waren.[7] So gingen ihnen die *asperitas*, der harte Klang der Sprache der Landbewohner, der durch Häufung von Konsonanten zustande kam, und ihre exzessive Aspiration ab. Auch lenkten sie nicht wie Fremde durch eine breite, nicht präzise Aussprache und Schwülstigkeit alle Blicke auf sich. Weil sie ausgefallenes archaisches Vokabular, für Italiker und Fremde typische Wörter sowie Neubildungen mieden, erweckte ihre Sprache nicht den Eindruck ungeschlachter Grobheit und fremdartiger Neuheit und erregte weder Mißfallen noch kritische Aufmerksamkeit.[8] Demnach war die hauptstädtische Art zu reden der Tradition verpflichtet, nicht auf Innovation ausgerichtet, im großen und ganzen unauffällig und nicht gekünstelt. Sie verrät die Merkmale wirklicher, auf einer anspruchsvollen Bildung basierenden Veredelung, die in der Mitte der beiden Extreme liegt, natürlich wirkt und die Kunst nicht sofort erkennen läßt.

Weil die urbane Sprechweise im gesellschaftlichen Leben der vornehmen Kreise in der augusteischen Zeit gewissermaßen der Schlüssel zum Erfolg bei

---

[4] Vgl. Cic. Brut. 259: (Catulus) ... *suavitas vocis et lenis appellatio litterarum bene loquendi famam confecerat;* dazu R. Müller, Sprachbewußtsein 225; vgl. T. Fögen, Patrii sermonis egestas 108 Anm. 99.

[5] Cic. off. 1,133: *in voce autem duo sequamur, ut clara sit, ut suavis, utrumque omnino a natura petendum est, verum alterum exercitatio augebit, alterum imitatio presse loquentium et leniter.*

[6] Cic. off. 1,133: *sonus erat dulcis, litterae neque expressae neque oppressae, ne aut obscurum esset aut putidum, sine contentione vox nec languens nec canora.*

[7] Zur Sprache der Landbewohner siehe R. Müller, Sprachbewußtsein 29ff.; vgl. K.-W. Weeber, Landleben 44f.

[8] Cic. de orat. 3,44: *qua re cum sit quaedam certa vox Romani generis urbisque propria, in qua nihil offendi, nihil displicere, nihil animadverti possit, nihil sonare aut olere peregrinum, hanc sequamur neque solum rusticam asperitatem, sed etiam peregrinam insolentiam fugere discamus.* Dazu siehe E.S. Ramage, Urbanitas 75; T. Fögen, Patrii sermonis egestas 126f.; R. Müller, Sprachbewußtsein 42f. 222; vgl. K.-W. Weeber, Landleben 44f. Nach Cic. de orat. 3,46 galt das Weglassen von *i* und die Realisierung eines „ganz vollen *e*" als phonetisch-phonologisches Charakteristikum der Sprache der Landbevölkerung. Dazu R. Müller, a.a.O. 31.

Frauen ist, gibt Ovid seinem Leserpublikum detaillierte Empfehlungen für Briefe und Gespräche. Um die intendierte Wirkung zu erzielen, müssen junge Männer zunächst ihre Worte richtig wählen: *sit tibi credibilis sermo consuetaque verba, / blanda tamen, praesens ut videare loqui.*[9] Nach diesen Versen sollten sie in Rom gängiges Vokabular verwenden und sich vor den von Cicero beschriebenen Fehlern von Italikern und Fremden hüten.[10] Damit die Kommunikation nach Wunsch verläuft, haben die Damen ähnliche Vorschriften zu beachten. Sie werden ebenfalls dazu angehalten, zwar gepflegte, aber naheliegende und vertraute Worte zu gebrauchen, weil nur eine allgemeinverständliche Redeweise Gefallen findet: *munda sed e medio consuetaque verba, puellae, / scribite: sermonis publica forma placet.*[11] Freilich hinterläßt der Wortschatz, der diese Voraussetzungen erfüllt, nur den gewünschten Eindruck, wenn er sinnvoll verwendet wird. Nach Ovid ist es unerläßlich, daß sich der Redende in seinen Ausführungen um Glaubwürdigkeit bemüht,[12] um den Adressaten für sich zu gewinnen und die eigene Person in günstigem Licht erscheinen zu lassen. Ferner legt Ovid seinen männlichen Lesern ans Herz, affektierte Phrasen zu vermeiden: *effugiant voces verba molesta tuae.*[13] Der Grund für seine Ablehnung dürfte zweifellos sein, daß solch überfeinertes Vokabular nicht mit den Geboten der *urbanitas* in Einklang stand.[14]

Nach Meinung des Dichters korrespondiert ein gängiger Wortschatz unbedingt mit einem schlichten Stil, der weder auf bestimmte Situationen zurechtgeschnitten ist noch den ausgebildeten Redner verrät:

---

[9] Ov. ars 1,467f.; vgl. 1,143f. Zur Sprache Ovids siehe M. von Albrecht, WS 113, 2000, 173ff.; ders., Ovid 45ff.
[10] Zu *consueta verba* siehe Rhet. Her. 1,11; Cic. de orat. 3,39; Cic. orat. 81; vgl. auch Gell. 1,10,4; R. Müller, Sprachbewußtsein 187ff.
[11] Ov. ars 3,479f.; dazu R.K. Gibson, Ovid 293f.; W. Stroh, WJA N.F. 5, 1979, 119f.
[12] Ov. ars 1,467.
[13] Ov. ars 1,464; dazu W. Stroh, WJA N.F. 5, 1979, 119. Zu diesem Ideal siehe Suet. Aug. 86,3: *et quadam epistula Agrippinae neptis ingenium conlaudans: sed opus est, inquit, dare te operam, ne moleste scribas et loquaris.* Vgl. auch Cic. Brut. 315.
[14] Die Warnungen des Dichters vor dem Gebrauch unüblicher und gezierter Wörter entsprechen im großen und ganzen den Anforderungen, die Fachschriftsteller in ihren Darlegungen zur Kunst des Briefeschreibens formuliert haben (Demetr. eloc. 223-235). Da der Brief in der antiken Theorie der Epistolographie als *sermo absentis* und halber Dialog angesehen wurde (Demetr. eloc. 223), sollte er in schlichtem Stil gehalten werden und sein Aufbau zwanglos sein (Demetr. eloc. 223. 228f.; vgl. Ov. ars 1,464). So durfte er weder einer Gerichtsrede (Demetr. eloc. 229) noch einer Deklamation ähneln (Demetr. eloc. 232; vgl. Ov. ars 1,465). In dieser Aufforderung zur Selbstbescheidung liegt die Überzeugung, ein Brief spiegle den Charakter des Schreibers wider, offen zutage (Demetr. eloc. 227).

quam populus iudexque gravis lectusque senatus,
tam dabit eloquio victa puella manus.
sed lateant vires, nec sis in fronte disertus;
effugiant voces verba molesta tuae.
quis, nisi mentis inops, tenerae declamat amicae?[15]

Demnach haben sich liebenswürdige Gesellschafter vor spezialisierter Fachsprache, wie sie beispielsweise im Gerichtswesen üblich ist, und vor hochstilisierten Vorträgen und Deklamationen in gleicher Weise zu hüten.[16]

Sollte die Sprache urbanen Ansprüchen genügen, mußte sie einen sanften Klang haben.[17] Der Dichter geht auf die verschiedenen Möglichkeiten, der Stimme den entsprechenden *sonus* zu verleihen, nicht detailliert sein, weil solche Anleitungen zu technisch sind und sich daher nicht mit den Konventionen der Gattung Elegie vertragen. Um dieser Gefahr zu entgehen, würdigt er nur das Mittel, durch das die gewünschte Klangfarbe der Stimme in Lagen, die in seiner Liebeslehre eine zentrale Rolle spielen, aber nichtsdestoweniger den verfeinerten Lebensstil kennzeichnen, erzielt wird, nämlich die Schmeicheleien. Da das Lesen bzw. Vorlesen von literarischen Werken oder Briefen eine häufig wiederkehrende Situation und obendrein eine günstige Gelegenheit ist, sich eines effizienten *sonus* zu befleißigen, führt Ovid seinem weiblichen Leserpublikum im 3. Buch der Ars amatoria vor Augen, wie seine Liebesgedichte, die zu den *culta carmina* zählen,[18] angemessen vorzutragen seien: *deve tribus libris, titulo quos signat AMORVM, / elige, quod docili molliter ore legas.*[19] Seiner Überzeugung nach wird dieser kunstvollen, intimen Poesie nur ein sanfter Klang gerecht, weil er ihrem Inhalt Rechnung trägt. Einen in Rhythmus und Tonfall adäquaten, gewinnenden Vortrag von Gedichten verlangt Ovid auch von seinen männlichen Lesern: *utraque laudetur per carmina; carmina lector / commendet dulci qualiacumque sono.*[20] Nach diesen Äußerungen war beim Vorlesen von Dichtung eine angenehme, melodisch ausdrucksvolle Darbietung, die weder gekün-

---

[15] Ov. ars 1,461-465; dazu L. Pepe (cur.), Ovidio 312; T.F. Higham, Rhetoric 45; N. Holzberg, Ovid 105f. Zum Prinzip der *dissimulatio artis* siehe Aristot. rhet. 1404b 18; Ch. Neumeister, Grundzüge der forensischen Rhetorik gezeigt an Gerichtsreden Ciceros. Langage et parole. Sprach- und Literaturstrukturelle Studien 3, München 1964, 140; W. Stroh, a.a.O. 119f.
[16] Zu Deklamationen siehe W. Stroh, WJA N.F. 5, 1979, 119f.
[17] Cic. off. 1,133; vgl. Cic. Brut. 171; S. 59f.
[18] Ov. ars 3,341f.
[19] Ov. ars 3,343f.; dazu R.K. Gibson, Ovid 237f.
[20] Ov. ars 2,283f.; dazu siehe M. Janka, Ovid 233f. In den Worten *dulci sono* werden ähnliche Vorstellungen des Dichters greifbar wie im Ausdruck *molliter lege*.

stelt noch verweichlicht wirken durfte, erforderlich.[21] Einen ähnlichen Effekt erzielen *blanda verba*, die der Dichter grundsätzlich für Briefe und Gespräche in stilvollem Rahmen empfiehlt.[22] Freilich eignet sich nach Ansicht Ovids eine weiche Klangfarbe der Stimme nicht für den Vortrag sämtlicher Literaturgattungen. Für die Heroides war ein melodischer Ton wie geschaffen: *vel tibi composita cantetur EPISTVLA voce.*[23] In diesem Fall unterstreicht ein Lesen mit kunstvoll modulierter Stimme den Inhalt dieser Briefe und bringt zugleich Abwechslung in die Darbietung. Demnach gehört zu den unerläßlichen Fähigkeiten eines Redenden, der die Ansprüche eines verwöhnten hauptstädtischen Zuhörers befriedigen will, die Fertigkeit, die Klangfarbe der Stimme nach dem jeweiligen Text zu variieren, um ermüdende Monotonie zu vermeiden.

Ferner sollten sich nach Ovids Ansicht alle Personen, die eine amouröse oder freundschaftliche Beziehung einzugehen oder zu pflegen gedachten, grundsätzlich in ihren Gesprächen oder Briefen um einen sanften, rührenden Ton bemühen.[24] So mildern freundliche Worte, die dem Adressaten zu Herzen gehen, im Brief eines Freundes Ovids hartes Los in seinem angeblich unwirtlichen Verbannungsort Tomi und spenden ihm Trost: *nec scelus admittas, si consoleris amicum, / mollibus et verbis aspera fata leves.*[25] Noch wichtiger ist solch ein Ton im Schreiben eines jungen Mannes an seine Geliebte; denn nur dadurch kann er ihr Herz erweichen.[26] Die Wirksamkeit dieser Klangfarbe der Stimme machen sich selbst Götter zunutze, wenn sie spröde Nymphen in ihren Bann ziehen wollen. Ovid führt das Beispiel des Ianus an, der Carna auf diese Weise

---

[21] Solch ein Vortragsstil galt als Ideal: Plin. epist. 5,17,2; Quint. inst. 1,8,2: ... *lectio (poetarum) virilis et cum suavitate quadam gravis, et non quidem prorsae similis, quia et carmen est et se poetae canere testantur; non tamen in canticum dissoluta, nec plasmate ... effeminata.*

[22] Ov. ars 1,468. Vgl. C.M.C. Green, TAPhA 126, 1996, 251. Zur motivierenden Kraft eines schmeichelnden Tones siehe auch Ov. rem. 332 (Die Geliebte läßt sich durch *blandi soni* eines jungen Mannes dazu verleiten, Aktivitäten zu entfalten, für die ihr das Talent fehlen).

[23] Ov. ars 3,345; dazu R.K. Gibson, Ovid 238f.

[24] *Mollia verba*: Ov. fast. 6,120; Ov. am. 1,12,22; Ov. Pont. 3,6,14 (auf einen Freund Ovids bezogen); *molles preces*: Ov. met. 3,376; Ov. am. 2,2,66 (*precibus nostris mollius*); *blanditiae molles*: Ov. ars 2,159; vgl. *mollia carmina*: Ov. trist. 2,349. Freilich ist zu bedenken, daß diese Empfehlung zumindest teilweise aus den Konventionen des Genus Elegie herrührt und nicht von vornherein ein Indiz für eine verfeinerte Lebensweise ist. Ähnlich: Ov. ars 3,513 (*ridenti mollia ride*); dazu G. Sanders, Ovide 284. Zur Bedeutung von *mollis* siehe W. Stroh, Liebeselegie 19f. 56f. 138. 151.

[25] Ov. Pont. 3,6,13f.

[26] Ov. am. 1,12,21f.: *his ego commisi nostros insanus amores / molliaque ad dominam verba ferenda dedi?*

für sich einnehmen wollte.[27] Der gleiche Ton eignet sich auch bestens für Bitten. So glaubte Echo, die sich in glühender Liebe zu Narcissus verzehrte, die Wirkung ihrer Bitten durch einen rührenden Klang intensivieren zu können.[28]

Mit den Charakteristika des *sermo urbanus* steht eigentlich nicht in Einklang, daß der Dichter die Fähigkeit, den Klang der Stimme zu verstellen, um bei der Geliebten Erfolg zu haben, zu den Talenten eines kultivierten Stadtrömers zählt. Solche Künste sind vor allem bei Gelagen höchst vorteilhaft; kann sich doch ein Mann, der sich trunken stellt und lallt, mehr als in nüchternem Zustand herausnehmen:

> *ebrietas ut vera nocet, sic ficta iuvabit:*
> *fac titubet blaeso subdola lingua sono,*
> *ut, quicquid facias dicasve protervius aequo,*
> *credatur nimium causa fuisse merum.*[29]

Bezeichnenderweise macht Ovid zwischen echter und geheuchelter Trunkenheit einen Unterschied: Während er wirkliche Betrunkenheit für schädlich hält, weil der Betroffene die Kontrolle über sich verliert, sieht er den Vorteil des vorgetäuschten Rausches darin, daß der Mann im Vollbesitz seiner geistigen Kräfte gefahrlos die Grenzen dessen, was recht und schicklich ist, überschreiten kann. Gerade das Lavieren in einem Bereich, den zu berühren normalerweise der Anstand verbot, dürfte den eigentlichen Reiz solch einer Verstellung ausgemacht haben; denn sie bedeutete wohl eine Herausforderung, die ein gewisses Prickeln erzeugt hat. Diese Anweisung läßt erkennen, daß die nach den Erfordernissen der Ars amatoria modifizierte urbane Sprechweise eine hohe Kunst ist, die auch die möglichst perfekte, unmerkliche Nachahmung naturgegebener Zustände einschließt.

Ovids Empfehlung, Streit zu vermeiden und nachsichtig zu sein,[30] erfordert von seinen männlichen Lesern ein hohes Maß an Flexibilität. Da Nachgiebigkeit nach Ansicht des Dichters die Gemüter rührt,[31] rät er ihnen, der Geliebten nur das zu sagen, was sie gerne hört: *hoc decet uxores, dos est uxoria lites; / audiat optatos semper amica sonos.*[32] Ovid führt zwar nicht im einzelnen aus, welche

---

[27] Ov. fast. 6,119f.: *viderat hanc (sc. Carnam) Ianus, visaeque cupidine captus / ad duram verbis mollibus usus erat.*

[28] Ov. met. 3,375f.: *o quotiens voluit blandis accedere dictis / et mollis adhibere preces!* Vgl. Ov. am. 2,2,66 (Eine in rührendem Ton dem Bewacher des Mädchens vorgetragene Bitte soll ihn dazu bewegen, einem Liebespaar ein Rendezvous zu gestatten).

[29] Ov. ars 1,597-600.

[30] Ov. ars 2,145-176.

[31] Ov. ars 2,145.

[32] Ov. ars 2,155f. Ähnlich: V. 159: *iuvantia verba.*

Vorstellungen er mit den Worten *optatos sonos* verbindet, doch dürfte er damit meinen, daß ein junger Mann die Wirkung seiner Rede durch die passende Klangfarbe der Stimme unterstreichen solle. Da er seinem Publikum in dieser Vorschrift *indulgentia* ans Herz legt, hat er mit hoher Wahrscheinlichkeit sanfte, einschmeichelnde Töne vor Augen. Der Rat, den der Dichter nicht näher spezifiziert, um dessen Anwendungsmöglichkeiten nicht zu beschneiden, zeigt erneut, daß ein Mann, der als galanter Gentleman gelten wollte, in Sachen der Intonation sehr versiert sein mußte.

Dagegen rät Ovid seinen männlichen Lesern dringend davon ab, danach zu trachten, der Liebe durch Zauberei Dauer zu verleihen;[33] denn solche Mittel sind ineffektiv, schaden dem Geist und treiben ihn zur Raserei:[34] *non facient, ut vivat amor, Medeides herbae / mixtaque cum magicis nenia Marsa sonis.*[35] Auch in dieser Anleitung ist der Klang der Stimme von Bedeutung, werden doch die Zaubergesänge in beschwörendem Ton vorgetragen. Diese schroffe Ablehnung offenbart die Auffassung des Dichters, daß die Wirkung der verfeinerten Sprechweise, die in erster Linie aus stadtrömischer Herkunft und einer soliden Bildung herrührt, in der Persönlichkeit dessen, der sie besitzt, begründet liegt; daher darf sie nicht durch Mittel der Beschwörung, die als Auswüchse finsterer *rusticitas* gelten, gesteuert werden.

Von seinem weiblichen Leserpublikum erwartet Ovid ebenfalls eine hervorragende sprachliche Kompetenz. So erachtet er es für unabdingbar, daß Frauen die Klangfarbe der Stimme variieren, um bei den Männern Erfolg zu haben. Ein anschauliches Beispiel ist die Kunst des Lispelns, die der Dichter in seinen Ausführungen zur Technik der verstellten Sprache würdigt:

> *quid, cum legitima fraudatur littera voce*
> *blaesaque fit iusso lingua coacta sono?*
> *in vitio decor est: quaedam male reddere verba*
> *discunt, posse minus, quam potuere, loqui.*[36]

Diese Anleitung verstößt im Grunde genommen gegen die üblichen Vorstellungen von urbaner Sprechweise, weil Ovid sich in diesen Versen über das Gebot korrekter Aussprache hinwegsetzt,[37] indem er den Frauen empfiehlt, einen be-

---

[33] Ov. ars 2,99-106; dazu siehe M. Janka, Ovid 107-115; A. Sharrock, Seduction 50ff. 66f.; W. Fauth, Carmen magicum. Das Thema der Magie in der Dichtung der römischen Kaiserzeit. Studien zur klassischen Philologie 114, Frankfurt/Main – Berlin – Bern – New York – Paris – Wien 1999, 159f.

[34] Ov. ars 2,106; dazu M. Janka, Ovid 114f.

[35] Ov. ars 2,101f.; dazu M. Janka, Ovid 110f.; vgl. S.A. Schlueter, Studies 15f.

[36] Ov. ars 3,293-296.

[37] Cic. Brut. 171; Cic. off. 1,133; vgl. auch S. 59f.

stimmten Klang auf Kosten der richtigen Artikulation zu erzeugen und absichtlich schlechter zu sprechen, als sie es in Wirklichkeit vermögen. Selbst wenn der Dichter diese Form der verstellten Sprache in seine Anweisungen aufnimmt, distanziert er sich doch in gewisser Weise davon,[38] weil aus bloßer Effekthascherei Sprachfehler imitiert werden. Somit demonstriert er an diesem Beispiel in erster Linie, welche wunderlichen Blüten die Kunst in Rom unter Umständen treibt. Seine Ausführungen zu diesem Thema sind nicht ganz ernst gemeint; denn der *praeceptor amoris* beabsichtigt nicht tatsächlich, seine Leserinnen zum Erwerb solcher Fertigkeiten zu ermuntern. Vielmehr spielt er in diesen Versen wohl auf die Zustände in der feinen Gesellschaft der augusteischen Zeit an und übt an ihren Mißständen Kritik, indem er den Damen in einem Zerrspiegel zeigt, wie sie sich wirklich benehmen.

Nichtsdestoweniger soll bewußte Täuschung nach Ansicht Ovids in der Kommunikation von Frauen durchaus eine Rolle spielen, wenn es darauf ankommt, Defizite zu kaschieren. So rät er ihnen in seinen Darlegungen zum Liebesgenuß, Wonnelaute zu fingieren, wenn sich keine echten Gefühle eingestellt haben; denn entsprechende Töne gehören unbedingt zu solch einer Szene: *tu quoque, cui Veneris sensum natura negavit, / dulcia mendaci gaudia finge sono.*[39] Da der Dichter bereits weiter oben die Klangfarbe als *blandus* und *iucundus* bezeichnet hat, geht er an dieser Stelle nicht eigens darauf ein.[40]

Ovids Ausführungen zu einer kultivierten Sprechweise zeigen, daß er seinen Schülern wesentliche Merkmale, die nach den zentralen rhetorischen Schriften der späten Republik und dem Werk des Domitius Marsus den *sermo urbanus* ausmachen, als vorbildlich hinstellt. Um den Anschein zu erwecken, als bereite er sie umfassend auf die Erfordernisse der gesellschaftlichen Konversation vor, äußert er sich vor allem zur Wortwahl, dem passenden Stil und der geeigneten Klangfarbe der Stimme; denn vom harmonischen Zusammenwirken dieser drei Faktoren hängt der Erfolg seiner Anweisungen wesentlich ab. Weil technische Beschreibungen sich nicht mit den Gesetzen der Gattung Elegie vertragen, erläutert der Dichter seine Vorstellungen an konkreten Beispielen, nämlich an Situationen, die im sozialen Umgang der Geschlechter häufig wiederkehren. Die Epitheta, an denen er den Tonfall, den Vortragsstil und den idealen Wortschatz demonstriert, lassen sich jeweils einem Sachfeld zuordnen, das nur wenige Varianten umfaßt. Am häufigsten kommen die Adjektive *mollis*, *blandus* und *dulcis* vor, die auf einen angenehm klingenden, schmeichelnden Ton hin-

---

[38] Ov. ars 3,281: *quis credat?*; V. 291: *quo non ars penetrat*; V. 295: *in vitio decor est.*
[39] Ov. ars 3,797f.; dazu A. Sharrock, Seduction 228.
[40] Ov. ars 3,795f.: *nec blandae voces iucundaque murmura cessent / nec taceant mediis improba verba iocis.*

weisen.[41] Zu diesen Ausdrücken steht das Partizip Perfekt Passiv *compositus* in Beziehung, mit dem das kunstvolle Modulieren zum Ausdruck gebracht wird.[42] Demnach soll die mit dem Liebes- und Flirtverhalten einhergehende Konversation in sanften Klangfarben gehalten sein.[43] Die Wirkung dieses Klanges wird dadurch intensiviert, daß das Vokabular, das nicht ausgefallen und affektiert sein darf, obendrein durch Schmeicheleien zu veredeln und der Lage anzupassen ist;[44] denn diese Voraussetzungen garantieren die Glaubwürdigkeit der Rede.[45] Um Eintönigkeit und ermüdender Langeweile vorzubauen, müssen die Tonstärke und die Klangfarbe in angemessener Weise variiert werden. Dagegen teilt Ovid seine Vorstellungen von einem adäquaten Stil nicht explizit mit, sondern verdeutlicht sie an gravierenden Fehlern.[46] Seine Beispiele lassen erkennen, daß in diesem Bereich vor allem Übertreibung und professionelles Gebaren fehl am Platz sind. Insgesamt rät der Dichter seinen Lesern eine Sprechweise an, die sich durch Schlichtheit auszeichnet und aufgrund ihres angenehmen Tones dem Zuhörer zu Herzen geht. Sie ist eine Art verfeinerter Alltagssprache, bei der die Kunst eine derartige Perfektion erreicht, daß sie der Gesprächspartner nicht merkt.[47]

Neben den bereits erwähnten Merkmalen war die Sprechweise eines *homo urbanus* besonders an seinem feinen Witz und Humor zu erkennen. Obwohl dieses Charakteristikum der veredelten Sprache in der vornehmen Gesellschaft von großer Wichtigkeit ist, geht Ovid aus gattungsspezifischen Gründen in seinen Anweisungen nicht darauf ein. Da er weder die in der Theorie der antiken Rhetorik entwickelten Erscheinungsformen des Humors anführen noch die einschlägigen Regeln zitieren kann, beschränkt er sich darauf, seinen Schülern und Schülerinnen diese Komponenten des urbanen Redens an einigen allgemeinen Richtlinien darzulegen und ihnen die Ausgestaltung im Detail zu überlassen. Nichtsdestoweniger gibt er ihnen gewisse Vorstellungen von diesem Phänomen

---

[41] *Mollis:* Ov. met. 3,376; Ov. fast. 6,120; Ov. Pont. 3,6,14; Ov. am. 1,12,22; 2,2,66; Ov. ars 2,159; 3,343f.; vgl. Ov. trist. 2,349; *blandus:* Ov. ars 1,468; 3,795; Ov. rem. 332; *dulcis:* Ov. ars 2,284. Weitere empfohlene Klangfarben der Stimme: *blaesus:* Ov. ars 1,598; 3,294; *optatus sonus:* Ov. ars 2,156.

[42] Ov. ars 3,345.

[43] Freilich darf nicht außer acht gelassen werden, daß eine sanfte Klangfarbe der Stimme zu den Topoi der Liebeselegie zählt (*mollis:* Prop. 1,7,19; 2,22a,13; *blandus:* Prop. 1,8B,40. 11,13; Tib. 1,2,22; *dulcis:* Prop. 2,5,17; Tib. 1,3,60. 7,43. 47. 54).

[44] Ov. ars 1,464. 467f.

[45] Ov. ars 1,467.

[46] Ov. ars 1,461-465.

[47] Vgl. Ov. ars 3,155.

der *urbanitas,* indem er ihnen den Humor implizit anhand seiner eigenen Werke vor Augen führt.[48]

4.2 Ausdrucksformen der Beredsamkeit

Da eine kultivierte Sprechweise nach Ansicht Ovids für das Leben in den besten Kreisen Roms nicht ausreicht, empfiehlt er seinen Schülern und Schülerinnen ergänzende Strategien, die ihren Bemühungen um das andere Geschlecht zum Erfolg verhelfen sollen. Unter diesen Aktivitäten kommt den Ausdrucksformen der Beredsamkeit, nämlich Schmeicheleien, Bitten, Versprechungen und Schwüren, eine zentrale Bedeutung zu; wirken sie doch nachhaltig auf die umworbene Person ein:[49]

> *blanditias ferat illa tuas imitataque amantum*
> *verba, nec exiguas, quisquis es, adde preces.*
> *Hectora donavit Priamo prece motus Achilles;*
> *flectitur iratus voce rogante deus.*
> *promittas facito, quid enim promittere laedit?*
> *pollicitis dives quilibet esse potest.*
> *Spes tenet in tempus, semel est si credita, longum;*
> *illa quidem fallax, sed tamen apta, dea est.*
> *si dederis aliquid, poteris ratione relinqui:*
> *praeteritum tulerit perdideritque nihil.*
> *at quod non dederis, semper videare daturus:*
> *sic dominum sterilis saepe fefellit ager.*
> *sic, ne perdiderit, non cessat perdere lusor,*
> *et revocat cupidas alea saepe manus.*
> *hoc opus, hic labor est, primo sine munere iungi:*
> *ne dederit gratis quae dedit, usque dabit.*
> *ergo eat et blandis peraretur littera verbis*
> *exploretque animos primaque temptet iter:*
> *littera Cydippen pomo perlata fefellit,*
> *insciaque est verbis capta puella suis.*[50]

---

[48] Dazu ausführlich S. 269ff.

[49] Ov. ars 1,609ff. Bei seiner Werbung geht der Mann nach der Methode des Redners vor. Der auf das *movere* zielende Einsatz von Schwüren, Küssen und Tränen ist Domäne der *peroratio.* Siehe G. Wellmann-Bretzigheimer, Ovids «Ars amatoria» 24f.

[50] Ov. ars 1,439-458; dazu siehe A.S. Hollis, Ovid 111ff.; E. Pianezzola (cur.), Ovidio. L'arte di amare. Commento I 237ff.; J. Wildberger, Ovids Schule 114ff. 136f.; vgl. M. Myerowitz, Games 121f.; G. Wellmann-Bretzigheimer, Ovids «Ars amatoria» 11.

Nach diesen Versen besteht der Wert von Schmeicheleien, Bitten und Versprechungen in der Liebeslehre des Dichters darin, daß sie die Kontaktaufnahme zu der begehrten Frau ermöglichen. Weil sie deren Aufmerksamkeit und Neugierde erregen, lassen sie sich in Briefen besonders effizient anwenden. Der Eindruck, den ein in schmeichelndem Ton gehaltenes Schreiben auf die Adressatin macht,[51] wird noch durch Bitten verstärkt. Der Dichter konkretisiert ihre Macht, indem er ihre besänftigende Wirkung auf starke Affekte an einem bekannten Beispiel aus dem griechischen Mythos demonstriert;[52] bekanntlich verschloß sich selbst Achilles nicht dem Flehen des Priamus und übergab ihm seinen toten Sohn Hector. Den gleichen Effekt wie Bitten erzielen Versprechungen, mit denen der Werbende ebenfalls nicht geizen sollte, zumal sie nichts kosten.[53] Ihr Erfolg liegt in dem Umstand, daß sie Hoffnung wecken, begründet. Freilich ist sich der *praeceptor amoris* der Ambivalenz dieser Verfahrensweise bewußt. Wie man weiß, bringt sie nicht nur Gewinn, sondern erweist sich auch als trügerisch.[54] Weil Ovid dem Nutzen den Vorzug gibt, nimmt er diesen Preis jedoch in Kauf. Hinzu kommt, daß er sich bei diesem Vorgehen auf das Vorbild Jupiters berufen konnte.[55] Der Dichter sieht den Vorteil dieser Strategie darin, daß die Umworbene bereit ist, dem jungen Mann aufgrund seiner Zusicherungen weitgehende Zugeständnisse zu machen.[56] Er verdeutlicht diesen auf den ersten Blick merkwürdig anmutenden Sachverhalt durch ein Polyptoton, indem er das Verb *dare* mehrfach in abgewandelter Form setzt. Besonders aufschlußreich für diese Beweisführung ist der Pentameter 1,454 *ne dederit gratis quae dedit, usque dabit.*[57] In diesem Satz weist Ovid die Zuverlässigkeit seiner Empfehlung, sich alles von der Geliebten schenken zu lassen, statt sie zu beschenken, an der Zeitengebung nach: Der Wechsel vom Konjunktiv Perfekt zum Futur I offenbart, daß sich ihr künftiges Verhalten nach ihrem bisherigen richtet und demnach im voraus zu berechnen ist.[58] Der Dichter macht sich an dieser Stelle nicht nur den solchen Wortspielen inhärenten Humor zunutze, sondern erzielt auch

---

[51] Ov. ars 1,439. 455. 468. 480. Zu V. 480 siehe G. Kölblinger, Topoi 41.
[52] Ov. ars 1,441f. Zu homerischen Adaptationen siehe W. Schubert, Mythologie 234; zu den Gründen, warum sich Ovid in seinen Liebesgedichten der Mythologie bedient, R.M. Krill, Mythology 367ff.
[53] Ov. ars 1,443f.
[54] Ov. ars 1,445f.
[55] Ov. ars 1,631ff.
[56] Ov. ars 1,447-454.
[57] Ov. ars 1,443f. (*promittas; promittere; pollicitis*). 447 (*dederis*). 449 (*dederis; daturus*). 454 (*dederit; dedit; dabit*). Zu Ov. ars 1,453f. siehe M. Steudel, Literaturparodie 117f. Um die Schwierigkeit der Aufgabe zu begründen, bedient sich Ovid einer Wendung aus Verg. Aen. 6,126-129.
[58] Ov. ars 1,454. Ähnlich: V. 449: *at quod non dederis, semper videare daturus.*

Komik, indem er die zu erwartende Gebefreudigkeit der Frau mit einem unfruchtbaren Feld vergleicht, dessen Besitzer die Hoffnung auf Ertrag noch nicht aufgegeben hat.[59] Da dieser Vers obendrein wohl einen erotischen Sinn hat, führt er den Männern den Lohn ihrer Mühen an einem konkreten Beispiel vor Augen. Anschließend stellt er die kommende Großzügigkeit der Geliebten dem Trieb eines Spielers gegenüber, der sich den von Würfeln ausgehenden Verlokkungen nicht entziehen kann.[60] Mit dieser Bemerkung rundet er die vorangegangene Argumentation ab, indem er noch stärker den Mechanismus ihrer Aktivitäten hervorkehrt. Im Anschluß an seine Darlegungen zum unfehlbaren Erfolg seiner Vorschrift geht der Dichter erneut auf die Wichtigkeit von Schmeicheleien in Liebesbriefen ein,[61] präzisiert aber seinen Rat durch den Hinweis, daß die *blanditiae* auf die Persönlichkeit der Adressatin abzustimmen und auf ihre Realisierbarkeit zu überprüfen seien. Bemerkenswert ist, daß Ovid in dieser Anleitung der Spontaneität und Improvisation keinen Spielraum läßt, sondern die unrealistische Überzeugung vertritt, daß Emotionen sicher berechnet werden können. Um den gewünschten Erfolg zu gewährleisten, hält er es durchaus für angebracht, Gefühle zu heucheln.[62] In diesen Versen klingen die Schattenseiten dieser Umgangsform an, zieht sie doch Verstellung, Unaufrichtigkeit im zwischenmenschlichen Bereich und Täuschung nach sich.[63]

Ist durch einen Brief der erste Kontakt zu einer jungen Frau angebahnt, sind Schmeicheleien ein äußerst wirksames Mittel zu ihrer Eroberung:

blanditiis animum furtim deprendere nunc sit,
ut pendens liquida ripa subestur aqua.
nec faciem nec te pigeat laudare capillos
et teretes digitos exiguumque pedem:
delectant etiam castas praeconia formae;
virginibus curae grataque forma sua est.[64]

Ovid empfiehlt an dieser Stelle eine Strategie, die er im 2. Buch der Ars amatoria ausführlich würdigt,[65] das Lob der Dame, das ihrem Geltungsdrang Rech-

---

[59] Ov. ars 1,450.
[60] Ov. ars 1,451f.
[61] Ov. ars 1,455f.
[62] Ov. ars 1,439f.
[63] Nach G. Welllmann-Bretzigheimer, Ovids «ars amatoria» 11 manifestiert sich in Lüge, Täuschung und Betrug die Abkehr vom *orator*-Bild des *vir bonus*. Vgl. M. Myerowitz, Games 23 (*ars* zieht Mangel an Aufrichtigkeit nach sich).
[64] Ov. ars 1,619-624; zu dieser Stelle siehe A.S. Hollis, Ovid 130f.; E. Pianezzola (cur.), Ovidio. L'arte di amare. Commento I 258; J. Wildberger, Ovids Schule 136f.
[65] Ov. ars 2,295-314.

nung trägt. Bevor er auf Einzelheiten eingeht, nimmt er den Erfolg derartiger Bemühungen vorweg, indem er ihn durch das Wirken einer Naturgewalt, nämlich des Wassers, das den Grund am Ufer nach und nach aushöhlt, verdeutlicht.[66] Der Dichter konzentriert seine Darlegungen zu den Lobeshymnen des Werbenden auf die Gestalt der Geliebten und greift ihr Gesicht, ihre Haare, ihre schlanken Finger und ihre zierlichen Füße als besonders geeignete Objekte solcher Glorifizierung heraus. Er begründet seinen Ratschlag zunächst mit der Freude der Frauen an derartigen Lobsprüchen,[67] untermauert aber außerdem die Richtigkeit seiner Behauptung durch ein Beispiel aus dem Mythos, nämlich der Scham der Juno und Pallas, im göttlichen Schönheitswettbewerb von Paris nicht zur Siegerin gekürt worden zu sein.[68] Zuletzt verifiziert der Dichter dieses typisch weibliche Benehmen am Verhalten von Pfauen und Pferden, die sich über lobende Worte oder bestätigende Gesten der Menschen freuen, und reiht es in die Naturgesetze ein.[69] Diese beiden Exempel stehen in komischem Kontrast zueinander; denn der Beweis aus der Natur zeigt, „daß ein solches Verhalten, das Menschen wie Göttern eigen sei, im Grunde einem animalischen Balzverhalten entspricht: auch der Pfau entfalte sein Gefieder, wenn man ihn lobt."[70] Es zeugt von Witz, daß der Poet die Sphäre der Götter durch die mythische, auf Juno bezogene Antonomasie mit der des Tierreiches verschränkt.[71]

Nach Ansicht des *praeceptor amoris* bewährten sich Schmeicheleien vor allem, wenn es galt, eine Frau für einen jungen Mann einzunehmen. Ovid rechnet sie zu den quasi-*munera* eines intelligenten, aber armen Liebhabers, die auf *indulgentia*, geschicktem Nachgeben gegenüber dem Geltungsbedürfnis und der Eitelkeit der Dame, beruhen. Da weibliche Gefallsucht durch glaubwürdigen Lobpreis der körperlichen und geistigen Reize befriedigt wird, zählen Komplimente zu den unerläßlichen Methoden dieser berückenden *simulatio:*

> *sed te, cuicumque est retinendae cura puellae,*
> *attonitum forma fac putet esse sua.*
> *sive erit in Tyriis, Tyrios laudabis amictus;*
> *sive erit in Cois, Coa decere puta.*
> *aurata est: ipso tibi sit pretiosior auro;*
> *gausapa si sumit, gausapa sumpta proba.*

---

[66] Ov. ars 1,619f.
[67] Ov. ars 1,623f.; dazu C.M.C. Green, TAPhA 126, 1996, 254.
[68] Ov. ars 1,625f.
[69] Ov. ars 1,627-630; dazu siehe A.S. Hollis, Ovid 131; E. Pianezzola (cur.), a.a.O. 258; C.M.C. Green, TAPhA 126, 1996, 254f.
[70] W. Schubert, Mythologie 234.
[71] Ov. ars 1,627; dazu siehe W. Schubert, Mythologie 234; zum Vergleich mit dem Pfau K. Heldmann, Hermes 110, 1982, 375-380; zum Pfau vgl. auch Ov. medic. 31-34.

> *astiterit tunicata: 'moves incendia' clama,*
> *sed timida, caveat frigora, voce roga.*
> *conpositum discrimen erit: discrimina lauda;*
> *torserit igne comam: torte capille, place.*
> *bracchia saltantis, vocem mirare canentis,*
> *et, quod desierit, verba querentis habe.*
> *ipsos concubitus, ipsum venerere licebit,*
> *quod iuvat, et quaedam gaudia noctis habe.*
> *ut fuerit torva violentior illa Medusa,*
> *fiet amatori lenis et aequa suo.*
> *tantum, ne pateas verbis simulator in illis,*
> *effice nec vultu destrue dicta tuo.*
> *si latet, ars prodest; adfert deprensa pudorem*
> *atque adimit merito tempus in omne fidem.*[72]

Ovid formuliert im Exordium die Vorschrift, daß der junge Mann sich von ihrer äußeren Erscheinung entzückt zeigen soll.[73] In der folgenden *argumentatio* demonstriert er die Lobeshymne auf die Schönheit der Geliebten an ihrer Kleidung[74] und Haartracht[75] und ergänzt dadurch seine Anweisung aus dem 1. Buch, in der er die Verherrlichung ihrer Gestalt thematisiert hat, um weitere Objekte. Er führt zunächst teure Roben aus zweimal mit Purpur eingefärbten Stoffen,[76] dünne, fast durchsichtige Gewänder aus koischer Seide[77] und kostbare, golddurchwirkte Kleider an.[78] Um seinen Schülern zu beweisen, daß das Lob der Kleidung nicht von ihrem Wert abhängt, nennt er noch die schweren Reisemäntel.[79] Schließlich erwähnt er die Tunika, das Untergewand, das auf eine Situation im Schlafzimmer hinweist.[80] Der Dichter veranschaulicht die völlige Anpassung des jungen Mannes an die Umworbene durch mehrere Polyptota.[81] Diese Figur verdeutlicht sehr eindrucksvoll, wie er ihr nach dem Mund redet, um sich ihrer Selbstverliebtheit zu bedienen. Ovid schließt in die Glorifizierung des Habitus

---

[72] Ov. ars 2,295-314; zu dieser Stelle siehe G. Baldo (cur.), Ovidio. L'arte di amare. Commento II 304-306; M. Janka, Ovid 239-251.
[73] Ov. ars 2,295f.; dazu siehe M. Janka, Ovid 239f.; M. Labate, Arte 179f.
[74] Ov. ars 2,297-302.
[75] Ov. ars 2,303f.
[76] Ov. ars 2,297.
[77] Ov. ars 2,298.
[78] Ov. ars 2,299.
[79] Ov. ars 2,300. Zu *gausapa* siehe J.L. Sebesta, Tunica 70.
[80] Ov. ars 2,301f.
[81] Ov. ars 2,297: *in Tyriis – Tyrios amictus*; V. 298: *in Cois – Coa*; V. 299: *aurata - auro*; V. 300: *gausapa – gausapa*.

ferner die Haartracht der Geliebten ein, die er an zwei Varianten, der schlichten, eher strengen Scheitelfrisur[82] und dem aufwendigen Lockenkopf,[83] vorstellt. Erneut kehrt er die Harmonie zwischen dem Paar durch Polyptota hervor.[84] Obendrein soll den Tanz- und Gesangsdarbietungen der Frau um jeden Preis Bewunderung gezollt und ihr Ende von Äußerungen der Klage und des Bedauerns begleitet werden.[85] Für Ovids Auffassung von den Umgangsformen in den vornehmen Kreisen aufschlußreich ist die Verwendung der in der Dichtung der augusteischen Zeit nicht belegten Junktur *verba habere*; denn sie enthält einen deutlichen Hinweis auf die quasi-rhetorischen Fähigkeiten der *simulatio*,[86] die neben den Schmeicheleien für feines hauptstädtisches Benehmen unerläßlich ist. Schließlich bezieht Ovid das Liebesspiel in seine Empfehlungen ein und legt notfalls simulierte Begeisterung und Komplimente im Bett nahe.[87] In dieser Vorschrift ist die letzte Stufe der Klimax, die mit *lauda* beginnt[88] und mit *mirare* fortgesetzt wird,[89] erreicht: *venerere,* die Aufforderung zum hymnischen Lobpreis, klingt zugleich an den Gegenstand des Distichons, die *gaudia Veneris*, etymologisch an.[90] Allerdings bezieht der Dichter das Verb *venerari*, mit dem meist die Ehrerbietung gegenüber Göttern und hochgestellten Persönlichkeiten bezeichnet wird, an dieser Stelle maliziös auf die Anbetung des Spaßes, den beide Partner bei dieser Gelegenheit haben.[91] Nach seinen Darlegungen zur Lobeshymne auf die Geliebte stellt er seinen männlichen Lesern die unglaubliche Wirksamkeit seiner Methode des charmanten Umwerbens durch Komplimente vor Augen, indem er versichert, sie verwandle die sprödeste Frau, die schlimmer als die grausige, wilde Medusa sei, in ein sanftmütiges, williges Geschöpf.[92] Ovid unterstreicht den starken Kontrast zwischen ihrer früheren Liebesfeindlichkeit und ihrer künftigen Ergebenheit durch eine streng antithetische Gestaltung des Distichons und vor allem durch den Wechsel des Tempus,[93] in dem die sichere Realisierung seiner Prognosen zum Vorschein kommt. Da er offensicht-

---

[82] Ov. ars 2,303.
[83] Ov. ars 2,304.
[84] Ov. ars 2,303: *discrimen – discrimina*; V. 304: *torserit – torte*.
[85] Ov. ars 2,305f.
[86] M. Janka, Ovid 246. Zur *simulatio*, einem Prinzip der Rhetorik, siehe W. Stroh, WJA N.F. 5, 1979, 122f.
[87] Ov. ars 2,307f. Zur Komik, die sich aus der Anordnung dieses Verspaares vor dem Bild der Medusa im folgenden Distichon ergibt, siehe W. Schubert, Mythologie 191f.
[88] Ov. ars 2,303.
[89] Ov. ars 2,305.
[90] Ov. ars 2,307; dazu M. Janka, Ovid 247.
[91] Zur Lesung und Deutung des problematischen Verses 2,308 siehe M. Janka, Ovid 247f.
[92] Ov. ars 2,309f. Zum Vergleich abweisender oder unattraktiver Frauen mit Medusa siehe W. Schubert, Mythologie 191f.
[93] Konjunktiv Perfekt *fuerit* und Futur I *fiet*.

lich befürchtet, einige seiner Schüler könnten angesichts der garantierten Erfolgsaussichten übermütig werden, nennt er erstmals implizit sein Verfahren beim Namen und begründet, warum man sich nicht bei dilettantischer *simulatio* ertappen lassen darf.[94] Um dieser Gefahr zu entgehen, hat der junge Mann als gewandter Schauspieler und Heuchler vor der Geliebten aufzutreten. Vor allem muß er darauf achten, daß er die Wirkung seiner überschwenglich lobenden Worte nicht durch verräterische Mimik hintertreibt, sondern aufrichtig und natürlich wirkt. Der Dichter erläutert die Folgen dieses Versagens, indem er das rhetorische Prinzip der *dissimulatio artis* auf den Bereich der „erotischen Eloquenz" überträgt und schlagwortartig zuspitzt.[95] Er zieht das Fazit, daß solche Künste nur nützen, wenn sie nicht erkannt werden; durchschaut sie die Adressatin dagegen, zerstören sie ihr Vertrauen.[96] Diese Vorschrift offenbart erneut die Fragwürdigkeit des vom *praeceptor amoris* als erstrebenswert hingestellten verfeinerten Benehmens. Ovid orientiert die empfohlenen Taktiken einzig und allein am Zweck und ihrem Ergebnis und nimmt dafür die systematische Täuschung der Partnerin in Kauf. Er macht sich nur Sorgen, wenn seine Strategien aufgrund von stümperhafter Ausführung entlarvt werden und nicht das gewünschte Resultat bringen. Dieser Mechanismus im sozialen Verkehr ist seiner Meinung nach jedoch kein Problem: Weil beide Partner diese Regeln der *ars amatoria* kennen und akzeptieren, setzt er ihr Einverständnis mit seinen Anweisungen voraus. Nichtsdestoweniger trägt Ovid zur Unterminierung echter Gefühle im zwischenmenschlichen Bereich bei. An ihre Stelle tritt Schauspielerei, die vornehmlich mit Heuchelei, Übertreibungen und leeren Versprechungen arbeitet.

Die mit Verstellung gepaarten Schmeicheleien fördern eine Beziehung besonders nachhaltig, wenn sie bei einem Spezialfall der nachsichtigen Diskretion eingesetzt werden: Nach Ansicht des Dichters war es möglich, mit Hilfe dieser Methode körperliche Mängel der Geliebten zu bewältigen und Abweichungen vom gängigen Schönheitsideal zu kaschieren:

> *parcite praecipue vitia exprobrare puellis,*
> *utile quae multis dissimulasse fuit:*
> *nec suus Andromedae color est obiectus ab illo,*
> *mobilis in gemino cui pede pinna fuit;*
> *omnibus Andromache visa est spatiosior aequo,*
> *unus, qui modicam diceret, Hector erat.*
> *quod male fers, adsuesce: feres bene: multa vetustas*

---

[94] Ov. ars 2,311-314; dazu M. Janka, Ovid 250f.
[95] Vgl. W. Stroh, WJA N.F. 5, 1979, 119-122.
[96] Ov. ars 2,313f.

> *leniet; incipiens omnia sentit amor.*
> *dum novus in viridi coalescit cortice ramus,*
>   *concutiat tenerum quaelibet aura, cadet;*
> *mox etiam ventis spatio durata resistet*
>   *firmaque adoptivas arbor habebit opes:*
> *eximit ipsa dies omnis e corpore mendas,*
>   *quodque fuit vitium, desinit esse mora:*
> *ferre novae nares taurorum terga recusant;*
>   *adsiduo domitas tempore fallit odor.*
> *nominibus mollire licet mala: 'fusca' vocetur,*
>   *nigrior Illyrica cui pice sanguis erit;*
> *si paeta est 'Veneri similis'; si rava 'Minervae';*
>   *sit 'gracilis', macie quae male viva sua est;*
> *dic 'habilem', quaecumque brevis, quae turgida, 'plenam';*
>   *et lateat vitium proximitate boni.*[97]

Ovid formuliert am Anfang dieser Passage zunächst die Vorschrift,[98] daß die Verschleierung von Schönheitsfehlern der Liebe dienlich sei, und erläutert sie im Anschluß an zwei Kurzexempla aus dem Mythos: Perseus sah geflissentlich über Andromedas dunkle Hautfarbe hinweg,[99] Hector bezeichnete Andromaches überdurchschnittliche Größe als mäßigen Wuchs.[100] Aus den beiden Beispielen, an denen er die Relativität des ästhetischen Urteils in nicht ganz ernstgemeinter Form exemplifiziert, leitet er die sentenziöse Schlußfolgerung ab, in jeder Liebesbeziehung spiele die Gewöhnung eine wichtige Rolle.[101] Die Wirkung dieser Eigenschaft läßt sich daraus ablesen, daß anfangs schwer Erträgliches im Laufe der Zeit nicht mehr als unangenehm empfunden wird.[102] Diesen weit verbreiteten Gedanken überträgt er auf das Aussehen der Geliebten. Weil die Dauer der Liebe in dieser Argumentation von Bedeutung ist, unterscheidet der Dichter zwischen *novus amor* und *amor firmus*.[103] Mit dieser Auffassung setzt er sich von Horaz ab, der in der Gewöhnung einen Faktor, der das Gedeihen von La-

---

[97] Ov. ars 2,641-662; dazu W. Stroh, WJA N.F. 5, 1979, 128; zur Emendation *rava* in V. 659 und ihren Problemen siehe A.G. Nikolaidis, AJPh 122, 2001, 81ff.
[98] Ov. ars 2,641f.
[99] Ov. ars 2,643f.; dazu M. Janka, Ovid 448f.; P. Watson, CPh 78, 1983, 125; W. Schubert, Mythologie 187. 195.
[100] Ov. ars 2,645f.; dazu M. Janka, Ovid 449f.; P. Watson, CPh 78, 1983, 125; W. Schubert, Mythologie 187. 195.
[101] Ov. ars 2,647f. Diese Verse rufen die erste Buchhälfte in Erinnerung (Ov. ars 2,345-348); dazu M. Janka, Ovid 447.
[102] Zu diesem Gedanken siehe Prop. 2,5,16; Hor. carm. 1,24,19f.; Ov. am. 1,2,10.
[103] Ov. ars 2,648: *incipiens amor*; V. 647: *vetustas*.

stern begünstigte, sah.[104] Außerdem spielt Ovid in der zweiten Hälfte des Verses 648 auf Vergil an, indem er dessen Ansicht über die Macht der Liebe korrigiert,[105] und seinen Schülern nahelegt, sich nicht blindlings diesem Trieb auszuliefern, sondern eine amouröse Beziehung mit Bedacht zu knüpfen und danach zu trachten, daß sie sich durch Gewohnheit festigen kann. Im folgenden untermauert er seine Behauptung, daß die Liebe mit der Zeit Widerstandskraft gewinnt, mit einer Naturanalogie aus dem Gartenbau.[106] Von dieser Naturanalogie kehrt er abrupt zu seiner Anleitung zurück, indem er seinen Lesern suggeriert, die Gewohnheit sei so allmächtig, daß durch ihr Wirken sämtliche körperlichen Mängel wie weggeblasen seien.[107] Als zweite Analogie aus dem Bereich der Natur führt der Dichter die Anpassung der Nase an unangenehme Gerüche aus der Umgebung an.[108] Diese für Frauen wenig schmeichelhafte Gegenüberstellung schlägt Brücken zwischen dem Motiv des Geschmackes und dem Thema Schönheit, dem er sich im folgenden widmet.[109] Um seinen Schülern die Gewöhnung an die Schwächen der Umworbenen zu erleichtern, empfiehlt er ihnen, sich selbst und die Geliebte zu täuschen, indem sie deren Mängeln schmeicheln.[110] Auf diese Weise deutet er den Topos von den erotischen Euphemismen, der traditionell als Indiz für die Beeinträchtigung der Urteilsfähigkeit Verliebter gilt, um.[111] Nach Ovid lassen sich mit diesem Verfahren Unzu-

---

[104] Hor. sat. 1,3,34f.; dazu M. Janka, Ovid 451.

[105] Ov. ars 2,648: *omnia sentit amor*; Verg. ecl. 10,69: *omnia vincit Amor: et nos cedamus Amori*; dazu M. Janka, Ovid 452.

[106] Ov. ars 2,649-652. Der Vergleich eines mit der Zeit festgewachsenen Propfreises mit der Festigung der Liebe durch Gewohnheit führt zu komischen Kontrasten zwischen Sprache bzw. Form und Inhalt; denn Ovid gestaltet ihn mit dem sprachlichen und motivischen Instrumentarium der Lehrdichtung aus. Dazu M. Janka, Ovid 452.

[107] Ov. ars 2,653f. Nach G. Baldo ist diese unsinnige Aussage eine Parodie auf Verg. Aen. 6,745-747. Siehe G. Baldo (cur.), Ovidio. L'arte di amare, Commento II 337.

[108] Ov. ars 2,655f.

[109] Vgl. M. Janka, Ovid 454f.

[110] Ov. ars 2,657-662; dazu K. Kleve, SO 58, 1983, 99ff. Zu diesem rhetorischen Prinzip, das in der Lobtechnik verwendet wird, um zwischen Lobobjekt und Publikum zu vermitteln, siehe Aristot. rhet. 1367a 33ff.; Rhet. Her. 3,6; vgl. W. Stroh, WJA N.F. 5, 1979, 128. Zum Vergleich der Geliebten mit Venus und Minerva W. Schubert, Mythologie 196. 237.

[111] Bereits bei Platon findet sich ein Zeugnis, daß Liebhaber bewußt solche Beschönigungen, die ihr Liebesverlangen verständlich machen sollen, einsetzen (Plat. rep. 5,474d 7-475a 2). Dazu H. Fränkel, Ovid 202 Anm. 26. Eine weitere Quelle für Euphemismen in diesem Bereich ist eventuell POxy XXXIX 2891. Dazu Q. Cataudella, Latomus 33, 1974, 847-857. Der wichtigste Paralleltext für die vorliegende Stelle ist Lucr. 4,1160-1170. Dazu G. Sommariva, A&R N.S. 25, 1980, 134ff.; M. Steudel, Literaturparodie 68-72; vgl. M. Janka, Ovid 456f. mit weiterer Literatur. Vgl. Hor. sat. 1,3,38-48, wo die Blindheit des Liebhabers für die Schwächen der Angebeteten oder die beschönigende

länglichkeiten des Teints wie eine dunkle Hautfarbe,[112] Mängel der Augen wie leichtes Schielen und ein stechender Blick[113] sowie Figurdefekte wie ein vom Normalmaß stark abweichender Körperumfang und kleiner Wuchs kaschieren.[114] An dieser Stelle polemisiert der Dichter außerdem gegen Lukrez,[115] der die Meinung hegt, man könne den Fängen der Liebe nur entrinnen, wenn man sich die körperlichen und geistigen *vitia* des umworbenen Menschen vor Augen hält; denn Ovid behauptet, Einsicht in die Fehler des anderen und Berechnung bei deren Beschönigung führten zum dauerhaften Erfolg in der Liebe.[116] Er rundet den Passus ab, indem er die beiden Leitbegriffe *lateat* und *vitium*[117] aufgreift und das Prinzip erklärt, nach dem seine Gewöhnungsmethode funktioniert.[118] Zu diesem Zweck macht er sich den in der Rhetorik und Historiographie gängigen Topos der Affinität von *vitium* und *virtus* zunutze;[119] untermauert er doch seine Methode durch das Prinzip der Vertauschung des Lasters mit der benachbarten Tugend. An dieser Vorgehensweise zeigen sich die bereits festgestellten Merkmale der hauptstädtischen Umgangsformen erneut in aller Deutlichkeit.[120]

Neben Schmeicheleien und Täuschungen sind Versprechungen ein wichtiges Mittel bei der Gewinnung einer Frau:

> *nec timide promitte: trahunt promissa puellas;*
> *pollicito testes quoslibet adde deos.*
> *Iuppiter ex alto periuria ridet amantum*
> *et iubet Aeolios inrita ferre Notos.*
> *per Styga Iunoni falsum iurare solebat*
> *Iuppiter: exemplo nunc favet ipse suo.*
> *expedit esse deos et, ut expedit, esse putemus;*

---

[112] Nachsicht der Eltern auf die Toleranz unter Freunden übertragen wird. An dieser Stelle fehlt ein Hinweis auf die Rolle der Gewöhnung, welche die Selbsttäuschung begünstigt.
Ov. ars 2,657f. Als weibliches Schönheitsideal galt eine helle Hautfarbe (siehe Xen. oec. 10,2; Prop. 2,13B,53). Anders: Ov. rem. 327.
[113] Ov. ars 2,659; dazu M. Janka, Ovid 458f.
[114] Ov. ars 2,660f.; dazu M. Janka, Ovid 459ff. Anders: Ov. rem. 321 (kleiner Wuchs). 327 (Korpulenz).
[115] Lucr. 4,1149-52; dazu M. Janka, Ovid 457.
[116] In den Remedia amoris relativiert Ovid diese Behauptung; denn er teilt die Ansicht des Lukrez (Ov. rem. 323ff.), um seinen Schülern zu zeigen, wie sie sich von einer nicht mehr erwünschten Geliebten lösen können.
[117] Zu *vitium* siehe Ov. ars 2,641.
[118] Ov. ars 2,662.
[119] Aristot. rhet. 1367a 33ff.; Aristot. NE 2,5 (1106b 11ff.); weitere Beispiele der Vertauschung von Tugend und Laster: Thuk. 3,82,4ff.; Sall. Catil. 52,11; Hor. sat. 1,3,41f.; Liv. 22,12,12; Sen. contr. 7 praef. 5; vgl. M. Janka, Ovid 461.
[120] Siehe S. 74.

> *dentur in antiquos tura merumque focos.*
> *nec secura quies illos similisque sopori*
> *detinet: innocue vivite, numen adest.*
> *reddite depositum; pietas sua foedera servet;*
> *fraus absit; vacuas caedis habete manus.*
> *ludite, si sapitis, solas impune puellas:*
> *hac magis est una fraude pudenda fides.*
> *fallite fallentes; ex magna parte profanum*
> *sunt genus: in laqueos, quos posuere, cadant.*
> *dicitur Aegyptos caruisse iuvantibus arva*
> *imbribus atque annos sicca fuisse novem,*
> *cum Thrasius Busirin adit monstratque piari*
> *hospitis adfuso sanguine posse Iovem.*
> *illi Busiris 'fies Iovis hostia primus'*
> *inquit 'et Aegypto tu dabis hospes aquam.'*
> *et Phalaris tauro violenti membra Perilli*
> *torruit; infelix inbuit auctor opus.*
> *iustus uterque fuit, neque enim lex aequior ulla est*
> *quam necis artifices arte perire sua.*
> *ergo, ut periuras merito periuria fallant,*
> *exemplo doleat femina laesa suo.*[121]

Ovid unterstreicht die Wirksamkeit seiner Vorschrift, von Beteuerungen reichlich Gebrauch zu machen, und die Legitimität solch eines Vorgehens, indem er auf das Vorbild Jupiters verweist, der in dieser Kunst ein Meister war.[122] Dessen Affäre mit Io[123] spielt in der Argumentation des Dichters eine zentrale Rolle; erklärt er doch wegen des Meineides des obersten Staatsgottes alle in vergleichbaren Situationen einer Frau gemachten Versprechungen und Schwüre für nicht bindend.[124] Weil die Götter den Menschen in dieser Hinsicht nützlich sind, schließt Ovid seinen Ausführungen ein Bekenntnis zu ihnen an.[125] Er heißt grundsätzlich gut, daß es für alles Götter gibt; denn dieser Umstand ermöglicht ihm die Fundierung seiner Anweisung durch einen passenden „Gewährs-

---

[121] Ov. ars 1,631-658; dazu A.S. Hollis, Ovid 131ff.; E. Pianezzola (cur.), Ovidio. L'arte di amare. Commento I 258ff.; C.M.C. Green, TAPhA 126, 1996, 255f.
[122] Ov. ars 1,631-636.
[123] Ov. ars 1,635f.
[124] Ov. ars 1,633-636.
[125] Ov. ars 1,637-640; dazu A.S. Hollis, Ovid 132f.; H. Fränkel, Ovid 90f.; L.P. Wilkinson, Ovid 191f.; B. Otis, Ovids Liebesdichtungen 251f.; E.F. Wright, PhQ 63, 1984, 2f.; E. O'Gorman, Arethusa 30, 1997, 108. Vgl. auch S. 187ff.

mann".[126] Außerdem begründet er seine Empfehlung des Meineides mit einer Charaktereigenschaft der Frauen,[127] nämlich ihrem angeborenen Hang, sich in gleicher Weise zu verhalten. Demnach vertritt er die Ansicht, daß Repräsentanten eines Lasters mit ihren eigenen Waffen zu schlagen seien. Um die Richtigkeit dieser Schlußfolgerung zu erweisen, gibt Ovid wie üblich Beispiele aus dem Mythos an, nämlich die Geschichten von Thrasius und Busiris[128] sowie von Perillus und Phalaris.[129] Dadurch, daß er diese bekannten Exempel der *lex talionis* zu der beabsichtigten Täuschung der Geliebten in Beziehung setzt, entsteht Komik; sie wird noch durch den dem Polyptoton *periuras – periuria* inhärenten Humor verstärkt.[130] Andererseits ist dieses Gesetz der Wiedervergeltung eine weitere ausgezeichnete Legitimation für die Anweisung des Dichters, daß Männer ihrer Geliebten bedenkenlos Zusicherungen machen sollen. Da Frauen durch ihr Betragen derartige Gegenmaßnahmen geradezu herausfordern, erscheinen die Meineide und leeren Versprechungen der Männer keineswegs anstößig, sondern gerechtfertigt. So erhält das Vorgehen der Herren neben dem göttlichen Vorbild noch eine aus dem Leben gegriffene Rechtfertigung. Bezeichnenderweise bleibt der *praeceptor amoris* an dieser Stelle seinen Schülern den Nachweis, daß Frauen grundsätzlich zu einem solchen Benehmen tendieren, schuldig.

4.3 Gesten zur Verstärkung der Ausdrucksformen der Beredsamkeit

Die Wirksamkeit der mit der urbanen Redeweise gepaarten verbalen Strategien läßt sich gelegentlich durch Gesten, Tränen, Küsse und sanfte Gewalt verstärken.[131] Nach Ansicht des Dichters stellen Küsse eine ideale Ergänzung der

---

[126] W. Schubert, Mythologie 171 Anm. 413.
[127] Ov. ars 1,643-646.
[128] Ov. ars 1,647-652; dazu A.S. Hollis, Ovid 135f.; M. Weber, Mythologische Erzählung 58-70 mit weiterer Literatur.
[129] Ov. ars 1,653-656; dazu A.S. Hollis, Ovid 136. Nach M. Weber, Mythologische Erzählung 70 sollen die Beispiele den Trugschluß in Ovids Beweisführung vertuschen, wenn er behauptet, daß man Frauen grundsätzlich durch einen Meineid täuschen dürfe. Vgl. W. Schubert, Mythologie 204.
[130] Ov. ars 1,657.
[131] Ov. ars 1,659-722; dazu A.S. Hollis, Ovid 137ff.; E. Pianezzola (cur.), a.a.O. 261ff. Zum Begriff Geste siehe M. Lobe, Gebärden 25 (ohne Differenzierung zwischen Gesten und Gebärden). Anders dagegen: M. Mrass, Gesten und Gebärden. Begriffsbestimmung und -verwendung im Hinblick auf kunsthistorische Untersuchungen, Regensburg 2005, 182. M. Mrass versteht unter „Gesten" „vernunftgemäße Körperbewegungen referentiellen Charakters" und unter „Gebärden" „gefühlsbedingte Körperbewegungen", d.h. „die unbewußte Darbietung von Körperbewegungen". Geht man von dieser Unterscheidung aus, können bei Ovid auch Gebärden zu Gesten werden, wenn er ihre intendierte

Schmeicheleien dar;[132] denn sie unterminieren jeden Widerstand der Umworbenen. Tränen führen zu ähnlichen Ergebnissen, sind sie doch dem Wasser vergleichbar, das nach und nach selbst den härtesten Stein aushöhlt:

> *et lacrimae prosunt; lacrimis adamanta movebis:*
> *fac madidas videat, si potes, illa genas.*
> *si lacrimae, neque enim veniunt in tempore semper,*
> *deficient, uncta lumina tange manu.*
> *quis sapiens blandis non misceat oscula verbis?*
> *illa licet non det, non data sume tamen.*
> *pugnabit primo fortassis et 'improbe' dicet;*
> *pugnando vinci se tamen illa volet.*
> *tantum, ne noceant teneris male rapta labellis*
> *neve queri possit dura fuisse, cave.*
> *oscula qui sumpsit, si non et cetera sumit,*
> *haec quoque, quae data sunt, perdere dignus erit.*
> *quantum defuerat pleno post oscula voto?*
> *ei mihi, rusticitas, non pudor ille fuit.*
> *vim licet appelles: grata est vis ista puellis;*
> *quod iuvat, invitae saepe dedisse volunt.*
> *quaecumque est Veneris subita violata rapina,*
> *gaudet, et inprobitas muneris instar habet.*
> *at quae, cum posset cogi, non tacta recessit,*
> *ut simulet vultu gaudia, tristis erit.*[133]

In dieser Passage sticht das auf die gewünschte Reaktion der Frau berechnete Verhalten des Mannes, das spontanen Gefühlen keinen Raum läßt, besonders deutlich in die Augen. Erneut zeigt sich, daß die Kultivierung der Umgangsformen notfalls die Täuschung der Partnerin nach sich zieht; denn der Werbende sollte simulieren, falls er nicht imstande war, echte Tränen zu vergießen.[134] Zudem kommt die Verfeinerung des Benehmens noch an den detaillierten Anwei-

---

Erzeugung empfiehlt. Die Wirkung der Körpersprache war den Griechen und Römern durchaus bekannt. Durch die *actio*-Lehre wurde dem Redner das nötige Rüstzeug für den wirkungsvollen Einsatz solcher Mittel während seines Vortrages vermittelt (siehe z.B. Quint. inst. 11,3,65ff.). Dazu M. Lobe, a.a.O. 31ff.; vgl. C. Sittl, Gebärden 1.

[132] Ov. ars 1,663. Zu Küssen siehe C. Sittl, Gebärden 36ff.
[133] Ov. ars 1,659-678; dazu siehe L. Pepe (cur.), Ovidio 314ff.; A.S. Hollis, Ovid 137f.; E. Pianezzola (cur.), a.a.O. 261f.; C.M.C. Green, TAPhA 126, 1996, 258f.; vgl. auch W.A. Schröder, Hermes 118, 1990, 242ff.
[134] Zu künstlich erzeugten Tränen siehe M. Lobe, Gebärden 39.

sungen zu einer differenzierten Technik des Küssens zum Vorschein.[135] Der *praeceptor amoris* kehrt diesen Prozeß auch in der Sprache hervor, indem er sich verschiedener Ausdrucksformen des Humors bedient.[136] Bemerkenswert ist, daß Ovid einem Mann, der sich mit Küssen begnügt, *rusticitas* vorwirft, statt sein Betragen als *pudor* zu deuten.[137] So apostrophiert der Dichter ein Verhalten, das dem *mos maiorum* Rechnung trägt, als hinterwäldlerisch, d.h. einer Metropole wie Rom nicht gemäß. An dieser Stelle treten die Auswirkungen der zunehmenden Veredelung der Lebensweise auf das römische Wertesystem zutage: diese Entwicklung konnte unter Umständen zur Umwertung von Tugenden führen.[138]

Genügen Tränen und Küsse zur Erreichung des Zieles nicht, empfiehlt der *praeceptor amoris* seinen Schülern notfalls sanfte Gewalt.[139] Eine gute Gelegenheit, sie anzuwenden, bietet sich, wenn ein Mann nach den Küssen in den Genuß von *munera Veneris* kommen will. Da eine derartige Vorgehensweise nach seinen Darlegungen die Lust erhält, begründet er sie wieder mit dem Einverständnis bzw. der Erwartung der Frauen: Diese auf das Wesen der Adressatin zugeschnittene Vorschrift garantiert nach seinen Worten einerseits ihren Erfolg; andererseits läßt sie wieder die Fragwürdigkeit eines derart ausgeklügelten Verhaltens erkennen.

Damit auch die Frauen die Wirksamkeit ihrer verbalen Ausführungen durch entsprechende Taktiken und Gesten verstärken können, bezieht Ovid dieses Thema in ihre Unterweisung ein. Er mißt vor allem der Technik des Weinens, des Lachens und der verstellten Sprache eine große Bedeutung zu:

> *quis credat? discunt etiam ridere puellae,*
>   *quaeritur atque illis hac quoque parte decor:*
> *sint modici rictus parvaeque utrimque lacunae,*
>   *et summos dentes ima labella tegant,*
> *nec sua perpetuo contendant ilia risu,*
>   *sed leve nescioquid femineumque sonet.*
> *est, quae perverso distorqueat ora cacchino;*
>   *cum risu laeta est altera, flere putes;*
> *illa sonat raucum quiddam atque inamabile: ridet,*

---

[135] Ov. ars 1,659-678.
[136] Ov. ars 1,669f. In diesen Versen findet sich eine Wortwiederholung in Gestalt des Polyptoton *sumpsit – sumit*, eine Antithese zwischen *oscula* und *cetera*, die in sentenziösem Ton gehalten ist, und eine Anspielung auf die *munera Veneris*. Dazu vgl. J.-M. Frécaut, Esprit 108f.
[137] Ov. ars 1,672.
[138] Dazu ausführlich S. 167ff.
[139] Ov. ars 1,673f.

> *ut rudit a scabra turpis asella mola.*
> *quo non ars penetrat? discunt lacrimare decenter*
> *quoque volunt plorant tempore quoque modo.*
> *quid, cum legitima fraudatur littera voce*
> *blaesaque fit iusso lingua coacta sono?*
> *in vitio decor est: quaedam male reddere verba*
> *discunt, posse minus, quam potuere, loqui.*[140]

Diese Anweisungen unterscheiden sich grundlegend von den Vorschriften für die Männer. Während Ovid seinen Schülern detailliert die Verwendungsmöglichkeiten der einzelnen Strategien beim Werben um eine Frau darlegt, erläutert er seinen Schülerinnen eingehend diese Techniken, beschreibt die Vorgehensweise[141] und führt ihnen die Fehler, die sie unbedingt vermeiden sollen,[142] vor Augen. Um ihnen die abstoßende Wirkung einer nicht fachmännischen Handhabung solcher Taktiken zu verdeutlichen, bedient sich der Dichter einer drastischen Gegenüberstellung, indem er heiseres, unangenehmes Gelächter zu dem Iahen eines Esels, das vom Mühlstein her ertönt, in Beziehung setzt.[143] Durch diese Parallelisierung von Höherem mit Niedrigerem ruft er nicht nur beim Leserpublikum Heiterkeit hervor, sondern stuft auch die Frau, die mit solchen Defiziten behaftet ist, auf eine niedrigere Ebene der Kultivierung herab. Außerdem ist diese Passage für die ästhetischen Kriterien Ovids aufschlußreich. Oberstes Gebot für eine vorbildliche Technik beim Lachen und Weinen ist die Wahrung des *decor*;[144] denn er garantiert, daß die Weiblichkeit, die eine Frau für einen Mann anziehend macht, erhalten bleibt.[145] Somit sind die Unterschiede in den Anleitungen des *praeceptor amoris* in der geschlechtsspezifischen Rolle bei der beiderseitigen Annäherung begründet. Da Frauen einem Mann gefallen und im sozialen Verkehr nicht die Initiative ergreifen sollen, benötigen sie Anweisungen zum Erwerb der erforderlichen Verfahrensweisen, die Männer hingegen Instruktionen zu ihrer Anwendung. Dagegen überläßt es Ovid den Frauen, diese Kenntnisse nach eigenem Ermessen zu ihren Gunsten ins Spiel zu bringen. Freilich klingen in diesem Abschnitt auch gewisse Vorbehalte des Dichters an.[146] Im Gegensatz zu anderen Unterweisungen kleidet er diese Empfehlungen nicht in

---

[140] Ov. ars 3,281-296; dazu siehe L. Cristante (cur.), Ovidio. L'arte di amare. Commento III 380f.; R.K. Gibson, Ovid 210-217.
[141] Ov. ars 3,283-286.
[142] Ov. ars 3,287-290. Zum Lachen nach festen Regeln siehe G. Sanders, Ovide 286.
[143] Ov. ars 3,289f.; dazu ausführlich S. 192.
[144] Ov. ars 3,282. 291; dazu siehe G. Sanders, Ovide 286.
[145] Ov. ars 3,286. Zur Funktion des Lachens bei der Verführung siehe G. Sanders, Ovide 287.
[146] Ov. ars 3,281f. 291f.

die Form von Imperativen oder Aufforderungen, sondern von Aussagesätzen, deren Inhalt er durch den vorangehenden Fragesatz relativiert, indem er seine Verwunderung darüber, daß die Frauen so viel Mühe auf ein wirkungsvolles, kunstgerechtes Lachen und Weinen verwenden, zum Ausdruck bringt. Durch diese Formulierung wird Ovid zum außenstehenden, objektiven Beobachter, dessen Urteil an Gewicht gewinnt. Trotz der einleitenden Ausführungen, in denen die Fragwürdigkeit eines solchen Tuns durchschimmert, macht er anschließend präzise Angaben zur richtigen Technik des vorteilhaften Lachens.[147] Diese Anleitungen dürften aufgrund des Kontextes allerdings nicht ganz ernst gemeint sein.[148] Darüber hinaus setzt sich Ovid an dieser Stelle auch mit den Zuständen in seiner eigenen Zeit auseinander; denn er stellt mittels seiner Vorschriften die zeitgenössische Gesellschaft so dar, wie sie wirklich war.[149] Indem er gerade das, was er zur Anweisung erhoben hat, indirekt geißelt, läßt er gelegentlich Kritik an der Lebensweise der vornehmen Kreise und ihren Verhaltensformen in seine Darlegungen einfließen.

---

[147] Ov. ars 3,283-286.
[148] Zur Glaubwürdigkeit von Ovids Anweisungen siehe E.F. Wright, PhQ 68, 1984, 1ff.
[149] Zu den Ebenen in der Ars amatoria siehe ebd. 13.

5. Verfeinertes Benehmen im sozialen Verkehr der Geschlechter

Die Früchte der anspruchsvollen Ausbildung von Männern und Frauen zeigen sich an verfeinerten Umgangsformen, die Ovid exemplarisch am Liebes- und Flirtverhalten der jungen Stadtrömer ausführt. Diese Wahl läßt erkennen, daß er die Liebeskunst in den Prozeß einer umfassenden Kultivierung eingliedert.[1] Die Veredelung in diesem Bereich kommt an einer Vielzahl von Vorschriften zum Vorschein,[2] die das Werben um eine Frau zu einer *ars*, der Ausdrucksform des *cultus*, machen:

> *si quis in hoc artem populo non novit amandi,*
> *hoc legat et lecto carmine doctus amet.*
> *arte citae veloque rates remoque moventur,*
> *arte leves currus: arte regendus Amor.*[3]

In diesen Eingangsversen der Ars amatoria erhebt der Dichter den Anspruch, einen wichtigen Beitrag zur Zivilisation zu leisten: er versteht sich einerseits als Erzieher Amors, den den wilden, ungestümen jugendlichen Gott bändigt und dadurch die Liebe sozusagen humanisiert,[4] andererseits als Lehrer seiner Schüler und seines römischen Leserpublikums, der es an seinen Erfahrungen und der Veredelung teilhaben läßt.[5]

---

[1] M. Myerowitz, Games 25. 35f. 176.

[2] Etliche Vorschriften in Ovids Ars amatoria und Remedia amoris finden sich bereits in Cic. Tusc. 4,74f. und basieren somit indirekt auf dem Therapeuticus des Chrysippos. Dazu L.P. Wilkinson, Ovid 136.

[3] Ov. ars 1,1-4; dazu siehe L. Pepe (cur.), Ovidio 279ff.; A.S. Hollis, Ovid 31f.; L.P. Wilkinson, Ovid 122; R.M. Durling, CJ 53, 1958, 158; E.W. Leach, TAPhA 95, 1964, 149; A. Lüderitz, Aufbau 3ff.; S.A. Schlueter, Studies 3ff.; K. Heldmann, MH 38, 1981, 162-166; G. Wellmann-Bretzigheimer, Ovids «Ars amatoria» 1f.; K. Kleve, SO 58, 1983, 89ff.; M. Myerowitz, Games 43ff.; K. Heldmann, Dichtkunst 365; U. Schmitzer, Ovid 63f.; zur kultivierenden Macht der Liebe vgl. auch Ov. ars 2,467-492; M. Myerowitz, a.a.O. 43; P. Watson, Latomus 43, 1988, 389ff.; S. Harrison, Ovid 83. Nach S. Harrison denkt Ovid in V. 1f. amüsiert an den Rat, der den Athenern in Solons Elegien erteilt wird (frg. 37 West). Zu *ars* siehe auch A. Videau-Delibes, Ovide 376f.; vgl. S. 113 Anm. 167. H. Zabulis, Klio 67, 1985, 186 deutet die Ars amatoria als "Lehrbuch des guten und klugen Benehmens". Zum Zusammenhang von *artes* und *urbanitas* siehe Cic. de orat. 2,40; dazu F. Kühnert, Humanismus 63.

[4] Ov. ars 1,9ff.

[5] Ov. ars 1,2. 29. Zu Ovids Kenntnis der Bedingungen menschlichen Verhaltens siehe G. Fink, AU 26,4, 1983, 6ff.; zu den drei Ebenen von Autoren-Ich, fiktionalem Liebesdichter und fiktionalem Liebeslehrer K. Heldmann, Dichtkunst 368. 370; zum doppelten

Wegen der zentralen Bedeutung des verfeinerten Benehmens im sozialen Verkehr der Geschlechter schenkt der Dichter dessen Ausdrucksformen viel Aufmerksamkeit. Er differenziert seine Empfehlungen wieder nach dem Genus und dem Rollenspiel, unterteilt aber die Betrachtungen der männlichen Aktivitäten in zwei Gruppen. Zunächst verrät er seinen Lesern, an welchen Orten Damen regelmäßig anzutreffen und wie sie zu gewinnen sind, danach demonstriert er ihnen, wie man der Liebe Dauer verleiht. Der Grund für diese Vorgehensweise ist zweifellos, daß die Männer präzisere Ratschläge als die Frauen benötigten, weil sie beim gesellschaftlichen Umgang die Initiative ergreifen sollten[6] und ihre Strategien an der Phase, in der sich eine Liaison befand, orientieren mußten. In den Anleitungen der Damen dagegen ist eine Unterscheidung der Stadien einer Affäre nicht nötig. Da ihnen die Verführung der Herren obliegt, ist es für ihr Betragen ohne Bedeutung, ob eine Beziehung sich gerade anbahnt oder ob sie schon länger besteht. Um den optimalen Erfolg seiner Instruktionen zu garantieren, verfaßt der Dichter komplementäre Anweisungen, in denen er das Verhalten von Männern und Frauen in Situationen, die für einen kultivierten Lebensstil charakteristisch waren wie Gastmähler, aufeinander abstimmt.

Die detaillierten, nicht immer ganz ernst gemeinten Unterweisungen ziehen in manchen Fällen Übertreibungen nach sich, in denen Komik und Humor zutage treten. Durch diese Merkmale hebt sich Ovids Lehrdichtung von den eigentlichen didaktischen Werken ab; stellt doch der *praeceptor amoris* auf diese Weise sein eigenes Anliegen in Frage. Andererseits zeugen gerade diese Charakteristika von der *urbanitas* der Ars amatoria; denn in ihnen kommt die für die augusteische Zeit typische Veredelung der Literatur zum Vorschein.

Die veredelten Umgangsformen, auf denen *urbanitas*, das städtische Wesen, in erster Linie basiert, waren durch liebenswürdiges Verhalten gegenüber der Geliebten und den Personen in ihrem Umfeld,[7] Erlesenheit im Reden,[8] feinen Witz, Scherz und Spaß[9] gekennzeichnet.[10]

Adressatenbezug ebd. 369; zum Publikum der Ars amatoria M. von Albrecht, Ovid 78f.; zur Funktion des Liebeslehrers und ihrem Vorbild E. Pianezzola, QIFL 2, 1972, 44f.; S.A. Schlueter, Studies 72ff.; E. Giangrande, Topoi 65ff.; P. Watson, Praecepta 149ff.
[6] Ov. ars 1,35-40; dazu siehe A. Sharrock, Seduction 18ff.; zum geschlechtsspezifischen Verhalten in Ovid's Liebeslehre M. Myerowitz Levine, SCI 6, 1981/82, 37ff.
[7] Z.B. Ov. ars 2,107-144; dazu S.A. Schlueter, Studies 36ff.
[8] Z.B. Ov. ars 1,461-486.
[9] Z.B. Ov. ars 3,328.
[10] Zum Ideal der *urbanitas* siehe besonders Cic. de orat. 2,269f.; 3,161; Brut. 170f.; off. 1,104.

5.1 *Amabilitas*

Nach Ovid machte nicht allein der *sermo urbanus* samt dem damit einhergehenden feinen Witz und Humor den Bewohner der Metropole aus, sondern ein kultivierter Mensch mußte noch über weitere Fähigkeiten verfügen, die aus der Schulung seines Geistes durch schöne Künste und Literatur resultierten.[11] Durch das Thema der Ars amatoria bedingt, erläutert Ovid dieses Ideal am Beispiel des Liebhabers,[12] doch umfaßt es auch Eigenschaften, die sich nicht an diesem Sujet orientieren und daher sämtliche Mitglieder der stadtrömischen Oberschichten kennzeichnen. Wie bereits erwähnt wurde,[13] rät der *praeceptor amoris* seinen Schülern, sich wegen der Vergänglichkeit ihrer körperlichen Schönheit beizeiten in geistigen Gaben bleibende Werte zu schaffen.[14] Um den hohen Stellenwert, den er diesen Qualitäten beimißt, zu begründen, wandelt er das Werbemotiv der erotischen Poesie, das Leben wegen der Flüchtigkeit der Jugendblüte zu genießen,[15] in der Manier des Sokrates ab[16] und stilisiert den *cultus amator* zum ἐραστής, der in den *ingenuae artes* geschult ist, Redegewandtheit besitzt und zwei Sprachen beherrscht.[17] Diese in der Ausbildung erworbenen Kenntnisse machen nach Meinung Ovids einen Menschen attraktiv und interessant, denn auf ihnen basiert sein Charme: *ut ameris, amabilis esto!*[18] Da sich seine Leser diesen Wesenszug aneignen müssen, zeigt er ihnen, auf welchen Voraussetzungen er beruht. Dagegen überläßt er ihnen, welchen Gebrauch sie von ihrer Liebenswürdigkeit im sozialen Umgang machen; denn ihre vielfältigen Anwendungsmöglichkeiten lassen sich nicht in einer pauschalen Anleitung subsumieren. Wie es seiner Gewohnheit in der Ars amatoria entspricht, demonstriert er ihnen an einem repräsentativen Beispiel aus dem Mythos die Faszination, die von einem

---

[11] Ov. ars 2,107-144.
[12] Dazu siehe J.B. Solodow, WS 90 (N.F. 11), 1977, 106ff.
[13] Siehe S. 46.
[14] Ov. ars 2,108-120. Zu V. 109-112 siehe W. Schubert, Mythologie 244f.; A. Sharrock, Seduction 33ff. Ebenso: Ov. trist. 3,7,31ff.; dazu M. von Albrecht, Poesie 219ff.
[15] Z.B. Tib. 1,4,27; vgl. M. Janka, Ovid 115.
[16] Plat. Alc. 1,131c 11ff.
[17] Ov. ars 2,121-124; dazu M. Janka, Ovid 124f.; K. Heldmann, Dichtkunst 398f. Zu den *ingenuae artes* K. Heldmann, a.a.O. 398. Vgl. Ov. ars 1,459 (*bonae artes*). Zum Problem der Rhetorik und Erotik in der Ars amatoria siehe W. Stroh, WJA N.F. 5, 1979, 117-132. Zur Zweisprachigkeit gebildeter Römer siehe S. 45f. mit Belegen und Literatur.
[18] Ov. ars 2,107. Normalerweise ist *amabilis* eine weibliche Eigenschaft (z.B. Plaut. Asin. 674; Plaut. Stich. 736; Hor. carm. 1,5,10-12). Zu Ovids Motto siehe auch Sen. epist. 9,6. Vgl. M. Janka, Ovid 116; H. Kling, Komposition 19; K. Heldmann, Dichtkunst 398; U. Schmitzer, Ovid 78; zur Ambivalenz der aus schlauer Berechnung praktizierten *amabilitas* G. Wellmann-Bretzigheimer, Ovids «Ars amatoria» 3.

kultivierten Mann ausgeht.[19] Als Exempel für den Kontrast zwischen äußerer Erscheinung und den wirklichen Fähigkeiten wählt er die Szene, in der die Nymphe Calypso die Abreise des Odysseus durch Hinhaltetaktik und Warnungen zu verzögern sucht. Der Wunsch der Heroine, sich längst bekannte Geschichten wiederholt aus dem Mund des Helden, der in der Ars amatoria keineswegs als strahlende Schönheit hingestellt ist, anzuhören,[20] zeigt deutlich, daß sie seinem Charme und seiner Redekunst hoffnungslos verfallen war.[21] Dieses Begehren stellte höchste Anforderungen an das rhetorische Talent des Odysseus, mußte er doch ständig in immer neuen Varianten fesselnd von denselben Begebenheiten erzählen. Demnach erweist sich die Intelligenz in der Liebe als wichtig; denn sie ist die beste Gewähr, daß eine Beziehung nicht eintönig wird. Die Behandlung der auf geistigen Fähigkeiten basierenden Liebenswürdigkeit am Anfang der Anweisungen zur Festigung der Liebe läßt erkennen, daß Ovid diese Eigenschaft für die zentrale Qualität im privaten und sozialen Verkehr hält. Bekanntlich beruhen auf ihrer wichtigsten Voraussetzung, der rednerischen Begabung eines Mannes, sämtliche Formen kultivierter Kommunikation und Interaktion.

5.1.1 *Indulgentia*

Nach seinen übergreifenden Darlegungen zur *amabilitas* führt der Dichter die *indulgentia* aus,[22] die wesentlich zum liebenswürdigen Wesen eines Menschen beiträgt. Er demonstriert seinen Schülern zunächst die Vorteile einer solchen Haltung, indem er sie mit ihrem Gegenteil und dessen Folgen konfrontiert und diese Gegenüberstellung durch Analogien aus dem Tierreich untermauert:

> *dextera praecipue capit indulgentia mentes;*
> *asperitas odium saevaque bella movet.*
> *odimus accipitrem, quia vivit semper in armis,*
> *et pavidum solitos in pecus ire lupos;*
> *at caret insidiis hominum, quia mitis, hirundo,*

---

[19] Ov. ars 2,123-142; dazu L. Pepe (cur.), Ovidio 298ff.; M. Janka, Ovid 125ff.; S.A. Schlueter, Studies 37f.; M. Myerowitz Levine, SCI 6, 1981/82, 54f.; J.-M. Frécaut, Une scène ovidienne 287ff.; E.F. Wright, PhQ 68, 1984, 3; M. Myerowitz, Games 167ff.; N. Holzberg, WJA N.F. 16, 1990, 144f.; K. Heldmann, Dichtkunst 397ff.; zur Vielschichtigkeit dieser Erzählung W. Schubert, Mythologie 208; vgl. 213; A. Sharrock, Seduction 78ff. Zum Nachgeben siehe W. Stroh, Liebeselegie bes. 43ff. 77f. 217ff.

[20] Ov. ars 2,127-140.

[21] Ov. ars 2,123f.

[22] Ov. ars 2,145-336. Vgl. H. Kling, Komposition 19f.

quasque colat turres Chaonis ales habet.
este procul, lites et amarae proelia linguae;
dulcibus est verbis mollis alendus amor.[23]

Ovid stellt in diesen Versen *indulgentia* den konträren Begriffen *asperitas*,[24] *lites* und *proelia* gegenüber,[25] in denen er Eigenschaften und Verhaltensweisen zusammenfaßt, die der beiderseitigen Annäherung wenig förderlich sind, wie Härte, Aggressivität, Grausamkeit und Unbeugsamkeit. Der Unterschied zwischen beiden Umgangsformen tritt am deutlichsten an ihren Wirkungen zutage: Während *indulgentia* die Umworbene gewinnt und für den Partner einnimmt, erzeugt *asperitas* Abneigung, Haß und wilde Kämpfe.[26] Diese Gesetzmäßigkeit verifiziert der Dichter durch Beispiele aus der Tierwelt, indem er die Stärke der Raubtiere in abschreckende Streitbarkeit und die Schwäche harmloser Vögel in einen Vorzug umdeutet. Seiner Meinung nach zeichnet sich ein auf Duldsamkeit ausgerichtetes Betragen durch ein hohes Maß an Geschmeidigkeit und Anpassungsfähigkeit an den Mitmenschen aus. Aufgrund dieser Qualitäten werden starke Emotionen, Konflikte und extreme Reaktionen wie Streit und Zank vermieden,[27] weil bei der Konfrontation gegensätzlicher Meinungen der eine Partner stets nachgibt, um die Harmonie nicht zu gefährden. Freilich ist diese Übereinstimmung nur oberflächlich und äußerlich; denn Schwierigkeiten werden mangels einer echten Auseinandersetzung nicht bereinigt, sondern nur überdeckt. Somit sorgt diese Eigenschaft für eine angenehme Atmosphäre und einen reibungslosen Umgang der Geschlechter. Andererseits birgt sie auch Risiken, wenn sie nur ein Partner besitzt und sie durch Preisgabe des eigenen Willens und bewußte Unterordnung unter den anderen erkauft. Da in diesen Fällen gewöhnlich Berechnung im Spiel ist, basiert sie auf Egoismus, wird doch den Wünschen und Bedürfnissen des auf diese Weise umworbenen Menschen nicht Rechnung getragen. Wegen der Zielsetzung seines Werkes geht Ovid auf diese Schattenseiten des kultivierten Verhaltens nicht ein, sondern empfiehlt die erwähnten Vorgehensweisen wegen ihrer Erfolgsaussichten mit Nachdruck. Nach seiner Ansicht bewähren sich Sanftmut und Nachgiebigkeit vor allem in der mündlichen Kommunikation von Liebespaaren; denn sie sind eine unerläßliche Voraussetzung für Komplimente und Liebesgeflüster.[28]

---

[23] Ov. ars 2,145-152.
[24] Ov. ars 2,146.
[25] Ov. ars 2,151.
[26] Ov. ars 2,145f.
[27] Ov. ars 2,151; dazu M. Janka, Ovid 150f. Vgl. Ov. ars 2,169ff. (Angriffe auf Gewand und Haar der Geliebten als typische Streitszene der Liebeselegie); dazu A. Sharrock, Ovid 157.
[28] Ov. ars 2,159f.; dazu M. Janka, Ovid 154.

Nachdem Ovid die Vorteile und Auswirkungen der bedingungslosen Unterordnung des jungen Mannes unter den Willen der Geliebten dargelegt hat, stellt er seinen Lesern konkrete Anwendungsmöglichkeiten dieses Verhaltens in bestimmten Situationen vor.[29] Bevor er ihnen die Nutzung dieser Strategie beim Würfelspiel vor Augen führt,[30] erläutert er sie von neuem an drei Gegensatzpaaren:

> *cede repugnanti: cedendo victor abibis;*
> *fac modo, quas partes illa iubebit, agas.*
> *arguet: arguito; quicquid probat illa, probato;*
> *quod dicet, dicas; quod negat illa, neges.*
> *riserit: adride; si flebit, flere memento:*
> *imponat leges vultibus illa tuis.*[31]

In einer erneuten Mahnung, Zugeständnisse zu machen, führt der Dichter aus, wie zunächst Harmonie im emotionalen Bereich zwischen dem Werbenden und der noch spröden Frau durch sklavische Anpassung an ihre Launen zu erzielen ist, und unterstreicht das Einlenken des Mannes anschaulich durch Verbalpolyptota.[32] Um die geforderte Angleichung an die Stimmung der Dame zustande zu bringen, muß der Mann beachtliche schauspielerisch-rhetorische Fähigkeiten besitzen, die von seinen geistigen Gaben zeugen. Ovid empfiehlt solch eine Vorgehensweise bei Wertungen wie Lob und Tadel, bei der Behauptung von Tatsachen[33] sowie beim gemeinsamen Weinen und Lachen von Liebespaaren.[34] Weil diese Talente allzeit und in jeder beliebigen Situation anwendbar sind, macht er an dieser Stelle zu ihrer konkreten Nutzung keine Angaben.

Günstige Gelegenheiten, bei denen sich die Technik des Zurücksteckens verwirklichen läßt, bieten sich beim Gesellschaftsspiel:

> *seu ludet numerosque manu iactabit eburnos,*
> *tu male iactato, tu male iacta dato;*

---

[29] Ov. ars 2,197-336; bes. V. 2,197-208; dazu A. Sharrock, Seduction 262f. 270. Zu den von Ovid als sanft hingestellten Geboten seiner Kunst siehe G. Baldo, MD 22, 1989, 37ff.

[30] Ov. ars 2,203-208.

[31] Ov. ars 2,197-202. Zur Ringkomposition dieser Verse siehe H. Kling, Komposition 20.

[32] Ov. ars 2,197: *cede – cedendo*; V. 198: *arguet – arguito*; *probat – probato*; V. 200: *dicet – dicas*; *negat – neges*; V. 201: *riserit – adride*; *flebit – flere*; dazu siehe M. Janka, Ovid 177. Zur Technik der Verbalpolyptota, die Harmonie signalisieren, vgl. auch Ov. ars 1,146.

[33] Ov. ars 2,199f.

[34] Ov. ars 2,201f.

seu iacies talos, victam ne poena sequatur,
damnosi facito stent tibi saepe canes.
sive latrocinii sub imagine calculus ibit,
fac pereat vitreo miles ab hoste tuus.[35]

Beim gemeinsamen Spielen äußert sich das Entgegenkommen des Mannes in absichtlich herbeigeführten Niederlagen.[36] Der Dichter formuliert seine Anleitung in drei parallel gebauten Distichen, die durch eine Anapher miteinander verbunden sind:[37] Im Hexameter erwähnt er jeweils den Typ des Spiels, Würfeln, Knöchel- und Brettspiel, während er im Pentameter seinem männlichen Leserpublikum die Verhaltensmaßregel nennt.[38] Bei diesen Spielen mit der Geliebten soll der Schüler in gekonnter Manipulation zum eigenen Nachteil betrügen, um ihre Laune nicht durch Geldeinbußen und Niederlagen zu trüben. Wieder besteht die Verfeinerung, die im vorliegenden Fall zugleich die Pointe der Vorschrift ist, in einer Verfahrensweise, die gegen den Werbenden gerichtet ist, damit er sein Ziel, die Gunst der Geliebten zu gewinnen, erreicht. Außerdem klingt an dieser Stelle eine Schattenseite dieser Umgangsformen an, nämlich die Bedeutung des materiellen Gewinns; sie resultiert aus einer gewissen Habgier der Frauen, einem Laster, das freilich topischen Einschlag hat und ihnen in der Elegie oft zur Last gelegt wird.[39] Aufgrund einer derartigen Verhaltensdisposition kann der *praeceptor amoris* seinem männlichen Publikum suggerieren, daß sich die Zuneigung der Damenwelt erkaufen läßt. Nach dieser Argumentation dürfte Mittellosigkeit den Handlungsspielraum einiger junger Männer in der sozialen Kommunikation eingegrenzt haben.

Damit der Erfolg seiner den Männern gegebenen Anweisungen gewährleistet ist, ergänzt sie Ovid durch Vorschriften für die Frauen; zählten doch Gesellschaftsspiele offensichtlich zu den beliebten Formen des Zeitvertreibs in den

---

[35] Ov. ars 2,203-208.
[36] Vgl. Tib. 1,4,51f. (Gewinnenlassen beim Spiel als effektvolle Methode der Liebeswerbung).
[37] Ov. ars 2,203: *seu;* V. 205: *seu*; V. 207: *sive*.
[38] Ov. ars 2,203 (Würfeln); V. 205 (Knöchelspiel); V. 207 (Brettspiel); zu diesen Spielen siehe M. Janka, Ovid 181ff. mit weiterer Literatur. Weitere Belege dieser und ähnlicher Gesellschaftsspiele: 1) Würfeln (*tesserae*): Ov. ars 3,354(-356); Ov. trist. 2,475(f.?); 2) Knöchelspiel (*tali*): Ov. ars 3,353; Ov. trist. 2,473f.; 3) Brettspiel (*ludus latrunculorum*): Ov. ars 3,357-360; Ov. trist. 2,(475?.) 477-480; 4) *terni lapilli*: Ov. ars 3,365f.; Ov. trist. 2,481f.; 5) *pilae*: Ov. ars 3,361f.; 6) *ludus duodecim scriptorum*: Ov. ars 3,363f. Vgl. auch K.-W. Weeber, Alltag 154f. (Gesellschaftsspiel). 412f. (Würfelspiel).
[39] Dazu siehe ausführlich S. 169ff.

vornehmen Kreisen.[40] Weil er anscheinend nicht bei allen seinen Leserinnen die Kenntnis der Spiele und ihrer Regeln voraussetzt, erteilt er ihnen zunächst die einschlägigen Informationen[41] und erläutert außerdem das gute Betragen bei solchen Anlässen. Aus diesem Grund sind seine Unterweisungen für die Damen viel detaillierter und ausführlicher als die Anleitungen für die Herren:

> *mille facesse iocos; turpe est nescire puellam*
> *ludere: ludendo saepe paratur amor.*
> *sed minimus labor est sapienter iactibus uti;*
> *maius opus mores composuisse suos:*
> *tum sumus incauti studioque aperimur in ipso*
> *nudaque per lusus pectora nostra patent;*
> *ira subit, deforme malum, lucrique cupido*
> *iurgiaque et rixae sollicitusque dolor;*
> *crimina dicuntur, resonat clamoribus aether,*
> *invocat iratos et sibi quisque deos.*
> *nulla fides tabulae: quae non per vota petuntur?*
> *et lacrimis vidi saepe madere genas.*
> *Iuppiter a vobis tam turpia crimina pellat,*
> *in quibus est ulli cura placere viro!*[42]

Der Dichter mißt den Spielen an dieser Stelle eine soziale Bedeutung zu; denn sie sind nach seiner Lehre eine wichtige Vorstufe bei der beiderseitigen Annäherung.[43] Wie bereits mehrfach zu beobachten war, unterstreicht Ovid wieder den diesem Verhalten inhärenten Humor, der dem urbanen Lebensstil entspricht, durch das Polyptoton *ludere – ludendo*. Vor allem werden die Frauen durch Gesellschaftsspiele in der Kunst des taktischen Lavierens geschult[44] und üben ihre intellektuellen Fähigkeiten.[45] So entwickeln sie beispielsweise ein Gespür dafür, wer sich als Verbündeter eignet und wer als Gegner anzusehen ist.[46] Die auf diese Weise erworbenen Fertigkeiten kommen ihnen zweifellos bei ihren weiteren gesellschaftlichen Kontakten zugute.

Weil die Spielsituation den Ausbruch von Emotionen und Affekten begünstigt, werden hohe Anforderungen an das Benehmen der Teilnehmer gestellt.

---

[40] Ov. ars 3,353-380; dazu siehe L. Cristante (cur.), Ovidio. L'arte di amare. Commento III 388f.; R.K. Gibson, Ovid 242-254.
[41] Ov. ars 3,353-366. Ovid führt an dieser Stelle sechs Spiele an; dazu siehe Anm. 38.
[42] Ov. ars 3,367-380.
[43] Ov. ars 3,367f.
[44] Ov. ars 3,357: *cauta*.
[45] Ov. ars 3,356: *callida*; V. 357: *non stulte*; V. 369: *sapienter*.
[46] Ov. ars 3,355f.

Aus diesem Grund schildert der *praeceptor amoris* seinen Schülerinnen eingehend die solchen Anlässen anhaftenden Gefahren, damit der Erfolg seiner Bemühungen nicht durch unüberlegtes Betragen, das sich zudem nicht mit der weiblichen Anmut vereinbaren läßt, zunichte gemacht wird. Bei den Männern dagegen erübrigen sich solche Unterweisungen, denn er hat ihnen bei dieser Gelegenheit Nachgiebigkeit angeraten. Die wichtigsten Leidenschaften samt ihren Ausdrucksformen, die den veredelten Verhaltensformen zuwiderlaufen, sind Zorn, Gewinnsucht, Streitereien, Schmähungen, Erbitterung, kränkende Vorwürfe und Geschrei.[47] Sie sorgen für Zwietracht und Uneinigkeit und erzeugen einen Umgangston, der sich mit einem kultivierten Ambiente nicht verträgt. Somit werden durch derartige Erregungen die Harmonie zwischen Männern und Frauen und der mit heiteren Scherzen angereicherte Konversationston der führenden Kreise vereitelt. Diesem Fehlverhalten kann durch Selbstbeherrschung, die eine wesentliche Voraussetzung für feines, hauptstädtisches Gebaren ist, entgegengewirkt werden. Sie hat zur Folge, daß die gesamte soziale Kommunikation in einem sehr gedämpften Tenor verläuft und auf Eintracht abzielt. Weil sämtliche spontanen Reaktionen, die dieses Ideal unterminieren, strikt zu vermeiden sind, tritt auch in dieser Vorschrift die bereits an anderen Stellen beobachtete Künstlichkeit des Benehmens zutage, die sich einzig und allein an dem ins Auge gefaßten Ziel orientiert und bis zu einem gewissen Grad auf Egoismus basiert.

Neben dem Zurückstecken im Spiel eignet sich ferner die Übernahme von Diensten, die sonst in den Aufgabenbereich von Sklaven fallen und der Bequemlichkeit der Frau dienen, für den Nachweis von *indulgentia* eines Mannes.[48] Mit solchen unbilligen Forderungen, die eine Steigerung der *indulgentia* bedeuten, lehnt sich der Dichter an das traditionelle Konzept des *servitium amoris* an,[49] modifiziert allerdings auch eigene, an einer anderen Stelle der Ars amatoria gegebene Anleitungen.[50] Während er in seinen Darlegungen zu

---

[47] Ov. ars 3,373: *ira, lucri cupido*; V. 374: *iurgia, rixae, sollicitus dolor*; V. 375: *crimina, clamores*.
[48] Ov. ars 2,210-222.
[49] Zur Gestalt und Entwicklung dieses Topos siehe F.O. Copley, TAPhA 78, 1947, 285ff.; R.O.A.M. Lyne, CQ 73 (N.S. 29), 1979, 117-130; P. Murgatroyd, Latomus 40, 1981, 589-606; vgl. S.A. Schlueter, Studies 65; K. Kleve, SO 58, 1983, 97f. In dieser Passage formt Ovid anscheinend eine Tibullstelle um, in der dieser seiner untreuen Geliebten die Vorzüge eines mittellosen, gehorsamen Liebhabers vor Augen hält (Tib. 1,5,61-66). Dazu siehe P. Murgatroyd, Tibullus I. A Commentary on the First Book of the Elegies of Albius Tibullus, Pietermaritzburg 1980, 182f. Außerdem knüpft der Dichter an seine Anweisungen zu ersten Annäherungsversuchen im Zirkus an (Ov. ars 1,139-162). Zu dieser Stelle P. Murgatroyd, Latomus 40, 1981, 599f. 605f.; vgl. M. Janka, Ovid 185.
[50] Ov. ars 1,129-162; dazu G. Fink, AU 26,4, 1983, 8.

geeigneten Begegnungsstätten im 1. Buch kleine, sporadische Gefälligkeiten bei der Kontaktanbahnung aufzählt, betrachtet er die Liebesdienste im 2. Buch unter dem Aspekt der *patientia;* denn sie setzen beim Werbenden ein regelmäßiges, systematisches Engagement voraus. Ovid trägt seine Vorschriften in vier Distichen vor[51] und rundet sie durch das mythologische *exemplum* des Hercules, der bei der Lyderin Omphale *servitium amoris* leistete, ab, um seine Schüler zu ermutigen, auch die Launen der Geliebten zu ertragen:[52]

> *ipse fac in turba, qua venit illa, locum.*
> *nec dubita tereti scamnum producere lecto,*
> *et tenero soleam deme vel adde pedi.*
> *saepe etiam dominae, quamvis horrebis et ipse,*
> *algenti manus est calficienda sinu.*
> *nec tibi turpe puta (quamvis sit turpe, placebit)*
> *ingenua speculum sustinuisse manu.*
> *ille, fatigata praebendo monstra noverca*
> *qui meruit caelum, quod prior ipse tulit,*
> *inter Ioniacas calathum tenuisse puellas*
> *creditur et lanas excoluisse rudes.*
> *paruit imperio dominae Tirynthius heros:*
> *i nunc et dubita ferre quod ille tulit.*[53]

Der Dichter demonstriert seinem Leserpublikum die Duldsamkeit eines kultivierten Liebhabers, die eine vollkommene Selbstkontrolle voraussetzt, an der Übernahme von vier für Unfreie oder Klienten typischen Aufgaben, die zugleich den elegischen *amator* kennzeichnen. So soll er bei Spaziergängen den Regen- und Sonnenschirm tragen,[54] der Umworbenen in der Menschenmenge Platz schaffen,[55] ihr zu Hause den Schemel zurechtrücken,[56] ihr die Schuhe an- und ausziehen,[57] ihre Hände an der eigenen Brust wärmen[58] und ihr den Spiegel bei der Schönheitspflege halten.[59] Ovid weist seine Schüler explizit darauf hin, daß solche Dienste degradierend sind, indem er das Halten des Spiegels von den

---

[51] Ov. ars 2,209-216.
[52] Ov. ars 2,217-222; dazu M. Janka, Ovid 185.
[53] Ov. ars 2,210-222.
[54] Ov. ars 2,209. Zu dieser Aufgabe siehe Dion. Hal. 7,9,4; Claud. carm. 18,464f.
[55] Ov. ars 2,210. Zu dieser Tätigkeit siehe Tib. 1,5,63f.
[56] Ov. ars 2,211.
[57] Ov. ars 2,212.
[58] Ov. ars 2,213f.
[59] Ov. ars 2,215f.; dazu A. Sharrock, Seduction 269.

Pflichten eines *ingenuus* ausnimmt.[60] Bezeichnenderweise vermeidet er den Terminus *servus* oder ein Synonym aus Rücksicht auf die soziale Stellung seiner Leser und verbrämt dadurch die Zumutung, die seine Weisung für sie bedeutet, nämlich die Verleugnung ihres Rechtsstatus, der sie vor solchen Aktivitäten bewahrt, und ihrer Identität. An dieser Stelle leitet er geschickt zum *servitium amoris* des Hercules über, um durch das *exemplum* dieses nach dem Tod vergöttlichten Heros seine Empfehlungen, d.h. die vergleichsweise harmlosen Belastungen seiner Schüler, zu rechtfertigen.[61]

Im Anschluß an die Gefälligkeiten, die der junge Mann als eine Art Leibwächter und Dienstmädchen der Geliebten zu vollbringen hat, schildert Ovid die drückenderen Pflichten der *militia amoris*.[62] In dem durch mythologische *exempla* von Hercules,[63] Apollo[64] und Leander[65] gerahmten und untergliederten Passus lehrt er seine Leser zunächst die Aufgaben, die ihnen aus der Begleitung der verehrten Damen erwachsen. Die Steigerung gegenüber den bereits erwähnten Aktivitäten besteht darin, daß sie dem Ausführenden selbst unter den ungünstigsten Umständen bedingungslosen Gehorsam abverlangen. Der Dichter führt in fünf Distichen Situationen an, die für den elegischen *amator* in Rom charakteristisch sind und topischen Einschlag haben:

> *iussus adesse foro iussa maturius hora*
> *fac semper venias nec nisi serus abi.*
> *occurras aliquo tibi dixerit: omnia differ;*
> *curre, nec inceptum turba moretur iter.*
> *nocte domum repetens epulis perfuncta redibit:*
> *tunc quoque pro servo, si vocat illa, veni.*
> *rure erit et dicet venias; Amor odit inertes:*
> *si rota defuerit, tu pede carpe viam.*
> *nec grave te tempus sitiensque Canicula tardet*
> *nec via per iactas candida facta nives.*[66]

---

[60] Ov. ars 2,216.
[61] Zu diesen Versen siehe M. Janka, Ovid 190-194.
[62] Ov. ars 2,223-250.
[63] Ov. ars 2,217-222; dazu F.O. Copley, TAPhA 78, 1947, 293; W. Schubert, Mythologie 199. 235.
[64] Ov. ars 2,239-242; dazu F.O. Copley, TAPhA 78, 1947, 292f.; P. Murgatroyd, Latomus 34, 1975, 79; ders., Latomus 40, 1981, 605; W. Schubert, Mythologie 199. 235.
[65] Ov. ars 2,249f.; dazu siehe W. Schubert, Mythologie 225.
[66] Ov. ars 2,223-232. Zu diesem Topos der Liebeselegien siehe G. Kölblinger, Topoi 142ff.

Zu diesen *labores* zählen langes, geduldiges Warten auf dem Forum,[67] die prompte Erledigung von Eilaufträgen[68] und Begleitdienste, die bei Nacht und den widrigsten Witterungsverhältnissen[69] zu übernehmen sind und weite Strecken aufs Land umfassen. Bemerkenswert ist, daß Ovid den Gegensatz zwischen der sklavischen Tätigkeit und dem Rechtsstatus des Ausführenden in Vers 228 aufgreift und das Substantiv *servus*, das er in seinen Darlegungen zu den weniger belastenden Gefälligkeiten vermieden hat,[70] verwendet; denn er beabsichtigt, die Pflichten in dieser Passage viel unangenehmer als die früheren erscheinen zu lassen. Nachdem der Dichter das Thema der *militia amoris*, zu dem er durch das Motiv der weiten Fußmärsche für die Geliebte übergeleitet hat, abgehandelt hat,[71] führt er nach dem *exemplum* von Apollo und Admetus[72] weitere Fälle besonders wagemutiger Aktivitäten im Dienst der Umworbenen auf:

> *si tibi per tutum planumque negabitur ire*
> *atque erit opposita ianua fulta sera,*
> *at tu per praeceps tecto delabere aperto,*
> *det quoque furtivas alta fenestra vias.*
> *laeta erit et causam tibi se sciet esse pericli;*
> *hoc dominae certi pignus amoris erit.*[73]

Weil sich der Mut und unbedingte Gehorsam eines Liebenden in gefährlichen Situationen bewähren müssen, empfiehlt Ovid seinen Schülern, diese Eigenschaften dadurch unter Beweis zu stellen, daß sie sich auf riskanten Schleichwegen wie Einsteigen in die Dachöffnung des Atriums und Einbruch den Weg zur Geliebten bahnen, falls der direkte Zugang zu ihr versperrt ist.[74] Um sie zu Höchstleistungen anzuspornen, stellt er ihnen die Folgen dieses Verhaltens vor Augen: die Frau freut sich über solche Kühnheit und deutet sie als Zeichen starker, dauerhafter Liebe. Somit wird die Dame von der Ernsthaftigkeit der Avancen überzeugt und zugleich in ihrem Selbstwertgefühl bestärkt.[75] Wegen des topischen Einschlags sind diese Anweisungen des *praeceptor amoris* für die vorliegende Untersuchung freilich nur bedingt von Wert. Doch kann man ihnen

---

[67] Ov. ars 2,223f.
[68] Ov. ars 2,225f.
[69] Ov. ars 2,227-232; vgl. Prop. 3,16,1ff. Siehe zu der gesamten Passage M. Janka, Ovid 194-200.
[70] Ov. ars 2,209-222.
[71] Ov. ars 2,229-238; siehe dazu M. Janka, Ovid 197-204.
[72] Ov. ars 2,239-242.
[73] Ov. ars 2,243-248.
[74] Ov. ars 2,243-246.
[75] Ov. ars 2,247f.

entnehmen, daß nach Ovid Einfallsreichtum und Improvisationstalent im sozialen Verkehr eine große Bedeutung haben; denn sie sorgen für Abwechslung und garantieren angeblich den gewünschten Erfolg bei den in der Ars amatoria geschilderten Bemühungen um die jeweilige Partnerin, weil sie den Verliebten interessant und attraktiv machen.

5.1.2 Großzügigkeit

Da der Dichter Geschenken eine förderliche Wirkung für Beziehungen aller Art zuschreibt, würdigt er diesen Gesichtspunkt ausführlich in seinen Vorschriften für seine Schüler.[76] So geht er im 2. Buch bei der Behandlung von Maßnahmen, die einer Liebesbeziehung Dauer verleihen sollen, auf Präsente ein, die bei längerfristigen Verhältnissen an bestimmten Terminen überreicht werden. Durch Rückgriff auf das *pudor*-Motiv,[77] durch das auch die Dienerschaft in das Werben um die Herrin einbezogen wird,[78] bindet er diesen Aspekt in den übergeordneten *patientia*-Gedanken ein:[79]

> *nec pudor ancillas, ut quaeque erit ordine prima,*
> *nec tibi sit servos demeruisse pudor:*
> *nomine quemque suo (nulla est iactura) saluta;*
> *iunge tuis humiles ambitiose manus;*
> *sed tamen et servo (levis est inpensa) roganti*
> *porrige Fortunae munera parva die;*
> *porrige et ancillae, qua poenas luce pependit*
> *lusa maritali Gallica veste manus.*
> *fac plebem, mihi crede, tuam; sit semper in illa*
> *ianitor et thalami qui iacet ante fores.*
> *nec dominam iubeo pretioso munere dones;*
> *parva, sed e parvis callidus apta dato.*

---

[76] Ov. ars 2,251-272. Zu Geschenken siehe W. Stroh, Liebeselegie 71ff.
[77] Zu den Bedeutungen dieser Eigenschaft in der Ars amatoria siehe T. Reekmans, Pudor 373ff.
[78] Siehe M. Janka, Ovid 212.
[79] Der Gedanke, daß durch Zuwendungen ein gutes Einvernehmen zwischen dem Liebenden und dem Dienstpersonal der Umworbenen herzustellen ist, spielt schon in der Komödie eine wichtige Rolle (z.B. Plaut. Asin. 182-185; Plaut. Trin. 251-254; Ter. Haut. 300f.; dazu siehe auch M. Janka, Ovid 212). M. Labate, Arte 224 sieht in solchen Vereinbarungen einen Hinweis auf die Methoden der *ambitio*, mit denen das einfache Volk bei den Wahlen umworben wurde; auch bei dieser Gelegenheit wurden *largitiones*, *blanditiae* und *appellationes* eingesetzt.

cum bene dives ager, cum rami pondere nutant,
adferat in calatho rustica dona puer
(rure suburbano poteris tibi dicere missa,
illa vel in Sacra sint licet empta Via);
adferat aut uvas aut, quas Amaryllis amabat,
at nunc, castaneas, non amat illa, nuces.
quin etiam tardoque licet missaque corona
te memorem dominae testificere tuae.
turpiter his emitur spes mortis et orba senectus;
a, pereant, per quos munera crimen habent![80]

Bevor Ovid auf die Aufmerksamkeiten für die Geliebte zu sprechen kommt, richtet er sein Augenmerk zunächst auf die Gaben für ihr Personal. Wegen der Vermittlerrolle des Hauspersonals beim Rendezvous Verliebter unterscheidet der Dichter in seinen Anweisungen zwischen den verschiedenen Empfängergruppen solcher Zuwendungen und stellt dadurch eine Hierarchie dieses Personenkreises her, in der sich sein Wert bei der Unterstützung der Bemühungen des Umwerbenden widerspiegelt. Da er sich bewußt ist, daß seine Gebote für vornehme junge Römer unter Umständen eine Zumutung bedeuten, legt er seinen Schülern mit Nachdruck ans Herz, im Umgang mit diesen Menschen jegliches Schamgefühl abzulegen.[81] Wie wichtig ihm dieses Anliegen ist, zeigt sich daran, daß er das Wort *pudor* durch Geminatio am Anfang des Hexameters und am Ende des Pentameters hervorhebt. Ovid hält es für angebracht, daß sich ein Liebender auf zweifache Weise das Wohlwollen des Hauspersonals sichert. Seiner Meinung nach erweisen sich zu diesem Zweck kostenlose Gesten der Freundschaft wie Begrüßung der Diener und Dienerinnen durch namentliche Anrede[82] und Handschlag[83] sowie kleine materielle Gaben[84] als geeignet. Bei der *salutatio* werden von dem jungen Mann Vertraulichkeit und Solidarität im Verkehr mit sozial tiefer Stehenden verlangt, denn er muß die sonst Sklaven zukommende Rolle eines *nomenclator* übernehmen.[85] Entsprechendes trifft für den Händedruck zu, der für Sklaven eine große Auszeichnung bedeutet, aber auch Herzlichkeit ausdrückt; diese Geste symbolisiert ebenfalls, daß sich der Liebende mit ihnen auf eine Stufe stellt, um ihr Vertrauen zu gewinnen. Freilich kaschiert

---

[80] Ov. ars 2,251-272. In V. 251-260 behandelt er die Gaben für die Dienerschaft, in V. 261-270 die Geschenke für die Geliebte.
[81] Ov. ars 2,251f.; dazu T. Reekmans, Pudor 385.
[82] Ov. ars 2,253.
[83] Ov. ars 2,254. Zum Händedruck siehe C. Sittl, Gebärden 28f.; vgl. M. Lobe, Gebärden 151ff.
[84] Ov. ars 2,255-258.
[85] Zu diesem Vers siehe M. Janka, Ovid 213f.

Ovid die gesellschaftlichen Barrieren in diesem Vers, indem er den Rechtsstatus des Hauspersonals mit dem Adjektiv *humilis* umschreibt, statt den Terminus technicus *servilis* zu verwenden.[86] Nach diesen Vorschriften des *praeceptor amoris* hatte sich sein Leserpublikum im Umgang mit kleinen Leuten an den Verhaltensmustern von Amtsbewerbern, welche die Sympathie der breiten Masse zu erreichen suchten, zu orientieren. Um seinen Adressaten diese Selbsterniedrigung schmackhaft zu machen, stellt er sie in zwei eingeschobenen Kommentaren als wenig aufwendig und erfolgversprechend hin.[87]

In den Darlegungen zu den Aufwendungen für das Personal verdient vor allem seine Bezeichnung mit dem Attribut *parva* Beachtung.[88] Ovid spricht sich dezidiert gegen übertriebene Ausgaben aus, weil sie nicht mit der unfreien Herkunft der Empfänger zu vereinbaren sind. Im Gegensatz zu seiner Vorgehensweise in Vers 255 gebraucht der Dichter hier das Wort *servus*,[89] um die Nutznießer dieser Mitbringsel zu benennen. Weil er in diesem Fall seinen Schülern keine Vorschriften erteilt, die ihrem sozialen Rang nicht entsprechen, sind verhüllende Ausdrücke nicht vonnöten. In einem weiteren Distichon bezieht Ovid die Sklavinnen in den Kreis der Begünstigten ein und empfiehlt ihre Beschenkung an einem charakteristischen Frauenfest.[90] Er beschließt seine Anweisung, indem er die Aufforderung an den jungen Liebhaber, das Dienstpersonal auf seine Seite zu bringen, zusammenfaßt.[91] Dadurch, daß er die einzelnen Gruppen der Adressaten in dem Substantiv *plebs* subsumiert,[92] stellt er eine Beziehung zur *ambitio* in Vers 254 her. M. Janka sieht in dieser politischen „Einfärbung" der Sympathiewerbung junger Römer bei der Dienerschaft der Geliebten möglicherweise Kritik an den populistischen Tendenzen der augusteischen Versöhnungspolitik, die sich der Schlagworte *concordia ordinum* und *pater patriae* bediente.[93]

Seine Ausführungen zu den Geschenken für die Geliebte gliedert Ovid in kleine Präsente, deren geringer Wert durch geschickte Wahl aufzuwiegen ist,[94] und Gedichte.[95] An der Gegenüberstellung von *munere pretioso* und *munera*

---

[86] Zu diesem Vers siehe M. Janka, Ovid 214f.
[87] Ov. ars 2,253. 255. Ähnlich: Ov. ars 3,651ff. Zu den Problemen der Stelle Ov. ars 3,653-656 siehe T.J. Leary, CQ 85 (N.F. 41), 1991, 265ff.
[88] Ov. ars 2,256.
[89] Ov. ars 2,255. Ähnlich: V. 252.
[90] Ov. ars 2,257f.
[91] Ov. ars 2,259f.
[92] Ov. ars 2,259.
[93] M. Janka, Ovid 217.
[94] Ov. ars 2,261-270; dazu S.A. Schlueter, Studies 81f.; K. Kleve, SO 58, 1983, 93; A.R. Sharrock, JRS 81, 1991, 44f.; U. Schmitzer, Ovid 78f.
[95] Ov. ars 2,273-286; dazu U. Schmitzer, Ovid 79f.

parva demonstriert er seinen Schülern nicht nur seine Vorstellungen von derartigen Zuwendungen, sondern setzt sich auch mit den Zuständen im augusteischen Rom auseinander. Die bescheidenen Aufmerksamkeiten, die er für zweckmäßig erachtet, nämlich Früchte aus Feld und Garten, Vögel und Kränze, sind für die bukolische Idylle charakteristisch, deren Verlust manche Elegiker gerade in jenen Jahren beklagen.[96] Somit ist die von Ovid vertretene Auffassung über die kleinen, erschwinglichen Gaben nicht mehr zeitgemäß und stellt ein Gegengewicht zu dem Ideal der teuren Geschenke dar, die bei der verwöhnten Damenwelt im *saeculum aureum* des Prinzipatsgründers großen Anklang finden.[97] Sie können nur bei Frauen, die für solch eine verklärte ländliche Romantik aufgeschlossen sind, die erhoffte Wirkung erzielen. Zwar wird dieses Thema vornehmlich in der Elegie immer wieder behandelt und hat topischen Einschlag, doch kommen in diesen Versen vielleicht auch echte Überzeugungen des Dichters zum Vorschein. Er lehnt die überhandnehmende Hochschätzung materieller Werte in der Metropole des Römischen Reiches ab[98] und spricht sich für Mäßigung und einen angemessenen Aufwand aus, der auch für ärmere Liebhaber keine unerträgliche Belastung bedeutet.[99]

Die Darlegungen des Dichters zu schlichten Gaben widersprechen zwar scheinbar hauptstädtischen Verhaltensweisen, doch bedeuten sie in Wirklichkeit eine Herausforderung für einen *homo urbanus*; denn sie setzen *calliditas* voraus, eine Eigenschaft, die nach Ovid jeden kultivierten Liebenden auszeichnen sollte.[100] Sichtbarer Beweis dieses Talentes ist der Einfallsreichtum eines armen Schenkenden.[101] Diese Kreativität soll sich unter Umständen in Täuschung äußern, einer Fertigkeit, die in den Ausführungen des Dichters zum veredelten Benehmen eine zentrale Rolle spielt.[102] Weil solche Maßnahmen von der Phantasie und geistigen Flexibilität des Liebenden zeugen, billigt sie Ovid ohne Vorbehalt. Aus diesem Grund rät er seinen Schülern dazu, Früchte aus Feld und Garten an der Sacra via zu kaufen,[103] falls sie kein eigenes Landgut außerhalb der Metropole besitzen, aber der Empfängerin ihre wahre Herkunft zu verschweigen, um

---

[96] Z.B. Prop. 3,13,25-32; vgl. auch 2,16,15. 43-45; Verg. ecl. 3,68ff.
[97] Zur Habsucht der Frauen, einem Motiv, das römische Elegiker von der Neuen Komödie und dem griechischen Epigramm übernommen haben, siehe M. Myerowitz Levine, SCI 6, 1981/82, 43f.
[98] Dazu siehe ausführlich S. 101ff. 171f.
[99] Vgl. Ov. ars 1,418 (Grundsatz des Schenkens für mittellose junge Römer).
[100] Ov. ars 2,262; dazu siehe M. Janka, Ovid 220.
[101] Aus diesem Grund unterstreicht Ovid seinen Grundsatz angemessenen Schenkens durch das Polyptoton *parva, sed e parvis callidus apta dato* (Ov. ars 2,262).
[102] Ov. ars 2,265f.
[103] Zu dieser Stelle siehe M. Janka, Ovid 221f.; zum Obstverkauf an der Sacra via Varr. rust. 1,2,10; Ov. am. 1,8,100; Priap. 21,3f.

die Gaben dadurch attraktiver zu machen.[104] Auch an dieser Stelle geht er wegen der Erfolgsaussichten auf die Schattenseiten dieser Vorgehensweise nicht ein.

Weil sich Ovid wohl bewußt ist, daß solche preiswerten Geschenke womöglich nicht den gewünschten Erfolg zeitigen, nimmt er eine Erklärung für eventuelle Fehlschläge in seine Anweisungen auf, indem er darauf verweist, daß selbst kleine Aufmerksamkeiten durch Erbschleicher in Verruf gebracht wurden.[105] So weist er die Verantwortung für seine Lehren geschickt von sich.

Einer Gruppe von Präsenten, die nach der landläufigen Meinung problematisch sind, aber Intellektuellen am Herzen liegen, widmet der Dichter besondere Aufmerksamkeit. Zu der heiklen Frage, ob Gedichte taugliche Mitbringsel sind, äußert er sich folgendermaßen:

> *quid tibi praecipiam teneros quoque mittere versus?*
> *ei mihi, non multum carmen honoris habet.*
> *carmina laudantur sed munera magna petuntur:*
> *dummodo sit dives, barbarus ipse placet.*
> *aurea sunt vere nunc saecula: plurimus auro*
> *venit honos, auro conciliatur amor.*
> *ipse licet venias Musis comitatus, Homere,*
> *si nihil attuleris, ibis, Homere, foras.*
> *sunt tamen et doctae, rarissima turba, puellae;*
> *altera non doctae turba, sed esse volunt.*
> *utraque laudetur per carmina; carmina lector*
> *commendet dulci qualiacumque sono.*
> *his ergo aut illis vigilatum carmen in ipsas*
> *forsitan exigui muneris instar erit.*[106]

Ovids Darlegungen zu diesem Thema sind ambivalent. Sie lassen zunächst Bedauern und Resignation angesichts der Geringschätzung geistiger Gaben in einem an materiellen Werten orientierten Zeitalter erkennen.[107] In einer rhetorischen Frage beklagt der Dichter die mangelnde Anerkennung, die der elegischen Dichtung, vor allem der Liebespoesie, gegenwärtig in Rom gezollt wird.[108] Diese Verachtung liegt in den Substantiven, mit denen er das Ansehen von Erzeugnissen höherer Bildung und Besitz bezeichnet, offen zutage. Während Ge-

---

[104] Ov. ars 2,265f.
[105] Ov. ars 2,271f.; dazu M. Janka, Ovid 225f. Zur Erbschleicherei siehe K.-W. Weeber, Alltag 80f.
[106] Ov. ars 2,273-286; dazu S.A. Schlueter, Studies 24f.; M. Myerowitz, Games 116. Zum Stil von V. 276f. siehe G. Bulgăr, Densité 192.
[107] Ov. ars 2,273-280.
[108] Ov. ars 2,273. Zu diesem Mißstand siehe auch S. 171.

dichten aus bloßer Konvention vordergründiges Lob gespendet wird,[109] bleibt der aus Leistung resultierende *honos* materiellen Gütern vorbehalten.[110] Diese auf der Verkehrung der Werte basierenden Mißstände äußern sich nach Ovid am nachhaltigsten darin, daß Reichtum die *ars*, in der sich die Ingeniosität des Werbenden manifestiert, in so hohem Maße ersetzt hat, daß die Damenwelt sogar einen Barbaren gebildeten jungen Römern vorzieht, sofern er über ein entsprechendes Vermögen verfügt.[111] Nachdem der *praeceptor amoris* in der scheinbar spielerischen Umdeutung des Begriffes bissige Kritik am Goldenen Zeitalter des Augustus geübt hat,[112] verdeutlicht er die Verachtung der Poesie an Homer und den Musen,[113] indem er das Urbild aller Dichter an dieser Stelle mit seinen dilettantisch dichtenden Schülern auf die gleiche Stufe stellt.

Jedoch resigniert Ovid bei der Behandlung des Problems, ob Gedichte geeignete Geschenke für die Geliebte sind, nicht völlig, sondern zeigt sich zuversichtlich, daß es Adressatinnen gibt, die ein Dichter mit solchen Gaben beeindrucken kann.[114] Seiner Meinung nach ist die kleine Gruppe gebildeter Frauen und derjenigen, die dafür gelten wollen, für den Ruhm, den ihnen die Verewigung in den Werken eines Poeten bringt,[115] aufgeschlossen. Bezeichnenderweise unterscheidet er an dieser Stelle zwischen den sehr wenigen wirklich kenntnisreichen Damen, die nicht nur im traditionellen weiblichen Bildungskanon, d.h. in Tanz, Gesang und Poesie, versiert sind,[116] sondern auch selbst zu dichten verstehen, und der deutlich größeren Schar der scheinbar bildungsbeflissenen Frauen, deren Gelehrsamkeit nicht echter Neigung entspringt und damit dünkelhaft bleibt.[117] Ovid trägt diesen Gegebenheiten in seiner Vorschrift Rechnung:

---

[109] Zum *honos* dichterischer Leistung siehe Cato mor. frg. 2.
[110] Ov. ars 2,274ff.
[111] Ov. ars 2,275f. Ovid orientiert diese Vorstellung sprachlich und inhaltlich an den Empfehlungen der Kupplerin bei Properz, die betont, daß die Mädchen Gold aus der Hand eines Barbaren ihnen gewidmeten Gedichten vorziehen sollen (Prop. 4,5,49-54). Außerdem kommt der elegische Topos, daß der arme junge Liebende hinter dem reichen Nebenbuhler zurückstehen muß, schon in der Komödie vor (Plaut. Truc. 934). Zur Auffassung, daß Geld höher geschätzt wird als Intelligenz, Schönheit und Herkunft, vgl. Ov. am. 1,8,63f.; 3,8(7),9-12; Lucian. dial. mer. 6,4. Zu dieser Stelle siehe M. Janka, Ovid 228f.; zum mittellosen Dichter G. Wellmann-Bretzigheimer, Ovids «Ars amatoria» 5.
[112] Ov. ars 2,277f.; dazu siehe S. 171.
[113] Ov. ars 2,279f. Zur komisch wirkenden Vereinnahmung Homers als *pauper et exclusus amator* siehe M. Janka, Ovid 230f. mit Belegen.
[114] Ov. ars 2,281-286.
[115] Zu diesem Gedanken siehe Prop. 2,5,5f.; Ov. am. 2,17(18),27-30; W. Stroh, Liebeselegie 154ff.; vgl. 187; zur Praxis, Elegien zum Geschenk zu machen, Ov. am. 3,1,53ff.; Tib. 3,1,23f.
[116] Dazu ausführlich S. 46ff. Vgl. auch M. Janka, Ovid 232f.
[117] Ov. ars 2,281f.

Wegen der Voraussetzungen der Mehrzahl der Adressatinnen orientiert er seine Ausführungen nicht primär an der Qualität der zur Liebeswerbung eingesetzten Gedichte, sondern stellt statt dessen die Vortragskunst in den Mittelpunkt seiner Unterweisung. Er erachtet es für ausreichend, wenn der Schein einer gewinnenden, gekonnten Darbietung erweckt wird;[118] denn dadurch werden die Erwartungen der Mehrheit der Umworbenen in vollem Umfang zufriedengestellt. In seiner Zusammenfassung dieses Abschnittes stellt der Dichter die nächtlichen Mühen bei der Abfassung solcher Werke, die in den Worten *vigilatum carmen* anklingen, erneut der Geringschätzung solcher Gaben gegenüber.[119] Um unberechtigtem Optimismus vorzubeugen, schränkt er den Wert von Poesie durch *forsitan exigui* nochmals doppelt ein und stellt dadurch die Realisierbarkeit seiner eigenen Anweisungen stark in Frage.

Selbst wenn Ovid wegen der Mißachtung der Poesie an dieser Stelle resigniert, wird sein Selbstbewußtsein dadurch nicht erschüttert; begründet er doch in der komplementären Vorschrift für Frauen[120] seine Ermahnung, sie sollten Poeten gut behandeln, mit dem Topos, daß die Repräsentanten dieser Kunst ihnen Ruhm bringen und sie in ihren Gedichten unsterblich machen.[121] Ferner verdient diese Gruppe jegliche Rücksicht und Achtung, weil bei ihren Vertretern Laster, mit denen prominente Persönlichkeiten des öffentlichen Lebens behaftet sind, nicht zu beklagen sind. Bekanntlich sind sie weder der *ambitio* noch der Habsucht verfallen und streben nicht nach einer glanzvollen politischen Karriere: *nec nos ambitio nec amor nos tangit habendi; / contempto colitur lectus et umbra foro.*[122] Ihre Lebensweise, bei der Vergnügungen, Liebesaffären und literarische Zirkel eine große Rolle spielen, ist ausschließlich auf den privaten Bereich ausgerichtet. Diese Glorifizierung der *vita privata* könnte einen Seitenhieb auf die Bemühungen des Prinzipatsgründers, die Mitglieder der Oberschichten für die Zusammenarbeit mit dem neuen Regime zu gewinnen, enthalten. Außerdem wirkt die Betonung der moralischen Integrität und Genügsamkeit der Poeten vor dem Hintergrund der ersten beiden Bücher der Ars amatoria besonders witzig. Während diese Behauptung auf andere Vertreter der Dichtkunst zutreffen kann, ist sie im Fall Ovids zweideutig; denn er entwickelt im Hinblick auf das zu gewinnende Mädchen durchaus *ambitio* und *amor habendi*.[123] Ein weiterer Grund für die Wertschätzung von Dichtern, der nach der Überzeugung

---

[118] Ov. ars 2,283f. Zu der empfohlenen Vortragsweise siehe ausführlich S. 62f.
[119] Ov. ars 2,285f. M. Janka, Ovid 235 hält auch ein spezifischeres Verständnis von *carmen vigilatum* als Paraklausithyron für möglich.
[120] Ov. ars 3,533-554; dazu siehe R.K. Gibson, Ovid 310-317.
[121] Ov. ars 3,533-538; dazu R.K. Gibson, Ovid 310ff.; vgl. M. Myerowitz, Games 114ff.; W. Schubert, Mythologie 229.
[122] Ov. ars 3,541f.
[123] W. Schubert, Mythologie 171.

des *praeceptor amoris* besonders schwer wiegt,[124] ist, daß sie ein angenehmes Wesen und hohe Tugenden wie *fides* besitzen und zu tiefen, echten Empfindungen fähig sind.[125] Auch diese Eigenschaften zeichnen sie vor vielen ihrer Zeitgenossen, die das Wertesystem des neuen materialistischen Zeitalters übernommen haben, aus.[126] Als letztes Argument für die Sonderstellung der Poeten führt er den alten, seit Homer gebräuchlichen Topos an, daß diese Personengruppe Anspruch auf besondere Zuvorkommenheit ihrer Mitmenschen hat, weil sie inspiriert ist und unter dem Schutz der Götter steht. Diese in Form einer Klimax vorgebrachten Begründungen der Bedeutung von Dichtern gipfeln in der Feststellung, es sei ein Verbrechen, wenn Frauen von ihnen materielle Gaben erwarteten.[127] An dieser Stelle schreibt Ovid der gesamten Damenwelt den Hang zu Habgier zu und nimmt die Gebildeten nicht wie in der analogen Vorschrift für Männer von diesem Laster aus. Allerdings verzichtet er in diesem Fall auf weitere Vorhaltungen oder Tadel dieser Zustände, sondern legt seinen Schülerinnen ans Herz, diese Verhaltensweise wenigstens am Anfang einer Beziehung zu verbergen, um Neulinge unter den Werbenden nicht von vornherein abzuschrecken: *dissimulate tamen, nec prima fronte rapaces / este: novus viso casse resistet amans.*[128] Neben der Aufforderung zu zweckgebundener Heuchelei, die im Verb *dissimulare* ihren Ausdruck findet,[129] kommt an dieser Stelle eine gewisse scherzhafte Resignation zum Vorschein; denn Ovid gibt mit diesen Worten auch zu verstehen, daß er gegen dieses eingefleischte Laster der Frauen eigentlich machtlos ist.

5.1.3 Einfallsreichtum

Nach den Ausführungen in der Ars amatoria zählt Einfallsreichtum zu den zentralen Qualitäten eines *homo urbanus*, manifestieren sich doch in dieser Eigenschaft Raffinement, geistige Flexibilität und Intelligenz, Fähigkeiten, die einen Menschen attraktiv machen und ihn souverän Probleme im zwischenmenschli-

---

[124] Ov. ars 3,547-550. Ähnlich: Tib. 1,4,61f.
[125] Ov. ars 3,543-546.
[126] Grundsätzlich schließen sich die Kritik am materialistischen Zeitalter und die Freude am *cultus* in jenen Jahren (Ov. ars 3,127) nicht aus; denn Ovid prangert nur die Auswüchse dieses Phänomens an.
[127] Ov. ars 3,551f.
[128] Ov. ars 3,553f. Ovid kehrt in diesen Versen den hellenistischen Topos, die Herrin neige zur Täuschung, um; denn er fordert sie auf, sich gezielt dieser Verhaltensweise zu bedienen. Siehe G. Giangrande, Topoi 77.
[129] Zur *simulatio* als Ausdrucksform verfeinerten Benehmens siehe ausführlich S. 68ff.

chen Bereich meistern lassen.[130] Ihren Wert sieht Ovid vor allem darin, daß sie als eine Art Ausgleich zu dem von ihm angeprangerten Vorrang von materiellen Werten in der augusteischen Zeit fungieren kann. Aus diesem Grund dient diese Fertigkeit nach der Empfehlung des *praeceptor amoris* vornehmlich der Beschränkung der Ausgaben für eine Liebesbeziehung. Diesen Kausalzuammenhang verdeutlicht er an der Vorschrift, daß seine Leser ihrer Geliebten die Rolle der Herrin über die eigenen Sklaven zuweisen sollen:

> *at quod eris per te facturus et utile credis,*
> *id tua te facito semper amica roget:*
> *libertas alicui fuerit promissa tuorum;*
> *hanc tamen a domina fac petat ille tua.*
> *si poenam servo, si vincula saeva remittis,*
> *quod facturus eras, debeat illa tibi.*
> *utilitas tua sit, titulus donetur amicae;*
> *perde nihil, partes illa potentis agat.*[131]

Nachdem Ovid die einschlägige Anweisung formuliert hat,[132] erläutert er sie an zwei Beispielen, die sich auf den Umgang mit Sklaven im Alltagsleben beziehen.[133] Sowohl eine bevorstehende Freilassung als auch der Erlaß von Strafen sind für seine Schüler ausgezeichnete Anlässe, der Umworbenen zu gestatten, erfolgreich zu Gunsten der Unfreien bei ihrem Herrn zu intervenieren und ihr dadurch das Gefühl von Macht zu geben. Somit empfiehlt der Dichter seinen männlichen Lesern in einer ausgeklügelten Direktive, die Frauen als „Zwischeninstanz" in längst beschlossene Vorgänge einzubeziehen, weil er sich von Aufgaben, die Gewandtheit, Klugheit und Intelligenz verraten, größere Erfolge als von materiellen und immateriellen Gaben verspricht. Auch in dieser Weisung spielt die *simulatio* eine zentrale Rolle, selbst wenn Ovid den Begriff nicht explizit nennt. Im Unterschied zu den bisher erwähnten Stellen, an denen er zu dieser Strategie rät, äußert sich die Heuchelei in diesem Fall nicht nur in rhetorischen Fähigkeiten, sondern auch im konkreten Handeln des Liebenden, räumt er seiner Freundin doch scheinbar diese Machtposition ein. Der Mann behält sich allerdings die eigentliche Entscheidung vor, indem er ihre „Befugnisse" auf ausgewählte Aktivitäten beschränkt. Wie schon mehrfach festzustellen war, domi-

---

[130] Zum Problem des Erfolgs durch *ingenium* und *ars* siehe N. Holzberg, WJA N.F. 16, 1990, 142ff.; vgl. S.A. Schlueter, Studies 21ff.
[131] Ov. ars 2,287-294; dazu M. Janka, Ovid 235-239.
[132] Ov. ars 2,287f.
[133] Ov. ars 2,289-292.

niert auch bei dieser Verhaltensweise der Aspekt der Nützlichkeit.[134] Der Dichter unterstreicht dessen Bedeutung dadurch, daß er den Begriff *utilitas* bzw. *utile* in der Vorschrift und in der Synthese des Arguments ausdrücklich nennt. Bemerkenswert ist, daß er den Ruhm der Tat, den er der Frau mittels Täuschung zuteil werden läßt, scharf vom Nutzen des Mannes abgrenzt[135] und ihn mit dem Substantiv *titulus*, d.h. (Ehren)titel, als Schein entlarvt. Doch zeitigt diese Anleitung unter Umständen auch eine von Ovid nicht intendierte Wirkung, die über bloße Äußerlichkeiten hinausgeht; denn das Dienstpersonal ist der Freundin seines Herrn wegen ihrer erfolgreichen Intervention zu seinen Gunsten dankbar und bestätigt sie als Herrin. Demnach können sich in diesem Bereich echte, nicht zweckbestimmte Gefühle anbahnen.

Während der Besitz von *ingenium* für die Aktivitäten von Männern unerläßlich ist, bescheinigt Ovid den Frauen derartige Anlagen nicht explizit, obwohl auch sie solche Qualitäten besitzen müssen, um seine Weisungen befolgen und verwirklichen zu können. Für sie sind in erster Linie Selbstkontrolle, *cultus* und *forma* wichtig, weil diese Eigenschaften die notwendige Voraussetzung für ihre Attraktivität bilden.[136]

5.1.4 Opferbereitschaft

Ovid rundet seine Ausführungen zur *amabilitas* des Werbenden durch eine Passage ab, in der er die beiden zentralen Ausdrucksformen dieser Eigenschaft zusammenfaßt, nämlich den selbstlosen Dienst am Krankenbett der Geliebten.[137] Da solche Aktivitäten als *servitium* und als *munus* gedeutet werden können, vereinen sie die *indulgentia* samt ihren Steigerungen und die Bereitschaft zu Opfern in sich.[138] Der Dichter empfiehlt seinen männlichen Lesern diese Aufgabe, machen sie sich doch bei der kranken Freundin durch liebevolle Fürsorge beliebt: *tunc amor et pietas tua sit manifesta puellae; / tum sere, quod plena postmodo*

---

[134] Ov. ars 2,287. 293. Zum Nützlichkeitsgedanken in der Ars amatoria siehe Ov. ars 1,159. 580; 2,642. 667. 732; 3,417.
[135] Ov. ars 2,293f. Siehe jedoch Ov. trist. 3,7,43ff.
[136] Dazu S.A. Schlueter, Studies 40ff.
[137] Ov. ars 2,315-336; dazu M. Janka, Ovid 251-264; E.W. Leach, TAPhA 95, 1964, 150; H. Kling, Komposition 21; J. Wildberger, Ovids Schule 250f. E.W. Leach, a.a.O. 150 sieht in dieser Passage eine Reminiszenz zu Verg. georg. 3,440ff. (Seuche, die Rinder ebenfalls im Herbst befällt).
[138] An dieser Stelle greift Ovid einen beliebten Topos der Elegie auf (siehe z.B. Tib. 1,5,9ff.; Prop. 2,9,25-27; 2,28; Ov. am. 2,13[14]f.). Dazu R. Müller, Motivkatalog 58ff. 69. Außerdem läßt er das Motiv der erbschleicherischen Schmeichelei in seine Darlegungen einfließen (Hor. sat. 2,5,39ff.).

falce metas.[139] Interessant ist, daß er an dieser Stelle die erwünschte Verhaltensweise des Liebenden mit dem Substantiv *pietas*, einer wichtigen Qualität des römischen Wertesystems, bezeichnet und dadurch möglicherweise Assoziationen zum Verhältnis eines Römers seiner Familie gegenüber weckt.[140] Freilich wird diese Tugend durch das Adjektiv *manifesta* relativiert, das darauf hindeutet, daß auch dieses Benehmen aus gekonnter, zweckgebundener Heuchelei resultiert. Diese aufwendigen, aber von Erfolg gekrönten Bemühungen unterstreicht Ovid durch die Erntemetaphorik, die zu den vorhergehenden Versen im Widerspruch steht[141] und dadurch einen scherzhaften Effekt erzielt.[142] Der Aspekt, daß auch bei der Krankenpflege Gefühle zu fingieren seien, kommt in den folgenden Beispielen noch deutlicher zum Vorschein. So rät der *praeceptor amoris* seinen Schülern, durch Weinen am Krankenbett und durch Küssen der Patientin tiefe emotionale Anteilnahme zu zeigen: *et videat flentem, nec taedeat oscula ferre, / et sicco lacrimas conbibat ore tuas.*[143] Für Ovids Denken ist das Prädikat *videat* aufschlußreich; denn es offenbart, daß es ihm allein um den äußeren Effekt, nicht um wirkliche innere Betroffenheit geht. Nach dieser Äußerung rechnet er Weinen auf Kommando zu den unerläßlichen schauspielerischen Fähigkeiten im täglichen Umgang. Während er die Beherrschung solcher Künste bei Frauen als Tatsache hinstellt,[144] legt er seinem männlichen Publikum an dieser Stelle implizit nahe, wegen des erhofften Nutzens auch in diesem Bereich zu glänzen.

Neben Gefühlen verraten nach Ansicht Ovids ferner Gelübde und Gebete die Sorge eines Mannes um seine leidende Freundin: *multa vove, sed cuncta palam, quotiensque libebit, / quae referas illi, somnia laeta vide.*[145] In dieser Weisung dominiert erneut der Gesichtspunkt, daß bei diesen Handlungen in erster Linie der äußere Schein zu wahren ist. Außerdem fordert der Dichter seine Leser wieder zur Verstellung auf, indem er ihnen ans Herz legt, positive, d.h. baldige Genesung verheißende, Träume zu erfinden, um der Kranken dadurch Mut zu machen. Schließlich sollen sie ihre umsichtige Fürsorge für die Kranke durch die Anwendung magischer Mittel abrunden,[146] obwohl Ovid sonst

---

[139] Ov. ars 2,321f.
[140] Vgl. auch M. Janka, Ovid 255f.
[141] Ov. ars 2,315-320.
[142] Zur Erntemetaphorik bei Ovid siehe M. Janka, Ovid 256.
[143] Ov. ars 2,325f.
[144] Ov. ars 3,291f.
[145] Ov. ars 2,327f. Solche Gelübde gehören zur elegischen Topik (siehe z.B. Tib. 1,5,9f. 15f.; 3,10,12; Prop. 2,9,25).
[146] Ov. ars 2,329f.; dazu M. Janka, Ovid 259f.

ausdrücklich von solchen Methoden abrät.[147] In derartigen Fällen bietet sich die von Zaubergesängen begleitete *lustratio* des Krankenzimmers an. Auch in dieser Vorschrift klingt *simulatio* an: Der Dichter empfiehlt die Zeremonie, weil er sie für einen eindrucksvollen Liebesbeweis hält, erwartet jedoch keineswegs von seinen Schülern, daß sie an den Erfolg dieser Praktiken glauben. Der Gesichtspunkt, das Benehmen des Liebenden solle sich am eigenen Vorteil orientieren, tritt im Resümee dieses Abschnittes noch deutlicher zutage: *omnibus his inerunt gratae vestigia curae; / in tabulas multis haec via fecit iter.*[148] Ovid verweist seine Leser in diesen Versen explizit darauf, daß die Fürsorge für eine Patientin nicht nur die Beziehung fördert, sondern unter Umständen auch materielle Vorteile bringen kann, indem solche Dienste durch Berücksichtigung des „Krankenpflegers" im Testament honoriert werden. Demnach stellt er ihnen in Aussicht, daß die Befolgung seiner Vorschriften möglicherweise eine günstige Gelegenheit zu Erbschleicherei bietet. Es fällt auf, daß der Dichter an dieser Stelle nicht den Ton moralischer Entrüstung anschlägt, der in seinen Ausführungen zu passenden Geschenken für die Geliebte in V. 271f. zu spüren war. Vielleicht soll dieser Hinweis auf Erfahrungen aus dem täglichen Leben für Leser, die materiellen Verlockungen nicht völlig abhold sind, ein Anreiz sein, sich diesen aufreibenden Pflichten zu unterziehen. Wie schon mehrfach zu beobachten war, ist der Poet nicht ganz konsequent; denn er stellt seine eigenen Lehren und Ideale durch Zugeständnisse an die Mentalität im neuen *saeculum aureum* in Frage.

Allerdings schränkt er das Vertrauen auf die Erfolgsaussichten dieser Verfahrensweise in den nächsten Versen ein, indem er vor der Übertreibung solcher Dienste warnt: *nec tamen officiis odium quaeratur ab aegra; / sit suus in blanda sedulitate modus.*[149] Nach Meinung Ovids führt Übereifer in solchen Situationen zu Überdruß, der die Beziehung gefährden kann.[150] Aus dem gleichen Grund soll der Liebende sich nicht an Maßnahmen beteiligen, die von der Kranken als unangenehm und lästig empfunden werden wie das Verabreichen bitterer Medizin und die Durchsetzung mißliebiger Diätvorschriften.[151] Vielmehr soll er solche leidigen Tätigkeiten seinem potentiellen Rivalen überlassen und ihn so geschickt bei der Umworbenen ausstechen. Auf diese Weise trägt er dank seiner

---

[147] Ov. ars 2,99-106; dazu K. Kleve, SO 58, 1983, 96; A. Sharrock, Seduction 50ff. Zu Ovids Verhältnis zur Magie siehe A.-M. Tupet, Ovide 575ff.
[148] Ov. ars 2,331f.
[149] Ov. ars 2,333f.; dazu M. Janka, Ovid 261f.
[150] Dieses Argument spielt in der Ars amatoria eine wichtige Rolle (z.B. 1,717f.; 3,305f.). Außerdem macht sich Ovid an dieser Stelle die doppelte Bedeutung von *officium* zunutze, indem er *munera Veneris* im Krankheitsfall von der galanten Dienstfertigkeit ausschließt, weil sie auf beiden Seiten zum *odium* führen kann. Dazu siehe M. Janka, Ovid 261f. mit Belegen für die Verwendung von *officium* in dieser Bedeutung.
[151] Ov. ars 2,335f.; dazu M. Janka, Ovid 263f.

Raffinesse zur Etablierung einer Hierarchie der Gunst, in der die einzelnen Verehrer einer Dame stehen, bei.

Ovids Ausführungen zur Attraktivität kultivierter Römer sind von wenigen Verhaltensmustern geprägt, die durch Steigerung variiert oder miteinander kombiniert werden. Die zentrale Eigenschaft, auf die sich Affären in den vornehmen Kreisen in der Metropole gründen, ist *indulgentia,* die Anpassung des Mannes an die Wünsche und Launen der Frau, die in jedem Fall selbst unter Preisgabe der eigenen Bedürfnisse zu erstreben ist, weil sie die Anbahnung oder Vertiefung einer Liebesbeziehung ermöglicht. Diese Grundlage im sozialen Umgang hat zur Folge, daß nicht unbedingt ein auf echten Gefühlen basierendes Verhältnis zustande kommen muß, zumal in Ovids Vorschriften die Heuchelei eine wichtige Rolle spielt. Somit garantiert bereits der äußere Anschein in den Augen des *praeceptor amoris* den Erfolg seiner Lehren. Bemerkenswert ist, daß er die Vortäuschung von Emotionen keineswegs für bedenklich hält, sondern sie als unerläßliche Fähigkeit im gesellschaftlichen Verkehr hinstellt, weil sich darin die intellektuellen und schauspielerischen Qualitäten des *homo urbanus* manifestieren. In dieser Zweckdienlichkeit des Agierens im sozialen Bereich spiegelt sich ein wichtiges Charakteristikum von Ovids Vorstellung von der Liebe wider. Er steht über ihr und behandelt sie wie die Affekte als ein Mittel, das ihm jederzeit zur Verfügung steht.[152] Aus diesem Grund sind manche seiner Vorschriften nicht ganz ernst gemeint, und ihre Realisierbarkeit wird gelegentlich relativiert. Die Vorspiegelung von Gefühlen zieht zwangsläufig die Perfektionierung von Mimik und Gestik nach sich, die immer höhere Anforderungen an die schauspielerischen Talente eines Individuums stellt. Diese Bemühungen führen dazu, daß sich die Bereiche Schein und Sein immer mehr annähern und Äußerlichkeiten stark aufgewertet werden.[153] Daraus ergeben sich Veränderungen im Wertesystem, durch die vor allem altrömische, durch die Politik des Augustus geförderte Tugenden unterminiert werden. Obwohl die Anweisungen des Dichters auf die Thematik der Ars amatoria zugeschnitten sind und nicht beliebig auf andere Situationen des sozialen Lebens übertragen werden können, dürften sich doch in seinen Darlegungen grundlegende Merkmale verfeinerter Verhaltensweisen in der augusteischen Zeit widerspiegeln. Ovids nachdrückliche Aufforderungen, im zwischenmenschlichen Bereich nach Harmonie zu streben, lassen erkennen, daß in einem kultivierten Lebensstil übersteigerte Emotionen und Reaktionen zu vermeiden sind. Darüber hinaus kennzeichnen Ideenreichtum und Phantasie den Städter; diese Eigenschaften dienen der Bewältigung aller möglichen Schwierigkeiten im täglichen Leben. Sie fungieren in den Augen des Dichters vor allem

---

[152] W. Stroh, WJA N.F. 5, 1979, 131f.
[153] Aus diesem Grund mißt Ovid der äußeren Erscheinung einer Person und der Kosmetik eine große Bedeutung bei. Dazu siehe ausführlich S. 131ff.

als Pendant zu materialistischer Gesinnung; denn aufgrund dieser Talente können Verhaltensweisen, die dem aktuellen Trend zuwiderlaufen, entwickelt werden.

5.2 Die Kunst des Maßes

Ovid teilt die bereits von Cicero in seiner philosophischen Schrift De officiis vertretene Ansicht,[154] daß urbanes Verhalten wesentlich von der Kunst, Maß zu halten, bestimmt wird; denn sie trägt zur Vermeidung extremer Reaktionen bei, die soziale Kontakte beeinträchtigen können, weil sie bei den Mitmenschen Verdruß erzeugen. Der *praeceptor amoris* demonstriert seinem männlichen Leserpublikum diesen Kausalzusammenhang an den beiden großen Gefahren für bereits gefestigte Liebesbeziehungen, nämlich am Überdruß, der aus ständiger Zweisamkeit resultiert, und an der Untreue, die auf allzu langer Trennung beruht, und leitet daraus die Forderung nach der richtigen Dosierung der einschlägigen Aktivitäten ab:

cum tibi maior erit fiducia, posse requiri,
cum procul absenti cura futurus eris,
da requiem: requietus ager bene credita reddit,
terraque caelestes arida sorbet aquas:
Phyllida Demophoon praesens moderatius ussit,
exarsit velis acrius illa datis;
Penelopen absens sollers torquebat Ulixes;
Phylacides aberat, Laodamia, tuus.
sed mora tuta brevis: lentescunt tempore curae
vanescitque absens et novus intrat amor:
dum Menelaus abest, Helene, ne sola iaceret,
hospitis est tepido nocte recepta sinu.
quis stupor hic, Menelae, fuit? tu solus abibas,
isdem sub tectis hospes et uxor erant?
accipitri timidas credis furiose columbas,
plenum montano credis ovile lupo.
nil Helene peccat, nihil hic committit adulter:
quod tu, quod faceret quilibet, ille facit.
cogis adulterium dando tempusque locumque;

---

[154] Cic. off. 1,136. Ciceros Ausführungen sind von seiner Vorlage, der Schrift Περὶ τοῦ καθήκοντος des Stoikers Panaitios, beeinflußt. Zu *modus* bzw. *moderatio* bei Cicero siehe K. Scheidle, Modus 65ff.

> *quid, nisi consilio est usa puella tuo?*
> *quid faciat? vir abest, et adest non rusticus hospes,*
> *et timet in vacuo sola cubare toro.*
> *viderit Atrides; Helenen ego crimine solvo:*
> *usa est humani commoditate viri.*[155]

In dieser Passage schildert Ovid zunächst die Trennung von der Geliebten aus der Perspektive der beiden Betroffenen. Im Gegensatz zu seinen Empfehlungen ständigen Beisammenseins in der Gewöhnungsphase rät er bei einer festeren Beziehung zu gelegentlicher Trennung, weil die Liebe dadurch stimuliert werden kann.[156] Er verifiziert seine Vorschrift an zwei Naturanalogien, nämlich dem reichen Ertrag eines Ackerbodens nach einer längeren Brache und dem Dürsten des ausgetrockneten Erdreiches nach Regenwasser,[157] und drei mythologischen Beispielen der unerschütterlichen Treue einer Heroine zu ihrem abwesenden Gatten.[158] Freilich ist bei der Verwendung solcher anregenden Mittel höchste Vorsicht geboten, soll sich ihre Wirkung nicht ins Gegenteil verkehren; bekanntlich entwickelt sich selbst ein gefestigtes Liebesverhältnis wieder rückläufig, wenn die Dauer der Trennung für eine Frau unzumutbar lang ist.[159] Somit entscheidet allein das rechte Maß über den Erfolg einer derartigen Maßnahme; denn es löst bei der Partnerin keine extremen Reaktionen aus. Durch diesen Vorbehalt kann Ovid die Verantwortung für potentielle Mißerfolge seiner Schüler von sich weisen. Wie üblich belegt er auch diese Kautel durch ein Beispiel aus dem Mythos, nämlich der umgedeuteten und zur Komik tendierenden Erzählung von Menelaus und Helena, die er zugleich zum Vehikel seiner Auseinandersetzung mit der Ehegesetzgebung des Augustus, d.h. der 18 v.Chr. erlassenen *lex Iulia de adulteriis*, macht,[160] indem er Helena von jeglicher Schuld an ihrem Seitensprung freispricht.[161] Nach den Darlegungen Ovids provozierte

---

[155] Ov. ars 2,349-372.
[156] Ovid warnt an dieser Stelle zugleich implizit vor den Konsequenzen übersteigerter Zweisamkeit. Ähnliche Mahnungen vor schädlicher Übertreibung einer Verhaltensweise: Ov. ars 2,311-314. 333-336.
[157] Ov. ars 2,351f.; dazu M. Janka, Ovid 275ff.; A. Sharrock, Seduction 272.
[158] Ov. ars 2,353-356 (Phyllis und Demophoon; Penelope und Odysseus; Protesilaus und Laodamia); dazu M. Janka, Ovid 277ff. Zu Penelope und Odysseus siehe W. Schubert, Mythologie 188. 236.
[159] Ov. ars 2,357f.; dazu A. Sharrock, Seduction 48f.
[160] Ov. ars 2,359-372; dazu M. Janka, Ovid 282ff.; E. Pianezzola, QIFL 2, 1972, 52f.; W. Stroh, Gymnasium 86, 1979, 347f.; M. Weber, Mythologische Erzählung 103; M. Myerowitz, Games 118; W. Schubert, Mythologie 184. 209; vgl. M. Steudel, Literaturparodie 162f.; A. Sharrock, Seduction 48f. 199f.; P. Davis, Ramus 24, 1995, 184f.; K. Heldmann, Dichtkunst 411.
[161] Siehe bes. M. Weber, Mythologische Erzählung 94ff.; vgl. M. Janka, Ovid 283.

Menelaus die Untreue seiner Frau durch seine allzu lange Abwesenheit von der Heimat, denn dadurch verwandelte sich ihre Liebe zu ihm in Unverbindlichkeit, so daß eine neue Beziehung zu einem anderen Mann angebahnt werden konnte.[162] Seine Unfähigkeit, das rechte Maß zu wahren und diesen Mechanismus zu durchschauen, weist ihn in den Augen des Dichters als *rusticus* aus,[163] der genau das Gegenteil eines *homo urbanus* ist, weil ihm *cultus, elegantia* und *ingenium* fehlen. Bezeichnenderweise stellt Ovid Paris als *vir humanus* hin, der alle diese Eigenschaften besitzt und deshalb zwangsläufig Menelaus bei Helena aussticht.[164]

5.3 Emotionen

Obwohl Ovid Emotionen weitgehend von den veredelten Umgangsformen ausschließt,[165] erkennt er doch ihren Wert für bestimmte Situationen und integriert sie daher in seine Vorschriften. Wie mit solchen Erregungen zu verfahren ist und wie sie für den zwischenmenschlichen Bereich genutzt werden können, verdeutlicht der *praeceptor amoris* am Beispiel der weiblichen Eifersucht, die nach seiner Ansicht eine Gefahr, aber auch eine Chance für längere Liebesbeziehungen ist. Er hält seinen Lesern die Bedrohung solcher Bande am Seitensprung des Partners und der Reaktion der Geliebten auf seine Untreue vor Augen.[166] Wie üblich führt Ovid Analogien aus dem Tierreich und Kult an, um die Stärke ihrer Wutausbrüche zu veranschaulichen, wenn sie von diesen Eskapaden ihres Freundes erfahren hat:

> *sed neque fulvus aper media tam saevus in ira est,*
> *fulmineo rabidos cum rotat ore canes,*
> *nec lea, cum catulis lactantibus ubera praebet,*
> *nec brevis ignaro vipera laesa pede*
> *femina quam socii deprensa paelice lecti:*
> *ardet et in vultu pignora mentis habet;*
> *in ferrum flammasque ruit positoque decore*
> *fertur, ut Aonii cornibus icta dei.*
> *coniugis admissum violataque iura marita est*

---

[162] Ov. ars 2,367; dazu M. Janka, Ovid 287ff.
[163] Ov. ars 2,369; dazu M. Janka, Ovid 289.
[164] Ov. ars 2,372; dazu M. Janka, Ovid 291. Zu *humanus* siehe Cic. Cato 59; Cic. nat. deor. 1,93.
[165] Z.B. Ov. ars 2,145-156.
[166] Ov. ars 2,373-414; dazu M. Janka, Ovid 291ff.

> *barbara per natos Phasias ulta suos;*
> *altera dira parens haec est, quam cernis, hirundo:*
> *aspice, signatum sanguine pectus habet.*[167]

Nach seinen Ausführungen wird sie von so intensiven und ungestümen Gefühlen ergriffen, daß sie die wildesten, gefährlichsten Raubtiere, nämlich Eber, Löwe und Schlange, bei weitem übertrifft.[168] Ihr Gemütszustand findet außerdem im Bild der Zornesglut, die sich in ihren Augen spiegelt, seinen Ausdruck.[169] Ovid steigert diese Beschreibung der wutentbrannten Betrogenen in komischer Übertreibung, indem er ihre Entschlossenheit, mit Waffen auf ihren treulosen Geliebten loszugehen, betont, und sie mit Mänaden vergleicht.[170] Ferner verdeutlicht er ihre Gefährlichkeit dadurch, daß er sie Medea und Procne gegenüberstellt, die sich aus verletzter Liebe sogar an ihren Kindern vergingen.[171] Bezeichnenderweise unterstreicht er, daß der *decor,* der nach seiner Meinung wesentlich die Attraktivität kultivierter Frauen ausmacht, bei solchen unkontrollierten Ausbrüchen von Emotionen verlorengeht. Das bedeutet, daß Damen, die sich in einer derartigen seelischen Verfassung befinden, in „präurbane" Verhaltensformen zurückfallen. Selbst wenn Ovid in diesen Versen die Reaktionen der hintergangenen Geliebten um des humorvollen Effektes willen hochspielt, tritt doch seine grundsätzliche Überzeugung zutage, daß dieses Benehmen nicht zu einem verfeinerten Lebensstil paßt, weil es sich jeder rationalen Steuerung und dem Gebot des Maßhaltens entzieht.

Andererseits können Emotionen durchaus eine Liebesbeziehung stimulieren, wenn sie gezielt eingesetzt werden. Der Dichter verdeutlicht diesen Zusammenhang am Betragen von Frauen, deren Gefühle wegen allzu großer *indulgentia* des Mannes erkaltet sind und einer Auffrischung bedürfen:[172]

> *sunt quibus ingrate timida indulgentia servit*
> *et, si nulla subest aemula, languet amor;*
> *luxuriant animi rebus plerumque secundis,*
> *nec facile est aequa commoda mente pati.*
> *ut levis absumptis paulatim viribus ignis*

---

[167] Ov. ars 2,373-384. Nach M. Steudel, Literaturparodie 91f. parodiert Ovid in diesen Versen die Passage Verg. georg. 3,242-248. Vgl auch E.W. Leach, TAPhA 95, 1964, 145. Zur Kontrolle der Emotionen durch *ars* siehe M. Myerowitz, Games 135f.

[168] Ov. ars 2,373-378. Ovid erwähnt an dieser Stelle alle epischen Raubtiere mit Ausnahme des Panthers; vgl. Hom. Od. 4,456f.; M. Janka, Ovid 292ff. mit Belegen.

[169] Ov. ars 2,377f. Zu Äußerungen des Zornes siehe M. Lobe, Gebärden 65f.

[170] Ov. ars 2,379f.

[171] Zu diesem Vergleich siehe W. Schubert, Mythologie 192.

[172] Ov. ars 2,435f.

> *ipse latet, summo canet in igne cinis,*
> *sed tamen extinctas admoto sulphure flammas*
> *invenit et lumen, quod fuit ante, redit:*
> *sic, ubi pigra situ securaque pectora torpent,*
> *acribus est stimulis eliciendus amor.*
> *fac timeat de te tepidamque recalface mentem;*
> *palleat indicio criminis illa tui.*
> *o quater et quotiens numero conprendere non est*
> *felicem, de quo laesa puella dolet!*
> *quae, simul invitas crimen pervenit ad aures,*
> *excidit, et miserae voxque colorque fugit.*
> *ille ego sim, cuius laniet furiosa capillos;*
> *ille ego sim, teneras cui petat ungue genas,*
> *quem videat lacrimans, quem torvis spectet ocellis,*
> *quo sine non possit vivere, posse velit.*[173]

Ovid geht von dem in der erotischen Literatur gängigen Topos aus, daß ständige Präsenz des Partners den Reiz der Liebe mindern kann,[174] und folgert daraus, daß die weibliche Eifersucht durch offene und fingierte Untreue des Mannes gezielt zu provozieren sei, um die schwächer werdenden Gefühle wieder zu beleben. Er konkretisiert diese Empfehlung durch den Vergleich einer gefestigten Beziehung mit der schwelenden Glut, die zu erlöschen droht und neuen Zunder braucht.[175] Freilich darf man von solchen Stimuli nur mit Maßen Gebrauch machen, weil sonst die Gefahr besteht, daß überschwengliche Emotionen, die nicht mehr zu kontrollieren und der Verbindung abträglich sind, hervorgerufen werden. Der Dichter sieht das entscheidende Kriterium für den Wert derartiger Erregungen in ihrer Lenkung oder Dosierung. Für ihn ist wichtig, daß eine Frau solche Affekte ein Weilchen auslebt,[176] der Mann aber ihre Ursache beizeiten durch Versöhnung beseitigt, damit kein nachhaltiger Zorn entsteht. Da diese Gefühlsregungen gesteuert sind, äußern sie sich weniger heftig als die Wutanfälle tatsächlich betrogener Frauen. Je nach der Intensität ihrer Verliebtheit sind solche Frauen wegen des befürchteten Verlustes ihres Freundes ängstlich besorgt,[177] zeigen sämtliche Symptome von Liebesleid[178] oder auch Zorn, der sich

---

[173] Ov. ars 2,435-454; dazu M. Janka, Ovid 329-340; vgl. S.A. Schlueter, Studies 80.
[174] Z.B. Prop. 2,14,20; 4,5,29f.; Ov. am. 1,8,73f.; weitere Belege bei J.C. McKeown, Ovid: Amores II 239f.
[175] Ov. ars 2,439-444; vgl. Ov. am. 2,19(20),13-18.
[176] Ov. ars 2,445-454.
[177] Ov. ars 2,447f.
[178] Ov. ars 2,449f.

in Attacken gegen den Partner entladen kann.[179] In diesen Ausführungen kommt neben der für verfeinerte Umgangsformen typischen Mäßigung die Bedeutung des *ingenium* zum Vorschein, sind doch nur Männer mit geistigen Fähigkeiten zu solch einer umsichtigen, zweckbestimmten Planung imstande.[180] Die Ingeniosität der Schüler Ovids zeigt sich ferner daran, daß sie ein Gefühl für den Zeitpunkt entwickeln müssen, an dem das Leiden der Umworbenen in Zorn umschlägt, um die Entstehung von Emotionen, die jede Beziehung gefährden,[181] mit Hilfe von Zärtlichkeiten zu unterbinden.[182]

Damit beide Partner neuen Schwung in eine fortgeschrittene Liebesbeziehung bringen können, verfaßt der *praeceptor amoris* komplementäre Anweisungen für die Frauen,[183] die freilich bezeichnende geschlechtsspezifische Unterschiede aufweisen. Während die den Herren empfohlenen Aktivitäten geistige Qualitäten erfordern, falls sie gute Ergebnisse zeitigen sollen, zielen die Weisungen, die er den Damen erteilt, auf gelegentliche Abweisung des Mannes. So hat er geduldig hinzunehmen, daß sich die Freundin vor ihm verleugnen läßt, auch wenn er sie gerade mit eigenen Augen gesehen hat.[184] Ferner muß er ohne Murren die Nacht im Freien vor ihrer Tür ausharren,[185] darf er nur mit Maßen auf Einlaß pochen[186] und hat alle möglichen Erniedrigungen beim *servitium amoris* zu ertragen, selbst wenn sie nicht mit seinem sozialen Status zu vereinbaren sind.[187] Ovid legt den Frauen solche Maßnahmen mit einem ähnlichen Argument wie den Männern ans Herz, indem er auf die bekannte Erfahrung verweist, daß alles, was dem Menschen leicht zufällt, keinen dauerhaften Reiz ausübt,[188] weil es als selbstverständlich angesehen wird.[189] Nach Ansicht des Dich-

---

[179] Ov. ars 2,451-454.
[180] Ov. ars 2,451-454; dazu M. Janka, Ovid 337ff. mit weiteren Belegen für die an dieser Stelle erwähnten Attacken der Geliebten; G. Kölblinger, Topoi 68f.; zum Topos, daß Streitigkeiten zwischen Liebenden zu handgreiflichen Auseinandersetzungen entarten, ebd. 54ff.; zu *ingenium* L.P. Wilkinson, Ovid 121; S.A. Schlueter, Studies 20ff.; M. Myerowitz, Games 74f.
[181] Ov. ars 2,455f. Vgl. Ov. ars 3,499ff.; dazu M. Myerowitz, Games 135.
[182] Ov. ars 2,457-466.
[183] Ov. ars 2,521-534; 3,577-600. Zu V. 521-528 siehe A. Sharrock, Seduction 279ff.
[184] Ov. ars 2,521f.
[185] Ov. ars 2,523-528; 3,581-590.
[186] Ov. ars 2,529-532; dazu A. Sharrock, Seduction 285ff.
[187] Ov. ars 2,533f.; vgl. 3,591-594 (Rivale); dazu F.O. Copley, TAPhA 78, 1947, 296; A. Sharrock, Seduction 267ff. (in ars 2,533f. ironische Auseinandersetzung mit Verg. georg. 1,79-81). 273f. Zu *militia amoris* und *servitium amoris* siehe P. Murgatroyd, Latomus 34, 1975, 65ff. bes. 70; R.O.A.M. Lyne, CQ 73 (N.S. 29), 1979, 117ff.; P. Murgatroyd, Latomus 40, 1981, 589ff.; G. Giangrande, Topoi 73ff.; zum Unterschied zwischen traditionellem *servitium amoris* und Ovids Lehren N. Holzberg, Ovid 108f.
[188] Ov. ars 3,579f. 589. 594. 597f.

ters wird dieser Prozeß durch das Fehlen von *artes* ausgelöst;[190] denn nur durch eine ausgewogene Mischung von heiteren Tändeleien und Zurückweisungen[191] gestaltet sich der zwischenmenschliche Umgang abwechslungsreich und verliert nicht jede Attraktivität. Außerdem trägt die Lebensweisheit, die schon in den Anleitungen für die Männer zutage tritt,[192] daß der Mensch bei allzu großem Glück abstumpft und sich von der Überfülle zum Übermut verleiten läßt,[193] zu diesem Vorgang bei. Die Ratschläge, die der *praeceptor amoris* den Frauen für die Vermeidung derartiger Störungen erteilt, tragen in erster Linie ihrem traditionellen Rollenverhalten Rechnung. Da es seiner Meinung nach im beiderseitigen sozialen Verkehr ihre Aufgabe ist, die Männer durch ihre Anziehungskraft zu fesseln, verkehrt der Dichter diese Funktion in seinen Darlegungen zur Wiederbelebung einer eingefahrenen Liebesbeziehung ins Gegenteil und schlägt ihnen vor, daß sie sich ihren Freunden entziehen sollen. Die von diesem Benehmen hervorgerufene Kränkung des jeweiligen Partners dient als Stimulus, weil sie ihm den Wert der Verbindung wieder ins Gedächtnis ruft.[194] Bezeichnenderweise fordert Ovid seine Leserinnen nicht explizit zur Untreue auf, doch deutet die Anspielung auf den Rivalen darauf hin, daß er solch eine Möglichkeit nicht grundsätzlich ausschließt.[195] Ferner empfiehlt er auch den Frauen die Dosierung dieser Anreize wärmstens, indem er ihnen zu spärlichem Gebrauch derartiger Mittel rät[196] und eine zeitliche Befristung für nötig erachtet.[197] Fehlen Hindernisse, die einem Mann den Weg zu seiner Geliebten erschweren und ihn stimulieren können, soll dieses Manko durch Erfindungen, in denen sich ihr Einfallsreichtum manifestiert, ausgeglichen werden.[198] Freilich dürfen diese simulierten Gefahren nicht überhandnehmen oder unüberwindlich erscheinen, weil sie sonst die gegenteilige Wirkung erzielen und die Männer abschrecken.[199] Um solche unbeabsichtigten Folgen zu verhindern, müssen die Frauen das gleiche Gespür wie die Männer entwickeln und rechtzeitig die Harmonie durch *munera Veneris* wiederherstellen.[200]

---

[189] Ov. ars 3,579f. 594.
[190] Ov. ars 3,594.
[191] Ov. ars 3,580.
[192] Ov. ars 2,437f.
[193] Ov. ars 3,583.
[194] Ov. ars 3,597f.; vgl. 2,517-519 (mit Anklängen an Verg. georg. 2,103-108); dazu A. Sharrock, Seduction 265.
[195] Ov. ars 3,593f.
[196] Ov. ars 3,580.
[197] Ov. ars 3,599ff.
[198] Ov. ars 3,601-608; dazu siehe R.K. Gibson, Ovid 331ff.
[199] Ov. ars 3,609f.
[200] Ov. ars 3,609f.

Ovid stimmt den Inhalt dieser komplementären Anweisungen nicht aufeinander ab, sondern setzt unterschiedliche Methoden ein, die mit den sonstigen Umgangsformen der Geschlechter in Einklang stehen. Die Wahl der Mittel hat zur Folge, daß bei einem Partner zunächst einseitige Reaktionen ausgelöst werden. So wird die Eifersucht der Frau geschürt, während der Mann durch gezielte Abweisung verunsichert wird. Dennoch hat er sämtliche Kränkungen geduldig hinzunehmen und in Passivität zu verharren, bis er wieder von seiner Geliebten vorgelassen wird.[201] Für die Überzeugungen des Dichters ist die Einschränkung aufschlußreich, daß der Freund die Ergebenheit nicht übertreiben, sondern auch in diesem Bereich Zurückhaltung üben soll.[202] Als Grund für diese Mäßigung führt er das *decorum* an,[203] das sich an dieser Stelle jedoch nicht als absoluter, sondern als relativer Wert erweist, der sich am Willen der Geliebten orientiert. Demnach kommt in dieser Aufforderung die Auffassung zum Vorschein, daß ein allzu aufdringlicher Liebhaber sich die Gunst seiner Freundin nicht dauerhaft bewahren kann. Um diesen Kausalzusammenhang zu erläutern, geht der Dichter in diesem Vers außerdem auf dessen Rechtsstellung ein und folgert daraus, ein Mann von freier Herkunft solle es nicht so weit kommen lassen, daß die Umworbene seiner überdrüssig werde.[204] Diese Bemerkung steht scheinbar zu seinen früheren Anweisungen im Widerspruch, in denen er seinem männlichen Leserpublikum ans Herz legte, Erniedrigungen durch hochmütiges Dienstpersonal zu ignorieren.[205] In Wirklichkeit zeigt sie, daß der Wille der Frau der alleinige Maßstab für das Verhalten des Mannes ist und ihn die Reaktionen von Sklaven nicht zu berühren brauchen, selbst wenn sie sich entgegen ihrer juristischen Position spöttisch-herablassend aufführen.[206]

Trotz der erwähnten geschlechtsspezifischen Unterschiede berühren sich die Anweisungen, die der *praeceptor amoris* seinen Schülern und Schülerinnen für die Belebung einer erkalteten Beziehung gibt, in einem Punkt: Er erwartet von den jungen Leuten beiderlei Geschlechts, daß sie sich bei ihren einschlägigen Aktivitäten von ihrem *ingenium*, das in Einfallsreichtum und Phantasie seinen Ausdruck findet, leiten lassen; denn diese Qualität bietet die Gewähr dafür, daß der soziale Verkehr nicht in Eintönigkeit und Langeweile erstarrt.

Nicht zuletzt ist auch bei den Vorschriften, die der Stimulierung erkalteter Gefühle dienen, die Mäßigung bedeutsam; liegt doch ihr Erfolgsgeheimnis darin, daß als Anreiz fungierende Maßnahmen beizeiten durch Versöhnung be-

---

[201] Ov. ars 2,520-534; 3,581-584.
[202] Ov. ars 2,529f.; dazu M. Janka, Ovid 389; A. Sharrock, Seduction 261f. 271. 285ff.
[203] Anders: Ov. ars 2,325. 346; dazu siehe A. Sharrock, Seduction 273.
[204] Vgl. M. Janka, Ovid 389.
[205] Ov. ars 2,525f.
[206] Zur herablassenden Abweisung und der abfälligen Anrede des Ausgesperrten siehe M. Janka, Ovid 387.

endet werden. Die Realisierung dieser Anleitungen setzt großes Einfühlungsvermögen voraus; denn die handelnde Person muß ein sicheres Gespür für die richtige Dosierung der von ihr eingesetzten therapeutischen Mittel entwickeln und lavieren können.

5.4 Angemessenes Verhalten beim Gastmahl

Neben Verhaltensweisen, die vor allem für das Zusammensein eines Liebespaares im privaten Bereich relevant sind, stellt Ovid auch kultiviertes Benehmen in der Öffentlichkeit dar, um sein Leserpublikum auf wichtige, häufig wiederkehrende Situationen des gesellschaftlichen Lebens vorzubereiten. Da Gastmähler zu den beliebten Treffpunkten von Angehörigen der vornehmen Kreise zählten und somit als Begegnungsstätten der Geschlechter fungierten,[207] verfaßt der *praeceptor amoris* komplementäre Vorschriften für seine männlichen und weiblichen Leser.[208]

Er erläutert in seinen ausführlichen Anweisungen für die Männer zunächst die Hauptursache für Fehlverhalten bei solchen Gelegenheiten, nämlich die Gefahren, die reichlicher Weingenuß für die Kommunikation in sich birgt.[209] Weil ein Mann nur im vollen Besitz seiner geistigen Kräfte in kultivierter Weise den Kontakt zu einer Frau anbahnen kann,[210] spricht sich der Dichter dafür aus, daß Trunkenheit unbedingt zu meiden sei. Diesen Gedanken führt er wegen seiner Wichtigkeit an anderer Stelle breit aus, indem er zunächst die abstoßenden, verderblichen Folgen des Trinkens ausmalt und sie durch das traurige Schicksal des Kentauren Eurytion belegt, der sich im Rausch bei der Hochzeit des Pirithous und der Hippodamia an der Braut vergriff und im Kampf der Lapithen und Kentauren getötet wurde:

certa tibi a nobis dabitur mensura bibendi:
officium praestent mensaque pedesque suum.
iurgia praecipue vino stimulata caveto

---

[207] Ov. ars 1,229-252; dazu A.S. Hollis, Ovid 83ff.; S.A. Schlueter, Studies 92ff.; C.M.C. Green, TAPhA 126, 1996, 236f. Zum Gastmahl siehe K.-W. Weeber, Alltag 123ff.; E. Stein-Hölkeskamp, Gastmahl passim; zum Trinkgelage K.-W. Weeber, a.a.O. 371ff.

[208] Ov. ars 1,565-630 (Männer); 3,747-768 (Frauen).

[209] Ov. ars 1,565-574. Die Hauptquelle für diese Ausführungen ist Ov. am. 1,4 (Der Dichter erteilt seiner Freundin Anweisungen, wie sie sich beim Gastmahl zu benehmen hat). Ähnliche Bankettszene: Hor. carm. 3,6,25ff. Dazu siehe K. Kleve, SO 58, 1983, 95; J. Wildberger, Ovids Schule 133ff.; zur Kommunikation beim Bankett und der Rolle der Teilnehmer E. Stein-Hölkeskamp, Gastmahl 82.

[210] Ov. ars 1,565-568.

et nimium faciles ad fera bella manus.
occidit Eurytion stulte data vina bibendo.[211]

In diesen Versen springt der für Ovids Ansichten typische Begriff *mensura* in die Augen, der in solchen Situationen eine zentrale Rolle spielt, weil er die Gewähr dafür gibt, daß ein Mensch nicht die Kontrolle über sich verliert. Nichtsdestoweniger schätzt der *praeceptor amoris* den Wein, stimuliert er doch die Tändeleien, die das für den verfeinerten Lebensstil charakteristische Flair ausmachen: *aptior est dulci mensa merumque ioco.*[212] Außerdem werden durch dosierten Alkoholgenuß Hemmungen überwunden und extravagante oder frivole Verhaltensweisen begünstigt, in denen der Dichter ein weiteres Merkmal dieser Lebensart sieht. So kann ein Mann von Stand nur in diesem Rahmen ohne Gesichtsverlust singen und tanzen.[213] Da Ovid die Freiheiten, die der Zustand leichten Berauschtseins dem Betroffenen einräumt, für die Anbahnung von Beziehungen und den Umgang in der Gesellschaft für nützlich hält, empfiehlt er seinen Schülern, sich betrunken zu stellen:

ebrietas ut vera nocet, sic ficta iuvabit:
  fac titubet blaeso subdola lingua sono,
ut, quicquid facias dicasve protervius aequo,
  credatur nimium causa fuisse merum.
et bene dic dominae, bene, cum quo dormiat illa;
  sed male sit tacita mente precare viro.
at cum discedet mensa conviva remota,
  ipsa tibi accessus turba locumque dabit.
insere te turbae leviterque admotus eunti
  velle latus digitis et pede tange pedem.
conloquii iam tempus adest; fuge rustice longe
  hinc Pudor: audentem Forsque Venusque iuvat.[214]

In diesem Zustand vorgetäuschten Rausches kann der Mann gefahrlos die Grenzen des *decorum* überschreiten.[215] Das Lavieren in einem Bereich, den zu berühren normalerweise der Anstand verbot, dürfte den eigentlichen Reiz dieser Vor-

---

[211] Ov. ars 1,589-593.
[212] Ov. ars 1,594. Ähnlich: Ov. rem. 805f.; dazu R. Müller, Motivkatalog 13.
[213] Ov. ars 1,595f.; siehe dazu A.S. Hollis, Ovid 129; A. Sharrock, Seduction 252. Vgl. auch S. 193.
[214] Ov. ars 1,597-608; dazu E. Küppers, ANRW II 31.4 (1981) 2543; Vgl. auch S. 174 zu dieser Stelle.
[215] Ov. ars 1,599f.

schrift ausgemacht haben.[216] Aus diesem Grund bezeichnet der Dichter die Schüchternheit, die sich durch Respekt vor solchen Barrieren auszeichnet, als bäurisch.[217] Die Qualitäten des Städters zeigen sich darin, daß er den *pudor* durch seine Ingeniosität auszuschalten versteht und dadurch die Voraussetzungen für eine reizvolle, kultivierte Beziehung im Sinne Ovids schafft. Hinzu kommt, daß er bei solch einem Unternehmen auf die Unterstützung von Fors und Venus rechnen darf,[218] weil diese Gottheiten dem Mutigen, d.h. dem, der sich über derartige Konventionen hinwegsetzt, helfen.

Grundsätzlich erachtet es der *praeceptor amoris* für wichtig, daß die Sprechweise bei Gastmählern auf das Ambiente abgestimmt wird. Deshalb empfiehlt er seinen Schülern, neben dem gekonnten Simulieren von Trunkenheit und Lallen sich eines ambivalenten Umgangstones zu befleißigen, der nach den Erfordernissen der jeweiligen Situation gedeutet werden kann, primär aber der Verständigung des Paares dienen soll.[219] Eine weitere zu diesem Umfeld passende Möglichkeit, mit einer Frau Verbindung aufzunehmen, ist, Liebesbotschaften mit Wein auf den Tisch zu schreiben oder heimliche Blicke zu wechseln.[220] Auch wenn das zuletzt genannte Motiv wegen seines topischen Einschlags nur bedingt aussagekräftig ist, kommt in diesen Weisungen des Dichters doch das Bemühen um Diskretion, das in seinen Augen eine der wichtigsten Grundlagen für den zwischenmenschlichen Umgang ist, zum Vorschein. Ovid schärft seinen Schülern ein, selbst solche kurzen Notizen seinen übrigen Vorschriften gemäß in schmeichelndem Ton abzufassen.[221]

An die Darlegungen zu den unauffälligen Formen der Verständigung schließen sich Ausführungen zum angemessenen Betragen während des Essens an.[222] Es kommt Ovid darauf an, daß bei Tisch zwischen Mann und Frau Harmonie erzielt wird; dieses Bestreben unterstreicht er durch das Polyptoton *bibet – bibas*, durch das er zugleich die Anpassung des Herrn an die Dame näher erläu-

---

[216] Ov. ars 1,607f.; dazu siehe A.S. Hollis, Ovid 129f.
[217] Ov. ars 1,607f.
[218] Ov. ars 1,608. In diesem Vers fügt Ovid Venus dem bekannten Sprichwort aus Ter. Phorm. 203 hinzu. Dieses Gedankengut enthält ferner eine Reminiszenz zu Verg. Aen. 10,284. Vgl. R.M. Krill, Mythology 367.
[219] Ov. ars 1,569-573.
[220] Ov. ars 1,571f. Ähnlich: Ov. am. 1,4,31f. Zu diesem Motiv siehe Tib. 1,6,19f.; Ov. am. 1,4,20; Ov. epist. 17,89f.; Ov. trist. 2,454; vgl. auch A.S. Hollis, Ovid 126. Zum Topos, daß sich Liebende durch heimliche Zeichen verständigen, G. Kölblinger, Topoi 29. 39 mit weiteren Beispielen; vgl. C. Sittl, Gebärden 213; A. Sharrock, Ovid 155f.; zu weiteren Gesten der Verständigung E. Stein-Hölkeskamp, Gastmahl 230f.
[221] Ov. ars 1,571f. Vgl. auch S. 66f.
[222] Ov. ars 1,575-602. Zu Tischsitten siehe K.-W. Weeber, Alltag 359ff.

tert.[223] Der Wechsel vom Indikativ zum Konjunktiv Präsens weist darauf hin, daß der Mann das Verhalten der Frau nachahmen soll, um seinen Wunsch nach Nähe zu ihr zum Ausdruck zu bringen.[224] Da es nach Ansicht des Dichters vorteilhaft ist, daß der Werbende auch zum jeweiligen Begleiter der Dame ein gutes Verhältnis hat,[225] bezieht er den Konkurrenten in seine Anleitung ein und verdeutlicht das gute Einvernehmen zwischen den Parteien wieder durch ein Polyptoton: *huic, si sorte bibes, sortem concede priorem*.[226] Dieses Nachgeben des neuen Liebhabers verlangt unter Umständen zusätzliche Opfer; denn Ovid legt seinen Schülern nahe, dem Nebenbuhler stets den Vortritt zu lassen, selbst wenn er von niedriger Herkunft ist, und ihm ohne Bedenken nach dem Mund zu reden.[227] Demnach ist dieser potentielle Gegner mit den gleichen Mitteln wie eine Dame zu gewinnen. Wie der Dichter selbst eingesteht, verfolgt er mit seinen Lehren nicht immer lautere Absichten; denn er versucht die Gunst eines Rivalen nur zu gewinnen, um ihn unter dem Deckmantel der Freundschaft leichter hintergehen zu können.[228]

Da der Heimweg von Gastmählern günstige Gelegenheiten bietet, diskret mit einer Frau Kontakt aufzunehmen, gibt der *praeceptor amoris* ausführliche Anweisungen zu erfolgversprechenden Unterhaltungen.[229] In den Ratschlägen spielen die Fertigkeiten, deren Besitz in seinen Augen einen kultivierten Stadtrömer ausmachen, eine zentrale Rolle. Für die eigentliche Gesprächsführung stellt der Dichter keine Regeln auf, weil er die Ansicht vertritt, daß sie sich aus dem Verlauf der Konversation von selbst ergeben.[230] Dagegen schärft er seinen Lesern ein, daß sie der Umworbenen ihr Talent, sich zu verstellen, demonstrieren sollen, indem sie den Verliebten spielen.[231] Da sich die Simulanten nicht der

---

[223] Ov. ars 1,576. Ähnlich: V. 578: *tu pete, dumque petes;* Ov. am. 1,4,32: *tu biberis – ego bibam.*
[224] Zum Bemühen um Harmonie zwischen Mann und Frau siehe ausführlich S. 71ff. 89f. Vgl. auch Ov. am. 1,4 (ähnliche sprachliche Ausdrucksformen des Humors).
[225] Ov. ars 1,579; dazu C.M.C. Green, TAPhA 126, 1996, 257f. Der Begleiter der Frau ist aus Ov. am. 1,4 entlehnt. Daß Ovid ihn in die Ars amatoria übernimmt, ist nach A.S. Hollis, Ovid 126 ein Indiz für die Realitätsferne dieser literarischen Gattung.
[226] Ov. ars 1,581.
[227] Ov. ars 1,583f. Zum Rivalen siehe R. Müller, Motivkatalog 66; E. Stein-Hölkeskamp, Gastmahl 81f.
[228] Ov. ars 1,585f. Daß Ovid sein Vorgehen für moralisch bedenklich hält, paßt nicht zum Tenor dieser Passage. Zu den Problemen dieser Stelle siehe A.S. Hollis, Ovid 127f.
[229] Ov. ars 1,609-630; dazu A.S. Hollis, Ovid 130f. Vgl. Ov. am. 1,4,55-58; E. Stein-Hölkeskamp, Gastmahl 257.
[230] Ov. ars 1,609f.
[231] Ov. ars 1,611-618; dazu W. Stroh, WJA N.F. 5, 1979, 122ff. Ovid kehrt in dieser Passage den hellenistischen Topos, daß die Geliebte Versprechen nicht hält, um und macht den Mann zum *simulator*. Siehe G. Giangrande, Topoi 81f.

eigenen Beredsamkeit entziehen können, werden sie selbst dadurch zu Liebenden wider Willen.[232] Außerdem dürfen sie nicht mit Schmeicheleien sparen,[233] um die auserwählte Frau in ihren Bann zu schlagen.[234] Da sich die weibliche Eitelkeit am besten durch das Lob der eigenen Schönheit befriedigen läßt, legt er ihnen diese Methode der Liebeswerbung ans Herz. Auch diese Glorifizierung der Dame erfordert wieder eine überzeugende Leistung auf dem Gebiet der Heuchelei, in der sich das Können und die Phantasie des Sprechers manifestieren.

Während Ovid seine Vorschriften für das Verhalten von Männern beim Essen auf die Konversation ausrichtet, weil dadurch die Weichen für den sozialen Verkehr und für private Beziehungen gestellt werden, fallen seine Instruktionen für die Frauen wesentlich kürzer aus und weisen obendrein einen geschlechtsspezifisch bedingten inhaltlichen Unterschied auf. Weil die Rhetorik eine Domäne für Männer ist, beschränkt er sich auf Weisungen für gebührendes Benehmen bei Tisch und nimmt die Unterhaltung ganz aus seinen Darlegungen aus:

sollicite expectas, dum te in convivia ducam,
  et quaeris monitus hac quoque parte meos.
sera veni positaque decens incede lucerna:
  grata mora venies, maxima lena mora est;
etsi turpis eris, formosa videbere potis,
  et latebras vitiis nox dabit ipsa tuis.
carpe cibos digitis (est quiddam gestus edendi),
  ora nec immunda tota perungue manu;
neve domi praesume dapes, sed desine citra
  quam capis: es paulo, quam potes esse, minus.
Priamides Helenen avide si spectet edentem,
  oderit et dicat 'stulta rapina mea est.'
aptius est deceatque magis potare puellas:
  cum Veneris puero non male, Bacche, facis.
hoc quoque, qua patiens caput est animusque pedesque
  constant, nec, quae sunt singula, bina vide.
turpe iacens mulier multo madefacta Lyaeo:
  digna est concubitus quoslibet illa pati.

---

[232] Zur Übertragung der Schauspielerhaltung des Redners in den Bereich der Liebe siehe W. Stroh, WJA N.F. 5, 1979, 124f.

[233] Zur Bedeutung von Schmeicheleien im kultivierten Umgang der Geschlechter siehe S. 68ff.

[234] Ov. ars 1,619-630; dazu ausführlich S. 70f.

nec somnis posita tutum succumbere mensa:
per somnos fieri multa pudenda solent.[235]

Ovid legt seinen Schülerinnen nahe, bei solchen Gelegenheiten grundsätzlich erst spät, nämlich nach Einbruch der Dämmerung, zu kommen; denn er sieht darin drei Vorteile. Zunächst läßt das Lampenlicht jede Frau vorteilhaft erscheinen, weil kleine Schönheitsfehler nicht so stark auffallen. Außerdem ist zu diesem Zeitpunkt das Wahrnehmungsvermögen der männlichen Gäste getrübt, sind sie doch bereits angeheitert. Endlich weckt langes Warten auf eine Frau bei den Männern Sehnsucht und erzeugt eine für die beiderseitige Annäherung günstige Atmosphäre.[236] Bemerkenswert ist, daß der Dichter in dieser Passage zentrale Werte, die das altrömische Frauenideal ausmachen, hervorkehrt. So hält er es für angebracht, daß seine Schülerinnen bei solchen gesellschaftlichen Anlässen unbedingt das Gebot des Schicklichen beachten.[237] Diese Eigenschaft äußert sich vor allem während des Mahles in unauffälligem, unaufdringlichem Betragen.[238] Aus den abfälligen Äußerungen Ovids über Frauen, die sich beim Essen und Trinken nicht beherrschen können,[239] geht hervor, daß Anstand mit *moderatio* gepaart sein soll, weil diese Verbindung für die Ausstrahlung einer Dame wesentlich ist und ihr das Attribut *urbana* sichert. Läßt sie diese Qualitäten vermissen, indem sie gierig oder maßlos ißt und sich betrinkt, stößt sie Männer ab und hemmt die Liebe.[240] Ovid verdeutlicht die Konsequenzen solchen Fehlverhaltens wie üblich durch einen neuinterpretierten mythologischen Vergleich, indem er feststellt, daß sich sogar Paris von Helena abwenden würde, falls sie sich bei Tisch nicht zu benehmen wüßte.[241] Genauso gefährlich ist es für sie, bei Tisch zu schlafen; denn in diesem Zustand kann es leicht zu Verstößen gegen den *pudor*, deren sie sich später schämen muß, kommen.[242] Nach diesen Versen darf sich eine kultivierte Frau niemals eine Blöße geben, unter der möglicherweise ihr Ruf zu leiden hat. Bezeichnend ist, daß der Dichter in der Bewertung des *pudor* einen geschlechtsspezifischen Unterschied macht. Während er die Männer auffordert, diese Eigenschaft abzulegen, weil sie seiner Meinung nach ein Hindernis für die Entfaltung reizvoller Spielereien und Scherze ist,[243] gesteht

---

[235] Ov. ars 3,749-768; dazu siehe R.K. Gibson, Ovid 379-387; S.A. Schlueter, Studies 95; zur Rolle von Frauen beim Bankett E. Stein-Hölkeskamp, Gastmahl 80ff.
[236] Ov. ars 3,751-754.
[237] Ov. ars 3,751.
[238] Ov. ars 3,755-768.
[239] Ov. ars 3,757-768.
[240] Ov. ars 3,760: *oderit*; V. 765: *turpe iacens mulier*.
[241] Siehe W. Schubert, Mythologie 222; vgl. P. Watson, CPh 78, 1983, 119.
[242] Ov. ars 3,767f.
[243] Ov. ars 1,607f.

er den Frauen in dieser Beziehung weniger Freiheiten zu. Der Grund für diese differenzierte Sicht liegt in der dominierenden Rolle der Männer bei der Anbahnung von Kontakten. Da sie bei solchen Gelegenheiten die Initiative ergreifen sollen, benötigen sie einen Handlungsspielraum, der nicht durch konservative Moralvorstellungen eingeengt ist. Die Damen dagegen, denen diese Aufgabe nicht zukommt, brauchen nicht darauf zu verzichten. Statt dessen macht sich der *praeceptor amoris* in seinen Vorschriften für seine Schülerinnen die stimulierende Wirkung des Alkoholgenusses zunutze, indem er ihnen nahelegt, maßvoll Wein zu genießen, damit sie für die Avancen von Männern aufgeschlossen sind.[244] Bezeichnenderweise rät er ihnen aber nicht dazu, Trunkenheit zu fingieren, damit sie nicht das Gebot des *pudor* und des Schicklichen verletzen. Da er betrunkene Frauen für abstoßend hält,[245] macht er diese Einschränkung weniger aus moralischen als vielmehr aus ästhetischen Gründen. Insgesamt zielen Ovids Anweisungen zum verfeinerten Betragen von Damen bei Gastmählern auf die Wahrung ihrer Attraktivität, die eine wichtige Voraussetzung für den Erfolg seiner Liebeslehre ist.

In diesen komplementären Vorschriften legt der *praeceptor amoris* seinem Leserpublikum beiderlei Geschlechts von einer Ausnahme abgesehen die üblichen veredelten Verhaltensweisen des gegenseitigen sozialen Verkehrs ans Herz. Die durch die Situation bedingte Abweichung, nämlich das Fingieren von Trunkenheit, ist ein Spezialfall der Fähigkeit, gekonnt aus dem Stegreif zu schauspielern. Ovid stellt sie als besonders effizient hin, weil sie das Lavieren in einem Bereich ermöglicht, den zu berühren sonst der Anstand verbietet. Obwohl er grundsätzlich auch von den Frauen solche Talente fordert, nimmt er in diesem Fall aus ästhetischen Gründen davon Abstand.

5.5 Nicht durch das Thema Liebesbeziehungen bedingte urbane Umgangsformen

In Ovids Ausführungen zum kultivierten Benehmen sind psychagogische Künste, d.h. Verhaltensweisen, zu erkennen, die primär durch das Thema und den Zweck der Ars amatoria bedingt sind und sich nicht unbedingt mit den realen Gegebenheiten im augusteischen Rom decken müssen, zumal der *praeceptor amoris* sich zahlreicher in der elegischen Dichtung gängiger Topoi bedient, und Umgangsformen, die nach den Stellungnahmen in der antiken Literatur einen *homo urbanus* kennzeichnen und unter Umständen die persönlichen Anschauungen des Dichters offenbaren.

---

[244] Ov. ars 3,761ff.
[245] Ov. ars 3,765f.

Zu dieser zweiten Gruppe zählt die auf einer guten Bildung basierende Liebenswürdigkeit eines Menschen, in der Ovid eine wichtige Bedingung für gesellschaftlichen Erfolg im hauptstädtischen Ambiente sieht.[246] Dieser Charme wird vor allem durch das *ingenium* des Betreffenden sowie dessen Schulung durch schöne Künste und Literatur bewirkt und äußert sich in Ideenreichtum, Kreativität, Phantasie, Raffinement und geistiger Flexibilität.[247] Weil sich anspruchsvolle Konversation und Kurzweil auf diese Fertigkeiten gründen, wird jeder, der sie besitzt, interessant und fesselt die Aufmerksamkeit seiner Mitmenschen. Demnach bieten geistige Fähigkeiten die Gewähr dafür, daß im sozialen Verkehr nicht Eintönigkeit, sondern Abwechslung vorherrscht. Der Dichter schätzt die genannten Eigenschaften ferner, weil sie einem Menschen Individualität verleihen, mit der er gegen den Zeitgeist und die Masse angehen kann.[248] Somit zeichnet nach Ovids Ansicht auch ein gewisses Maß an Nonkonformismus eine attraktive Persönlichkeit aus. Nach seinen Darlegungen in der Ars amatoria erachtet er vor allem im intellektuellen Bereich mehr Eigenständigkeit für wünschenswert.[249] Mit der Ingeniosität geht das Talent, zu improvisieren und gegebenenfalls zu fingieren, einher, werden doch durch diese Kunst die aus dem Einfallsreichtum resultierenden Ideen in die Tat umgesetzt. Der Dichter hält solch ein Können ebenfalls für unentbehrlich, allerdings steht er Übertreibungen oder der Anwendung auf unangebrachte Objekte offensichtlich skeptisch gegenüber. So wundert er sich beispielsweise darüber, daß manche Frauen Mühe darauf verwenden, auf Kommando lachen, weinen und lispeln zu lernen.[250] In seinem Erstaunen über diese Zustände bringt er leise Kritik am Manierismus, den diese Übersteigerung nach sich zog, zum Ausdruck.[251] Vor allem beanstandet er, daß die *ars* zur Ausbildung von Fertigkeiten, die den „Naturgesetzen" zuwiderlaufen, dient.[252]

Nach Ansicht des Dichters soll ein kultivierter Stadtrömer grundsätzlich die Mäßigung zur Richtschnur seines Handelns machen; denn sie beugt extremen Reaktionen vor, die in vielen Fällen als schädlich einzustufen sind,[253] und läßt

---

[246] Ov. ars 2,99-144; A. Sharrock, Seduction 24-86; vgl. S. 87f.
[247] Ov. ars 2,287-294; vgl. S. 104ff.
[248] Ovid führt seinen Lesern dieses Phänomen am Beispiel der Gedichte, die ein armer, gebildeter Mann einer Geliebten zum Geschenk macht und die den Gepflogenheiten des *saeculum aureum* nicht entsprechen, vor Augen (Ov. ars 2,273-286). Dazu siehe S. 101ff. 171.
[249] Ov. ars 2,273-286.
[250] Ov. ars 3,281-296; dazu R.K. Gibson, Ovid 210-217.
[251] Ov. ars 3,281f. 291f.
[252] Ov. ars 3,291f.
[253] Ov. ars 2,146-160.

ungezügelte Emotionen nicht aufkommen.[254] Ovid verdeutlicht diesen Kausalzusammenhang am Gezänk und den Streitereien verheirateter Frauen, die ihren Erregungen freien Lauf lassen[255] und durch ihre Sturheit, ihre Aggressivität, ihre Härte und ihr Unvermögen oder ihre mangelnde Bereitschaft, ihrem Mann Respekt entgegenzubringen, Haß nähren und permanenten Unfrieden im Haus stiften.[256] *Moderatio* setzt Selbstkontrolle, aber auch großes Einfühlungsvermögen voraus, weil der Betroffene ein sicheres Gespür für die richtige Dosierung entwickeln und unter Umständen lavieren können muß. Außerdem drücken sich in dieser Eigenschaft Rücksicht und Achtung vor den Mitmenschen aus. Besitzt jemand dieses Talent, zieht er sich nicht den Verdruß seiner Umgebung zu, der seine sozialen Kontakte zu beeinträchtigen vermag.[257] Demnach dient die Mäßigung als Regulativ im zwischenmenschlichen Umgang, weil die Wahrung des richtigen Tons gewährleistet wird, und trägt ebenfalls zur Attraktivität eines Menschen bei.

Ovid rechnet auch die Toleranz zu den urbanen Verhaltensweisen, obwohl seine Äußerungen bis zu einem gewissen Grad durch das Thema und den Zweck seiner Liebesdichtung bedingt sind und standesspezifisches Denken erkennen lassen. Wie seine Ausführungen zum Betragen eines Mannes dem Dienstpersonal seiner Geliebten gegenüber zeigen, hält er diese Fähigkeit zunächst im Verkehr mit sozial Niedriggestellten und Personen unfreier Herkunft für wünschenswert.[258] So legt er seinen Schülern ausdrücklich ans Herz, sich im Umgang mit den Sklaven und Sklavinnen der Geliebten nicht von Standesbewußtsein leiten zu lassen.[259] Mit Autorenkommentaren weist er sie darauf hin, daß sie sich nichts vergeben, wenn sie sich mit ihnen gut stellen und ihnen bei besonderen Gelegenheiten kleine Aufmerksamkeiten zukommen lassen.[260] Vor allem in der Aufforderung, auf die Dienerschaft der Freundin zuzugehen, jeden einzelnen zuerst mit Namen zu grüßen und ihm die Hand zu geben,[261] kommt trotz ihrer

---

[254] In dieser Ansicht kommt die Vorstellung, daß jede ἀρετή in der Mitte zwischen zwei Extremen liegt, zum Vorschein (Aristot. NE 1106b 11ff.).
[255] Ov. ars 2,153-156.
[256] Ov. ars 2,146.
[257] Ov. ars 2,146-152; vgl. V. 145.
[258] Ov. ars 2,251f. Ovid hebt das negierte Substantiv *pudor* durch Geminatio am Anfang und am Ende dieses Distichons hervor.
[259] Ov. ars 2,251-260.
[260] Ov. ars 2,253: *nulla est iactura* (Der freigeborene Mann grüßt das unfreie Dienstpersonal seiner Geliebten zuerst); V. 255: *levis est inpensa* (kleine Geschenke am Tag der Fortuna).
[261] Ov. ars 2,253f.

Zweckbindung die Überzeugung, daß auch Sklaven Menschen sind, zum Vorschein.[262]

Freilich ist tolerantes Verhalten eines *homo urbanus* nicht auf Personen niederer Herkunft beschränkt, sondern hat sich auch im Umgang mit sozial Gleichgestellten zu bewähren. Der Dichter erläutert seine Vorstellungen am Prüfstein für diese Eigenschaft, nämlich der *patientia* eines Mannes einem Rivalen gegenüber.[263] Da er die Fähigkeit, einen Nebenbuhler widerstandslos hinzunehmen, für eine äußerst schwierige Aufgabe hält, der auch er selbst nicht immer gewachsen war,[264] bringt er denjenigen, der sie bewältigt, mit dem Triumphator auf dem Kapitol in Verbindung und spielt zugleich auf die Victoria Augusta an.[265] Die Duldsamkeit solch einem Mann gegenüber besteht im Verzicht, Nachforschungen über den Verbleib einer untreuen Geliebten anzustellen und sie beim Stelldichein zu belauschen, sowie in der Wahrung ihres Briefgeheimnisses.[266] Diesen Vorschriften läßt sich entnehmen, daß ein *homo urbanus* einem Mitmenschen Fehlverhalten nachsieht und ihm persönliche Freiräume für die Entfaltung seiner Persönlichkeit zugesteht; sie sind unbedingt zu respektieren, selbst wenn sie unter Umständen zu Aktivitäten führen, die gegen die eigene Person gerichtet sind, und Enttäuschung verursachen.[267] Interessant ist, daß der Dichter sein Versagen auf diesem Gebiet mit dem Begriff *barbaria* bezeichnet,[268] der ähnlich wie *rusticitas* das Gegenbild von *cultus* ist. Diese Bewertung seines Betragens läßt keinen Zweifel daran, daß er *patientia* zu den unverzichtbaren Qualitäten eines kultivierten Städters zählt. Sie ist in seinen Augen eine wesentliche Bedingung für den sozialen Umgang überhaupt, denn dank dieses Charakterzuges werden menschliche Schwächen, die Kontakte erschweren können, hingenommen und auch sozial Niedriggestellte rücksichtsvoll und bis zu einem gewissen Grad menschenwürdig behandelt.

Ovid erwähnt in seiner Liebesdichtung noch weitere Merkmale urbanen Wesens und Benehmens, welche die Ausstrahlung einer Person wesentlich

---

[262] Zur menschenwürdigen Behandlung von Sklaven siehe auch Sen. epist. 47.
[263] Ov. ars 2,336. 535-600; dazu M. Janka, Ovid 392-424; vgl. P.J. Davis, Ramus 24, 1995, 185. Zum Rivalen siehe S. 121 Anm. 227 mit Literatur.
[264] Ov. ars 2,547-556. Nach eigenen Worten erfüllt Ovid die wichtigste Bedingung seiner *ars amatoria* nicht und führt dadurch seine eigene Vorschrift *ad absurdum;* denn die Dauerhaftigkeit der Liebe ist ein illusorisches Ziel. Demnach ist für den *praeceptor amoris* das Ideal des *amator perfectus* unerreichbar. Siehe M. Janka, Ovid 399; K. Heldmann, Dichtkunst 389.
[265] Ov. ars 2,539f.: *rivalem patienter habe: victoria tecum / stabit, eris magni victor in Arce Iovis*; dazu M. Janka, Ovid 395.
[266] Ov. ars 2,543f. 595f.
[267] Ov. ars 2,545-558.
[268] Ov. ars 2,552; vgl. auch Ov. am. 3,4,37.

bestimmen, geht aber nicht ausführlich auf sie ein, weil sie bei der Anbahnung und Pflege einer Beziehung keine zentrale Rolle spielen. Nach seiner Ansicht zeichnet Heiterkeit den Charakter der römischen Männer aus ´und trägt viel zur Liebenswürdigkeit eines Individuums bei; schlägt sie doch andere in ihren Bann: *nos, hilarem populum, femina laeta capit.*[269] Da der *praeceptor amoris* die Aufgabe der Frauen darin sieht, daß sie den Männern gefallen sollen, macht die vergnügte Stimmung einen wesentlichen Bestandteil ihrer Schönheit aus: *pertinet ad faciem rabidos compescere mores: / candida pax homines, trux decet ira feras.*[270] Mit der Fröhlichkeit geht die Freundlichkeit einher;[271] Ovid legt sie ausschließlich seinen Schülerinnen ans Herz, denn sie ist eine unumgängliche Voraussetzung, wenn eine Frau bei einem Mann Liebe erwecken will: *comibus est oculis alliciendus Amor.*[272] Außerdem bietet die *comitas* einer Dame die Gewähr dafür, daß den Bitten eines Werbenden entsprochen wird.[273] Demnach beschränkt der Dichter diesen Wesenszug aus thematischen Gründen, d.h. wegen des Rollenverhaltens bei der beiderseitigen Annäherung, auf die Frauen, obwohl ihn jeder Mann, der zu den *homines urbani* rechnet, in gleicher Weise besitzt.

Obendrein kennzeichnet Umgänglichkeit, *facilitas* oder *dexteritas*, das Benehmen von Städtern. Dieses mit *hilaritas* und *comitas* verwandte Merkmal ist zwar in den Werken Ovids nicht explizit bezeugt, doch bezieht der Poet es zweifellos in seine Ausführungen ein, weil es für Liebesbeziehungen durchaus von Belang ist. Die Bedeutung dieser Eigenschaft zeigt sich zunächst in seinen Warnungen vor *asperitas*, widerspenstigem und unfreundlichem Wesen;[274] denn dadurch ist seiner Meinung nach jedes Verhältnis zum Scheitern verurteilt. Die gleiche Einstellung kommt ferner in der an seine Schülerinnen gerichteten Aufforderung, den Mitmenschen nicht mit unmäßigem Hochmut, Stolz, Schweigen oder Schwermut zu begegnen, zum Vorschein;[275] zeitigen doch diese Eigenhei-

---

[269] Ov. ars 3,518; dazu G. Sanders, Ovide 276.
[270] Ov. ars 3,501f.; dazu R.K. Gibson, Ovid 300f.
[271] Ov. ars 1,710; 2,177; 3,510; Ov. am. 2,19(20),16; vgl. Ov. fast. 3,684; Ov. trist. 2,512; 5,1,18. Zur Bedeutung der *comitas* für urbanes Wesen siehe Cic. off. 3,24; dazu A. Michel, Rhétorique et philosophie chez Cicéron. Essai sur les fondements philosophiques de l'art de persuader, Paris 1960, 31.
[272] Ov. ars 3,510; vgl. 2,152. 444. Die Eigenschaft *comis*, die noch in Ov. am. 2,19(20),16 belegt ist, kommt in den Werken des Properz und Tibull nicht vor. Sie ist im Umfeld von *amicitia* zu finden (Cic. Lael. 66; Cic. off. 2,48; vgl. Q. Cic. pet. 50).
[273] Ov. ars 1,710.
[274] Ov. ars 2,146. 185. Weiterer Beleg dieser Eigenschaft: Ov. ars 3,194 (Bezug auf die Körperpflege); vgl. auch V. 223. Mit *asperitas* werden in der römischen Literatur mangelnde Wärme und Liebenswürdigkeit bezeichnet (Cic. Lael. 87; Nep. Att. 5,1; Hor. epist. 1,18,6; Ov. met. 9,752; Ov. Pont. 1,6,8; Liv. 45,12,5). Dazu siehe auch M. Janka, Ovid 145.
[275] Ov. ars 3,509-512. 517-524. Zu V. 509-513 siehe K. Kleve, SO 58, 1983, 104.

ten die gleiche Wirkung wie *asperitas*. Wer sie besitzt, büßt jegliche Attraktivität ein und gerät dadurch in völlige soziale Isolation. Weil die Mißachtung dieser Zusammenhänge die Anbahnung einer Beziehung erheblich beeinträchtigt, legt Ovid den Frauen in besonderem Maße ein den Männern entgegenkommendes Verhalten nahe. Da Heiterkeit, Freundlichkeit und Umgänglichkeit zu den Grundkonstanten des menschlichen Wesens zählen, ist ihre Darstellung nicht nachhaltig von den thematischen Notwendigkeiten seiner Liebesdichtung beeinflußt und dürfte weitgehend den landläufigen Vorstellungen über verfeinertes Betragen im augusteischen Rom entsprechen.[276]

Schließlich wird das Benehmen eines kultivierten Städters weitgehend durch das *decorum,* das Gefühl für das Angemessene, geprägt.[277] Dieses Talent ist vor allem bei der Schönheitspflege vonnöten,[278] kommt aber auch im gesellschaftlichen Verkehr zum Tragen, indem es als Maßstab und Korrektiv für das eigene Verhalten dient. Dadurch werden Aggressivität, Streitereien[279] und Affekte jeder Art wie wilde Zornesausbrüche[280] samt ihren schädlichen Folgen gebannt. Außerdem wird durch diese Eigenschaft erreicht, daß sich ein Städter seinem Alter[281] oder Geschlecht[282] gemäß benimmt und die Ehegesetze des Augustus einhält.[283] Insgesamt bestimmt das *decorum* in zweifacher Weise die Wirkung einer Person auf ihre Mitmenschen: zunächst bewirkt es, daß ein Mensch nicht in extreme Reaktionen verfällt, die mit den Geboten veredelter Umgangsformen, den gesellschaftlichen Normen und seinen physischen Möglichkeiten nicht im Einklang stehen, und seine Mitmenschen nicht verletzt oder herabsetzt. In dieser Hinsicht besteht eine gewisse Beziehung zu *moderatio,* die ebenfalls auf die Vermeidung von Ungewöhnlichem und Unangemessenem zielt. Daneben ist das Gespür für das Angemessene eine wichtige Grundlage für das Ästhetische, das nach Ansicht Ovids in jedem kultivierten Milieu eine zentrale Rolle spielt. Dieser Instinkt verhilft dem Betreffenden zu einem geschmackvol-

---

[276] Vgl. E.S. Ramage, Urbanitas bes. 77ff.
[277] Zur Verbindung von *urbanitas* und dem Prinzip des *decorum* siehe vor allem Cic. off. 1; zum *decorum* ausführlich M. Myerowitz, Games 129ff.
[278] Siehe S. 137f. 143f. 150 mit Belegen.
[279] Ov. ars 2,155.
[280] Ov. ars 3,502.
[281] Ov. ars 3,571.
[282] Ov. ars 3,761.
[283] Ov. ars 3,614; dazu R.K. Gibson, Ovid 336; vgl. V. 432 (geziemendes Verhalten bei Begräbnissen). Dagegen ist die Aufforderung des *praeceptor amoris* an seine Schüler, sich beim *servitium amoris* Apollo, der aus Liebe bei König Admetus als Rinderhirt diente, zum Vorbild zu nehmen, durch das Thema der Ars amatoria bedingt (Ov. ars 2,241). Zu dieser Stelle siehe M. Janka, Ovid 204ff.

len, vorteilhaften Äußeren, indem er bei der Wahl seiner Kleidung dem eigenen Typ Rechnung trägt.[284]

Nach den Ausführungen Ovids machen verfeinerte Verhaltensweisen in Verbindung mit einer guten Bildung einen Menschen liebenswürdig[285] und bieten die Gewähr dafür, daß er den Anforderungen des sozialen Lebens in den vornehmen Kreisen der Metropole Rom gewachsen ist. Wer diese Qualitäten besitzt, zählt nach Ansicht Ovids zu einem kleinen Kreis von Stadtrömern, die sich ihrer Exklusivität durchaus bewußt sind und sich von ihren weniger kultivierten Mitmenschen, die in seinen Augen als *rustici* gelten, abgrenzen. In der Gegenüberstellung dieser beiden Gruppen kommt ein charakteristisches Merkmal veredelten Betragens zum Vorschein: zunehmende Verfeinerung tendiert unter Umständen zur Veränderung der Werte, vornehmlich zur Lockerung der Moral.[286] Demnach sind *rustici* konservative, altmodische Menschen, die sich an die Forderung der Sittlichkeit halten und nach der Überzeugung Ovids Lebensqualität einbüßen, weil sie sich um den Genuß der Freiheiten bringen, die aus den erweiterten Moralvorstellungen erwachsen. *Homines urbani* dagegen, die sich nicht durch solche Rückständigkeit auszeichnen, schaffen sich neue Freiräume, die aus der Umdeutung und Neubewertung der traditionellen Werte resultieren. Freilich birgt dieser Prozeß die Gefahr der Überfeinerung in sich, die zur Unterminierung des gesamten römischen Wertesystems führen kann. Der Dichter ist sich dieses Problems durchaus bewußt, denn er beklagt wiederholt solche Auswüchse.[287] Aus diesem Grund mißt er der Mäßigung und dem Gefühl für das Angemessene große Bedeutung bei, wird doch dadurch dieser Entwicklung vorgebeugt. Sein Ideal kultivierter Umgangsformen liegt in der Mitte zwischen mangelnder und übertriebener Verfeinerung und ist auf die Dominanz des intellektuellen Bereiches ausgerichtet.[288] Dieser zuletzt genannte Gesichtspunkt liegt auch in seinen Ausführungen offen zutage; denn der ihnen inhärente feine Humor und der Umstand, daß er einige seiner Vorschriften nicht ganz ernst meint und *ad absurdum* führt, zeugen von der Veredelung der Literatur in der augusteischen Zeit.

---

[284] Dazu ausführlich S. 148ff.
[285] Ov. ars 2,107; dazu A. Sharrock, Seduction 32ff.
[286] Dazu ausführlich S. 173ff. Dieser Wandel der Werte kommt dadurch zustande, daß Ovid den Maßstab, an dem er mißt, ob etwas wertvoll ist oder nicht, verändert. Zum Begriff „Wert" in der Soziologie siehe R. Lautmann, Wert 26ff.
[287] Dazu siehe S. 191ff. mit Belegen.
[288] Dazu siehe ausführlich S. 110ff.

6. Der Habitus kultivierter Stadtrömer

In seinen Ausführungen zur verfeinerten Lebensweise im augusteischen Rom schenkt Ovid der Körper- und Schönheitspflege von Männern und Frauen viel Beachtung; charakterisiert doch ein adrettes Äußeres jeden kultivierten Städter. Weil der Erfolg seiner Vorschriften zum großen Teil auf dem Aussehen seiner Schüler und Schülerinnen beruht, würdigt er dieses Problem in der Ars amatoria auch aus thematischen Gründen eingehend. Wegen der Rolle, die er den Geschlechtern bei der beiderseitigen Annäherung zuweist, gestaltet er seine Lehren ganz unterschiedlich. Der *praeceptor amoris* hält seine Weisungen für sein männliches Leserpublikum recht knapp, während er den Damen ausführliche, detaillierte Ratschläge erteilt; denn sie müssen fähig sein, sich schön zurechtzumachen, um die Liebe der Männer zu erwecken.

6.1 Männer

Nach Ansicht Ovids machen Männer einen gepflegten Eindruck, wenn sie folgende Grundsätze beachten:

> *sed tibi nec ferro placeat torquere capillos,*
>   *nec tua mordaci pumice crura teras;*
> *ista iube faciant, quorum Cybeleia mater*
>   *concinitur Phrygiis exululata modis.*
> *forma viros neglecta decet; Minoida Theseus*
>   *abstulit, a nulla tempora comptus acu;*
> *Hippolytum Phaedra, nec erat bene cultus, amavit;*
>   *cura deae silvis aptus Adonis erat.*
> *munditie placeant, fuscentur corpora Campo;*
>   *sit bene conveniens et sine labe toga.*
> *lingua ne rigeat; careant rubigine dentes,*
>   *nec vagus in laxa pes tibi pelle natet;*
> *nec male deformet rigidos tonsura capillos:*
>   *sit coma, sit trita barba resecta manu.*
> *et nihil emineant et sint sine sordibus ungues,*
>   *inque cava nullus stet tibi nare pilus.*
> *nec male odorati sit tristis anhelitus oris,*
>   *nec laedat naris virque paterque gregis.*

*cetera lascivae faciant concede puellae
et si quis male vir quaerit habere virum.*[1]

Der Dichter orientiert seine Anweisungen am *decorum*,[2] das die Sauberkeit zum wichtigen Gebot der männlichen Körperpflege werden läßt.[3] So empfiehlt er seinen Lesern, sich stets gründlich zu waschen,[4] fleckenlose Kleidung[5] und ordentliches Schuhwerk zu tragen,[6] sorgfältig Mund, Zähne[7] und Nägel zu pflegen,[8] für frischen Atem zu sorgen, Haare und Bart vorteilhaft und typengerecht schneiden zu lassen,[9] aus der Nase stehende Haare zu entfernen[10] und die Haut auf dem Marsfeld zu bräunen.[11] Andererseits rät er ihnen mit Nachdruck von Aktivitäten ab, die als unmännlich gelten. Er warnt sie davor, die Haare mittels einer Brennschere zu kräuseln,[12] weil künstliche Locken als charakteristisches Merkmal eines Snobs angesehen wurden,[13] und die Haut der Schenkel mit Bimsstein zu glätten;[14] denn solche Maßnahmen kennzeichneten die Eunuchen, die als Priester der Kybele fungierten,[15] und waren ein Symbol für unangemessene Verweichlichung. Er demonstriert die Wirkungslosigkeit solcher Methoden an drei mythologischen Gestalten,[16] deren *cultus* nicht unbedingt ein Teil ihres My-

---

[1] Ov. ars 1,505-524. Zu dieser Passage siehe A. Sharrock, Seduction 251; C.M.C. Green, TAPhA 126, 1996, 252; J. Wildberger, Ovids Schule 125ff.; I. Hohenwallner, Venit 21ff.; vgl. L.P. Wilkinson, Ovid 141.

[2] Ov. ars 1,509. Zum Ideal der *munditia* siehe Cic. off. 1,130; Nep. Att. 13,5; Hor. carm. 1,5,5; Sen. contr. 1 praef. 8; A.S. Hollis, Ovid 118f.; K. Kleve, SO 58, 1983, 93f.

[3] Ov. ars 1,513. Zu unangenehmem Körpergeruch siehe S. Lilja, Treatment 133. 151.

[4] Ov. ars 1,513.

[5] Ov. ars 1,514.

[6] Ov. ars 1,516. Zu Schuhen siehe K.-W. Weeber, Alltag 308ff.

[7] Ov. ars 1,515; zu den Problemen von V. 515 siehe A.S. Hollis, Ovid 120; J. Wildberger, Ovids Schule 125 Anm. 123. Zur Zahnpflege siehe K.-W. Weeber, Alltag 416; zu Mundgeruch S. Lilja, Treatment 130.

[8] Ov. ars 1,519.

[9] Ov. ars 1,517f. Zum Bart siehe K.-W. Weeber, Alltag 45ff.; zu männlichen Frisuren ebd. 115f.

[10] Ov. ars 1,520.

[11] Ov. ars 1,513; vgl. Cic. off. 1,130.

[12] Ov. ars 1,505. Zum Haarmotiv siehe H. Cancik, Untersuchungen zur lyrischen Kunst des P. Papinius Statius. Spudasmata 13, Hildesheim 1965, 56ff.; zu Frisuren, für die Brennscheren verwendet wurden, P. Cain, Männerbildnisse neronisch-flavischer Zeit. Tuduv-Studien Reihe Archäologie 2, München 1993, 58ff.

[13] Cic. Sest. 18; dazu siehe A.S. Hollis, Ovid 117.

[14] Ov. ars 1,506; vgl. Sen. epist. 114,14. Zur Enthaarung siehe K.-W. Weeber, Alltag 80.

[15] Ov. ars 1,507f.

[16] Ov. ars 1,509-512; dazu siehe W. Schubert, Mythologie 187. 221f.; C.M.C. Green, TAPhA 126, 1996, 252.

thos war. Wie der Fall des Theseus, des Hippolytus und des Adonis zeigt, schmälerte mangelnder Aufwand in diesem Bereich ihre Erfolgsaussichten bei Frauen keineswegs. Bemerkenswert ist, daß Ovid in Vers 511 Hippolytus mit den Worten *nec erat bene cultus* charakterisiert und ihm die Eigenschaft, die zu den Schlüsselbegriffen weiblicher Schönheitspflege zählt, abspricht.[17] Diese Regeln lassen erkennen, daß der *praeceptor amoris* in dieser Passage ein „maskulines" Schönheitsideal, das auf die Vermeidung von Geckenhaftigkeit abzielt,[18] vertritt. Ovid bezeichnet dieses Ideal als nachlässige Schönheit.[19] Demnach soll die Natürlichkeit für die Körperpflege der Männer den Ausschlag geben; künstliche Hilfsmittel, die für die weibliche Schönheitspflege charakteristisch sind, werden zurückgewiesen, da sich nur Laffen, denen das Gespür für das Angemessene abgeht, ihrer bedienen.[20] In dieser Argumentation kommt erneut die ablehnende Haltung des Dichters der Überfeinerung gegenüber deutlich zum Vorschein.[21] Seine Vorstellungen gleichen den Lehren, die Cicero in De officiis zur Körperpflege erteilt. Er definiert ebenfalls zwei Arten von Schönheit, weibliche *venustas* und männliche *dignitas:*

> *ergo et a forma removeatur omnis viro non dignus ornatus ... Formae autem dignitas coloris bonitate tuenda est, color exercitationibus corporis. Adhibenda praeterea munditia est non odiosa neque exquisita nimis, tantum quae fugiat agrestem et inhumanam neglegentiam. Eadem ratio est habenda vestitus, in quo, sicut in plerisque rebus, mediocritas optima est.*[22]

Wegen dieser geschlechtsspezifischen Unterscheidung verbietet Cicero den Männern aufwendige Kleidung und jede Art femininen Schmuckes und rät statt dessen zu sportlicher Bräune und schlichter Sauberkeit.

---

[17] Ovid interpretiert das mythische „Beweismaterial" in diesem Vers neu; denn Hippolytus wird sonst kein rustikales Aussehen zugeschrieben. Siehe W. Schubert, Mythologie 221f.

[18] H. Renz, Mythologische Beispiele 48 deutet diese Bemerkung Ovids als Hinweis auf eine spröde männliche Schönheit. Zum Bild eines Gecken siehe Mart. 3,63,3-12 *(homo bellus Cotilus)*; dazu A.S. Hollis, Ovid 117. Ähnlich: Tib. 1,8,9ff. (Marathus); 2,3,82 (Tibull); Prop. 2,4,5f. (Properz).

[19] Ov. ars 1,509. Zu dieser Vorstellung siehe auch Cic. off. 1,130; Quint. inst. 11,3,137; POxy XXXIX 2891; A.S. Hollis, Ovid 117f.

[20] Ov. ars 1,523f.

[21] Aus diesem Grund bezeichnet Ovid jeden, der unangemessenen Aufwand bei der Körperpflege betreibt, als *male vir* und stellt seine Männlichkeit in Frage (Ov. ars 1,524). Vgl. zu dieser Stelle A.S. Hollis, Ovid 121.

[22] Cic. off. 1,130.

Als überzeugter Vertreter der *forma neglecta* verzichtet der *praeceptor amoris* darauf, seinen Schülern konkrete Anweisungen zu aktuellen Modefragen zu geben. Solche Ratschläge erübrigten sich, weil den Männern weniger Spielraum zur individuellen Gestaltung ihrer Kleidung als den Frauen gegeben war.[23] Hinzu kommt, daß er seinen Lesern keine alternativen Gewänder zur Standestracht Toga ans Herz legen konnte.[24] Freilich erklärt sich seine Mahnung, neben der Sauberkeit auf einen guten Sitz dieses Gewandes zu achten,[25] nicht ausschließlich aus seinem Sinn für Ästhetik. Wie aus einer Satire des Horaz hervorgeht, erregte ein nicht ordnungsgemäßer Faltenwurf der Toga neben allzu weiten Schuhen und einer unmodernen Frisur offensichtlich den Spott von *homines urbani*:

> ... *rideri possit eo quod*
> *rusticius tonso toga defluit et male laxus*
> *in pede calceus haeret.*[26]

Folglich sind solche Äußerlichkeiten nicht nur ein Indiz für mangelndes modisches Bewußtsein, sondern auch ein wichtiges Unterscheidungskriterium für Stadtrömer und *homines rustici;* denn der zuletzt genannten Personengruppe ging nach Ansicht der augusteischen Dichter jegliches Gefühl für Würde ab. Da ausgetretene Schuhe und eine altmodische oder unvorteilhafte Frisur ebenfalls ins Lächerliche gezogen wurden, berücksichtigt der Dichter auch diese Fehler in seinen Vorschriften.[27] Allerdings macht er zu diesen Fragen keine detaillierten Angaben, sondern begnügt sich aus gattungsspezifischen Gründen mit der bloßen Erwähnung des jeweiligen Mißgriffs. Vielleicht verzichtet er in diesem Fall auf Stellungnahmen zur gegenwärtigen Mode, weil er sich bewußt war, daß Ausführungen zu derartigen Themen schnell veralteten, während ein pauschaler Hinweis dieser Gefahr nicht unterlag.

Stellt man diese Äußerungen archäologischen Zeugnissen gegenüber, zeigt sich, daß die augusteischen Dichter den männlichen Habitus nach seiner Abweichung von den vom Herrscher propagierten Werten beurteilten; denn *dignitas* wurde auch in den bildlichen Darstellungen hervorgekehrt. Augustus ließ die Toga für alle Römer zu einer Art Staatskleid und einem Symbol der rechten Gesinnung werden, das seine Träger bei bestimmten Anlässen an diese Eigenschaft

---

[23] Zur Kleidung der Frauen ausführlich S. 148ff.
[24] H.R. Goette, Studien 3f.; V. Kockel, Porträtreliefs 15ff.
[25] Ov. ars 1,514.
[26] Hor. sat. 1,3,30-32. Ähnlich: Hor. epist. 1,1,94-96; Iuv. 3,149 (*toga sordidula*); vgl. A.S. Hollis, Ovid 119.
[27] Ov. ars 1,516 (Schuhe). 517 (Frisur). Zur Bedeutung der Frisuren und Länge der Haare siehe A.S. Hollis, Ovid 120 mit weiterer Literatur; vgl. I. Hohenwallner, Venit 23f.

erinnern sollte.[28] Die sinnbildliche Bedeutung dieses Gewandes wurde durch ein wirkungsvolleres Erscheinungsbild seines Besitzers betont, indem stoffreichere Formen dieses Kleidungsstückes, kompliziertere Drapierungen und eine neue Tragweise üblich wurden. Bei den Männerporträts sind die Haare streng stilisiert und begrenzen die Stirn in ausgewogenen Proportionen zum Gesicht. Bezeichnenderweise finden sich kaum noch Glatzköpfe oder fette Gesichter. Wie ein Vergleich mit spätrepublikanischen Porträts offenbart, dominieren im frühen Prinzipat klassisch wohlproportionierte Köpfe mit einem standardisierten, würdevoll distanzierten Einheitsausdruck.[29] Demnach spiegeln sich in den Bildnissen der augusteischen Zeit „überindividuelle, ethisch besetzte Würdeformeln".[30]

Bezeichnenderweise spielt die Kaschierung von Schönheitsfehlern und körperlichen Mängeln in den Darlegungen des Dichters zur *forma neglecta* keine Rolle, während er derartige Fragen in den Vorschriften für seine Schülerinnen breit ausführt.[31] Dieser auffallende Unterschied erklärt sich einerseits aus seinem „maskulinen" Schönheitsideal, andererseits aus dem Rollenverhalten bei der beiderseitigen Annäherung. Da Attraktivität die unumgängliche Voraussetzung für die Aktivitäten der Frauen ist, müssen sie mit den diversen Schönheitsmitteln und ihrer Handhabung vertraut sein.

6.2 Frauen

Damit die Frauen ihrer Aufgabe, Männer anzuziehen, gerecht werden können, würdigt der *praeceptor amoris* ihr Erscheinungsbild in seinen Anleitungen sehr eingehend. Er begründet die Notwendigkeit der Sorge für das Äußere, indem er Bezüge zu Vergils Georgica herstellt.[32] Dadurch bringt er den *cultus* der Felder mit dem der Damen in Verbindung und erzeugt durch das Nebeneinander der Bedeutungsvarianten desselben Begriffs, der in beiden Werken aufgrund des unterschiedlichen Themas mit verschiedenem Inhalt gefüllt ist, komische Effekte. Bevor der Dichter den Frauen Anweisungen zu diesem Sujet gibt, macht er einige allgemeine Bemerkungen zum Wert von Schönheit und gepflegter Er-

---

[28] P. Zanker, Augustus 167.
[29] Siehe P. Zanker, Augustus 292f.
[30] Ebd. 293.
[31] Besonders Ov. ars 3,193-280.
[32] Ov. ars 3,101 (*cultu*); Verg. georg. 2,35 (*cultus*); Ov. ars 3,101f. (*cultis, culto*); Verg. georg. 2,36 (*colendo*); dazu E.W. Leach, TAPhA 95, 1964, 147; M. Steudel, Literaturparodie 106f.; R. Martin, Art 83. Ähnlich: Ov. ars 1,755-758; dazu E.W. Leach, a.a.O. 146; zu Ovids Auseinandersetzung mit Vergils Georgica vgl. auch A.R. Sharrock, MD 33, 1994, 106ff.

scheinung,[33] die im Lob der Zivilisation gipfeln.[34] In dieser Passage dominiert das zentrale Gegensatzpaar *simplicitas*[35]/ *rusticitas*[36] – *cultus*, mit dem Ovid den „Naturzustand" der vergangenen Zeit und die kultivierte Lebensweise im Goldenen Zeitalter des Augustus charakterisiert.[37]

Dieser Gegensatz bestimmt auch die Vorschriften des *praeceptor amoris* für die Schönheitspflege der Frauen;[38] sie umfassen die Pflege der Haare,[39] die Kleidung,[40] die Toilettengeheimnisse und Schönheitsmittel.[41] Um die Aufmachung der Frauen zu seiner Zeit zu veranschaulichen, kontrastiert der Dichter sie mit der einfachen, schmucklosen Kleidung der Vergangenheit:

---

[33] Ov. ars 3,103-128; dazu siehe R.K. Gibson, Ovid 131ff.; U. Schmitzer, Ovid 85ff.; vgl. B. Otis, Ovids Liebesdichtungen 250f.; L. Pepe (cur.), Ovidio 347f.; N. Scivoletto in der Einleitung zu ebd. 19f.; P. Hardie, Ovid's Poetics 1. Ähnlich: Ov. fast. 1,191-225.

[34] Ov. ars 3,113-128; dazu siehe R.K. Gibson, Ovid 134ff.; vgl. A.W.J. Holleman, Historia 20, 1971, 463f.; E. Pianezzola, QIFL 2, 1972, 38; S.A. Schlueter, Studies 120ff.; H. Zabulis, Klio 67, 1985, 189; M. Myerowitz, Games 58f.; W. Schubert, Mythologie 245; N. Holzberg, Ovid 51. 113; U. Eigler, Hermes 130, 2002, 295f.; zum Lebensstandard im augusteischen Rom Ch. Walde, GB 24, 2005, 158ff.

[35] Die *simplicitas* der frühen Jahre äußert sich in roher, ungekünstelter Schlichtheit und Einfachheit sowie im weitgehenden Fehlen von Schmuck und Kunst. In dieser Passage bewertet Ovid *simplicitas* eindeutig negativ. Ambivalent ist sein Urteil dagegen in am. 1,10,13f.; 2,4,17f. Siehe S.A. Schlueter, Studies 122; M. Steudel, Literaturparodie 108. Dagegen macht er über die schlichte Frühzeit in seinem Bericht über den Raub der Sabinerinnen keine geringschätzigen Bemerkungen. Dazu K. Heldmann, Dichtkunst 380.

[36] *Rusticitas* hat einen ähnlichen Bedeutungsinhalt wie *simplicitas*; dieser Begriff umfaßt neben tölpelhaftem, dummem Wesen und unangebrachter Prüderie mangelndes Feingefühl und Eleganz. Siehe S.A. Schlueter, Studies 124; vgl. T.F. Higham, Ovid 61.

[37] Ov. ars 3,113f. Zur Bedeutung von *cultus* siehe S. 30f. mit Literatur. H. Zabulis, Klio 67, 1985, 188 engt den Gegensatz zwischen *urbanitas* und *rusticitas* auf das literarische Schaffen ein. Ch. Walde deutet Ovids Lebensform, die einem fortschreitenden Zivilisationsprozeß zu verdanken ist, zugleich als Auseinandersetzung mit Tibull, „der in seinen Elegien eine kulturkritische Antinomie aufstellte", und mit Properz, die Stadt ambivalent bewertete und in ihr auch einen Ort der Gefährdung sah. Dazu Ch. Walde, GB 24, 2005, 160.

[38] Zur Gliederung der Ausführungen zur weiblichen Schönheitspflege siehe A. Hermann, Aufbauanalyse 31; zu Ovids Instruktionen N. Holzberg, Ovid 112f.; vgl. L.P. Wilkinson, Ovid 140f.

[39] Ov. ars 3,133-168; dazu R.K. Gibson, Ovid 148ff. Zur Bewertung der weiblichen Schönheitspflege siehe K. Heldmann, WJA N.F. 7, 1981, 153ff.; vgl. G. Wellmann-Bretzigheimer, Ovids «Ars amatoria» 13f.

[40] Ov. ars 3,169-192; dazu R.K. Gibson, Ovid 162ff.; vgl. E.W. Leach, TAPhA 95, 1964, 148.

[41] Ov. ars 3,193-250; dazu R.K. Gibson, Ovid 172ff.

forma dei munus; forma quota quaeque superbit?
   pars vestrum tali munere magna caret.
cura dabit faciem; facies neclecta peribit,
   Idaliae similis sit licet illa deae.
corpora si veteres non sic coluere puellae,
   nec veteres cultos sic habuere viros:
si fuit Andromache tunicas induta valentes,
   quid mirum? duri militis uxor erat;
scilicet Aiaci coniunx ornata venires,
   cui tegimen septem terga fuere boum![42]

Nach den Darlegungen des Poeten besteht der grundlegende Unterschied zwischen den Frauen der Frühzeit und denen der eigenen Gegenwart in der Sorge für die äußere Erscheinung:[43] Sie ist in seinen Augen unerläßlich, weil die meisten Vertreterinnen des weiblichen Geschlechts nicht in ausreichendem Maße mit der Gabe der Schönheit gesegnet sind und diese Eigenschaft obendrein vergänglich ist. Wie üblich verdeutlicht er diese Gegebenheiten an mythologischen Beispielen.[44] Da Männer und Frauen in jenen Jahren wenig Aufwand bei ihrem Habitus betrieben, paßten die aus grobem, dickem Stoff gefertigten Tuniken Andromaches zu einem rauhen Krieger wie Hector.[45] Ähnliches trifft für die Frau des Aiax zu: Ihr Verzicht auf Schmuck harmonierte bestens mit dem aus siebenfacher Stierhaut gefertigten Schild ihres Mannes.[46] Obwohl diese Zustände keineswegs den ästhetischen Vorstellungen des Dichters entsprechen, vertritt er doch die Ansicht, daß eine schlichte Aufmachung mit den primitiven Verhältnissen jener Jahre in Einklang steht. Nach diesen mythologischen *exempla* spielt das soziale und historische Umfeld für die Schönheitspflege der Damenwelt eine beträchtliche Rolle. Richtet sich eine Frau nach dem Ambiente, beweist sie, daß sie das richtige Gespür für das *decorum* besitzt.

Dieses Gefühl für das Angemessene ist nach Überzeugung des *praeceptor amoris* das entscheidende Kriterium für eine gelungene weibliche Schönheitspflege; denn es garantiert eine typengerechte, individuelle Gestaltung: *nec genus*

---

[42] Ov. ars 3,103-112; M. Myerowitz, Games 59f.
[43] Ov. ars 3,103-108.
[44] Ov. ars 3,107-112; dazu S.A. Schlueter, Studies 119f.; P. Watson, CPh 78, 1983, 119; S. Fontaine, Parures 76f.; W. Schubert, Mythologie 187. 222. 225. 246f. Noch unverhohlener äußert Ovid seine Kritik an der Derbheit Tecmessas und Andromaches in ars 3,517-524. Vgl. auch E.W. Leach, TAPhA 95, 1964, 153; R. Martin, Art 82f.
[45] Ov. ars 3,109f. Anders: *duritia* als Ideal: Hor. carm. 2,15,10-12; Verg. georg. 2,170; Liv. 27,48,10.
[46] Ov. ars 3,111f.; dazu siehe P. Watson, TAPhA 112, 1982, 239ff.; G. Mader, Latomus 47, 1988, 367f.

ornatus unum est: quod quamque decebit, / elegat et speculum consulat ante suum.[47] Somit sieht Ovid die wichtigste Aufgabe jeder Frau darin, mit Hilfe eines Spiegels herauszufinden, was ihr steht, und diese Erkenntnis gezielt in die Tat umzusetzen. Bemerkenswert ist, daß er trotz seiner Aufgeschlossenheit für den Luxus im augusteischen Rom seinen Schülerinnen zu Zurückhaltung auf diesem Gebiet rät:

> *vos quoque non caris aures onerate lapillis,*
> *quos legit in viridi decolor Indus aqua,*
> *nec prodite graves insuto vestibus auro:*
> *per quas nos petitis, saepe fugatis, opes.*
> *munditiis capimur: non sint sine lege capilli;*
> *admotae formam dantque negantque manus.*[48]

Diesen Versen läßt sich entnehmen, daß der Dichter grundsätzlich das *decorum* für wichtiger als Gepränge erachtet; war er sich doch darüber im klaren, daß Pracht ambivalent war und nur die gewünschte Wirkung erzielte, wenn sie als schön empfunden wurde.[49] Dieses Bekenntnis ist für Ovids Ansichten über den *cultus* bezeichnend: Er versteht darunter keineswegs Pomp oder die Sucht nach Luxus, sondern eine angemessene Verfeinerung der Lebensweise.[50] Er billigt Pracht, solange sie mit Geschmack gepaart war, und teilt die Ansicht des Augustus über die Prunksucht der stadtrömischen Aristokratie.[51] Aus diesem Grund rät er seinen Schülerinnen mit Nachdruck davon ab, sich zu sehr zu schmücken oder allzu großen Prunk bei der Kleidung zu betreiben.[52] Sein Ideal einer gelungenen weiblichen Schönheitspflege liegt in der Mitte zwischen übertriebenem Aufwand und dem mangelnden *cultus* der frühen Jahre. Bemerkenswert ist, daß der *praeceptor amoris* der Sauberkeit in seinen komplementären Vorschriften für die beiden Geschlechter die gleiche maßgebliche Rolle zudenkt,[53] jedoch mit dem Unterschied, daß diese Eigenschaft das Ziel der männlichen Körperpflege ist, während sie für die Frauen die unverzichtbare Grundlage für eine typengerechte Schönheitspflege darstellt.

---

[47] Ov. ars 3,135f.
[48] Ov. ars 3,129-134.
[49] Ov. ars 3,132; vgl. K. Heldmann, WJA N.F. 7, 1981, 176.
[50] H. Fränkel, Ovid 65; E. Zinn, Worte 6f.; S.A. Schlueter, Studies 121; E. Küppers, ANRW II 31.4 (1981) 2550f.; M. Steudel, Literaturparodie 109.
[51] Bekanntlich bemühte sich der Machthaber, allzu großen Pomp einzudämmen, indem er ein Gesetz gegen den Luxus erließ. Zur *lex Iulia de sumptu* siehe D. Kienast, Augustus 164f.
[52] Ov. ars 3,129-132; dazu M. Myerowitz, Games 137.
[53] Ov. ars 3,133.

Allerdings ist sich Ovid durchaus darüber im klaren, daß die Talente, auf denen eine gelungene Aufmachung basiert, nur die gewünschte Wirkung erzielen können, weil zu seinen Lebzeiten die Bedingungen für die Entfaltung von Eleganz in Rom gegeben waren. Er interpretiert die Veränderungen, die in der Metropole infolge der verstärkten Zufuhr von Ressourcen aus dem Osten im 2. Jahrhundert v.Chr. einsetzten und unter Augustus gezielt und verstärkt fortgesetzt wurden, als Voraussetzung für das gepflegte Äußere der Frauen und stellt die *luxuria privata* dadurch in den historischen Kontext.[54] Wegen der Bedeutung dieser materiellen Güter spricht sich der Dichter an dieser Stelle verdeckt für Imperialismus aus und geht nicht auf den aus diesen Zuständen resultierenden Verfall des *mos maiorum* ein, der in der römischen Literatur vielfach beklagt wird.

6.2.1 Haarpflege

Nachdem der *praeceptor amoris* seine Schülerinnen mit den wichtigsten Grundsätzen der Schönheitspflege vertraut gemacht hat, erteilt er ihnen zunächst detaillierte Anweisungen zur Haarpflege:

longa probat facies capitis discrimina puri:
    sic erat ornatis Laodamia comis.
exiguum summa nodum sibi fronte relinqui,
    ut pateant aures, ora rotunda volunt.
alterius crines umero iactentur utroque:
    talis es adsumpta, Phoebe canore, lyra;
altera succinctae religetur more Dianae,
    ut solet, attonitas cum petit illa feras;
huic decet inflatos laxe iacuisse capillos,
    illa sit adstrictis impedienda comis;
hanc placet ornari testudine Cyllenaea,
    sustineat similes fluctibus illa sinus.
sed neque ramosa numerabis in ilice glandes,
    nec quot apes Hybla nec quot in Alpe ferae,
nec mihi tot positus numero conprendere fas est:
    adicit ornatus proxima quaeque dies.
et neclecta decet multas coma: saepe iacere
    hesternam credas, illa repexa modo est.
ars casu similis: sic capta vidit ut urbe

---

[54] Ov. ars 3,129ff.; dazu R.K. Gibson, Ovid 144ff.

Alcides Iolen, 'hanc ego' dixit 'amo.'
talem te Bacchus Satyris clamantibus 'euhoe'
sustulit in currus, Cnosi relicta, suos.
o quantum indulget vestro natura decori,
quarum sunt multis damna pianda modis!
nos male detegimur, raptique aetate capilli,
ut Borea frondes excutiente, cadunt;
femina canitiem Germanis inficit herbis,
et melior vero quaeritur arte color,
femina procedit densissima crinibus emptis
proque suis alios efficit aere suos.
nec rubor est emisse: palam venire videmus
Herculis ante oculos virgineumque chorum.[55]

Ovid demonstriert seinen Leserinnen das Gebot, eine typengerechte Frisur zu wählen und dabei keinen maßlosen Aufwand zu betreiben, an einer Reihe von mythologischen *exempla*. Er orientiert die meisten seiner Ratschläge an den Haartrachten von Gottheiten, weil sie seinem Ideal Rechnung trugen und daher als Muster makelloser Schönheit und Vollkommenheit galten. Hinzu kommt, daß ihr Vorbildcharakter unbestritten war. Außerdem hatte diese Vorgehensweise für ihn den Vorteil, daß er sich die Beschreibung der Frisuren ersparen konnte; denn sie waren seinen Leserinnen von bildlichen Darstellungen bekannt, so daß eine Anspielung genügte, um bei ihnen die gewünschten Vorstellungen hervorzurufen. Schließlich könnte auch der Umstand, daß sich der *praeceptor amoris* nicht in den Details dieses für die Damenwelt spezifischen Themas auskannte, seine Entscheidung für diese Art der Darstellung beeinflußt haben.

Den Ausführungen des Dichters zu den weiblichen Haartrachten läßt sich entnehmen, daß die Frisurenmode der augusteischen Zeit zahlreiche Varianten aufwies.[56] Am Anfang dieser Passage stellt er seinen Leserinnen die Mittelscheitelfrisur mit Knoten, die im 1. Jahrhundert v.Chr. sehr beliebt und verbreitet war,[57] am Beispiel der Laodamia vor Augen.[58] Nach seiner Ansicht ist diese

---

[55] Ov. ars 3,137-168; dazu R.K. Gibson, Ovid 148ff.
[56] Ov. ars 3,137-152.
[57] Die klassizistische Mittelscheitelfrisur ist an zahlreichen Grabstatuen, die meist aus der Provinz stammen, aber auch an Ehrenstatuen, die sich stilistisch an die ara Pacis anschließen, zu beobachten. Dazu siehe E.E. Schmidt, Römische Frauenstatuen 1ff. (Vatikan). 5 (Rom, Via Barberini). 10f. (Marano di Napoli; G.Q. Giglioli, NSA 1913, 26ff. fig. 1f.). 12 (Aquileia; Arte e civiltà romana nell'Italia settentrionale dalla repubblica alla tetrarchia. Città di Bologna, VI Mostra Biennale d'Arte Antica 20 settembre - 22 novembre 1964 Bologna, Palazzo dell'Archiginnasio. Catalogo I. Saggi introduttivi di G.A. Mansuelli, G. Tibiletti, M. Zuffa, N. Alfieri, G. Battista Pellegrini, M. Vergnani.

Haartracht, als deren Charakteristikum er den Scheitel anführt, besonders für Damen mit länglichen Gesichtern geeignet. Für rundliche Gesichter empfiehlt er den *exiguus nodus*, eine komplizierte von jungen Frauen getragene Frisur, bei der das Haar in der Mitte gescheitelt, nach hinten genommen und an der Stelle des Haarwirbels in einem mehrfach geschlungenen Zopf zu einem festen, hohen Knoten zusammengeknüpft wird.[59] Durch diesen kleinen Knoten hoch auf dem Kopf bleiben die Ohren frei, so daß die runde Form des Kopfes unterstrichen wird. Diese beiden Beispiele sind für Ovids Schönheitsideal aufschlußreich: er rät seinen Schülerinnen, die Gesichtsform durch die Haartracht zu betonen und nicht zu kaschieren. Falls diese Äußerung des Dichters für die Ansichten seiner Zeitgenossen repräsentativ ist, wurde in jenen Jahren die Möglichkeit, eine unvorteilhafte Gesichtsform durch eine entsprechende Frisur zu kompensieren, entweder nicht wahrgenommen oder bewußt nicht aufgegriffen; denn solch ein Vorgehen hätte einen Verstoß gegen das Gebot, bei der Schönheitspflege den naturgegebenen Typ hervorzukehren, bedeutet.

Nach dem *exiguus nodus*, den Ovid mit keiner Gottheit oder Frau aus dem Mythos in Verbindung bringt, führt er eine zeitlose, in jenen Jahren beliebte Jungmädchenfrisur an, bei der das in der Mitte gescheitelte Haar lose auf die Schultern fiel. Diese Haartracht soll Apollo, wenn er die Kithara spielte, bevorzugt haben.[60] Wie ein Vergleich seiner Ausführungen mit Bildwerken zeigt, gibt

---

[58] Itinerario critico a cura di G.A. Mansuelli, Bologna 1964, tav. 63,120). 13f. (Via Nucerina; P. Soprano, NSA 1961, 194ff. fig. 7-11). Die bekanntesten Vertreterinnen dieser Gruppe sind die Ehrenstatuen der Rutilierinnen im Vatikan; ihr Haar ist wie das der Frauen der ara Pacis in locker fallende Wellen zu den Seiten gekämmt, während es bei den Standbildern aus der Provinz häufig straffer und einfacher angeordnet ist. Dazu siehe K. Polaschek, TZ 35, 1972, 150 mit weiteren Beispielen und weiterer Literatur. Zu Mittelscheitelfrisuren in augusteischer Zeit vgl. auch V. Kockel, Porträtreliefs 46ff.

[59] Ov. ars 2,203; 3,137f. Zu den Frisuren siehe K. Polaschek, TZ 35, 1972, 147ff.; I. Hohenwallner, Venit 12; R.K. Gibson, Ovid 151f.; vgl. W. Schubert, Mythologie 222; K.-W. Weeber, Alltag 116ff.; R. Martin, Art 81. 86.

[60] Ov. ars 3,139f.; dazu W. Trillmich, Das Torlonia-Mädchen. Zur Herkunft und Entstehung des kaiserzeitlichen Frauenporträts. AGWG phil.-hist. Klasse 3,99, Göttingen 1976, 56 mit Anm. 189 (zu den Problemen der Interpretation dieser Frisur); siehe auch K. Polaschek, TZ 35, 1972, 159; V. Kockel, Porträtreliefs 37f.; R.K. Gibson, Ovid 152. Die Form des *exiguus nodus* wird durch einen Kopf im Louvre veranschaulicht (Inv. MA 3445), bei dem der Knoten völlig verflacht und in die Breite ausgedehnt ist. Dazu K. Polaschek, a.a.O. 159 mit weiterer Literatur und weiteren Beispielen.

Ov. ars 3,141f.; vgl. auch Ov. am. 1,5,10; zu dieser Frisur siehe H. Blümner, Die römischen Privataltertümer. Handbuch der Altertumswissenschaft IV 2,2, München ³1911, 274 Anm. 9; E.E. Schmidt, Römische Frauenstatuen 197 Anm. 229; K. Polaschek, TZ 35, 1972, 147; R. Martin, Art 81. 86; R.K. Gibson, Ovid 152f. Da solch eine Haartracht in der Regel bei jungen Mädchen oder eher noch *camilli* zu finden ist, steht Ovids Empfehlung nicht mit den historischen Gegebenheiten in Einklang. Siehe F. Floss, Opferer den Gesamteindruck dieser Frisur treffend wieder. Da das Aussehen des Gottes wegen seiner Bedeutung im neuen Regime den zeitgenössischen Stadtrömern von seinen Abbildungen auf Münzen sowie dem Bild- und Skulpturschmuck seines Tempels auf dem Palatin wohlvertraut gewesen sein dürfte,[61] genügte dieser knappe Hinweis, um bei den Leserinnen der Ars amatoria die entsprechenden Assoziationen zu wecken.

An die Darlegungen zur Lockenpracht des Apollo Citharoedus schließt sich die Beschreibung der Frisur seiner Schwester Diana an.[62] Ihre Haartracht, eine klassisch-griechische Frisur, die nach römischem Geschmack abgewandelt und um Elemente der in augusteischer Zeit aktuellen Mode bereichert wurde, zählt zu den Typen der Zopfschlaufe.[63] Anders als bei den ersten Beispielen macht der Dichter bei den göttlichen Geschwistern Angaben zum Anlaß, bei dem sie die entsprechende Frisur wählten; denn solche Informationen ersparten ihm ausführliche Schilderungen der jeweiligen Haartracht. So erwähnt er zwar die auf die Schultern herabfallenden Locken, die für Apollo Citharoedus charakteristisch sind, geht aber nicht auf die Einzelheiten der Zopfschlaufen-Frisur Dianas ein; konnte er doch voraussetzen, daß seinen Leserinnen bildliche Darstellungen der Göttin, die im augusteischen Prinzipat zunehmend an Bedeutung gewann, bekannt waren. Bemerkenswert ist, daß der *praeceptor amoris* die Haartrachten dieses Geschwisterpaares nicht mit bestimmten Gesichtsformen in Verbindung bringt. Seiner Meinung nach bot sich solch ein Bezug wohl nicht an, weil die Gottheiten als Muster strahlender Schönheit galten und in idealisierter Form abgebildet sind. Aus diesem Grund überläßt er den Frauen die Entscheidung für diese beiden Frisuren. Wie ein Vergleich mit archäologischen Denkmälern zeigt, darf man aus den Darlegungen zu den Haartrachten Apollos und Dianas nicht folgern, daß sich die Modefrisuren jener Jahre von Götterfrisuren ableiten.[64] Vielmehr dürfte gerade aus der Diskrepanz zwischen Ovids Vorschriften und den tatsächlichen Gegebenheiten Komik entstehen. Da sein weibliches Leserpublikum nach seinen eigenen Worten überwiegend im Kreis der Frauen unfreier Herkunft zu suchen ist, enthält seine Aufforderung, daß sich solche Schülerinnen nach dem Vorbild von Apollo Citharoedus und Diana, zentralen Gott-

---

diener und Kultmusiker auf stadtrömischen historischen Reliefs. Untersuchungen zur Ikonographie, Funktion und Benennung, Mainz 1995, 40ff. Dieser Frisurentyp ist nach K. Polaschek, a.a.O. 147 durch eine der Hintergrundfiguren der ara Pacis bezeugt. Zu dieser Figur siehe E. Petersen, Ara Pacis Augustae Nr. 32 Taf. 6.

[61] Abbildungen des Apollo Citharoedus auf Münzen: RIC I² Augustus 170. 171a,b. 179. 180. 190a,b-193a,b (15/11 und 10 v.Chr.).
[62] Ov. ars 3,143f.
[63] Dazu ausführlich S. 145.
[64] Diesen Hinweis verdanke ich Frau Prof. Dr. B. Borg (Exeter).

heiten des augusteischen Prinzipates, frisieren sollten, einen Seitenhieb auf den Herrscher. Im folgenden Distichon geht Ovid auf zwei weitere Beispiele von Damenfrisuren ein, deren Beschreibung recht vage ist und die sich nicht durch den Verweis auf eine Gottheit oder mythologische Figur verifizieren lassen. Außerdem stellt er erneut keine Beziehung zwischen der Haartracht und der Gesichtsform ihrer Trägerin her, so daß seine Leserinnen selbst mit Hilfe eines Spiegels ergründen müssen, ob sie ihnen steht und dem Gebot des *decorum* Genüge geleistet wird. Nach seinem Bericht ist für die eine Frisur das sich eng an den Kopf anschmiegende, für die andere das aufgebauscht und locker liegende Haar typisch.[65] Diese Art der Darstellung könnte darauf hindeuten, daß der Poet keine bestimmten Haartrachten, sondern Frisierweisen, die sich auf verschiedene Frisurentypen anwenden lassen, vor Augen hat.[66] An dieser Stelle sind seine Vorschriften so unbestimmt, daß sie kaum mehr ihren eigentlichen Zweck erfüllen, sondern vielmehr als Überblick über die Frisurenvielfalt in jenen Jahren dienen können.

Ovid beschließt seine Übersicht über die zeitgenössische Haarmode mit Ausführungen zur Melonenfrisur[67] und zur Scheitelzopftracht, die sich durch schuppenartige Anordnung der Haare auszeichnet.[68] Da diese Art, die Haare zu

---

[65] Ov. ars 3,145f.

[66] Diesen Hinweis verdanke ich Frau Prof. Dr. B. Borg (Exeter).

[67] Ov. ars 3,147. Zur Melonenfrisur siehe E. Petersen, Ara Pacis Augustae Nr. 40 mit Taf. 5; E.E. Schmidt, Römische Frauenstatuen 43; K. Polaschek, TZ 35, 1972, 147f.; vgl. R.K. Gibson, Ovid 154. Die Melonenfrisur trägt ein Mädchen des Nordfrieses der ara Pacis Augustae. Sie hat mit ihr einen runden Knoten am Hinterkopf verbunden und sie mit einem Scheitelschmuckband verziert.

[68] Ov. ars 3,148; dazu R.K. Gibson, Ovid 154f. Am beliebtesten war in den letzten Jahren des augusteischen Prinzipates anscheinend das eng am Kopf anliegende und zungenartig über der Stirnmitte endende Zöpfchen, das wohl als modische Umformung der späten Nodustracht anzusehen ist. Manchmal werden die Ränder der schuppenartig untereinander geschobenen Haarteile leicht nach oben geschlagen und stärker plastisch hervorgehoben, so daß sie wie kleine Rollen wirken. Diese Haartrachten repräsentieren am besten die Frauenbüsten im Kapitolinischen Museum, Imperatori Nr. 8 und im Vatikan, Chiaramonti Nr. 623. Möglicherweise hatte Ovid eine Frisur in der Art des Beispiels aus dem Vatikan vor Augen, das die fächerförmig ausgezogene und durch breite Flechten umwundene Form der Zopfschlaufe aufweist. Zur Frauenbüste im Kapitolinischen Museum siehe H. Stuart Jones (ed.), A Catalogue of the Ancient Sculptures Preserved in the Municipal Collections of Rome. The Sculptures of the Museo Capitolino, Oxford 1912, 189 Nr. 8 Taf. 47; M.L. Marella, Di un ritratto di „Ottavia", MAL ser. 7,3, 1943, 43 Anm. 1; H. Speier (Hg.), W. Helbig, Führer durch die öffentlichen Sammlungen klassischer Altertümer in Rom II. Die Städtischen Sammlungen Kapitolinische Museen und Museo Barracco. Die Staatlichen Sammlungen Ara Pacis, Galleria Borghese, Galle-

legen, der antiken Wellenstilisierung sehr ähnelt, verdeutlicht er seinen Leserinnen das typische Merkmal dieser Frisur durch den Vergleich mit den Meereswogen. Auch in diesem Fall überläßt er es seinen Schülerinnen, selbst herauszufinden, welche Frisur ihnen steht.

Der Dichter rundet seine Darlegungen zu den teilweise sehr aufwendigen, komplizierten Modefrisuren durch den Hinweis auf eine schlichte Haartracht ab, die nichtsdestoweniger höchstes Geschick erfordert, wenn sie den gewünschten Eindruck erzielen soll. Seiner Meinung nach paßt zu manchen Frauen nachlässig frisiertes Haar, das natürlich wirkt, vortrefflich.[69] Diesem Ideal werden vor allem Frauen aus dem Mythos, nämlich Iole, die Tochter des Königs Eurytus von Oechalia, die Hercules entführte, und die von Theseus verlassene Ariadne, deren sich Bacchus annahm, gerecht.[70] Ihr Talent bestand darin, daß sich ihre *ars* wie ein Zufallsprodukt ausnahm.[71] Somit erreicht die Kunst das Stadium der Perfektion, wenn sie sich möglichst weitgehend an die Natur annähert.[72] Außerdem ist die Gestaltung der Frisur wie die Wahl der Kleider vom Ambiente und dem historischen Umfeld abhängig.

In seinen Ausführungen zur aktuellen Haarmode im augusteischen Rom veranschaulicht Ovid seinen Leserinnen wiederholt die einzelnen Frisuren am Beispiel von Gottheiten und mythologischen Figuren. Diese Bezüge deuten darauf hin, daß er bildliche Darstellungen vor Augen hatte, die er bei seinem Publikum als bekannt voraussetzen konnte. In diesem Zusammenhang stellt sich das Problem des Zitierens von Kunstwerken in der Literatur und ihrer Identifizierung.[73] Wenn man reale Kunstobjekte in Rom und ihre poetische Wiedergabe durch den *praeceptor amoris* verbinden will, sind folgende Gesichtspunkte zu berücksichtigen. Da ein Autor ihre Aussage verbalisieren muß, ist es grundsätzlich möglich, daß sein Bericht zu mehreren Objekten passen kann. Deshalb ist es schwierig zu ermitteln, welches Kunstwerk er vor Augen hatte, sofern keine

---

ria Spada, Museo Pigorini, Antiquarien auf Forum und Palatin, Tübingen [4]1966, 134 Nr. 1283 mit weiterer Literatur.

[69] Ov. ars 3,153-158; dazu R.K. Gibson, Ovid 156ff.; M. Myerowitz, Games 139f. Zu Ariadne und Iole siehe W. Schubert, Mythologie 186; zur *dissimulatio artis* beim Frisieren W. Stroh, WJA N.F. 5, 1979, 121; M. Myerowitz, a.a.O. 139 (*dissimulatio artis* als Folge des *decorum*); vgl. A.R. Sharrock, JRS 81, 1991, 40. Zum Verhältnis von Kunst und Natur siehe Aristot. poet. 1461b; dazu A.R. Sharrock, a.a.O. 38; Long. sublim. 22,1.

[70] Ov. ars 3,156-158; dazu R.K. Gibson, Ovid 157f.

[71] Zur Bedeutung von *ars* in der Ars amatoria siehe N. Scivoletto in der Einleitung zu L. Pepe (cur.), Ovidio 12ff.

[72] Zur Verbindung der Frauen mit Natur siehe M. Myerowitz Levine, SCI 6, 1981/82, 36ff.

[73] Zu diesem Problem siehe H. Herter, Verhältnis 49ff. 73f.

weiteren Angaben, die eine eindeutige Bestimmung des Monumentes oder Bildnisses erlauben, vorhanden sind.[74] Ferner kommt es nicht auf die Wiedergabe einer bestimmten Statue oder Porträtbüste an; denn die fragliche Haartracht kann von verschiedenen, ähnlichen Denkmälern bekannt sein. Schließlich wissen wir nicht, ob die von Ovid beschriebenen Kunstwerke überhaupt erhalten sind. In den drei Fällen, in denen er auf bildliche Darstellungen zurückgriff, erwähnt er den Namen der mythologischen Figur[75] und charakterisiert die beiden Gottheiten Apollo und Diana zusätzlich mit einem Epitheton oder dem Hinweis auf die Art ihrer Abbildung, indem er auf eine Situation anspielt, in der sie eine bestimmte Haartracht tragen.[76] Um den Leserinnen die Identifizierung der Frisur weiter zu erleichtern, führt er ihr wichtigstes Merkmal an. So ist für die Mädchenfrisur, die der Dichter am Beispiel des Apollo Citharoedus demonstriert, das lose auf die Schultern fallende Haar typisch.[77] Ebenso wird im Vergleich der schuppenartigen Anordnung der Haare in der Scheitelzopftracht mit Meereswogen treffend der optische Eindruck, den diese Frisur auf die Betrachter machte, erfaßt.[78] Weniger aussagekräftig dagegen ist seine Beschreibung der Mittelscheitelfrisur mit Knoten.[79] Da eine Frisur nicht anhand des Scheitels allein identifiziert werden konnte, mußte der *praeceptor amoris* zwangsläufig auf eine Trägerin, deren Aussehen von bildlichen Darstellungen allgemein bekannt war, nämlich Laodamia, verweisen. Die Darlegungen zur Haartracht der Diana bei der Jagd sind gleichfalls recht vage, trifft doch die Angabe, sie habe ihr Haar zurückgebunden, auf mehrere Frisuren zu.[80] Die mangelnde Präzision von Ovids Ausführungen zeigt sich am besten an ihrer Konfrontation mit einem archäologischen Zeugnis. Der vom Dichter der Schwester Apollos zugewiesene Typ der Zopfschlaufe wird am besten durch den Kopf Nr. 347 im Albertinum in Dresden repräsentiert.[81] Bei dieser Haartracht ist das Haar am Vorderkopf in eine Art Melonenfrisur geteilt und wird auf dem Scheitel von einer Haarschleife gekrönt, die sich aus zwei welligen, vom Nacken heraufgeführten Strähnen zusammensetzt. Die Römer formten diese klassisch-griechische Haartracht um, indem sie

---

[74] Solche Anhaltspunkte fehlen in der vorliegenden Passage völlig, weil sie aus thematischen Gründen irrelevant sind.
[75] Ov. ars 3,137f. (Laodamia).
[76] Ov. ars 3,142 (Apollo Citharoedus); V. 143 (Diana bei der Jagd).
[77] Ov. ars 3,141f.
[78] Ov. ars 3,148.
[79] Ov. ars 3,137f.
[80] Ov. ars 3,143f.
[81] Neg. Dresden 9255. 9256 (rechtes Profil). 9254 (linkes Profil). 1440 (Rückseite). Zu diesem Kopf siehe R. West, Römische Porträt-Plastik I, München 1933, 100 Taf. 24,95 und 24,95a; E.E. Schmidt, Römische Frauenstatuen 37; zu diesem Typ der Zopfschlaufe K. Polaschek, TZ 35, 1972, 159f.

einzelne Elemente übernahmen und sie mit der in der zweiten Hälfte des augusteischen Prinzipates modernen Zopfschlaufe, die aus mehreren Flechten bestand, kombinierten. Ovids Aufforderung, das Haar zurückzubinden, dürfte mit hoher Wahrscheinlichkeit auf die Zopfschlaufe anspielen. Da sie in jenen Jahren aktuell war und Diana zunehmend an Bedeutung gewann, konnte er davon ausgehen, daß seine Leserinnen diese Andeutungen verstanden. Somit genügte es für seine Zwecke völlig, daß er ihnen den Bildnistyp der Gottheit mit einem Stichwort ins Gedächtnis rief. Freilich besteht das Problem, daß die Haartrachten der Götter ziemlich stark von den Modefrisuren abweichen, wenn man von der einfachen Mittelscheitelfrisur mit Nackenknoten, die Livia in ihrem späteren Typus trägt, absieht. Aus diesem Grund sollte man, wie bereits erwähnt wurde, diese Assoziationen als Spiel des Dichters mit zentralen Gottheiten des augusteischen Prinzipates deuten; entsteht doch aus der Diskrepanz zwischen seinen Empfehlungen und dem sozialen Status seiner Leserinnen, d.h. der potentiellen Trägerinnen dieser Haartrachten, Komik. Die Kunstwerke fungieren in seinen Darlegungen zur Haarmode folglich als wichtige Assoziationshilfen, die ihm die Wiedergabe von Realien, deren detaillierte, präzise Beschreibung sich nicht mit den Gesetzen der Gattung Elegie verträgt, in knapper Form ermöglichen.

Da der *praeceptor amoris* seinen Schülerinnen nach eigenen Worten nur eine Auswahl der zu seinen Lebzeiten gängigen Frisuren vorstellt,[82] stellt sich die Frage, nach welchen Gesichtspunkten er seine Beispiele aussucht und wie verbindlich seine Selektionskriterien sind. Von den acht Frisuren, die Ovid in seinem Überblick über die Haarmode behandelt, sind nach Ausweis archäologischer Zeugnisse fast alle in augusteischer Zeit im Schwang und bei der Damenwelt beliebt.[83] Demnach trägt die Übersicht des Dichters der tatsächlichen Mode in jener Epoche Rechnung und kann weitgehend als verpflichtend gelten. Ob ihm die Haarmode gefiel, läßt sich seinen Ausführungen hingegen nicht entnehmen; denn bei diesem Thema konnte er seinen Schülerinnen nichts empfehlen, was dem momentanen Trend zuwiderlief. Besonders angetan dagegen zeigt sich der Dichter von der nachlässigen Haartracht;[84] denn sie verrät die ordnende menschliche Hand nicht auf den ersten Blick.

---

[82] Ov. ars 3,149-152.
[83] Die einzige Ausnahme ist der *exiguus nodus* (Ov. ars 3,139f.), der in den letzten Jahren der Republik weit verbreitet war und während der Regierung des Augustus nur noch von älteren Frauen, die der Frisur ihrer Jugend treu blieben, getragen wurde. Siehe V. Kockel, Porträtreliefs 37. Diese aus der Deutung von Grabskulpturen gewonnene Erkenntnis trifft nach einem Hinweis von Frau Prof. Dr. B. Borg (Exeter) nicht zu; denn bei der Neuausstattung von Grabmonumenten oder auf Sarkophagen wurden oft auch Porträts von vor längerer Zeit verstorbenen Frauen mit den zu ihren Lebzeiten aktuellen Haartrachten und demnach keine wirklich getragenen altmodischen Frisuren abgebildet.
[84] Ov. ars 3,153f.

Da Frauen auch mit Haarproblemen, die ihrer Schönheit Abbruch tun, zu kämpfen haben, rundet Ovid seinen Überblick über die aktuellen Frisuren durch die Schilderung diverser Möglichkeiten, derartige Mängel auszugleichen, ab;[85] denn er mißt der *ars* in der weiblichen Körperpflege eine große Bedeutung bei. Die wichtigsten Hilfen, um Schwierigkeiten in diesem Bereich zu meistern oder zu kaschieren, sind in seinen Augen Färbemittel und Perücken. Allerdings kommt in seinen Anweisungen zu diesem Thema ein bezeichnender geschlechtsspezifischer Unterschied zum Vorschein. Während er die Anwendung solcher Methoden bei Frauen toleriert, damit sie auf diese Weise ihre Attraktivität erhöhen und ihrer Rolle in der Ars amatoria gerecht werden können, lehnt er Verfahren dieser Art beim starken Geschlecht ab, weil sie als unmännlich gelten.[86] Um den Männern den Verlust ihrer Haare als naturgegeben hinzustellen, verdeutlicht er ihnen diesen Vorgang durch eine komisch anmutende Analogie aus dem Pflanzenreich, nämlich die Tatsache, daß die Bäume im Herbst ihr Laub abwerfen. Freilich trifft diese Parallele auf den vorliegenden Fall nicht ganz zu; denn der Dichter deutet das Ausgehen der Haare als unabänderliches Faktum und zieht aus dem Umstand, daß im nächsten Frühjahr neue Blätter die Bäume zieren, keine Schlußfolgerungen.

Nach der Darstellung Ovids verschönern die Frauen ihre Haarpracht durch Färben besonders eindrucksvoll. Offenbar war diese Technik zu Lebzeiten des Dichters derart verfeinert, daß eine künstliche Haarfarbe die natürliche bei weitem übertreffen konnte.[87] Weil Kräuter aus Germanien graue Haare zuverlässig abdeckten, wurden sie für solche Zwecke mit Vorliebe verwendet. Außerdem trugen Perücken, die nach den Angaben des *praeceptor amoris* beim Tempel des Hercules Musarum am Circus Flaminius öffentlich feilgeboten wurden, erheblich zur Steigerung des weiblichen Selbstwertgefühls bei; wird doch mit ihrer Hilfe das weit verbreitete Problem einer allzu spärlichen oder ergrauten Haarpracht gelöst.[88] Ovid kommentiert diese Zustände mit Witz, indem er den Humor, welcher der Feststellung, daß Frauen fremdes Haar mittels Geld zu eigenem machen, anhaftet, durch das Polyptoton *proque suis alios efficit aere suos* unterstreicht.[89] Obwohl er künstliche Hilfen in der Ars amatoria grundsätzlich billigt, könnte in der Schilderung dieser Verhältnisse doch leise Kritik mitklingen; denn die Damen erröten wegen solcher Einkäufe nicht.[90] Demnach läßt der Wunsch, um jeden Preis schön zu sein, bei mancher Frau den *pudor* in Verges-

---

[85] Ov. ars 3,159-168; dazu R.K. Gibson, Ovid 158ff. Zu Perücken siehe K.-W. Weeber, Alltag 278.
[86] Ov. ars 3,161ff.; dazu R.K. Gibson, Ovid 159ff.
[87] Ov. ars 3,163f.; dazu K.-W. Weeber, Alltag 165.
[88] Ov. ars 3,165-168; dazu R.K. Gibson, Ovid 160f.
[89] Ov. ars 3,166.
[90] Ov. ars 3,167.

senheit geraten. Ferner dürfte der Umstand, daß solche Erscheinungsformen der *ars* den Geboten der Natur völlig zuwiderlaufen, Anlaß zu Beanstandungen gegeben haben.[91]

Diese Ablehnung nicht naturgemäßer Methoden bei der Haarpflege kommt in Werken, die nicht der Vermittlung weiblicher Schönheitslehre dienen, deutlicher zum Vorschein. Das beste Beispiel sind die Amores, in denen der Dichter den schädlichen Folgen des Färbens und künstlichen Kräuselns der Haare mit einer Brennschere eine ganze Elegie widmet.[92]

6.2.2 Kleidung

An seinen Überblick über die Frisurenmode in augusteischer Zeit schließt Ovid verhältnismäßig knapp gehaltene Ausführungen zur Kleidung der Frauen an:

quid de veste loquar? nec nunc segmenta requiro
  nec quae de Tyrio murice, lana, rubes.
cum tot prodierint pretio leviore colores,
  quis furor est census corpore ferre suos?
aeris, ecce, color, tum cum sine nubibus aer
  nec tepidus pluvias concitat Auster aquas;
ecce tibi similis, quae quondam Phrixon et Hellen
  diceris Inois eripuisse dolis;
hic undas imitatur, habet quoque nomen ab undis:
  crediderim Nymphas hac ego veste tegi;
ille crocum simulat (croceo velatur amictu,
  roscida luciferos cum dea iungit equos),
hic Paphias myrtos, hic purpureas amethystos
  albentesve rosas Threiciamve gruem;
nec glandes, Amarylli, tuae nec amygdala desunt,
  et sua velleribus nomina cera dedit.
quot nova terra parit flores, cum vere tepenti
  vitis agit gemmas pigraque fugit hiems,

---

[91] Zur Ablehnung nicht naturgemäßer Methoden bei der Haarpflege siehe ausführlich S. 197ff.

[92] Ov. am. 1,14. Vorbilder für die Behandlung solch einer dem Alltag entnommenen Szene in der elegischen Dichtung finden sich in griechischen Epigrammen des 1. Jahrhunderts v.Chr., deren Verfasser sich über das Färben der Haare (AP 11,66 [Antiphilos von Byzanz]; 11,67 [Myrinos]) und die Verwendung von Perücken (AP 6,254,4 [Myrinos]; vgl. auch 11,398 [Nikarchos]; flavische Zeit) lustig machten. Dazu siehe B.M. Gauly, Liebeserfahrungen 129f.; I. Hohenwallner, Venit 72.

lana tot aut plures sucos bibit: elige certos,
nam non conveniens omnibus omnis erit.
pulla decent niveas: Briseida pulla decebant;
cum rapta est, pulla tum quoque veste fuit.
alba decent fuscas: albis, Cephei, placebas;
sic tibi vestitae pressa Seriphos erat.[93]

In dieser Passage springen zwei Kriterien, die in den Unterweisungen des *praeceptor amoris* eine zentrale Rolle spielen, in die Augen. Zunächst fordert er die Frauen dezidiert auf, den Luxus in diesem Bereich zu beschränken.[94] So erachtet er es für angemessen, daß sie die Ausgaben für ihre Kleidung in vernünftigen Grenzen halten und sich für preisgünstige Farben entscheiden, statt Unsummen für purpurfarbene Stoffe und aufwendige Besätze auszugeben.[95] Wie es seiner Vorgehensweise in der Ars amatoria entspricht, veranschaulicht er vorteilhafte Farben durch Analogien aus der Natur und mythologische Figuren.[96] Dieses Verfahren erspart dem Dichter erneut umständliche Beschreibungen, die sich nicht mit den Gesetzen der Gattung Elegie vereinbaren lassen, und ruft bei seinen Leserinnen die gewünschten Assoziationen hervor. Am Anfang seines Überblicks zählt er verschiedene Nuancen heller Blautöne auf und weist implizit auf ihre frische, luftige Wirkung hin, indem er sie mit der Wolke, die Phrixus und Helle vor ihrer Stiefmutter Ino rettete,[97] dem wolkenlosen Himmel[98] und den Meereswogen, deren Couleur die Nymphen für kleidsam hielten,[99] in Verbindung bringt. Während der Dichter die Blauschattierungen an den Elementen Wasser, Luft und Himmel demonstriert, wählt er für die übrigen Farben Parallelen aus dem Pflanzen- und Tierreich. Die meisten Töne setzt er zu Blumen in Beziehung; er nennt das leuchtende Gelbrot des Krokus, in dem Auroras Mantel gehalten war, wenn sie ihre morgendlichen Pflichten erfüllte,[100] das

---

[93] Ov. ars 3,169-192; dazu R.K. Gibson, Ovid 162-171.
[94] Ov. ars 3,169-172; dazu R.K. Gibson, Ovid 163ff.
[95] Daß Ovid purpurfarbene Wolle zitiert, dürfte wohl in erster Linie durch die hohen Kosten dieser Importware bedingt sein. Möglicherweise riet er seinen Leserinnen, die zu den Freigelassenen zählten, aber auch von der Verwendung dieser Farbe ab, weil ihm bewußt war, daß Togen mit Purpur verbrämt waren und dadurch die politische und soziale Stellung des Trägers zum Ausdruck kam. Zu den Farben der Toga siehe H.R. Goette, Studien 4ff.
[96] Ov. ars 3,173-192. Zu den Farben siehe J. André, Etude 25ff.; J.L. Sebesta, Tunica 68f.
[97] Ov. ars 3,175f.
[98] Ov. ars 3,173f.; dazu W. Schubert, Mythologie 192.
[99] Ov. ars 3,177f. Zu den *cumatiles vestes* siehe R.K. Gibson, Ovid 166.
[100] Ov. ars 3,179f.; dazu R.K. Gibson, Ovid 167.

Weiß der Rosen und das Grün der Myrtenzweige,[101] das Braun der Eicheln und Mandeln,[102] das Grauweiß des thrakischen Kranichs,[103] das Wollweiß der Schafe, das dem Wachs ähnelt,[104] und das Purpurrot der Amethysten.[105] Ovid führt in dieser Passage nach eigenen Worten nur eine kleine Auswahl aus der Farbpalette an, welche die Tier- und Pflanzenwelt dem Menschen bietet.[106] Weil sein Schönheitsideal sich an den Gegebenheiten in der Natur orientiert, finden solche Farbtöne seine volle Zustimmung.

Ferner hat eine Frau bei der Wahl ihrer Kleider nach dem Gebot des *decorum*,[107] der Richtschnur der Schönheitspflege, kritisch zu prüfen, ob ihr die ins Auge gefaßte Farbe steht.[108] Der *praeceptor amoris* verdeutlicht diese Empfehlung durch zwei Beispiele. So rät er hellhäutigen Frauen, sich Briseis zum Vorbild zu nehmen und dunkle Farben zu tragen, während Dunkelhäutige wie Andromeda weiße Gewänder bevorzugen sollen.[109] Nach dieser Anweisung haben Ovids Schülerinnen darauf zu achten, daß ein Kontrast zwischen ihrem Teint und der Couleur ihrer Kleidung entsteht.

Die Darlegungen des Dichters zu den Gewändern der Frauen sind wenig detailliert; denn seine Unterweisung beschränkt sich auf die Auslese kleidsamer Farbtöne. Vergleicht man die Auswahl seiner Farben mit anderen literarischen und archäologischen Zeugnissen, sind auffällige Unterschiede festzustellen. Die Stola, eine Standestracht, die nur die in rechtmäßiger Ehe mit einem römischen Bürger verheirateten Matronen anlegen durften,[110] gelegentlich aber auch Prostituierte und Frauen unfreier oder peregriner Herkunft usurpierten, war wie die darüber getragene Palla[111] in rötlicher oder rotbrauner Farbe gehalten und mit einem purpurfarbenen Besatzstreifen geschmückt.[112] Dagegen war die Farbe der unter der Stola angelegten Tunika, die nicht als Standestracht galt, nicht festgelegt. Nach Äußerungen von Properz und Petron konnte sie rötlich sein;[113] durch archäologische Denkmäler sind neben dem Rotton noch grün und blaugrün be-

---

[101] Ov. ars 3,181 (Myrten). 182 (Rosen); dazu R.K. Gibson, Ovid 167.
[102] Ov. ars 3,183.
[103] Ov. ars 3,182.
[104] Ov. ars 3,184.
[105] Ov. ars 3,181.
[106] Ov. ars 3,185-187; dazu R.K. Gibson, Ovid 168f.; R. Martin, Art 83.
[107] Ov. ars 3,189. 191.
[108] Ov. ars 3,187-192; dazu R.K. Gibson, Ovid 169ff.
[109] Ov. ars 3,189f. (Briseis). 191f. (Andromeda).
[110] Cic. Phil. 2,44; vgl. Tib. 1,6,65-68.
[111] B.I. Scholz, Untersuchungen 100ff.
[112] Varro Men. 229 (*stola holoporphyros*); Priap. 12,11 (*stola russa*). Auch zwei archäologische Denkmäler bestätigen die Rottönung der Stola. Zum Aussehen der Stola siehe B.I. Scholz, Untersuchungen 22ff.; vgl. K.-W. Weeber, Alltag 208f.
[113] Prop. 2,29b,25f.; Petron. 67,4.

zeugt.[114] Die Couleur der von griechischen Vorbildern übernommenen Calasis, die vornehme Matronen und Frauen aus dem Herrscherhaus gern unter der Stola trugen, ist hingegen nicht bekannt.[115] Demnach lassen sich Ovids Ausführungen zur Farbenvielfalt der Frauenkleidung in augusteischer Zeit durch einen Vergleich mit der Tracht römischer Matronen nur bedingt verifizieren. Freilich erklärt der Dichter diese Abweichung implizit, wenn er sich zur sozialen Herkunft seiner Schülerinnen äußert. Bekanntlich verteidigt sich der *praeceptor amoris* in seinem Verbannungsort Tomi gegen den Vorwurf, er habe mit der Ars amatoria gegen die Ehegesetze des Augustus verstoßen und ehrbare Matronen zu Frivolitäten und sexueller Freizügigkeit verleiten wollen.[116] In den Tristien nimmt er ausdrücklich mit Stola und *vitta* bekleidete Matronen aus dem Leserpublikum seiner Liebesgedichte aus, weil diese Kleidungsstücke in seinen Augen Symbole für *pudicitia* sind:

'*este procul, vittae tenues, insigne pudoris,*
 quaeque tegis medios instita longa pedes!
nil nisi legitimum concessaque furta canemus,
 inque meo nullum carmine crimen erit.'[117]

In diesen Versen interpretiert Ovid die Stola als Zeichen der moralischen Integrität ihrer Trägerin; sie versinnbildlicht das Recht auf körperliche Unversehrtheit und Unberührtheit. Diesen Gedanken greift er in den Worten *legitimum*, *concessa furta* und *nullum crimen* auf,[118] um die Harmlosigkeit und Rechtmäßigkeit seiner Liebeslehre zu unterstreichen. Nach dieser Stelle sind seine Schülerinnen im Kreis der Freigelassenen, welche die *toga pulla* tragen, zu suchen.[119] Diese Frauen konnten die Farbe ihrer Kleidung aus dem gesamten Sortiment der zur Verfügung stehenden Töne frei wählen. Wiederholt ist in der antiken Literatur, vor allem in der Komödie überliefert, daß Prostituierte bunte Gewänder anlegten.[120] Da die Farbenpracht der Kleider Hinweise auf die Rechtsstellung und das Gewerbe der jeweiligen Trägerin gibt, deuten auch Ovids Darlegungen auf unfreie Herkunft seiner Schülerinnen hin. Freilich wäre es verfehlt, aus dieser Angabe allein die soziale und juristische Position der

---

[114] B.I. Scholz, Untersuchungen 96.
[115] Ebd. 96.
[116] Ov. trist. 2,247-253; Ov. Pont. 3,3,51f.
[117] Ov. trist. 2,247-250. Zu dieser Stelle siehe B.I. Scholz, Untersuchungen 14f.
[118] Ov. trist. 2,249f.
[119] Zu den Adressatinnen der Ars amatoria siehe W. Stroh, Gymnasium 86, 1979, 323ff.; A.G. Nikolaidis, AJPh 115, 1994, 97ff.; P.J. Davis, Ramus 24, 1995, 182f.; P. Watson, Praecepta 155ff.
[120] Z.B. Plaut. Epid. 229-235.

Adressatinnen des *praeceptor amoris* bestimmen zu wollen; denn im privaten Bereich dürften auch freigeborene Frauen oder Damen von Stand farbige Gewänder getragen haben. Allerdings zeugen die bunten Kleider schon an sich von Aufwand und stehen damit bis zu einem gewissen Grad zu den in den Unterweisungen des Dichters geforderten Einschränkungen des Prunks im Widerspruch. Demzufolge stimmen seine Ansichten mit den Bemühungen des Prinzipatsgründers, den Luxus durch ein Gesetz einzudämmen, überein.[121]

Während Ovid eine repräsentative Auswahl der zu seinen Lebzeiten gängigen Farbtöne von Kleiderstoffen eingehend würdigt, geht er auf die Gewänder selbst nicht ein. Der nächstliegende Grund für seine Zurückhaltung dürfte sein, daß er die modischen Veränderungen, denen die Frauenkleidung in augusteischer Zeit unterworfen war, aus gattungsspezifischen Gründen nicht beschreiben konnte. Außerdem war er als Lehrdichter, dessen Werk nicht veralten sollte, kaum an der Wiedergabe von Einzelheiten interessiert, die dem Zeitgeschmack unterworfen waren. Schließlich gestand er den Frauen in Modefragen Freiräume zu und beschränkte sich daher auf ein paar Andeutungen. Daß er die Kleider der Frauen nicht durch archäologische Zeugnisse verdeutlicht, ist kaum zu verwundern. Solch eine Gegenüberstellung bietet sich in diesem Fall nicht an; denn die Gewänder der Götterstatuen unterscheiden sich von der Calasis abgesehen, die sich bei Damen aus den Oberschichten in jenen Jahren zunehmender Beliebtheit erfreute, von denen vornehmer Römerinnen im frühen Prinzipat. Erst recht trifft dies für die Kleidung unfreier Frauen zu, selbst wenn sie gelegentlich die Gewänder der Damen von Stand übernahmen.

6.2.3 Körper- und Schönheitspflege

Weil ein attraktives Äußeres den Frauen die Bewältigung ihrer Aufgabe, die Männer in ihren Bann zu ziehen, erheblich erleichtert, widmet der *praeceptor amoris* dem Thema Kosmetik in seinen Ausführungen zum *cultus* die größte Aufmerksamkeit. Er gliedert seine Vorschriften in Anweisungen zur Körperpflege,[122] zur Diskretion bei der Schönheitspflege[123] und zum Verhalten beim Frisieren[124] und rundet die gesamte Passage durch Ratschläge zum Ausgleich körperlicher Mängel ab.[125]

---

[121] Zur *lex Iulia de sumptu* siehe D. Kienast, Augustus 164f.
[122] Ov. ars 3,193-208; dazu siehe R.K. Gibson, Ovid 172-181.
[123] Ov. ars 3,209-234; dazu R.K. Gibson, Ovid 181-191.
[124] Ov. ars 3,235-250; dazu R.K. Gibson, Ovid 191-196.
[125] Ov. ars 3,251-280; dazu R.K. Gibson, Ovid 196-210.

6.2.3.1 Körperpflege

In seiner Anleitung zur Körperpflege stellt Ovid zunächst das Ideal der *munditia*, das nach seiner Überzeugung ein wesentliches Merkmal der urbanen Lebensart ist, in den Mittelpunkt seiner Betrachtungen:

> *quam paene admonui, ne trux caper iret in alas*
> *neve forent duris aspera crura pilis!*
> *sed non Caucasea doceo de rupe puellas*
> *quaeque bibant undas, Myse Caice, tuas.*
> *quid, si praecipiam ne fuscet inertia dentes*
> *oraque suscepta mane laventur aqua?*
> *scitis et inducta candorem quaerere creta;*
> *sanguine quae vero non rubet, arte rubet;*
> *arte supercilii confinia nuda repletis*
> *parvaque sinceras velat aluta genas.*
> *nec pudor est oculos tenui signare favilla*
> *vel prope te nato, lucide Cydne, croco.*
> *est mihi, quo dixi vestrae medicamina formae,*
> *parvus, sed cura grande, libellus, opus:*
> *hinc quoque praesidium laesae petitote figurae;*
> *non est pro vestris ars mea rebus iners.*[126]

Weil die Befolgung von Ovids Lehren unweigerlich zu engem körperlichem Kontakt führt, sind Sauberkeit und Gepflegtheit für Männer und Frauen oberstes Gebot; denn mangelnde Hygiene wirkt abstoßend.[127] Um seinen Unterweisungen die Spitze zu nehmen und ihnen dennoch Nachdruck zu verleihen, bringt er sie in Form einer Praeteritio vor und führt durch einen Vergleich mit Frauen aus dem Kaukasus und Mysien den Nachweis, daß Sauberkeit für kultivierte Römerinnen eine Selbstverständlichkeit ist. Auf diese Weise kann er sie diskret daran

---

[126] Ov. ars 3,193-208.
[127] Ov. ars 3,193-196. Bereits Lukrez weist in seinen Ausführungen zu den Ursachen krankhafter Liebe auf diesen Kausalzusammenhang hin (Lucr. 4,1160-1169). Ovid macht sich diese Einsichten des älteren Dichters an dieser Stelle, vor allem aber in ars 2,643-646. 657-662 zunutze. Zur Parallele von ars 2,657ff., Lucr. 4,1159ff. und rem. 323ff. siehe ausführlich C.E. Murgia, CPh 81, 1986, 203ff.; vgl. J. Wildberger, Ovids Schule 335f. Zu den möglichen Quellen des Lukrez siehe zuletzt R.D. Brown, Lucretius 128ff.; M.C. Nussbaum, Therapy 175f.

erinnern, daß sie unbedingt lästigen Körpergeruch vermeiden,[128] störende Haare an den Beinen entfernen[129] und eine sorgfältige Zahnpflege betreiben sollen.[130]

Von den Vorschriften zur Hygiene leitet der *praeceptor amoris* zu Schminken und Salben über, mit denen Damen Schönheitsfehler kompensieren können;[131] denn er sieht die eigentliche Aufgabe der Kosmetik im Beheben von Mängeln.[132] Er mißt dieser Kunst eine große Bedeutung bei, weil die Frauen seiner Meinung nach von Natur aus wenig attraktiv sind und ihre Reize erst durch künstlichen Glanz zur Geltung gebracht werden müssen.[133] Der Dichter erklärt die veredelnde Wirkung von Kosmetik an einem Vergleich mit der Herstellung von Kunstwerken und Gewändern: Sie entstehen ebenfalls aus unansehnlichen Rohmaterialien, die erst durch eine kunstgerechte Bearbeitung ihre spätere Schönheit erhalten. Das beste Beispiel sind die allseits bewunderten Bildwerke des prominenten Bronzebildners Myron aus Eleutherai, die aus einem spröden, unförmigen Erzklumpen gefertigt wurden.[134] Ferner erwähnt er einige Details, die darauf hindeuten, daß es sich bei dem zweiten Kunstwerk um Aphrodite Anadyomene handeln könnte.[135] Noch deutlicher tritt der Erfolg von Schönheitsmitteln an der Parallele zu den goldenen Figuren im Theater zutage: Nur wer sie aus der Nähe betrachtet, erkennt, daß sie nicht aus massivem Gold, sondern aus Holz, das mit Goldblech bezogen ist, bestehen.[136] Demnach schreibt der Dichter den Schminken und Salben den gleichen Effekt zu wie dem dünnen Überzug aus Edelmetall, der dem Rohmaterial Glanz und Schönheit verleiht.

Weil Frauen in Ovids Augen zu Gepflegtheit verpflichtet sind, rät er seinen Schülerinnen ausdrücklich zur Sorge für ihr Äußeres, selbst wenn sie gerade keinen Mann suchen.[137] Allerdings weist er selbst in seinen Ausführungen zum

---

[128] Ov. ars 3,193; dazu S. Lilja, Treatment 133. 151.
[129] Ov. ars 3,194. Zur Enthaarung siehe K.-W. Weeber, Alltag 80.
[130] Ov. ars 3,197f. Zur Zahnpflege siehe K.-W. Weeber, Alltag 416.
[131] Ov. ars 3,199-204; dazu siehe R.K. Gibson, Ovid 174ff.; J. Wildberger, Ovids Schule 377f.
[132] Ov. ars 3,205-208.
[133] Ov. ars 3,219-224. 231-234. M. Myerowitz, Games 140f. stellt Ov. ars 3,225-228 der Stelle Hor. ars 386-390 gegenüber; denn auch Verse bedürfen der Kritik und Revision.
[134] Ov. ars 3,219f.
[135] Ov. ars 3,224f. Da Ovid das Rohmaterial, aus dem das Kunstwerk entsteht, erwähnt, ist nicht das Bild des Malers Apelles gemeint (Plin. nat. 35,91). Bei dem Material kann es sich um einen unbehauenen Marmorblock oder um den Stein eines Siegelringes handeln. Da Skulpturen und Abbildungen von Aphrodite Anadyomene auf solchen Ringen bekannt sind, ist nicht zu entscheiden, welches Objekt der Dichter vor Augen hatte. Zu Darstellungen dieser Göttin auf Siegelringen siehe LIMC II 1 (1984) 55f. s.v. Aphrodite Nr. 437. 453; ebd. VIII 1 (1997) 206f. s.v. Venus Nr. 143. 144.
[136] Ov. ars 3,231f.
[137] Ov. medic. 27-34.

cultus darauf hin, daß Attraktivität nicht allein auf Schönheit, einer vergänglichen Eigenschaft, sondern vor allem auch auf einem tadellosen Charakter basiert;[138] kann doch die Kosmetik ihre verfeinernde Wirkung nur in vollem Umfang entfalten, wenn sie mit den *mores* der jeweiligen Dame in Einklang steht: *prima sit in vobis morum tutela, puellae: / ingenio facies conciliante placet.*[139]

Da die Schönheit einer Frau wesentlich durch das Aussehen ihrer Haut bestimmt wird, nimmt der Dichter zuerst zu diesem Thema Stellung.[140] Seine Vorschriften lassen erkennen, daß weiße, glatte Haut in augusteischer Zeit offensichtlich als begehrenswert galt.[141] Während er das Problem der hellen Hautfarbe in der Ars amatoria nur streift, indem er mitteilt, daß Abweichungen von diesem Ideal mit Kreide zu kompensieren seien, geht er auf die Frage der glatten Haut ausführlicher und differenzierter ein.[142] In der Ars amatoria beschränkt er sich auf den Rat, lästige Haare an den Beinen zu entfernen. Zur weiteren Information über Maßnahmen, die der Behebung von Schönheitsdefiziten dienen, legt er seinen Leserinnen die Lektüre seines Werkes Medicamina faciei femineae ans Herz.[143] In diesem fragmentarisch erhaltenen pharmakologisch-kosmetischen Lehr- und Kataloggedicht schildert Ovid detailliert die Zutaten eines Rezeptes für einen untadeligen, strahlenden Teint.[144] Weil durch diese Gesichtspackung nicht alle Hautprobleme beseitigt werden, schließt er eine weitere Anweisung an, die bei Flecken aller Art wie Pickeln, Sommersprossen, Narben und Ausschlägen Abhilfe schafft.[145] Da gepflegte Frauen in Rom ständig mit dem Problem konfrontiert waren, Schminke schonend zu entfernen, verrät er

---

[138] Ov. medic. 43-50.
[139] Ov. medic. 43f.
[140] Ov. ars 3,199; Ov. medic. 51-68 (Mittel für glatte Haut). 69-82 (Mittel gegen Flecken, d.h. Pickel, Sommersprossen, Narben, Ausschläge).
[141] Ov. ars 3,199.
[142] Ov. ars 3,194; Ov. medic. 51-68.
[143] Ov. ars 3,205-208; dazu G. Rosati (cur.), Ovidio 42ff.
[144] Nach Ovid waren die Zutaten dieser Gesichtspackung zwei Pfund Gerste (Ov. medic. 53f.), zwei Pfund Linsen (Ov. medic. 55-58), zehn Eier (Ov. medic. 55), ein Sextans Hirschhorn (Ov. medic. 59f.), ein Dutzend Narzissenzwiebel (Ov. medic. 63), eine Unze tuskischer Dinkel (Ov. medic. 65), eine Unze Gummi (Ov. medic. 65) und eineinhalb Pfund Honig als Bindemittel (Ov. medic. 66). Zu den Ingredienzien dieses Rezeptes siehe P. Green, AJPh 100, 1979, 322ff.; G. Rosati (cur.), Ovidio 72ff.; B.W. Häuptli (Hg.), Publius Ovidius Naso 297ff.; zu ihrer Wirksamkeit P. Green, a.a.O. 390f. Zu Gesichtsmasken vgl. auch K.-W. Weeber, Alltag 155f.
[145] Ov. medic. 69-82. Die Zutaten dieses Rezeptes sind je sechs Pfund Lupinen (Ov. medic. 69. 71) und Bohnen (Ov. medic. 70f.), je eine Unze Gemisch von Bleiweiß, Natron und Iris (Ov. medic. 73-76), eine halbe Unze Alcyoneum (Ov. medic. 77-80) und Honig als Bindemittel (Ov. medic. 81f.). Zu diesen Ingredienzien siehe P. Green, AJPh 100, 1979, 384ff.; G. Rosati (cur.), Ovidio 76ff.; B.W. Häuptli (Hg.), Publius Ovidius Naso 299f.

ihnen außerdem die Zusammensetzung eines geeigneten Mittels.[146] Die Vorschriften für die Verbesserung der Hautqualität werden durch ausgewählte Schminktips in der Ars amatoria abgerundet, durch die der Teint den letzten Schliff erhält.[147] Wie seinen Darlegungen zu entnehmen ist, war das Schminken bei kultivierten Stadtrömerinnen in augusteischer Zeit gang und gäbe. Offensichtlich wurden rosige Wangen als schön empfunden und mit Rouge erzielt, falls eine Dame nicht mit diesem Attribut gesegnet war.[148] Ferner wurden Asche und Krokus zur Umrandung der Augen verwendet,[149] die Augenbrauen künstlich verlängert[150] und Schönheitspflästerchen auf die Wangen geklebt.[151] Bemerkenswert ist, daß der *praeceptor amoris* in diesen Fällen keine konkreten Anweisungen formuliert, sondern die Schminkgepflogenheiten der Frauen zu seinen Lebzeiten in Form eines Berichtes wiedergibt und dadurch möglicherweise Kritik zum Ausdruck bringt. Diese Annahme wird durch sein Urteil über das Umranden der Augen bestätigt; interpretiert er doch solch eine Technik als mangelnden *pudor*.[152] Obwohl diese Eigenschaft in seinen Augen für die hinterwäldlerische Landbevölkerung typisch ist, beanstandet er ihr Fehlen an dieser Stelle, weil es von Überfeinerung zeugt und daher als Auswuchs zu werten ist.

In den Medicamina faciei femineae und der Ars amatoria wird die weibliche Schönheitspflege, speziell die Kosmetik zum Inbegriff des *cultus*. Zugleich setzt Ovid sich mit seinen literarischen Vorgängern und Zeitgenossen auseinander, die dieses Phänomen als Befleckung der Natur und Moral angeprangert ha-

---

[146] Ov. medic. 83-98. Ovid empfiehlt seinen Leserinnen in diesen Versen zwei Mittel, deren Verwendung von der Lesart in V. 98 abhängt. Geht man von *nullus* aus, hat er einen Make-up-Entferner vor Augen; nimmt man dagegen *multus* an, ist von einer Grundlage, auf der die Schminke haftet, die Rede. Der Textzusammenhang legt eher die zuerst genannte Möglichkeit nahe. Siehe B.W. Häuptli (Hg.), Publius Ovidius Naso 300. Für *multus* dagegen plädieren G.P. Goold, HSCPh 69, 1965, 59; P. Green, AJPh 100, 1979, 390. Die Ingredienzien des ersten Rezeptes sind vier Unzen Weihrauch (Ov. medic. 85f.), vier Unzen Soda (Ov. medic. 85f.), drei Unzen Gummi (Ov. medic. 87), ein Würfel Myrrhe (Ov. medic. 88) und Honig als Bindemittel (Ov. medic. 89f.). Für das zweite Rezept sind fünf Gramm Fenchel (Ov. medic. 91f.), neun Gramm Myrrhe (Ov. medic. 91f.), eine Handvoll trockene Rosenblätter (Ov. medic. 93), männlicher Weihrauch, Ammoniumsalz (Ov. medic. 94) und Gerstenschleim als Bindemittel (Ov. medic. 95) erforderlich. Zu diesen Schönheitsmitteln siehe P. Green, AJPh 100, 1979, 388ff.; G. Rosati (cur.), Ovidio 78ff.; B.W. Häuptli (Hg.), Publius Ovidius Naso 300ff.
[147] Ov. ars 3,199-204; dazu siehe R.K. Gibson, Ovid 176ff.
[148] Ov. ars 3,200. Zum Make-up siehe K.-W. Weeber, Alltag 241f.
[149] Ov. ars 3,203f.
[150] Ov. ars 3,201.
[151] Ov. ars 3,202.
[152] Ov. ars 3,203.

ben.[153] Er treibt besonders mit den elegischen Motiven des Properz ein ironisches Spiel, indem er in den Amores die weibliche Schönheit als Grundlage der Liebe deutet und Schönheit und Treue für unvereinbar hält.[154] Ovids Bekenntnis zum *cultus* im Proömium der Medicamina faciei femineae, in dem diese Auseinandersetzung zum Vorschein kommt, blieb im augusteischen Rom nicht ohne Wirkung. Sie ist den Darlegungen des Dichters zu seiner eigenen Position in der Ars amatoria zu entnehmen, mit denen er Mißverständnisse, die er im Proömium der Medicamina provoziert hat, auszuräumen beabsichtigt.[155] So läßt der *praeceptor amoris* in die Schilderung des epochalen Gegensatzes von Vergangenheit und Gegenwart eine apologetische Tendenz einfließen, indem er nicht mehr auf die *rusticitas* ungepflegter Sabinerinnen und die römische Frühzeit verweist, sondern sie durch die griechischen Heroinen der homerischen Epen ersetzt. Dadurch entschärft er weitgehend die Antithese[156] und nimmt den Hohn und Spott über die altrömischen bäurischen Verhältnisse zurück.[157] Auf diese Weise kann er seiner Freude an der kultivierten Gegenwart Ausdruck geben, aber auch im Einklang mit den übrigen augusteischen Dichtern übertriebenen Materialismus heftig tadeln.

6.2.3.2 Diskretion bei der Schönheitspflege

Um die gewünschte Wirkung seiner Anweisungen zu gewährleisten, erteilt Ovid am Ende seiner Ausführungen zum weiblichen *cultus* Ratschläge für ihre Realisierung:

non tamen expositas mensa deprendat amator
 pyxidas: ars faciem dissimulata iuvat.
quem non offendat toto faex inlita vultu,
 cum fluit in tepidos pondere lapsa sinus?
oesypa quid redolent, quamvis mittatur Athenis
 demptus ab inmundo vellere sucus ovis?
nec coram mixtas cervae sumpsisse medullas

---

[153] Vor allem Prop. 1,2. 15; 2,4,5ff. 18; 3,13; Tib. 1,8,3-16. 9,65ff.; 2,3; dazu ausführlich K. Heldmann, WJA N.F. 7, 1981, 153ff.
[154] Ov. am. 3,4,41. Ebenso: 3,14,1; Ov. epist. 16,287-290; Auseinandersetzung mit Catull: Ov. am. 3,11(10),41; dazu K. Heldmann, WJA N.F. 7, 1981, 158. Daß Schönheitspflege nicht mit Unmoral gleichzusetzen ist, beweist Claudia Quinta (Ov. fast. 4,305ff.).
[155] K. Heldmann, WJA N.F. 7, 1981, 174.
[156] Ebd. 174.
[157] Das gleiche Bestreben zeigen seine Ausführungen zum Gegensatz zwischen der kleinen Ansiedlung der Frühzeit und der Metropole zu seinen Lebzeiten (Ov. ars 3,113-128).

> *nec coram dentes defricuisse probem.*
> *ista dabunt formam, sed erunt deformia visu,*
> *multaque, dum fiunt turpia, facta placent:*
> *quae nunc nomen habent operosi signa Myronis,*
> *pondus iners quondam duraque massa fuit;*
> *anulus ut fiat, primo conliditur aurum;*
> *quas geritis vestis, sordida lana fuit.*
> *cum fieret, lapis asper erat; nunc, nobile signum,*
> *nuda Venus madidas exprimit imbre comas.*
> *tu quoque dum coleris, nos te dormire putemus:*
> *aptius a summa conspiciere manu.*
> *cur mihi nota tuo causa est candoris in ore?*
> *claude forem thalami: quid rude prodis opus?*
> *multa viros nescire decet; pars maxima rerum*
> *offendat, si non interiora tegas:*
> *aurea quae pendent ornato signa theatro*
> *inspice, contemnes: brattea ligna tegit;*
> *sed neque ad illa licet populo, nisi facta, venire,*
> *nec nisi summotis forma paranda viris.*[158]

Nach Ansicht des Dichters ist der heimliche Umgang mit Kosmetika das oberste Gebot der Schönheitspflege; denn sie schlagen erst nach der Anwendung den Betrachter in ihren Bann.[159] Er verdeutlicht diesen Zusammenhang durch die bereits erwähnten Vergleiche mit Kunsterzeugnissen, die aus unscheinbarem Rohmaterial gefertigt sind und nur dem handwerklichen Können ihres Herstellers ihren Glanz und ihre Berühmtheit verdanken.[160] Um seiner Feststellung, daß Kunstwerken im Stadium der Genese jegliche Schönheit abgeht, Nachdruck zu verleihen, führt er einige Beispiele kosmetischer Todsünden an, indem er eine Passage aus Lukrez parodiert.[161] Er rät seinen Schülerinnen dazu, Gesichts-

---

[158] Ov. ars 3,209-234; dazu R.K. Gibson, Ovid 181-191.
[159] Ov. ars 3,210.
[160] Ov. ars 3,219-224. 231-234; siehe auch S. 154.
[161] Bereits Lukrez riet verliebten Männern, Einblick in die Toilettengeheimnisse der Damen zu nehmen, um sie von ihrer Liebeskrankheit zu heilen (Lucr. 4,1174-1181). Als besonders abstoßend empfindet er die stinkenden Dämpfe, mit denen Frauen sich behandeln: *nempe eadem facit et scimus facere omnia turpi / et miseram taetris se suffit odoribus ipsa* (Lucr. 4,1174f.). Diese Düfte sind so penetrant, daß jeder Verehrer sofort die Flucht ergriffe, wenn er ihnen ausgesetzt würde: *quem si iam ammissum venientem offenderit aura / una modo, causas abeundi quaerat honestas* (Lucr. 4,1180f.). Zu den *taetri odores* siehe R.D. Brown, Lucretius 301; M.C. Nussbaum, Therapy 179ff. J. Shulman, CJ 76, 1980/81, 250 deutet Ovids Passage als "thematic parody of Lucretian

packungen aus Hefe nur aufzulegen, wenn sie allein sind, weil sie in diesem Zustand keinen erfreulichen Anblick bieten und herabtropfende Zutaten diesen Eindruck noch verschlimmern.[162] Ebenso schrecken beliebte Schönheitsmittel wie Hirschmark und Oesypum, das schmutzige, übelriechende Wollfett, Außenstehende wegen ihres Geruches ab.[163] Schließlich hält es der *praeceptor amoris* für unpassend, wenn sich eine Dame in Gegenwart ihres Verehrers die Zähne putzt.[164] Um die Wirksamkeit seiner Vorschriften zu unterstreichen, begründet er seine Verurteilung fehlender Diskretion bei der Schönheitspflege ausführlich mit ästhetischen Argumenten, indem er den gegenteiligen Effekt solcher Nachlässigkeit durch das Wortspiel *formam – deformia* und die Antithese *fiunt turpia – facta placent*, Elemente, die den der *urbanitas* inhärenten Humor erkennen lassen, unterstreicht.[165] Darüber hinaus dient Ovids eingehende Beschreibung der weiblichen Toilettengeheimnisse noch einem weiteren Zweck; werden doch dadurch die männlichen Leser des dritten Buches gerade in die Praktiken eingeweiht, die seine Schülerinnen um jeden Preis geheimhalten sollen. Auf diese Weise sind sie imstande, die Reize der Damen richtig einzuschätzen und sich nicht davon beeindrucken zu lassen.[166] So bleibt ihnen die späte Erkenntnis des Properz, daß der weibliche Teint im wesentlichen kosmetischen Produkten zu verdanken ist, erspart.[167]

6.2.3.3 Das Verhalten beim Frisieren

Ovid bezieht Ratschläge zum Verhalten beim Frisieren in seine Darlegungen zur weiblichen Schönheitspflege ein, weil auch solche Situationen seiner Liebeslehre dienstbar gemacht werden können:

at non pectendos coram praebere capillos,
　ut iaceant fusi per tua terga, veto.
illo praecipue ne sis morosa caveto

---

　　　realism," M. Steudel, Literaturparodie 73ff. als komisch-kritische Passagenparodie. Wie Lukrez empfiehlt auch Ovid den Herren, die Damen bei der Toilette zu beobachten, um sie von der Liebe zu heilen (Ov. rem. 341ff.). Dazu siehe H.J. Geisler, P. Ovidius Naso 332ff.
[162] Ov. ars 3,211f.
[163] Ov. ars 3,213f. (Oesypum). 215f. (Hirschmark); dazu J. Wildberger, Ovids Schule 378f.
[164] Ov. ars 3,216.
[165] Ov. ars 3,217f.
[166] J. Wildberger, Ovids Schule 379. Somit therapiert Ovid den männlichen Leser in der Art, wie es Lukrez in 4,1174-1181 vorschlägt.
[167] Prop. 3,24,7f.

> *tempore nec lapsas saepe resolve comas;*
> *tuta sit ornatrix: odi, quae sauciat ora*
> *unguibus et rapta bracchia figit acu;*
> *devovet, et tangit, dominae caput illa simulque*
> *plorat in invisas sanguinolenta comas.*
> *quae male crinita est, custodem in limine ponat*
> *orneturve Bonae semper in aede Deae.*
> *dictus eram subito cuidam venisse puellae:*
> *turbida perversas induit illa comas.*
> *hostibus eveniat tam foedi causa pudoris*
> *inque nurus Parthas dedecus illud eat!*
> *turpe pecus mutilum, turpis sine gramine campus*
> *et sine fronde frutex et sine crine caput.*[168]

Anders als in seinen Ermahnungen zur Diskretion beim Make-up schließt Ovid Männer nur bei „Problemfällen" von der Anwesenheit beim Frisieren aus; denn er ist sich der erotisierenden Wirkung, die das Kämmen langer, dichter Frauenhaare auf Herren macht, und der elementaren Bedeutung dieses weiblichen Schönheitssymbols in der Kunst der Verführung bewußt.[169] Freilich muß sich die Dame bei solchen Gelegenheiten benehmen können und darf ihre Sklavin nicht schikanieren, indem sie bereits geflochtenes Haar ohne ersichtlichen Grund immer wieder auflöst, und sie mit Fingernägeln und Haarnadeln traktieren, wenn deren Dienste nicht zu ihrer Zufriedenheit ausfallen.[170] Obwohl diese Verhaltensweise der *domina* zu den gängigen Motiven der Elegie zählt und topischen Einschlag hat, zeigt der Dichter an dieser Stelle ein gewisses Mitgefühl mit dem Dienstpersonal und führt seinen Schülerinnen vor Augen, daß ein derart exzentrisches Betragen nicht zu einer kultivierten Stadtrömerin paßt.[171]

---

[168] Ov. ars 3,235-250; dazu R.K. Gibson, Ovid 191-196.
[169] Ov. ars 3,235-238. Die erotisierende Wirkung langer, dichter Frauenhaare auf die Männer ist nicht nur in den Werken Ovids (z.B. Ov. fast. 2,761-764 [blondes Haar Lucretias]; 3,14-16. 21 [Rhea Silvia]; 5,609f. [blondes Haar Europas]; Ov. am. 1,5,9f. [Corinna]), sondern auch in der elegischen Dichtung ein beliebtes Motiv (z.B. Prop. 1,3,23; 2,1,7f. [Cynthia]). Die gleichen Reize gehen von meist langen, geölten oder mit Kränzen geschmückten Männerhaaren aus (z.B. Tib. 3,4,23-34 [Apollo]; Ov. fast. 3,409f. [Ampelus]). Dazu ausführlich I. Hohenwallner, Venit 11ff. mit weiteren Belegen. Aus diesem Grund ist das Haarmotiv mit Großstädten, Luxusleben und Raffinement verbunden. Siehe H. Cancik, Untersuchungen (wie S. 132 Anm. 12) 58.
[170] Ov. ars 3,237-242.
[171] Darüber hinaus gehören das Zerstören der Frisur und das Raufen der Haare zum stehenden Inventar von Verhaltensmustern während der *bella* oder *proelia Veneris* (z.B. Tib. 1,10,61f.; Prop. 2,5,21-26; 3,8,5-8; Ov. am. 1,7,11). Dazu ausführlich I. Hohenwallner, Venit 19ff.

Frauen mit Haarproblemen dürfen sich jedoch unter keinen Umständen beim Frisieren von Männern beobachten lassen, weil ihr Anblick allzu ernüchternd auf die Zuschauer wirken würde.[172] Die Peinlichkeiten, die bei solchen Situationen entstehen können, veranschaulicht der *praeceptor amoris* eindrucksvoll am kopflosen Verhalten einer Frau, die ihre Perücke falsch herum aufsetzte, als ihr die unvermutete Ankunft des Dichters gemeldet wurde.[173] Er verstärkt diese Blamage durch die Feststellung, daß er eine derartige Schande seinen Feinden, insbesondere jungen Partherfrauen vorbehalten wolle, sind sie in seinen Augen doch das Paradebeispiel fehlender *urbanitas*.[174] Wie üblich unterstreicht er die Gültigkeit solcher Aussagen durch eine drastische und eine komische Parallele aus dem Pflanzen- und Tierreich, indem er Frauen mit Glatze einem verstümmelten Tier, einem Feld ohne Gras und einem Busch ohne Laub gegenüberstellt.[175] In diesem Abschnitt zeigt sich erneut, daß Ovid den weiblichen *cultus* unter ästhetischen Gesichtspunkten betrachtet. Darüber hinaus macht er sich die erotisierende Wirkung einzelner kosmetischer Maßnahmen für seine Lehren zunutze. Genügt eine Frau diesen Kriterien nicht, lassen sich diese Mängel mit Zurückgezogenheit bei der Toilette kompensieren.

6.2.4 Der Ausgleich körperlicher Mängel

Damit sich seine Schülerinnen den Männern stets in voller Schönheit präsentieren können, rundet der Dichter seine Vorschriften durch Ratschläge ab, wie körperliche Defizite, die sich nicht beseitigen lassen, möglichst geschickt zu kaschieren sind:

non mihi venistis, Semele Ledeve, docendae,
  perque fretum falso Sidoni vecta bove
aut Helene, quam non stulte, Menelae, reposcis,
  tu quoque non stulte, Troice raptor, habes;
turba docenda venit pulchrae turpesque puellae,
  pluraque sunt semper deteriora bonis.
formosae non artis opem praeceptaque quaerunt;
  est illis sua dos, forma sine arte potens:
cum mare compositum est, securus navita cessat;
  cum tumet, auxiliis adsidet ille suis.

---

[172] Ov. ars 3,243f.
[173] Ov. ars 3,245f.
[174] Ov. ars 3,247f.
[175] Ov. ars 3,249f.

> *rara tamen menda facies caret: occule mendas,*
> *quaque potes, vitium corporis abde tui.*
> *si brevis es, sedeas, ne stans videare sedere,*
> *inque tuo iaceas quantulacumque toro*
> *(hic quoque, ne possit fieri mensura cubantis,*
> *iniecta lateant fac tibi veste pedes);*
> *quae nimium gracilis, pleno velamina filo*
> *sumat, et ex umeris laxus amictus eat;*
> *pallida purpureis tangat sua corpora virgis,*
> *nigrior ad Pharii confuge piscis opem;*
> *pes malus in nivea semper celetur aluta,*
> *arida nec vinclis crura resolve suis;*
> *conveniunt tenues scapulis analemptrides altis,*
> *angustum circa fascia pectus eat;*
> *exiguo signet gestu, quodcumque loquetur,*
> *cui digiti pingues et scaber unguis erit;*
> *cui gravis oris odor, numquam ieiuna loquatur*
> *et semper spatio distet ab ore viri;*
> *si niger aut ingens aut non erit ordine natus*
> *dens tibi, ridendo maxima damna feres.*[176]

Ovid greift zunächst die Frage nach den Adressatinnen seiner Unterweisungen, die er am Anfang seiner Ausführungen zum *cultus* gestellt hat,[177] auf und präzisiert diese Angaben, indem er sein Zielpublikum auf Durchschnittsrömerinnen, die nicht mit makelloser Schönheit gesegnet sind, eingrenzt.[178] Diese Stelle läßt wieder den für sein Denken typischen Vorrang natürlicher Vollkommenheit vor künstlichen Hilfsmitteln erkennen.[179] Da Perfektion jedoch selten von Natur aus gegeben ist, zeichnet sich ein kultivierter Mensch in den Augen Ovids dadurch aus, daß er dieses ästhetische Ideal durch Ausgleich der eigenen körperlichen Mängel verwirklicht.

Nach Ausweis seiner Beispiele gehörten anscheinend geringe Körpergröße,[180] Magerkeit,[181] ein zu heller oder zu dunkler Teint,[182] häßliche Füße,[183]

---

[176] Ov. ars 3,251-280; dazu R.K. Gibson, Ovid 196-210; siehe auch J. Wildberger, Ovids Schule 379f.
[177] Ov. ars 3,103f.
[178] Ov. ars 3,255-260.
[179] Ov. ars 3,257f.
[180] Ov. ars 3,263-266.
[181] Ov. ars 3,267f.
[182] Ov. ars 3,269f.
[183] Ov. ars 3,271.

dürre Schenkel,[184] hohe Schultern,[185] ein zu kleiner Busen,[186] dicke Finger oder spröde Fingernägel,[187] Mundgeruch[188] und kariöse oder schief gewachsene Zähne zu den Merkmalen,[189] die nicht mit den zu seinen Lebzeiten gängigen Schönheitsvorstellungen zu vereinbaren waren.[190] Obwohl Empfehlungen, wie solche Defizite von Frauen verborgen werden können, zu den Topoi rechnen, ist Ovids Ratschlag, eine Dame solle alles vermeiden, was ihre Schwachstellen zum Blickfang werden läßt, eine allgemeingültige Erkenntnis, die aus seiner Freude an Ästhetik resultiert, aber auch von seiner Einsicht in eine allgemeinmenschliche Verhaltensweise zeugt.

6.2.5 Ovids Schönheitslehre

Obwohl Ovids Vorschriften für das Äußere von *homines urbani* stark durch das Thema und den Zweck der Ars amatoria geprägt sind und obendrein Details enthalten, die zum elegischen Motivschatz zählen und topischen Einschlag haben, spiegeln sie doch auch historische Gegebenheiten wider und sind daher für die verfeinerte Lebensweise im augusteischen Rom aufschlußreich. Seine Darlegungen lassen erkennen, daß er gut über die Mode in jenen Jahren unterrichtet ist und im großen und ganzen ihre Vorbilder kennt. Der Dichter macht den Grundsatz, daß der neuesten Mode nicht um jeden Preis zu folgen sei, sondern Frisur und Kleidung auf den eigenen Typ abzustimmen seien, zum obersten Gebot seiner Schönheitslehre. Dieser an die Damen gerichteten Aufforderung dürften ästhetische Gesichtspunkte zugrunde liegen. Folglich ist seine Weisung, sich bei der Haarmode am eigenen Typ zu orientieren, eine zeitlose Erkenntnis, die vom feinen, sicheren Geschmack des *praeceptor amoris* zeugt. Freilich bieten sich für die Verbindlichkeit seiner Unterweisungen keine Anhaltspunkte. Da er jedoch weibliches Modebewußtsein und Ästhetik in Einklang brachte, indem

---

[184] Ov. ars 3,272.
[185] Ov. ars 3,273.
[186] Ov. ars 3,274. Andererseits galten auch zu große Brüste als häßlich (Lucr. 4,1168; Prop. 2,15,21f.); vgl. Ov. rem. 337f.; H.J. Geissler, P. Ovidius Naso 331.
[187] Ov. ars 3,275f.
[188] Ov. ars 3,277f.
[189] Ov. ars 3,279f.
[190] Solche Ratschläge sind ein gängiger Topos in der antiken Literatur, besonders der Satire (z.B. Lucr. 4,1141-1191; Hor. sat. 1,2,80ff.; Ov. fast. 4,148ff.; Iuv. 6 passim; Ath. 13,568a-d). In dieser Passage springen die Gemeinsamkeiten zwischen Ovid und einem Katalog weiblicher Schönheitsfehler aus dem Isotasion des griechischen Komödiendichters Alexis, den der *praeceptor amoris* wohl über eine Zwischenquelle aus der römischen Komödie kennengelernt hat, in die Augen. Dazu siehe R.K. Gibson, Ovid 197f.

er Mode und individuelle, typengerechte Gestaltung kombinierte, dürften seine Lehren für seine Leserinnen akzeptabel gewesen sein. Die Freude des Dichters am Schönen kommt auch in seinen Darlegungen zu Perücken und Färbemitteln, die in augusteischer Zeit zumindest in den wohlhabenden Kreisen der Bevölkerung verbreitet waren und als Zeichen von Kultiviertheit galten, zum Vorschein. Aus dieser Betrachtungsweise erklären sich auch seine Vorbehalte gegen allzu exzessiven Gebrauch derartiger Hilfen; denn vornehmlich Färbemittel erzielen häufig gegenteilige Effekte und machen die Benutzerin weniger attraktiv, weil das Haar geschädigt wird. Bei einem vorbildlichen männlichen Habitus spielen ästhetische Kriterien zwar auch eine Rolle, doch dominiert das Prinzip der Würde. Die von Ovid vertretene Überzeugung, daß diese Eigenschaft durch die Wahl einer vorteilhaften Haartracht und eine sorgfältige Bartpflege unterstrichen werden soll,[191] läßt sich in den geistesgeschichtlichen Kontext der augusteischen Zeit integrieren. Wie man weiß, wurde dieser Wert auch in bildlichen Darstellungen hervorgekehrt.[192] Da der *praeceptor amoris* dem neuen Schönheitsideal jener Jahre Rechnung trägt, ist die Frage interessant, welchen Spielraum er seinen Schülern für eine individuelle, typengerechte Gestaltung von Haartracht und Bart einräumt. Zwar äußert er sich nicht explizit zu diesem Problem, doch lassen seine Ausführungen erkennen, daß er persönliche Freiheiten dem Gebot der Würde unterordnet.

Der Grundsatz der *dignitas* ist ferner für die Kleidung römischer Bürger verbindlich. Er wird gewährleistet, wenn sich Toga und Schuhwerk durch eine tadellose Paßform auszeichnen[193] und sauber sind;[194] erregen doch ein nicht ordnungsgemäßer Faltenwurf und schlecht sitzende Schuhe offensichtlich den Spott der Betrachter.[195] Diese Darlegungen des Dichters werden erneut durch bildliche Darstellungen bestätigt.[196]

Weil Frauen *venustas* verkörpern sollen, geben ästhetische Gesichtspunkte den Ausschlag für die Gestaltung ihrer Kleidung. Sie äußern sich vor allem in der typengerechten Wahl der Farben der Gewänder.[197] Aus der Freude am Ästhetischen erklärt sich auch Ovids Aufforderung, den Aufwand in vernünftigen Grenzen zu halten; denn er ist sich bewußt, daß Schönheit nicht mit Prunk gleichgesetzt werden darf. Außerdem treten in seiner Attacke gegen Gepränge seine Vorbehalte gegen Überfeinerung zutage, ein Extrem, das er ebenso wie fehlende *urbanitas* beanstandet, weil das rechte Maß nicht gewahrt wird. Selbst

---

[191] Ov. ars 1,517f. Vgl. S. 132. 134.
[192] Dazu siehe S. 135.
[193] Ov. ars 1,514 (Toga). 516 (Schuhe).
[194] Ov. ars 1,513.
[195] Dazu ausführlich S. 134f. mit Belegen.
[196] P. Zanker, Augustus 167ff.
[197] Dazu ausführlich S. 149f.

wenn die Anweisungen des Dichters mit der Luxusgesetzgebung des Augustus in Einklang stehen, sind die Verordnungen doch unterschiedlich motiviert; wie man weiß, ließ sich der Herrscher im Gegensatz zum Poeten ausschließlich von politischen Erwägungen leiten.

In Ovids Darlegungen zur Körperpflege ist ein stark ausgeprägtes Hygienebewußtsein zu erkennen. Seine Ermahnungen, eine sorgfältige Mund- und Zahnpflege zu betreiben und sich regelmäßig zu waschen, um lästigen Mund- und Körpergeruch zu vermeiden, könnten sich zwar aus dem Zweck der Ars amatoria erklären, doch spiegelt sich in ihnen zweifellos auch die Überzeugung, daß Sauberkeit für einen kultivierten Großstädter unerläßlich ist,[198] wider. Während das Gebot der *munditia* für beide Geschlechter verpflichtend ist, haben Männer bei der Schönheitspflege außerdem darauf zu achten, daß sich die einschlägigen Maßnahmen mit ihrer *dignitas* vereinbaren lassen.[199] Aus diesem Grund untersagt der *praeceptor amoris* seinen Schülern sämtliche Mittel, die als typisch weiblich gelten;[200] denn ihre Verwendung würde für Männer Überfeinerung bedeuten. Das beste Beispiel solcher unangebrachten Methoden sind Aktivitäten, durch die das natürliche Aussehen eines Mannes korrigiert wird.

Bei Frauen erachtet Ovid dagegen einen intensiven, großzügigen Gebrauch von Kosmetika für unumgänglich, damit sie dem Ideal der *venustas* gerecht werden können.[201] Freilich stellt der Umgang mit solchen Schönheitsmitteln hohe Anforderungen an ihre Benutzerin; denn sie hat sich wieder an ästhetischen Gesichtspunkten zu orientieren, damit sie nicht übertreibt und das Ergebnis ihrer Bemühungen noch als anziehend empfunden wird. Dieses implizite Eintreten für eine Beschränkung des Luxus und das Plädoyer für *moderatio* stehen mit dem geistesgeschichtlichen Kontext der augusteischen Zeit in Einklang. Freilich meldet der Dichter nur Bedenken gegen exzessive Kultiviertheit an und stellt nicht die Existenzberechtigung von Kosmetika an sich in Frage. Einige seiner Anweisungen wie der Rat, Männern keinen Einblick in die Schmink- und Toilettengeheimnisse zu gewähren, oder die Empfehlung, sich den Mitmenschen stets in vorteilhaftem Licht zu präsentieren und körperliche Mängel zu kaschieren, haben ihre Aktualität bis in die heutige Zeit nicht eingebüßt, weil sie zeitlose Einsichten in allgemeinmenschliche Verhaltensweisen enthalten. Ebenso zeugt das Wissen, daß geistige Werte den Vorrang vor vergänglicher Schönheit haben, von der Integration des Phänomens *urbanitas* in größere geistesgeschichtliche Zusammenhänge.

---

[198] Hygienebewußtsein als Merkmal von *homines urbani*: Ov. ars 1,513; 3,107f. 193-196.
[199] Ov. ars 1,505f. Vgl. S. 132.
[200] Ov. ars 1,505-508. Vgl. auch S. 132. 261.
[201] Cic. off. 1,130; dazu ausführlich S. 196. 242.

7. Die Kehrseite der *urbanitas*

7.1 Materialistische Gesinnung

Obwohl Ovid sich im allgemeinen zu den zivilisatorischen Annehmlichkeiten bekennt, die das Leben in der römischen Metropole zu seinen Lebzeiten bestimmen, klingen doch in seinen Werken gelegentlich Vorbehalte gegen manche Zustände an. Anhaltspunkte für die Gründe seiner Unzufriedenheit lassen sich seinen Ausführungen zum Lob der Zivilisation in der Ars amatoria entnehmen; denn er führt in dieser Passage auch die Ursachen des Wandels an, den die mit der Expansion des Römischen Reiches einhergehende Veredelung der Lebensweise nach sich zog:

prisca iuvent alios, ego me nunc denique natum
gratulor: haec aetas moribus apta meis,
non quia nunc terrae lentum subducitur aurum
lectaque diverso litore concha venit,
nec quia decrescunt effosso marmore montes,
nec quia caeruleae mole fugantur aquae,
sed quia cultus adest nec nostros mansit in annos
rusticitas priscis illa superstes avis.[1]

Nach Ansicht des Dichters weist die augusteische Epoche zwei Merkmale auf: Sie ist von *cultus,* aber auch von Materialismus geprägt, der sich infolge der verstärkten Zufuhr von Ressourcen aus dem Osten zusehends etablierte. Während Ovid die verfeinerte Lebensart generell begrüßt, steht er dem zunehmenden Luxus samt Folgeerscheinungen eher zurückhaltend gegenüber. Seine Äußerung deutet darauf hin, daß er Fälle, in denen *cultus* allzu sehr durch materialistisches Denken beeinflußt wird, beanstandet. Freilich darf man aus dieser Stelle nicht folgern, daß er kostbare Rohmaterialien grundsätzlich ablehnt; war er sich doch sehr wohl ihrer Bedeutung für die *vita urbana* bewußt.

Ovid präzisiert seine Kritik an der Hochschätzung materieller Werte in seiner Schilderung des *saeculum aureum*:

quid tibi praecipiam teneros quoque mittere versus?
ei mihi, non multum carmen honoris habet.
carmina laudantur sed munera magna petuntur:

---

[1] Ov. ars 3,121-128; dazu R.K. Gibson, Ovid 139-144; W. Schubert, Mythologie 245f. 249f.

> *dummodo sit dives, barbarus ipse placet.*
> *aurea sunt vere nunc saecula: plurimus auro*
> *venit honos, auro conciliatur amor.*
> *ipse licet venias Musis comitatus, Homere,*
> *si nihil attuleris, ibis, Homere, foras.*[2]

Der Dichter glorifiziert scheinbar den Anbruch des Goldenen Zeitalters, den Augustus 17 v.Chr. in einem großen Saecularfest propagiert hat,[3] deutet aber zugleich den Begriff spielerisch um. Da im *saeculum aureum* der Mythologie dieses Edelmetall unbekannt war, polemisiert er in seinen Darlegungen implizit gegen die metaphorische Apostrophierung eines gesegneten Zeitalters als golden. Außerdem beschränkt er dieses Attribut auf die rein materielle Ebene und deutet die neue Epoche als Geldzeitalter.[4] Diese Interpretation konterkariert die Ideologie der Wiedereinführung eines Goldenen Zeitalters zu Beginn der Welt- und Kulturentwicklung, die von den augusteischen Dichtern verherrlicht wird.[5] Demnach ist dieses neue Geldzeitalter das Gegenteil des „alten" *saeculum aureum* der mythischen Vorzeit:

> *at cum regna senex caeli Saturnus haberet,*
> *omne lucrum tenebris alta premebat humus:*
> *aeraque et argentum cumque auro pondera ferri*
> *Manibus admorat, nullaque massa fuit.*
> *at meliora dabat, curvo sine vomere fruges*
> *pomaque et in quercu mella reperta cava.*
> *nec valido quisquam terras scindebat aratro,*
> *signabat nullo limite mensor humum.*
> *non freta demisso verrebant eruta remo:*
> *ultima mortali tum via litus erat.*[6]

Die recht unverblümte Kritik Ovids an der eigenen Gegenwart ist auf den ersten Blick mit dem Lobpreis der *aurea Roma* nicht zu vereinbaren. Allerdings ist der

---

[2] Ov. ars 2,273-280; dazu M. Myerowitz, Games 61; U. Eigler, Hermes 130, 2002, 295. Zur Geldbesessenheit der augusteischen Zeit siehe auch Ov. fast. 1,191-225.
[3] P. Zanker, Augustus 172ff.
[4] M. Janka, Ovid 229.
[5] Siehe besonders Verg. ecl. 4,5f.; Verg. Aen. 6,791-795; dazu E. Norden, P. Vergilius Maro, Aeneis Buch VI, Darmstadt 1976, 324 (Nachdruck der 4. Auflage von 1957, deren Text mit dem der 2. Auflage 1916 neu verglichen wurde); E. Pianezzola, QIFL 2, 1972, 45f.; Verg. Aen. 8,324f.; Hor. carm. 4,2,37-40; M. Janka, Ovid 229f.; E.A. Schmidt, Augusteische Literatur 98ff.
[6] Ov. am. 3,8(7),35-44; dazu W. Schubert, Mythologie 115f.

Widerspruch nur scheinbar; denn die Mißbilligung von Mißständen und die Freude am *cultus* schließen einander nicht von vornherein aus.

Nach Ansicht des Dichters ist Habgier das hervorstechende Merkmal dieses Geldzeitalters. Er unterstreicht diesen Übelstand, indem er das zentrale Objekt der allgemeinen Begierde, *aurum,* im 2. Buch der Ars amatoria an betonte Stellen der Verse 277 und 278 setzt.[7] Außerdem wird Vers 277 durch dieses Substantiv und das davon abgeleitete Adjektiv *aurea* umrahmt. Ovid demonstriert die Habsucht, die das öffentliche und private Leben dominiert, an zwei Beispielen, nämlich der Käuflichkeit der Ämter und der Liebe.[8] Nach dieser Äußerung haben Korruption und Raffgier derart zugenommen, daß sie sämtliche Werte unterminiert und einen verhängnisvollen Degenerationsprozeß ausgelöst haben. Selbst wenn solche Beschwerden über Verfallserscheinungen zu den Topoi zählen, die aus der Rhetorenschule geläufig waren,[9] scheinen sie doch eine gewisse Berechtigung zu haben; denn auch andere augusteische Dichter nehmen ähnliche Symptome von Dekadenz wie Ovid wahr.[10] So prangert Properz die verheerenden Konsequenzen dieser Entwicklung im religiösen und juristischen Bereich an:

at nunc desertis cessant sacraria lucis:
aurum omnes victa iam pietate colunt.
auro pulsa fides, auro venalia iura,
aurum lex sequitur, mox sine lege pudor.[11]

Nach seinen Darlegungen führt das unersättliche Streben nach materiellen Gütern ebenfalls zu einer völligen Umkehrung der Werte. Dieser Mechanismus zeigt sich am eindrucksvollsten an der Verdrängung der *pietas*, die eine völlige Vernachlässigung sämtlicher religiöser Pflichten nach sich zieht und die religiöse Fundierung des römischen Gemeinwesens untergräbt, und ihren Ersatz durch das Gold. Demnach wird die *res publica* durch die Gewinnsucht auf eine neue Basis gestellt. Als weitere Auswirkung dieses Wandels ist der Verlust der *fides,* einer der zentralen Tugenden im römischen Wertekanon, zu beklagen. Diese Neuorientierung hat Käuflichkeit vornehmlich im Gerichtswesen und in

---

[7] Ov. ars 2,277f.; dazu siehe P.J. Davis, Ramus 24, 1995, 193f.
[8] Ov. ars 2,278.
[9] Latro bei Sen. contr. 1, praef. 23; dazu siehe W. Stroh, Liebeselegie 121. Daß die Moral durch Geld und Ehrgeiz verdorben wird, beklagt auch Lucilius (1119f. M = 1127f. K; 1233 M = 1257 K). Dazu U.W. Scholz, Lucilius 232 mit weiterer Literatur.
[10] Prop. 3,13,49f.; Tib. 1,9,17f.; Hor. carm. 2,16,9ff.; Hor. epod. 4; Hor. sat. 2,3,77ff.; dazu siehe auch S. 255. Zur Wertschätzung des Goldes allgemein Lucr. 5,1113. 1275; Petron. 83,9ff.; vgl. M. Janka, Ovid 230.
[11] Prop. 3,13,47-50.

der Gesetzgebung zur Folge und bewirkt schließlich, daß Rom an seinen eigenen Gütern zugrunde geht: *frangitur ipsa suis Roma superba bonis*.[12] Somit ist die vermehrte Zufuhr von Ressourcen, die mit der zunehmenden Expansion des Imperium Romanum im 2. Jahrhundert v.Chr. begann, in den Augen gebildeter Zeitgenossen der Grund nicht nur für die Prosperität dieser Stadt, sondern auf lange Sicht auch für ihren Niedergang.[13] Tibull macht die Gier nach Gold ebenfalls für zahlreiche Mißstände verantwortlich, ohne allerdings ins Detail zu gehen: *admonui quotiens 'auro ne pollue formam: / saepe solent auro multa subesse mala.'*[14] Durch das Thema seiner Elegie bedingt, führt er nur den verderblichen Einfluß solcher Habsucht auf Liebesbeziehungen aus, indem er das bei einer allzu prachtvollen Aufmachung der Frau zum Vorschein kommende *luxuria*-Motiv als Ausdrucksform von schnödem Materialismus brandmarkt.[15] Zwar sind Klagen dieser Art ein beliebtes elegisches Motiv und haben topischen Einschlag, doch läßt sich mittels archäologischer Zeugnisse *luxuria privata* in jenen Jahren verifizieren.

Einen Spezialfall der Ausrichtung des sittlichen Empfindens auf pekuniäre Interessen sieht Ovid in der Käuflichkeit der Liebe. Seiner Meinung nach sind manche Frauen derart der Geldgier verfallen, daß sie ihre Gunst nur den Männern schenken, die ihnen teure Geschenke machen.[16] Er deutet diese berechnende Gesinnung als Falschheit,[17] die aus dem Verlust eigentlicher Werte wie *officium, studium* und *fides* resultiert.[18] Bezeichnend ist, daß der Dichter in diesem Zusammenhang das Verhalten unvernünftiger Tiere als vorbildlich hinstellt: Weil sie nicht der Habgier verfallen sind, erscheinen sie ihm von Natur aus zivilisierter als die gewinnsüchtigen Damen.[19] An dieser Gegenüberstellung verdeutlicht er sehr drastisch die Unvereinbarkeit von urbanem Verhalten und materialistischem Denken.

---

[12] Prop. 3,13,60. Die Kritik des Properz an der eigenen Gegenwart birgt einen wahren Kern. Wie man weiß, ergriff der Prinzipatsgründer umfangreiche Maßnahmen zur Wiederbelebung der Kulte, zur Restaurierung der Heiligtümer sowie zur Rückkehr zum *mos maiorum* und erließ Gesetze gegen den Luxus.

[13] Die Auffassung, daß die Schätze, die nach der Zerstörung Korinths aus dem griechischen Osten nach Rom kamen, zum Niedergang des *mos maiorum* führten, findet sich vor allem in historischen Werken. Siehe z.B. Sall. Catil. 10-13; Sall. hist. frg. 1,16.

[14] Tib. 1,9,17f.; vgl. auch 2,3; Prop. 3,13.

[15] K. Heldmann, WJA N.F. 7, 1981, 157.

[16] Ov. am. 1,10; Ov. ars 1,419-436; 2,278; vgl. 3,529-532. Zu Ov. am. 1,10 siehe N. Holzberg, Ovid 59; zu Ov. ars 1,419-436 M. Myerowitz, Games 118f.; zum Topos „Habgier der Geliebten" R. Müller, Motivkatalog 67 mit weiteren Belegen.

[17] Ov. am. 1,10,13f.

[18] Ov. am. 1,10,57.

[19] Ov. am. 1,10,25-28.

Unter der zunehmenden Bedeutung irdischer Güter, die das Prestige ihres Besitzers in der Öffentlichkeit bestimmen, haben nach Ansicht Ovids vor allem Intellektuelle zu leiden. Er demonstriert die Auswirkungen dieser Entwicklung an der Wertschätzung von Gold und geistigen Gaben.[20] Während früher Begabung und Versiertheit in den freien Künsten für wichtiger als dieses Edelmetall erachtet wurden, galt zu seinen Lebzeiten als Barbar, wer ohne Vermögen war:

> *et quisquam ingenuas etiam nunc suspicit artes*
> *aut tenerum dotes carmen habere putat?*
> *ingenium quondam fuerat pretiosius auro,*
> *at nunc barbaria est grandis habere nihil.*[21]

Der Dichter kontrastiert an dieser Stelle pointiert *ingenium* und *barbaria*, um die Pervertierung der *urbanitas* zum Ausdruck zu bringen. Nach allgemeiner Auffassung in der Antike unterschied Bildung den Städter von der Landbevölkerung und den Barbaren, zu Lebzeiten Ovids wurde diese Zuordnung allein aufgrund des Besitzes vorgenommen. Aus diesem Grund gefiel selbst ein Barbar den Frauen, wenn er nur reich war.[22] Ovid bedauert vor allem, daß diese Abwertung geistiger Fähigkeiten zur Geringschätzung der Dichtung führt und dadurch gerade mittellosen Poeten die Möglichkeit genommen wird, der Dame ihres Herzens mit eigenen Gedichten kostenlose Geschenke zu machen. Zwar ist die Aufforderung, Verse für die Liebeswerbung einzusetzen, durch das Thema und den Zweck der Ars amatoria bedingt, doch spiegelt sich in der Resignation oder Klage über die mangelnde Achtung vor intellektuellen Werken mit hoher Wahrscheinlichkeit die persönliche Überzeugung eines Gebildeten wider, der möglicherweise die Konsequenzen dieses Phänomens selbst zu spüren bekam. Diese Verkehrung der Werte im augusteischen Rom zeigt sich an seinem Urteil über die fehlende Anerkennung, die der elegischen Dichtung, vor allem der Liebespoesie gezollt wird, sehr deutlich. Statt des verdienten, von Leistung herrührenden *honos*, in dem echte Hochschätzung zum Ausdruck kommt, wird Gedichten nur *laus*, vordergründig gespendetes Lob, zuteil; denn niemand möchte sein Desinteresse an Literatur und Bildung, Errungenschaften, die zu einem kultivierten Ambiente gehören, eingestehen.[23]

An dieser Reaktion des Publikums kommt eine weitere Kehrseite des neuen *saeculum aureum* zum Vorschein. Mitunter werden Verhaltensweisen, die den

---

[20] Ov. am. 3,8(7),3f.; Ov. ars 2,273-276. 279f.; Ov. rem. 343f.
[21] Ov. am. 3,8(7),1-4. Zu Ov. am. 3,8(7) A.W.J. Holleman, Historia 20, 1971, 458f. 461f.
[22] Ov. ars 2,276.
[23] Ov. ars 2,274f.; dazu ausführlich S. 101f. Zur Bedeutung von Gedichten beim Werben um eine Frau siehe W. Fauth, Maia 32, 1980, 275.

kultivierten Städter kennzeichnen, aus bloßer Konvention weiter gepflegt, weil jeder, der das Attribut eines *homo urbanus* für sich in Anspruch nahm, unbedingt den äußeren Schein wahren wollte. Dieses Benehmen führt zu der paradoxen Entwicklung, daß sich Stadtrömer zusehends von urbanen Werten entfernen, sie dadurch in Frage stellen und unterminieren. Wegen des zunehmenden Identitätsverlustes nähern sie sich immer mehr den vielgeschmähten *homines rustici* an, und die Grenzen zwischen *urbanitas* und *rusticitas* werden fließend. Somit erwächst der veredelten Lebensart nach Ansicht des Dichters aus einer überdurchschnittlich ausgeprägten materialistischen Gesinnung die Gefahr, daß ihre zentralen Eigenschaften ausgehöhlt werden und zu einer hohlen Fassade erstarren. Dieses Phänomen äußert sich in einer gegenläufigen Entwicklung: Während das Ambiente wegen des steigenden Luxus immer stärker verfeinert wird, nimmt die Kultivierung im intellektuellen Bereich zumindest in einigen Gruppen der stadtrömischen Bevölkerung ab.

Von dem Prozeß, daß die Hochachtung von Reichtum und Besitz die Ausbildung eines neuen Wertekanons, in dem die traditionellen römischen Tugenden nur noch um des Anscheins willen respektiert werden, nach sich zieht, sind vor allem immaterielle Güter betroffen.[24] Das beste Beispiel dieser veränderten Wahrnehmung sind die Dichter. Früher standen sie als Schützlinge der Götter in höchstem Ansehen, wurden mit Auszeichnungen und Ehren überhäuft[25] und erlangten wegen ihrer Werke unsterblichen Ruhm.[26] In augusteischer Zeit dagegen sicherte ihnen ihr ungewöhnliches Talent keinerlei Vorrechte mehr. Aus diesem Grund stellt Ovid Homer mit seinen dilettantisch dichtenden Schülern auf die gleiche Stufe und behauptet, er werde nur Erfolg haben, wenn er Geschenke mitbringt.[27] Daß der Poet mit dieser Behauptung zugleich die Bildung einiger seiner Zeitgenossen in Frage stellt, braucht nicht eigens betont zu werden.

Wegen der großen Bedeutung von Vermögen schlichen sich in jenen Jahren offenbar Praktiken ein, die auf eigene Bereicherung zielten. In seinen Ausführungen zum aufopferungsvollen Dienst am Krankenbett der Geliebten kommt Ovid kurz auf einen offenbar weit verbreiteten Mißstand im neuen Geldzeitalter zu sprechen, den bereits Horaz um 30 v.Chr. in seiner Satire 2,5 gebrandmarkt hat, nämlich die diversen Praktiken der Erbschleicherei.[28] Nach seiner Darstellung sahen manche Römer in dieser Fürsorge einen geeigneten Weg, um sich einen Platz im Testament leidender Personen zu sichern: *omnibus his inerunt*

24	Zum Problem der „alten" und „neuen" Werte siehe M. Bettini, Mos 325ff.
25	Ov. ars 3,405-410; dazu R.K. Gibson, Ovid 266ff.
26	Ov. ars 3,411-416; dazu R.K. Gibson, Ovid 268f.; W. Schubert, Mythologie 170. 229.
27	Ov. ars 2,279f.; dazu siehe auch S. 102.
28	Hor. sat. 2,5,9-22 (Geschenke für reiche, alte Leute); vgl. auch Hor. epist. 1,1,77ff.; Mart. 4,56,1f.

gratae vestigia curae; / in tabulas multis haec via fecit iter.[29] Andere, denen kein Krankheitsfall den Anlaß für solche Aktivitäten bot, versuchten dieses Ziel zu erreichen, indem sie kinderlosen älteren Menschen Geschenke machten: *turpiter his emitur spes mortis et orba senectus; / a, pereant, per quos munera crimen habent!*[30] Selbst wenn derartige Gesten zu den allgemeinmenschlichen Verhaltensweisen zählen, die schon in der Komödie angeprangert werden[31] und topischen Charakter haben, dürften die beiden Dichter dieses Phänomen auch zu Recht als Mißstand im neuen *saeculum aureum* gedeutet haben.

7.2 Wandel der herkömmlichen Werte

Veränderungen im traditionellen römischen Wertesystem machen sich nach Ansicht Ovids ferner bei den Moralvorstellungen bemerkbar. So führt die zunehmende Verfeinerung der urbanen Umgangsformen, wenn sie übertrieben wird, unter Umständen zur Lockerung der Sitten und zu Verhaltensweisen, die sich mit dem *mos maiorum*,[32] vor allem aber mit den Vorstellungen altrömischer *pudicitia* nicht in Einklang bringen lassen.[33] Obwohl der Dichter solche Auswüchse in der Regel attackiert, weil sie gegen das Gebot der *moderatio* verstoßen, ist seine Haltung der laxen Moral gegenüber wohl ambivalent. Als *praeceptor amoris* billigt er diese Entwicklung wegen des Inhalts und Zwecks der Ars amatoria, eröffnen sich doch dadurch seinen Schülern beiderlei Geschlechts größere Handlungsspielräume. Als Ehemann und Vater dagegen muß er nicht unbedingt derartige Ansichten vertreten haben. Vielmehr deuten die in Tomi geschriebenen Briefe, in denen er seine Frau wiederholt aufforderte, ihm die Treue zu halten, darauf hin, daß er im Privatleben konservativere Überzeugungen hegte.[34] Deshalb weist er den Herrscher in den Tristien explizit darauf hin, daß ein Unterschied zwischen dem Inhalt seiner Dichtungen und seinem Lebenswandel besteht.[35]

Da die für den kultivierten Lebensstil unentbehrliche Freizügigkeit erst durch gewandelte Ansichten über *pudor* ermöglicht wird, übt Ovid an diesen

---

[29] Ov. ars 2,331f.; dazu siehe M. Janka, Ovid 260f.; J. Wildberger, Ovids Schule 259.
[30] Ov. ars 2,271f.; dazu siehe G. Baldo (cur.), Ovidio. L'arte di amare. Commento II 303; M. Janka, Ovid 225f.; J. Wildberger, Ovids Schule 259.
[31] Z.B. Plaut. Mil. 705ff.; dazu siehe M. Labate, Arte 220ff.
[32] Zum *mos maiorum* und seinem Kompromißcharakter siehe M. Bettini, Mos 321ff.
[33] Der Vorwurf mangelnder *pudicitia* wurde bereits in republikanischer Zeit erhoben und galt als Zeichen des Niederganges der Staatsmoral. Siehe G. Thome, O tempora 126ff. mit Belegen.
[34] Besonders Ov. Pont. 3,1,44-48.
[35] Ov. trist. 2,87ff.

Zuständen keine Kritik. So werden die Annäherungsversuche eines Mannes selbst bei den günstigsten Voraussetzungen durch falsche Scheu blockiert, während weniger Hemmungen den gewünschten Erfolg garantieren:

> *conloquii iam tempus adest; fuge rustice longe*
> *hinc Pudor: audentem Forsque Venusque iuvat.*[36]

Bemerkenswert ist, daß der Dichter die herkömmliche Ansicht über Scham auch an dieser Stelle mit einem Landbewohner in Verbindung bringt und sie dadurch als rückständig hinstellt. Ähnlich argumentiert er, als er seinen Schülern diverse Möglichkeiten, Kontakte zu einer Frau anzubahnen, beschreibt:

> *oscula qui sumpsit, si non et cetera sumit,*
> *haec quoque, quae data sunt, perdere dignus erit.*
> *quantum defuerat pleno post oscula voto?*
> *ei mihi, rusticitas, non pudor ille fuit.*[37]

Der Poet macht seinen Lesern klar, daß es bei der Anknüpfung zwischenmenschlicher Beziehungen töricht ist, auf halbem Weg stehenzubleiben und sich mit Küssen zufriedenzugeben. Er bezeichnet ein derartiges Zaudern als Tölpelhaftigkeit und stellt es erneut der Scham gegenüber. Durch diese Parallele entlarvt er den *pudor*, auf dessen Wahrung die Ehegesetzgebung des Augustus unter anderem abzielte, als unzeitgemäßen Wert, war er doch für Liebesabenteuer höchst hinderlich.[38] Außerdem versetzt er Leuten, die im Einklang mit den vom Herrscher erlassenen Sittengesetzen lebten, einen Seitenhieb. Weil sich die Vertreter solcher Moralvorstellungen der Einsicht verschließen, daß der Verfeinerungsprozeß der Umgangsformen auch eine „Modernisierung" der altrömischen Vorstellungen von Sittlichkeit nach sich zieht, interpretiert er ihr Verhalten wieder als *rusticitas*. Selbst wenn diese Auffassung durch das Thema und den Zweck der Ars amatoria begünstigt wird, hat Ovid doch erkannt, daß manche traditionellen Wertbegriffe der Römer nicht mehr zeitgemäß waren und einer Anpassung an ihr historisches Umfeld bedurften. Vor diesem Hintergrund erscheint sein Spott über die Sittengesetzgebung des Augustus, durch die herkömmliche altrömische Werte wiederbelebt werden sollten, in einem anderen Licht.

---

[36] Ov. ars 1,607f.; dazu E. Pianezzola, QIFL 2, 1972, 50f. (Anspielung auf Hor. carm. saec. 57ff. in diesen Versen); T. Reekmans, Pudor 392.
[37] Ov. ars 1,669-672; dazu T. Reekmans, Pudor 388.
[38] Zur Kritik Ovids an den von Augustus propagierten Moralvorstellungen siehe G. Binder, Herrschaftskritik 152f.; vgl. N. Holzberg, WJA N.F. 16, 1990, 141.

Gelegentlich bringt Ovid *pudor* nicht explizit mit Zurückgebliebenheit in Verbindung, doch lassen seine Stellungnahmen nichtsdestoweniger erkennen, daß er eine kleinliche Deutung des Begriffes nicht für angemessen erachtet.[39] So ermuntert er sein männliches Leserpublikum, sich nicht durch falsche Scheu davon abhalten zu lassen, beim Genuß der Freuden der Venus manuelle Praktiken an geeigneten Stellen auszuprobieren und alle Berührungsmöglichkeiten auszuschöpfen.[40] Ebenso ist es vorteilhaft, dem eigenen Schamgefühl keine zu engen Grenzen zu setzen, wenn erste Annäherungsversuche unternommen werden, und auch unübliche Wege zu beschreiten; vergrößern sich doch dadurch die Erfolgsaussichten erheblich.[41] Schließlich hält es der Dichter für angebracht, daß seine Schüler durch Preisgabe der üblichen Zurückhaltung soziale Barrieren überwinden und sich um das Dienstpersonal ihrer Geliebten bemühen, weil sie auf dessen Gunst angewiesen sind.[42] An dieser Stelle hat das Aufgeben von *pudor* die Überbrückung standesspezifischen Denkens zur Folge: sie äußert sich in der Ausführung normalerweise mit vornehmer Herkunft unvereinbarer Taten und führt zu einer zeitweiligen Nivellierung der gesellschaftlichen Hierarchie. Auch in diesem Fall eröffnen sich für Ovids Schüler durch eine großzügige Auslegung dieses Wertes neue Möglichkeiten bei zwischenmenschlichen Beziehungen.

Ovid führt als Beispiel der veränderten Moralvorstellungen den Ehebruch von Frauen an und bezeichnet den betrogenen Mann als *rusticus*, der an diesen Zuständen noch Anstoß nahm; denn er sieht in einem derartigen Verhalten ein Zeichen von Kultur:

> *rusticus est nimium, quem laedit adultera coniunx,*
> *et notos mores non satis Urbis habet,*
> *in qua Martigenae non sunt sine crimine nati*
> *Romulus Iliades Iliadesque Remus.*
> *quo tibi formosam, si non nisi casta placebat?*
> *non possunt ullis ista coire modis.*[43]

Der Dichter wendet an dieser Stelle den Gegensatz zwischen Stadt- und Landbevölkerung auf die Repräsentanten unterschiedlicher sittlicher Einstellungen

---

[39] Ov. ars 1,495ff.; 2,251f. 720; Ov. rem. 352f.
[40] Ov. ars 2,720; dazu siehe M. Janka, Ovid 494.
[41] Ov. ars 1,495-497; dazu T. Reekmans, Pudor 392.
[42] Ov. ars 2,251f.; dazu M. Janka, Ovid 213; T. Reekmans, Pudor 385. Vgl. S. 98. 126.
[43] Ov. am. 3,4,37-42; dazu siehe S.A. Schlueter, Studies 123f.; W. Stroh, Gymnasium 86, 1979, 340f.; W. Schubert, Mythologie 110f.; vgl. B. Otis, Ovids Liebesdichtungen 246. Zum Verhalten eines Liebenden gegenüber der treulosen Partnerin N. Holzberg, WJA N.F. 16, 1990, 139ff.

an, indem er einen Anhänger altrömischer Sittenstrenge als Hinterwäldler und einen Vertreter einer weniger rigiden Moral als *homo urbanus* apostrophiert, und wertet dadurch die herkömmlichen Ansichten über Sittlichkeit ab. Er begründet den Kausalzusammenhang zwischen der Verfeinerung der Umgangsformen und der laxen Moral mit der Abstammung des Stadtgründers Romulus und seines Zwillingsbruders Remus[44] und leitet daraus einen gewissen Hang der Römer zu Seitensprüngen ab; er entschuldigt und legalisiert ihn zugleich, handelte es sich doch sozusagen um eine Erbschuld, gegen welche die Betroffenen machtlos waren. Mit dieser Veranlagung der Männer geht das Wesen der Frauen einher; auch sie haben eine gewisse Neigung zur Untreue, weil sich Schönheit und Keuschheit nach Meinung Ovids nicht miteinander vereinbaren lassen.[45] Diese Argumentation läuft zwangsläufig auf eine Sanktionierung ehebrecherischer Beziehungen hinaus.[46] Da der Dichter an dieser Stelle zweifellos die Ehegesetzgebung des ersten *princeps*, insbesondere die *lex Iulia de adulteriis coercendis*, durch die Ehebruch, Unzucht und Kuppelei zu einem öffentlichen Kriminaldelikt wurden, attackiert, versteht er unter *rustici* alle, die mit diesem Gesetz konforme Ansichten vertreten. Durch diesen Begriff stellt er die von Augustus verordnete Rückkehr zu den traditionellen altrömischen Werten als Rückfall auf eine niedrigere Stufe von Kultur und Zivilisation hin, der zu einer Metropole wie Rom nicht paßt.[47]

Daß Keuschheit bei der Damenwelt im augusteischen Rom außer Mode gekommen ist, deutet Ovid ferner in seinen Darlegungen zu den Liebesbriefen in der Ars amatoria an, als er freigelassenen Frauen unterstellt, daß sie ihre „Männer" betrügen, obwohl sie nicht mit ihnen in rechtmäßiger Ehe verbunden sind:

sed quoniam, quamvis vittae careatis honore,
  est vobis vestros fallere cura viros,

---

[44] Ov. am. 3,4,39f.
[45] Ov. am. 3,4,41f.
[46] Zur Ehegesetzgebung des Augustus siehe J.E. Spruit, De Lex Julia et Papia Poppaea. Beschouwingen over de Bevolkingspolitiek van Augustus, Deventer 1969; M. Humbert, Le remariage à Rome. Etude d'Histoire juridique et sociale. Università di Roma. Pubblicazioni dell'Istituto di diritto romano e dei diritti dell'Oriente Mediterraneo 44, Milano 1972, 138ff.; P. Csillag, The Augustan Laws on Family Relations, Budapest 1976; L.F. Raditsa, Augustus' Legislation Concerning Marriage, Procreation, Love Affairs and Adultery, ANRW II 13 (1980) 278ff.; R. Astolfi, La lex Julia et Papia, Padova ²1986; A. Mette-Dittmann, Die Ehegesetze des Augustus. Eine Untersuchung im Rahmen der Gesellschaftspolitik des Princeps. Historia Einzelschriften 67, Stuttgart 1991; D. Kienast, Augustus 116. 156. 165ff. jeweils mit weiterer Literatur.
[47] Zu weiteren Seitenhieben Ovids auf die Ehegesetzgebung in den Amores und der Ars amatoria siehe W. Stroh, Gymnasium 86, 1979, 323ff.

ancillae puerive manu perarate tabellas,
pignora nec puero credite vestra novo.[48]

In dieser Behauptung des Dichters ist die Konjunktion *quamvis* von entscheidender Bedeutung, weist sie doch darauf hin, daß ehrbare Matronen eher als Frauen unfreier Herkunft zu ehebrecherischem Verhalten neigen und daß sie sich nicht im mindesten um das bereits erwähnte Ehegesetz des Prinzipatsgründers kümmern.[49]

Da Ovid seinen männlichen Lesern dazu rät, die aus der Lockerung der Sitten herrührende Treulosigkeit der Frauen hinzunehmen, gesteht er ihnen sozusagen als eine Art Ausgleich in diesem Bereich größere Handlungsspielräume zu und fordert sie dezidiert zu Seitensprüngen auf.[50] Er begründet diese Vorschrift mit einer Behauptung, mit der er der Ehegesetzgebung des Augustus erneut einen Seitenhieb versetzt, nämlich daß die Menschen von Natur aus nicht zu Monogamie und dauerhafter Treue imstande sind:

nec mea vos uni donat censura puellae;
di melius! vix hoc nupta tenere potest.[51]

Der *praeceptor amoris* treibt in diesem Distichon mit der staatsrechtlichen Terminologie und Praxis sein Spiel, indem er sich als „weltmännisch milder und verständnisvoller Censor"[52] zeigt. Somit betont er durch diesen Terminus den Kontrast zwischen dem toleranten, humanen Censor Ovid und dem rigiden Censor Augustus.[53] Daß diese Äußerung mit der *tutela morum*, die diesem Amt oblag und die in der Restaurationspolitik des Prinzipatsgründers eine wichtige Rolle spielte,[54] nicht in Einklang steht, braucht kaum eigens betont zu werden. Im Pentameter kritisiert der Dichter unverhohlen die Treue römischer Matronen[55] und leitet daraus größere erotische Befugnisse für den Mann ab.[56] Auf diese Weise kann er auch den Frauen die Schuld an Ehebrüchen zuschieben, machen sich doch die Männer nur deren Disposition zunutze. Die aus diesen

---

[48] Ov. ars 3,483-486; dazu R.K. Gibson, Ovid 294ff.
[49] W. Stroh, Gymnasium 86, 1979, 346.
[50] Ov. ars 2,387-414. Zur Frage, ob Ovid in der Ars amatoria Ehebruch lehrt, siehe A.R. Sharrock, MD 33, 1994, 107ff.
[51] Ov. ars 2,387f.
[52] M. Janka, Ovid 301.
[53] M. Janka, Ovid 302.
[54] E. Pianezzola, QIFL 2, 1972, 52f.
[55] M. Weber, Mythologische Erzählung 105; vgl. M. Janka, Ovid 303f.
[56] Ov. ars 2,389f.: *ludite, sed furto celetur culpa modesto; / gloria peccati nulla petenda sui est.*

Gegebenheiten hergeleitete Anweisung, zu tändeln und sich in der Liebe auszutoben, zeigt erneut die Freizügigkeit der Moral. Andererseits ist die Aufforderung, bei diesem Treiben Diskretion walten zu lassen, für Ovids Denken über urbanes Betragen typisch; denn gerade bei Seitensprüngen sind Takt und Zurückhaltung vonnöten, damit die weibliche Eifersucht, die nach Ansicht des *praeceptor amoris* verheerende Ausmaße annehmen kann, nicht gereizt und der betrogene Partner nicht unnötig verletzt wird. Vielleicht wollte er auch sein Spiel mit den Sittengesetzen des ersten *princeps* nicht auf die Spitze treiben, indem er seine Schüler davon abhielt, sich mit solchen Verfehlungen zu brüsten.[57]

Von losen Moralvorstellungen zeugt ferner der unverfrorene Ratschlag des Dichters, ein beim Ehebruch ertappter Mann solle seine Untreue leugnen, selbst wenn sie klar auf der Hand liege:

quae bene celaris, si qua tamen acta patebunt,
illa licet pateant, tu tamen usque nega.
tum neque subiectus solito nec blandior esto:
haec animi multum signa nocentis habent.
sed lateri ne parce tuo: pax omnis in uno est;
concubitu prior est infitianda Venus.[58]

Wenn ein Schüler trotz aller Vorsicht bei einer Affäre überrascht wird, legt Ovid ihm nahe, mittels *simulatio* alles abzustreiten, warnt ihn aber ausdrücklich vor Stümperei wie überzogener Unterwürfigkeit und beflissener Schmeichelei, weil solch ein Verhalten verräterisch ist.[59] In dieser Weisung liegen zwei Auswüchse urbanen Benehmens offen zutage: Mit der gewandelten Vorstellung von Sittlichkeit geht die bereits mehrfach festgestellte Unaufrichtigkeit einher,[60] die wesentlich den zwischenmenschlichen Umgang bestimmt und echte Gefühle unterminiert. Der gleiche Tenor findet sich auch im folgenden Distichon, wenn Ovid seine Leser dazu animiert, den Vorwurf der Treulosigkeit zu widerlegen, indem sie ihre Beziehung mit der gerade betrogenen Frau durch *munera Veneris* krönen und so den Frieden sichern.[61]

---

[57] Dazu siehe S. 70.
[58] Ov. ars 2,409-414; dazu siehe M. Janka, Ovid 315ff.; J. Wildberger, Ovids Schule 278.
[59] Ov. ars 2,411f.
[60] Dazu siehe ausführlich S. 70.
[61] Ov. ars 2,413f. M. Janka, Ovid 316 sieht in V. 413 *sed lateri ne parce tuo: pax omnis in uno est* „die Möglichkeit einer maliziösen Parodie einer der bekanntesten Stellen zur *pax Romana* in der augusteischen Literatur": *tu regere imperio populos, Romane, memento / (hae tibi erunt artes), pacique imponere morem, / parcere subiectis et debellare superbos* (Verg. Aen. 6,851-853). J. Wildberger, Ovids Schule 278 Anm. 45 deutet *pax*

Mit dem Kausalzusammenhang zwischen verfeinerten Umgangsformen und laxer Moral setzt sich Ovid auch in den Liebesgeschichten aus dem Mythos auseinander. So greift er in seiner Wiedergabe des Ehebruchs, den Helena mit Paris trieb, den Gegensatz von *rusticitas* und *urbanitas* auf:

> *cogis adulterium dando tempusque locumque;*
> *quid, nisi consilio est usa puella tuo?*
> *quid faciat? vir abest, et adest non rusticus hospes,*
> *et timet in vacuo sola cubare toro.*
> *viderit Atrides; Helenen ego crimine solvo:*
> *usa est humani commoditate viri.*[62]

Der Dichter wälzt die Schuld an Helenas Untreue auf Menelaus ab, indem er ihm vorwirft, seine Frau wegen seiner allzu langen Abwesenheit zu dieser Tat genötigt zu haben, und ihn als kupplerischen Ehemann abstempelt.[63] Ihr Vergehen wird obendrein durch das Wesen ihres Mannes, den Ovid als *rusticus* hinstellt, begünstigt. Weil sein Gegenspieler Paris zu den *viri humani* zählte, konnte er nicht vor ihm bestehen. Der Poet unterstreicht den scharfen Gegensatz zwischen beiden Rivalen durch die chiastische Wortstellung in Vers 369;[64] in der

---

[62] als topische *bella Veneris* und denkt bei *subiectus* eher an das Konzept des *servitium amoris* (vgl. Prop. 1,10,27).
Ov. ars 2,367-372; dazu siehe ausführlich S. 111f.

[63] Dieser Vorwurf der Kuppelei des Ehemannes ist im streng juristischen Sinn nicht haltbar; denn Menelaus zog aus dem ehewidrigen Verhalten seiner Frau weder materiellen Gewinn noch behielt er sie bei sich, obwohl sie eindeutig des Ehebruchs überführt war. Zu diesen Voraussetzungen siehe Ulp. dig. 48,5,2,2: *lenocinii quidem crimen lege Iulia de adulteris praescriptum est, cum sit in eum maritum poena statuta, qui de adulterio uxoris suae quid ceperit, item in eum, qui in adulterio deprehensam retinuerit.* „Es liegt also nahe, hier ... von maliziöser Rechtsverdrehung Ovids zu sprechen, der durch sophistische Auslegung des Gesetzes und seine anachronistische Anwendung auf einen Ehebruch im Mythos die Ehegesetze des Augustus durch Persiflage *ad absurdum* führen will." Siehe M. Janka, Ovid 288; vgl. W. Stroh, Gymnasium 86, 1979, 347f.; M. Weber, Mythologische Erzählung 102; W. Schubert, Mythologie 209f. 236.

[64] *Vir abest, et adest non rusticus hospes.* Ähnlich: Ov. ars 3,127f. Der Kontrast von *urbanitas* und *rusticitas* ist auch im Briefwechsel zwischen Helena und Paris in den Heroides von Bedeutung. Helena erscheint als *puella urbana*, die mit der Maske der *rustica* spielt. Siehe M. von Albrecht, Ovid 111f. Ovid charakterisiert auch Venus mit der Litotes *nec rustica* und bringt dadurch zum Ausdruck, daß sie bei ihrem Seitensprung mit Mars nicht an falscher Scheu litt (Ov. ars 2,565f.). Zur Verstärkung des Gegensatzes von *cultus* und *rusticitas* siehe W. Schubert, Mythologie 210; vgl. auch R. Häußler, Dreieck 215; zur Affäre von Mars und Venus siehe S.A. Schlueter, Studies 14f.; J.D. McLaughlin, Relevancy 82ff.; M. Steudel, Literaturparodie 183ff.; N. Holzberg, WJA N.F. 16, 1990, 137ff.; A.R. Sharrock, MD 33, 1994, 114f.; N. Holzberg,

antithetischen Gestaltung dieses Hexameters spiegelt sich außerdem das Dreiecksverhältnis zwischen Menelaus, Helena und Paris wider.[65] Der Kontrast zwischen den beiden Männern wird durch die Apostrophierung des Verführers als *non rusticus* und *humanus* weiter erläutert.[66] Mittels der Litotes *non rusticus* unterstellt der *praeceptor amoris* zunächst, daß Menelaus einer der spartanischen Bauerntölpel war, die sich durch Borniertheit und Tobsucht auszeichnen.[67] In diesem Begriff faßt er sämtliche Vorstellungen zusammen, die sich mit Erotik nicht in Einklang bringen lassen.[68] Paris dagegen verkörpert das Ideal des *homo urbanus*, dessen Liebenswürdigkeit vornehmlich auf *cultus* und *ingenium* fußt und bäuerische Sprödigkeit nicht aufkommen läßt.[69]

Auf der Lockerung der Sitten basiert zum Teil auch das Dreiecksverhältnis zwischen Dichter, Mädchen und dem „Mann". Selbst wenn es sich in diesen Fällen um keinen echten Ehebruch handelt, weil die Damen Freigelassene und keine verheirateten Matronen waren, verwendet der Poet in den Gedichten, in denen er solche Verhältnisse behandelt, Termini aus dem Bereich des *matrimonium iustum*, um diesen Anschein zu erzeugen.[70] Dieses Vorgehen läßt einen zwanglosen Umgang mit dem Phänomen der Untreue erkennen. Außerdem deutet es darauf hin, daß der Autor mit dem Interesse seiner Leser für dieses Thema rechnen konnte; denn Beziehungen zwischen freigeborenen Männern vornehmer Herkunft und Frauen unfreier Abstammung waren in der ausgehenden Republik gang und gäbe. Hinzu kommt, daß auch in den Wandmalereien jener Jahre eine Vorliebe für erotische Motive festzustellen ist.[71] Nicht zuletzt aus diesem Grund widmet der *praeceptor amoris* diesem Sujet sein Werk „Ars amatoria", das sich freilich als Lehrgedicht über die Unbelehrbarkeit der Liebe

---

Ovid 111. 120; R. Häußler, Dreieck 214ff.; U. Schmitzer, Ovid 71f.; A. Sharrock, Ovid 154f.; zum Rückgriff auf literarische Tradition und aktuelle politische Tendenzen in dieser Passage U. Schmitzer, Ovid 71f.; P. Watson, Praecepta 155; zur Urbanität der kultivierten *serenitas* dieser Episode R. Häußler, a.a.O. bes. 219ff.; zur kultivierenden Kraft der Venus G. Wellmann-Bretzigheimer, Ovids «Ars amatoria» 22. Bezeugungen von *rusticus* ohne die Bedeutung unzeitgemäßer Moralvorstellungen: Ov. ars 2,184. 264; Ov. rem. 189.

[65] M. Janka, Ovid 289.
[66] Ov. ars 2,369. 372.
[67] Ov. epist. 16,221f.: *paenitet hospitii, cum me spectante lacertos / imponit collo rusticus iste tuo.*
[68] Ov. ars 1,607f. 672; 2,565f.; 3,127f.
[69] An dieser Stelle kehrt Ovid das Motiv des gebildeten Griechen und des unkultivierten *barbarus* um, indem er Troja trotz der *rusticitas* des Hirten vom Ida als urbanen Ort hinstellt. Siehe M. Janka, Ovid 289.
[70] W. Stroh, Gymnasium 86, 1979, 323ff.
[71] A. Grüner, Venus 213ff.

erweist.[72] Das Ziel des Autors, seine Leser zur Meisterschaft in der Liebeskunst zu befähigen,[73] zeigt einerseits die zunehmende Verfeinerung in diesem Bereich des menschlichen Lebens, andererseits aber auch seinen Spott über die von Augustus geförderte Institution der Ehe; sieht er doch in freigelassenen Frauen die Adressatinnen seines Werkes.[74] Obendrein verherrlicht er die freie Liebe geradezu auf Kosten der ehelichen.[75] Die Vorteile amouröser Beziehungen außerhalb des Ehebundes formuliert er in seinen Anweisungen, einer Frau ihre Fehler nicht vorzuhalten, noch sehr dezent:

odi, quae praebet, quia sit praebere necesse,
    siccaque de lana cogitat ipsa sua.[76]

In diesem Distichon apostrophiert Ovid die römische Ehefrau als minderwertige Partnerin, indem er auf ihren häuslichen Wirkungsbereich verweist. Die gleiche Überzeugung bringt er an einer anderen Stelle deutlicher zum Ausdruck, wenn er feststellt, es lohne sich nicht, eine Frau zu begehren, die er ohne allzu große Anstrengungen bekommen könne:

hoc est, uxores quod non patiatur amari:
    conveniunt illas, cum voluere, viri.[77]

Völlig ungeniert führt er den Gegensatz zwischen dem leidigen Eheleben und dem Genuß, den freie Liebe bietet, im zweiten Buch der Ars amatoria aus:

este procul, lites et amarae proelia linguae;
    dulcibus est verbis mollis alendus amor.
lite fugent nuptaeque viros nuptasque mariti
    inque vicem credant res sibi semper agi:
hoc decet uxores, dos est uxoria lites;
    audiat optatos semper amica sonos.
non legis iussu lectum venistis in unum;
    fungitur in vobis munere legis Amor.[78]

---

[72] K. Heldmann, Dichtkunst 358. 373f.
[73] Ov. ars 1,1f. Zum Kultivierungsgedanken der Liebeslehre siehe G. Wellmann-Bretzigheimer, Ovids «Ars amatoria» 14ff.; M. Myerowitz, Games 25.
[74] W. Stroh, Gymnasium 86, 1979, 344.
[75] Ebd. 344; vgl. P.J. Davis, Ramus 24, 1995, 182ff.
[76] Ov. ars 2,685f.
[77] Ov. ars 3,585f.; dazu siehe W. Stroh, Gymnasium 86, 1979, 345.
[78] Ov. ars 2,151-158; dazu E. Pianezzola, QIFL 2, 1972, 51f.

Der Dichter malt diesen Unterschied besonders kraß aus, indem er einem Liebespaar veredelte Umgangsformen bescheinigt, während er Zank und Streitereien als Charakteristikum ehelicher Kommunikation, d.h. als Betragen auf einer niedrigeren Stufe von Kultur und Zivilisation, hinstellt. Außerdem versetzt er in den letzten beiden Versen der *lex Iulia de maritandis ordinibus* einen Seitenhieb und treibt mit ihren Bestimmungen scharfen Spott.[79]

Freilich bringt Ovid Einwände gegen eine allzu großzügige Auslegung sittlicher Grundsätze vor, wenn der Schwund der Schamhaftigkeit dazu führt, daß nächtliche Heldentaten nicht diskret behandelt, sondern in die Öffentlichkeit gezogen werden:

> *at nunc nocturnis titulos inponimus actis,*
> *atque emitur magno nil nisi posse loqui.*
> *scilicet excuties omnis, ubi quaeque, puellas,*
> *cuilibet ut dicas 'haec quoque nostra fuit'?*
> *ne desint, quas tu digitis ostendere possis,*
> *ut quamque adtigeris, fabula turpis erit?*
> *parva queror: fingunt quidam, quae vera negarent,*
> *et nulli non se concubuisse ferunt.*
> *corpora si nequeunt, quae possunt, nomina tangunt,*
> *famaque non tacto corpore crimen habet.*
> *i nunc, claude fores, custos odiose puellae,*
> *et centum duris postibus obde seras:*
> *quid tuti superest, cum nominis extat adulter*
> *et credi, quod non contigit esse, cupit?*
> *nos etiam veros parce profitemur amores,*
> *tectaque sunt solida mystica furta fide.*[80]

Nach Ansicht des *praeceptor amoris* zählen die Männer, die keine Frau wirklich lieben, sondern amourösen Abenteuern nachjagen, um möglichst viele Trophäen zu erbeuten, zu den Verächtern der Venus.[81] Unter Liebeskunst verstehen sie einen sportlichen Wettkampf, in dem sie Preise zu erringen bemüht sind, um sie hinterher stolz vorzuzeigen;[82] denn sie hoffen, dadurch Ruhm zu erlangen.[83] Um

---

[79] W. Stroh, Gymnasium 86, 1979, 345; vgl. A.R. Sharrock, MD 33, 1994, 112.
[80] Ov. ars 2,625-640; dazu siehe M. Janka, Ovid 439ff.; J. Wildberger, Ovids Schule 330ff.
[81] Z.B. Prop. 1,13,5f.: *dum tibi deceptis augetur fama puellis, / certus et in nullo quaeris amore moram* (Gallus); 2,21,9f.: *dispeream, si quicquam aliud quam gloria de te / quaeritur: has laudes ille maritus habet* (verheirateter Panthus).
[82] Ov. ars 2,625-634.
[83] Vgl. Ov. ars 2,389f.

dieses Bestreben zu verdeutlichen, bedient sich der Dichter des Bildes der Ehreninschriften und bringt so ihr Verhalten mit dem Medium, in dem die Leistungen vornehmer Römer verewigt werden, in Verbindung.[84] Ovid kehrt die Fragwürdigkeit ihres Verhaltens im folgenden Vers noch deutlicher hervor, indem er feststellt, daß ihre Geschwätzigkeit sämtliche Freude an der Liebe verdrängt.[85] Dadurch werden ihre gesamten Anstrengungen und Aufwendungen, die sie für eine Beziehung gemacht haben, relativiert, sind sie doch letzten Endes nur an Stoff für Prahlerei interessiert.[86] Ferner prangert der *praeceptor amoris* an, daß Männer ihre Geliebten durch solches rücksichtslose Imponiergehabe in Verruf bringen.[87] Noch verwerflicher ist in seinen Augen jedoch,[88] wenn derartige Frauenhelden zahllose Liebesabenteuer erfinden, um ihre Geltungssucht zu befriedigen.[89] Wie man weiß, ist solch ein Denunziantentum in Zeiten einer rigiden Sittengesetzgebung besonders gefährlich, weil aus einem schlechten Leumund leicht ein strafrechtlicher Tatbestand konstruiert werden konnte.[90] Demnach unterstellt der Dichter, daß die augusteische Ehegesetzgebung enttäuschte Liebhaber unter Umständen zu falschen Anzeigen ermuntere. Gegen diesen Rufmord ist eine Frau nicht gefeit, selbst wenn ihre Tür durch hundert Riegel gesichert ist und ein Sklave sie bewacht.[91] Darüber hinaus ist auch der Liebhaber durch Denunzianten bedroht, weil er weder erwischt noch gesetzlich belangt werden will.

Diesen Auswüchsen stellt Ovid das Verhalten kultivierter Stadtrömer gegenüber.[92] Sie streben nach Liebe und nicht nach Ruhm; daher haben sie es nicht nötig, sich Amouren auszudenken. Sie bemühen sich nur um eine Frau, weil sie ihnen gefällt, nicht aber, weil sie mit ihren Verführungskünsten andere Männer beeindrucken wollen. Außerdem wahren sie die Diskretion und sprechen nur selten von ihren wirklichen Erlebnissen. Der Dichter führt ihre Verschwiegenheit weiter aus, indem er auf den Schlüsselbegriff dieses Abschnittes, das Verbergen und Bedecken, zurückkommt,[93] und unterstreicht erneut die Dezenz

---

[84] Ov. ars 2,625; dazu M. Janka, Ovid 440.
[85] Ov. ars 2,626.
[86] M. Janka, Ovid 440.
[87] Ov. ars 2,627-630; dazu M. Janka, Ovid 440ff.
[88] Ov. ars 2,631-634; dazu M. Janka, Ovid 442f.
[89] Ovid stellt den nächsten Kritikpunkt durch die Bemerkung *parva queror* (V. 631) als Klimax hin.
[90] Ov. ars 2,634; siehe M. Janka, Ovid 443.
[91] Ov. ars 2,635-638; dazu siehe M. Janka, Ovid 444f.
[92] Ov. ars 2,639f.; siehe M. Janka, Ovid 445ff.; A.R. Sharrock, MD 33, 1994, 120f.
[93] Die Worte *tectaque sunt* in V. 640 verweisen auf *protegitur* in V. 614. Zur stilistischen Gestaltung dieses Schlußverses siehe M. Janka, Ovid 446.

durch die pleonastisch wirkende Junktur *solida fide*.[94] Schließlich veranschaulicht er das Verhüllen auch durch das Epitheton *mystica*, durch das er das Substantiv *furta* „kühn in die weihevolle Sphäre von (staatlich protegierten) Geheimkulten erhebt"[95] und eine Art „Venusmysterien" schafft. Auf diese Weise wird nicht nur die Sicherheit aller Beteiligten, sondern auch die Geheimhaltung der wahren amourösen Abenteuer gewährleistet.

Selbst wenn das Prahlen mit tatsächlichen oder fingierten Liebesaffären zu den allgemeinmenschlichen Verhaltensweisen gerechnet werden kann und nicht unbedingt für ein städtisches Ambiente typisch ist, sieht Ovid darin einen Auswuchs der verfeinerten Lebensart in der Metropole des Römischen Reiches, der aus den gewandelten Moralvorstellungen resultiert. Während die Menschen der Frühzeit nach seinen Ausführungen instinktiv auf Schamhaftigkeit bedacht waren,[96] ging manchen Männern diese Tugend mit zunehmender Kultivierung verloren. Der Dichter mißbilligt diese Einbuße an *pudor*, wenn die beiderseitige Annäherung nicht davon profitiert, sondern der Ruf der Geliebten geschädigt oder ruiniert wird. Das beste Beispiel dieser Verhaltensweise sind die Männer, die auf der Suche nach neuen Eskapaden ihre Hände nicht von der Frau lassen, um die sich gerade ein Freund oder Verwandter bemüht:[97] sie orientieren sich nur an ihrem Vergnügen und ihrer Geltungssucht, ohne sich im geringsten um die Folgen ihres Benehmens für andere zu kümmern. Somit zieht die Veränderung der Moralvorstellungen bei verantwortungslosen Herren von Stand Rücksichtslosigkeit und Egoismus nach sich und führt zum Verlust elementarer sozialer Bindungen. Freilich sind die Ansichten des Dichters über *pudor* ambivalent; denn er billigt die Preisgabe spießiger Ansichten über Sittlichkeit, weil dadurch die für die veredelte Lebensart charakteristischen Tändeleien ermöglicht werden, die beiden Parteien Kurzweil bescheren.

Da *rusticitas* ein Hindernis für die beiderseitige Annäherung bedeuten kann, zieht der *praeceptor amoris* aus der Wirkung dieser Eigenschaft in den Remedia amoris Nutzen, um seine Schüler von einer unerwünschten Liebesbeziehung zu kurieren:

---

[94] Zu dieser Junktur siehe Plaut. Merc. 378; Tac. hist. 2,7,1. Zu Fides als Schutzgöttin von Geheimnissen siehe M. Janka, Ovid 446 mit Belegen und weiterer Literatur.

[95] M. Janka, Ovid 446.

[96] Ov. ars 2,621-624: *tunc quoque, cum solem nondum prohibebat et imbrem / tegula sed quercus tecta cibumque dabat, / nemore atque antris, non sub Iove, iuncta voluptas: / tanta rudi populo cura pudoris erat.* Zu diesen Versen siehe M. Janka, Ovid 438f.; vgl. T. Reekmans, Pudor 377f.

[97] Dazu ausführlich S. 186. 197.

> *et poterit dici 'petulans', quae rustica non est;*
> *et poterit dici 'rustica', si qua proba est.*[98]

In diesem Distichon stellt der Dichter der Tugend *probitas*, die eine zentrale Rolle im Wertekanon römischer Frauen, vor allem freigeborener Mädchen und Matronen spielt, die negativ bewertete Eigenschaft *rusticitas* gegenüber. Er bezeichnet zwar mit beiden Begriffen Frauen, die aufgrund ihrer Sittlichkeit nicht für seine Lehren empfänglich sind, doch bedeutet *rusticitas* eine Steigerung gegenüber *probitas*, weil ihr die Vorstellung von Tölpelhaftigkeit und Rückständigkeit anhaftet. Mit Hilfe solcher Umbenennungen und Umdeutungen sind seine Schüler imstande, sich über das Ende einer Affäre mit einer tugendhaften Frau hinwegzutrösten; denn durch dieses Verfahren wird sie abgewertet und desavouiert. Wenn sich ein Mann dagegen von einer nicht allzu sittenstrengen Geliebten trennen will, rät Ovid ihm, jedes Verhalten, dem Einfältigkeit und Ungeschicklichkeit abgehen, als Leichtfertigkeit und Ausgelassenheit zu interpretieren. Demnach bewertet er die Eigenschaften, auf denen das römische Frauenideal basiert, aus der Sicht des Mannes nach dem Gesichtspunkt, ob sie die Anknüpfung und Pflege zwischenmenschlicher Beziehungen ermöglichen.

Andererseits hat das Ablegen jeglicher Scheu gelegentlich auch einen ernüchternden, abstoßenden Effekt; der *praeceptor amoris* macht ihn sich zunutze, indem er seinen Lesern rät, die Dame, von der sie loszukommen beabsichtigen, morgens unangekündigt zu besuchen und ihr bei der Toilette zuzusehen:

> *tum quoque, compositis sua cum linit ora venenis,*
>   *ad dominae vultus, nec pudor obstet, eas:*
> *pyxidas invenies et rerum mille colores*
>   *et fluere in tepidos oesypa lapsa sinus.*
> *illa tuas redolent, Phineu, medicamina mensas;*
>   *non semel hinc stomacho nausea facta meo est.*[99]

An dieser Stelle legt der Dichter seinen Schülern nahe, ungeniert in einen Tabubereich vorzudringen. Durch das Ergründen der Genese ihrer Schönheit wird die Frau nicht nur bloßgestellt, sondern ihre Tauglichkeit für amouröse Abenteuer und das gesellschaftliche Leben in der Metropole wird auch in Frage gestellt. Ovid ist sich dieser Wirkung durchaus bewußt, nimmt sie aber wegen des Zieles seines Werkes in Kauf und fordert seine Leser auf, seinen Ausführungen weitere Empfehlungen zu entnehmen, die er aus Schamgefühl nicht explizit zu formulie-

---

[98] Ov. rem. 329f.
[99] Ov. rem. 351-356; dazu W. Schubert, Mythologie 194.

ren wagte.[100] Auf diese Weise wälzt er die Verantwortung für Maßnahmen, die sich unter keinen Umständen mehr mit den Vorstellungen von *pudor* in Einklang bringen lassen, auf seine Schüler ab. Selbst wenn er aus den bereits genannten Gründen eine sehr großzügige Interpretation dieses Wertes begrüßt, hält er es doch nicht für ratsam, daß sämtliche Hemmschwellen abgebaut werden: *sed melius nescisse fuit: sine furta tegantur, / ne fugiat fasso victus ab ore pudor.*[101] Ovid erkennt an dieser Stelle die Berechtigung von Heimlichkeiten im zwischenmenschlichen Umgang an, weil dem betrogenen Mann durch schonungslose Offenheit herbe Enttäuschungen bereitet würden. Bekanntlich würde man einer Frau durch den Versuch, sie zum Eingeständnis ihrer Untreue zu bewegen, künftig jegliche Scheu nehmen und sie zur ungehemmten Fortsetzung ihres Treibens ermuntern. Nach diesen Äußerungen ist die Einstellung des Dichters zum Schamgefühl in seiner Liebesdichtung ambivalent. Da er in übertriebener Zurückhaltung vornehmlich der Frauen ein Hindernis für die Realisierung seiner Vorschriften sieht, heißt er eine Lockerung ihrer Moralvorstellungen gut. Andererseits muß diese Entwicklung ihre Grenzen haben; denn dadurch wird garantiert, daß Frauen nicht aufgrund allzu großer Laxheit zu Verhaltensweisen tendieren, die der ihnen vom *praeceptor amoris* zugedachten Rolle nicht entsprechen. Diese zunehmende Freizügigkeit verlangt einem Mann Toleranz ab. So hat er hinzunehmen, daß seine Geliebte gleichzeitig mehrere Verhältnisse hat, solange sie den äußeren Schein wahrt. Eifersüchtige Reaktionen auf einen solchen Verstoß deutet der Poet als *barbaria*, d.h. als Roheit, die zugleich Rückständigkeit bedeutet: *oscula vir dederat, memini, suus; oscula questus / sum data: barbaria noster abundat amor. / non semel hoc vitium nocuit mihi.*[102] Mit diesem Wort grenzt der Dichter den Täter aus dem Kreis der kultivierten Menschen aus[103] und unterminiert die Ernsthaftigkeit der Rolle des *praeceptor amoris*.[104]

Die Lockerung der Moralvorstellungen macht sich auch beim legeren Umgang mit *fides* bemerkbar. Ovid führt seinen Lesern diese Entwicklung in seinen Darlegungen zu Strategien, die sich beim Werben um eine Frau als äußerst wirksam erweisen, an den Meineiden, die der Bekräftigung leerer Versprechungen dienen, und am Betrug vor Augen:

---

[100] Ov. rem. 359f.
[101] Ov. ars 2,555f.; T. Reekmans, Pudor 383.
[102] Ov. ars 2,551-553. Zur Bedeutung von *barbaria* in Ovids Werken siehe J.-M. André, Ovidius 79.
[103] Vgl. Ov. am. 3,4,37, wo Ovid die Betroffenheit eines Mannes über den Seitensprung seiner Geliebten als *rusticitas* apostrophiert; dazu ausführlich S. 86.
[104] K. Heldmann, Dichtkunst 357.

nec timide promitte: trahunt promissa puellas;
pollicito testes quoslibet adde deos.
Iuppiter ex alto periuria ridet amantum
et iubet Aeolios inrita ferre Notos.
per Styga Iunoni falsum iurare solebat
Iuppiter: exemplo nunc favet ipse suo.
expedit esse deos et, ut expedit, esse putemus;
dentur in antiquos tura merumque focos.
nec secura quies illos similisque sopori
detinet: innocue vivite, numen adest.
reddite depositum; pietas sua foedera servet;
fraus absit; vacuas caedis habete manus.
ludite, si sapitis, solas impune puellas:
hac magis est una fraude pudenda fides.
fallite fallentes; ex magna parte profanum
sunt genus: in laqueos, quos posuere, cadant.
dicitur Aegyptos caruisse iuvantibus arva
imbribus atque annos sicca fuisse novem,
cum Thrasius Busirin adit monstratque piari
hospitis adfuso sanguine posse Iovem.
illi Busiris 'fies Iovis hostia primus'
inquit 'et Aegypto tu dabis hospes aquam'.
et Phalaris tauro violenti membra Perilli
torruit; infelix inbuit auctor opus.
iustus uterque fuit, neque enim lex aequior ulla est
quam necis artifices arte perire sua.
ergo, ut periuras merito periuria fallant,
exemplo doleat femina laesa suo.[105]

Die Empfehlungen des Dichters, einer Frau gemachte Versprechungen durch Schwüre zu bekräftigen, nach Belieben Götter als Zeugen dafür anzurufen und sich nicht sonderlich um die Einhaltung dieser Eide zu bemühen, läßt eine großzügige Auslegung von *fides* erkennen, die sich nicht mehr mit dem Inhalt dieses Wertes in der Elegie verträgt; ist doch die Wahrung dieser Tugend ganz in das Belieben des Schwörenden gestellt.[106] Diese „Deutung" der Treue verifiziert

---

[105] Ov. ars 1,631-658; dazu siehe A.S. Hollis, Ovid 131ff.; T. Reekmans, Pudor 378; P. Watson, CPh 78, 1983, 121f.

[106] Zu *fides* in der römischen Liebeselegie siehe R. Reitzenstein, Sprache 9ff.; A. La Penna, Maia 4, 1951, 187ff.; E. Burck, Wesenszüge 194ff.; S. Lilja, Attitude 172ff.; R.O.A.M. Lyne, Latin Love Poets 65ff.; P. Hardie, Ovid's Poetics 39.

Ovid durch den Hinweis auf eine Eigenschaft Jupiters, die mit den religiösen Restaurationsbestrebungen des Prinzipatsgründers nicht in Einklang zu bringen ist, nämlich seinem Hang zu Seitensprüngen und dem daraus resultierenden Verständnis für Meineide.[107] Aus diesen Gepflogenheiten des obersten Staatsgottes leitet der *praeceptor amoris* die Sanktionierung analoger Verhaltensweisen seiner Schüler ab. Außerdem kann er sich an dieser Stelle einen alten Topos zunutze machen; denn bereits bei Hesiod ist die Auffassung bezeugt, daß falsche Schwüre Liebender keine Strafe nach sich ziehen.[108] Da sich die Existenz von Göttern in dieser Situation für die Menschen als nützlich erweist, spricht Ovid sich für den Glauben an sie aus.[109] Diese Stelle wurde in der Forschung unterschiedlich aufgefaßt. Einige Gelehrte interpretierten sie als humorvollen Spott über altrömische Frömmigkeit oder als versteckte Kritik an der augusteischen Religionspolitik.[110] W. Stroh dagegen sieht im Umstand, daß Ovid den Meineid überhaupt nicht zu rechtfertigen brauchte, den Schlüssel zum Verständnis dieses Abschnittes. Seiner Meinung nach will der Dichter die Zeitgenossen darauf aufmerksam machen, daß bei der freien Liebe, die er in der Ars amatoria behandelt, die üblichen Regeln von Religion und Moral nicht gelten.[111] J. Wildberger dagegen kommt zu einem gegenteiligen Ergebnis: Ihrer Ansicht nach sind auch in diesem Bereich die herkömmlichen Moralvorstellungen gültig.[112] Aus den falschen Eiden, die Jupiter bei der Styx schwört, folgert sie, daß sogar eine höhere Instanz als der oberste Staatsgott den erotischen Meineid erlaubt.[113] M. Steudel kehrt hervor, daß Ovid innerhalb des mythologischen Exempels zwei Rollen, die der oberste Gott innehat, miteinander verquickt, nämlich die des Königs der Götter, der Notos Befehle erteilt,[114] und die des notorischen Ehebrechers.[115] Diese Kombination von oberstem Gott und schamlosem Ehebre-

---

[107] Ov. ars 1,633-636. Zum Topos „Worte in den Wind sprechen" (V. 633f.) siehe G. Kölblinger, Topoi 4 mit weiteren Beispielen; vgl. auch R. Müller, Motivkatalog 26ff. mit Belegen.

[108] Hes. Fr. 124 Merkelbach-West; siehe die Belege bei P. Brandt, P. Ovidi Nasonis De arte amatoria 54; A.S. Hollis, Ovid 132; E. Pianezzola (cur.), Ovidio. L'arte di amare. Commento I 258f.; vgl. M. Scaffai, Prometheus 14, 1988, 124ff.

[109] Ov. ars 1,637-644; dazu siehe J. Wildberger, Ovids Schule 139ff.

[110] A.S. Hollis, Ovid 132; H. Fränkel, Ovid 89ff.; B. Otis, Ovids Liebesdichtungen 252f.; L.P. Wilkinson, Ovid 191ff.; M. Scaffai, Prometheus 14, 1988, 132. Nach B. Otis, a.a.O. 252 ist Ovids rationalistische, utilitaristische Theologie durch Varro vorgebildet (siehe Aug. civ. 6,4).

[111] W. Stroh, Expedit 67-72.

[112] J. Wildberger, Ovids Schule 140f. Ähnlich: M. Weber, Mythologische Erzählung 61.

[113] J. Wildberger, Ovids Schule 141.

[114] Ov. ars 1,633f.

[115] Ov. ars 1,635f.; dazu siehe M. Steudel, Literaturparodie 160.

cher dürfte im augusteischen Rom zweifellos provozierend gewirkt haben.[116] Vor allem könnte sich mancher Römer daran erinnert haben, daß der Prinzipatsgründer selbst Affären hatte und sich durch Untreue hervortat.[117] Vielleicht wollte der Dichter dem Herrscher an dieser Stelle implizit zu verstehen geben, daß Jupiters Toleranz besser zur verfeinerten Lebensart in der Metropole paßt als eine allzu konservative Sittlichkeit, indem er ihn an sein eigenes Verhalten in jüngeren Jahren erinnerte. Selbst wenn die Überzeugung vom Meineid Liebender wegen des topischen Einschlags nur bedingt Aussagekraft hat, tritt auch in diesem Abschnitt der Wandel der Werte zutage. Vor allem deutet der Umstand, daß Ovid den Glauben an die Götter mit deren Nützlichkeit rechtfertigt, auf eine gewisse Distanz des Intellektuellen zur anthropomorphen Gottesauffassung oder eine Art von Respektlosigkeit hin.[118] Er spricht sich zwar ausdrücklich für die Pflege der traditionellen Kulte und Riten aus, doch klingt in diesen Versen mit, daß er aus Konvention für die Beibehaltung der äußeren Formen eintritt, obwohl sie durch die veränderten Wertvorstellungen ausgehöhlt sind.[119] Freilich sollte man aus dieser Stelle keine allzu weitreichenden Schlußfolgerungen ziehen; denn Ovids Bekenntnis dürfte vor allem durch seine Absicht, einen göttlichen Gewährsmann für seine Vorschrift anzuführen, bedingt sein. Da der Dichter die Existenz der Götter aus den bereits genannten Gründen nicht in Frage stellt, empfiehlt er seinen Schülern ein Verhalten, das auf dem Motto *do ut des* basiert.[120] So rät er ihnen, ohne Frevel zu leben und Anvertrautes zurückzugeben; denn die Götter helfen nur den Menschen, die sich nichts zuschulden kommen lassen.[121]

Mit der Überzeugung von der Berechtigung des Meineides steht die Aufforderung, die Frauen seien zu betrügen, weil sie selbst keine Treue kennen, in Verbindung.[122] In dieser Vorschrift macht der *praeceptor amoris* den Damen

---

[116] Innerhalb des mythologischen Exempels bewirkt diese Rollenkombination witzige Kontraste. Zu diesem Aspekt siehe M. Steudel, Literaturparodie 160.
[117] Suet. Aug. 69,1f.
[118] Ov. ars 1,637-640. Diese Haltung dürfte unter den vornehmen Römern der augusteischen Zeit weit verbreitet gewesen sein. Wegen der religiösen Fundierung des römischen Gemeinwesens traten sie für die traditionellen Kulte und Riten ein, obwohl sie persönlich nicht unbedingt daran glaubten.
[119] Ov. ars 1,638-640; dazu siehe A.S. Hollis, Ovid 133. Zu den in der Antike vertretenen Auffassungen über die Götter siehe Cic. nat. deor. 1,61ff.; Serv. Aen. 4,379. Ovid widerlegt in V. 638 die Ansicht, daß es keine Götter gibt, und in V. 639f. die Überzeugung, daß sie sich nicht um die Menschen kümmern.
[120] Zum „Handelsverhältnis", in dem Ovid mit den Göttern steht, siehe W. Schubert, Mythologie 171 mit Anm. 413.
[121] Ov. ars 1,639-642.
[122] Ov. ars 1,645-658; dazu M. Weber, Mythologische Erzählung 70; W. Schubert, Mythologie 204.

erneut ihre wichtigste Tugend, nämlich *pudicitia,* streitig und leitet aus diesem Defizit wieder größere erotische Freiheiten der Männer ab. Er begründet diese Weisung mit der Feststellung, auf diesem Gebiet sei Redlichkeit den Frauen gegenüber eine größere Schande als Betrug.[123] J. Wildberger deutet den seltsamen Gedanken in diesem Vers mit Hilfe von Ciceros Ausführungen zum Verhältnis von Ehrenhaftigkeit (*honestas*) und Nutzen (*utilitas*) im dritten Buch von De officiis. Nach Ansicht dieses Autors kann etwas, das von Natur aus ehrenhaft ist wie die Einlösung eines Versprechens, die Erfüllung eines Vertrages oder die Rückgabe von Anvertrautem, durch besondere Umstände unehrenhaft werden.[124] Um den scheinbaren Widerspruch zwischen dem persönlichen Nutzen und den ethischen Bestimmungen aufzuheben, orientiert er sich an dem von Weisen zur Richtschnur ihres Handelns erhobenen Verfahren, daß derjenige, der einem anderen Mitglied der menschlichen Gemeinschaft gegen das Gebot der Sittlichkeit schadet, davon keinen Nutzen hat; denn er stört die Gemeinschaft und schadet sich selbst. Deshalb ist seine Tat weder ehrenhaft noch kommt sie ihm zustatten.[125] Auf diese Weise kann Cicero normalerweise unrechtes Verhalten für recht erklären, ohne die unbedingte Gültigkeit des *honestum* zu gefährden. So sind falsche Eide zwar grundsätzlich verboten, aber bei Piraten erlaubt, weil sie keine Mitglieder, sondern Feinde der menschlichen Gemeinschaft sind.[126] Die Einsicht, daß derjenige, der Unrecht in die Welt setzt, es selbst erleiden muß,[127] macht sich Ovid zunutze, um die Straflosigkeit des aphrodisischen Eides in der Ars amatoria zu begründen: Er stellt die Frauen als schädliches Geschlecht hin, damit er sie von der übrigen Menschheit ausgrenzen kann.

---

[123] Ov. ars 1,644. Zu diesem schwierigen, in der Forschung mehrfach behandelten Vers siehe J. Wildberger, Ovids Schule 141ff. mit weiterer Literatur.

[124] Cic. off. 3,95: *sic multa, quae honesta natura videntur esse, temporibus fiunt non honesta. Facere promissa, stare conventis, reddere deposita commutata utilitate fiunt non honesta.*

[125] Cic. off. 3,21ff.

[126] Cic. off. 3,107.

[127] Ovid verdeutlicht diese Gesetzmäßigkeit auch mit poetischen Mitteln, nämlich den Polyptota *fallite fallentes* (V. 645), *artifices arte* (V. 656) und *periuras ... periuria* (V. 657). Außerdem wird dieser Kausalzusammenhang durch das Nebeneinander von *auctor* und *opus* in V. 654 unterstrichen. Zu dieser Stelle siehe J. Wildberger, Ovids Schule 143f.; zu den mythologischen Exempla, mit denen der Dichter diesen Sachverhalt veranschaulicht, M. Weber, Mythologische Erzählung 58ff.

7.3 Überfeinerung

Neben materialistischer Gesinnung und laxen Moralvorstellungen stellt sich als Folgeerscheinung des Veredelungsprozesses unter Umständen eine Überfeinerung der Verhaltensweisen ein, die Ovid vornehmlich in der Ars amatoria im Rahmen seiner Lehren beschreibt, aber nicht zur Vorschrift erhebt.

Wenn die Stadtrömer ihr Augenmerk auf unangemessene Objekte oder Ziele richten oder ihre Bemühungen übersteigern, treibt die Kultivierung gelegentlich seltsame Blüten. Der *praeceptor amoris* führt in seinen Anweisungen zum Erwerb von Anmut einige Fälle an, in denen urbanes Benehmen zu Künstlichkeit und Geziertheit entartet:

> *quis credat? discunt etiam ridere puellae,*
> *quaeritur atque illis hac quoque parte decor:*
> *sint modici rictus parvaeque utrimque lacunae,*
> *et summos dentes ima labella tegant,*
> *nec sua perpetuo contendant ilia risu,*
> *sed leve nescioquid femineumque sonet.*
> *est, quae perverso distorqueat ora cachinno;*
> *cum risu laeta est altera, flere putes;*
> *illa sonat raucum quiddam atque inamabile: ridet,*
> *ut rudit a scabra turpis asella mola.*
> *quo non ars penetrat? discunt lacrimare decenter*
> *quoque volunt plorant tempore quoque modo.*
> *quid, cum legitima fraudatur littera voce*
> *blaesaque fit iusso lingua coacta sono?*
> *in vitio decor est: quaedam male reddere verba*
> *discunt, posse minus, quam potuere, loqui.*
> *omnibus his, quoniam prosunt, inpendite curam;*
> *discite femineo corpora ferre gradu:*
> *est et in incessu pars non contempta decoris;*
> *allicit ignotos ille fugatque viros.*
> *haec movet arte latus tunicisque fluentibus auras*
> *accipit, extensos fertque superba pedes;*
> *illa, velut coniunx Umbri rubicunda mariti,*
> *ambulat, ingentis varica fertque gradus.*
> *sed sit, ut in multis, modus hic quoque: rusticus alter*
> *motus, concesso mollior alter erit.*
> *pars umeri tamen ima tui, pars summa lacerti*
> *nuda sit, a laeva conspicienda manu:*

hoc vos praecipue, niveae, decet; hoc ubi vidi,
oscula ferre umero, qua patet, usque libet.[128]

Ovid leitet diesen Abschnitt durch den Potentialis *quis credat* ein, durch den er die beschriebenen Praktiken als möglich, aber zugleich auch als fragwürdig hinstellt. Obwohl manche Frauen vor allem beim Lachen und Gehen Grazie und Charme völlig aus den Augen verlieren,[129] entsteht an dieser Stelle der Eindruck, als ob die für die weibliche Schönheitspflege eingesetzte Kunst bei den angeführten Beispielen fehl am Platz sei. Dennoch erteilt der Dichter seinen Schülerinnen Weisungen, die diesem Mißstand Rechnung tragen und sich am Gebot des *decor*, der *moderatio* und der Weiblichkeit orientieren.[130] So schreibt er präzise vor, wie und wie weit ein Mädchen beim Lachen den Mund zu öffnen habe, welche Lautstärke sein Gelächter haben dürfe und wie der Reiz seiner Weiblichkeit erhalten bleibe.[131] Obgleich die Notwendigkeit solcher Ratschläge durch den drastischen Vergleich des Lachens einiger Frauen mit den Iahen eines Esels unterstrichen wird, dürften diese Empfehlungen nicht ganz ernst gemeint sein. Daß in dieser Äußerung möglicherweise leise Kritik mitklingt, geht auch aus seiner Bemerkung *quo non ars penetrat* hervor,[132] mit der er die intensiven Bemühungen mancher Damen, zu jedem beliebigen Zeitpunkt mit Anstand weinen und schluchzen zu lernen,[133] kommentiert. Diese Formulierung zeigt deutlich, daß der Dichter derartige Anstrengungen als fehlgeleitete Anwendung von Kunst bei der weiblichen Schönheitspflege anprangert; denn sie werden um des Selbstzweckes willen unternommen. Der Grund für seine Mißbilligung läßt sich den nächsten Versen entnehmen, in denen er die Imitation von Sprachfehlern

---

[128] Ov. ars 3,281-310; dazu R.K. Gibson, Ovid 210-224; vgl. auch S. 82.
[129] Ov. ars 3,287-290 (Lachen). 303f. (Gang).
[130] Ov. ars 3,281-286. 305-310.
[131] Ov. ars 3,283-286.
[132] Ov. ars 3,291.
[133] Ov. ars 3,291f. Freilich ist Ovids Einstellung zur Überfeinerung gelegentlich ambivalent. Während er die Bemühungen mancher Damen, die Kunst des Lachens, Weinens und der verstellten Sprache zu kultivieren, als Auswuchs abtut (Ov. ars 3,281-296), empfiehlt er seinem männlichen Leserpublikum solche Mittel, weil sie bei der Annäherung der Geschlechter Erfolg versprechen. So rät er ihnen, reichlich Tränen zu vergießen oder die Augen mit der Hand anzufeuchten, wenn sie nicht auf Kommando zu weinen imstande sind; denn auf diese Weise ist auch das härteste Herz zu erweichen: *et lacrimae prosunt; lacrimis adamanta movebis. / fac madidas videat, si potes, illa genas. / si lacrimae, neque enim veniunt in tempore semper, / deficient, uncta lumina tange manu* (Ov. ars 1,659-662). Ovid bewertet solch ein Vorgehen nicht negativ, weil die Männer keine Technik des Weinens entwickeln, die sie immer weiter verfeinern, sondern mit einfachen Mitteln den gewünschten optischen Eindruck erzeugen, falls ihnen das entsprechende schauspielerische Talent fehlt. Zu dieser Szene siehe auch S. 79ff.

beanstandet.[134] Ihm mißfallen die bewußten Verstöße gegen die korrekte Aussprache und Artikulation, Merkmale, welche die urbane Sprechweise auszeichnen, um einer billigen Effekthascherei willen. Somit wird auch durch die Technik der verstellten Sprache, die aus der Übertreibung der Kunst resultiert, eine rückläufige Entwicklung ausgelöst, die zur Abkehr von der kultivierten hauptstädtischen Redeweise führt; nähert sich doch diese überfeinerte Sprache dem *sermo rusticus* an. Da Ovid natürliche Schönheit und Perfektion grundsätzlich höher schätzt als mit künstlichen Hilfsmitteln erzielte Ergebnisse,[135] hat er für derartige Praktiken kein Verständnis, selbst wenn er ihre Nützlichkeit zugibt.[136] Wichtig ist für ihn, daß ars nur zur Beseitigung tatsächlicher Mängel eingesetzt wird und im Einklang mit der Natur steht.[137]

Andererseits billigt Ovid Maßnahmen, durch die aus Überfeinerung herrührende Künstelei beseitigt wird und die zu seinen Lebzeiten selten gewordene Natürlichkeit wieder zum Vorschein kommt. Solch ein Effekt kann durch maßvollen Weingenuß erzielt werden:

cura fugit multo diluiturque mero.
tunc veniunt risus, tum pauper cornua sumit,
tum dolor et curae rugaque frontis abit.
tunc aperit mentes aevo rarissima nostro
simplicitas, artes excutiente deo.[138]

Der Dichter stellt im letzten Distichon die Begriffe *artes* und *simplicitas* gegenüber. Im Gegensatz zu anderen Stellen, an denen das zuletzt genannte Substantiv als eine Art Synonym zu *rusticitas* dient,[139] deutet er es in diesem Vers als Tugend, in der sich das unverfälschte Wesen des Menschen widerspiegelt. Den *artes*, durch die kultureller Fortschritt und Veredelung bewirkt werden, steht er dagegen skeptisch gegenüber; denn sie führen zum Verschwinden der *simplicitas*. Der *praeceptor amoris* schreibt dem Wein die Wirkung zu, den optimalen natürlichen Zustand vorübergehend wiederherstellen zu können, indem der Prozeß der Verfeinerung oder Überfeinerung durch Ausschaltung des Verstandes

---

[134] Ov. ars 3,293-296; dazu R.K. Gibson, Ovid 215ff.
[135] Ov. ars 3,257f.
[136] Ov. ars 3,297.
[137] Wie seine an die Männerwelt gerichtete Anweisung, sich bei Gastmählern trunken zu stellen und zu lallen, um ungeniert einer Dame den Hof machen zu können (Ov. ars 1,597-602), zeigt, hat er nichts gegen eine Mißachtung der urbanen Sprachnorm einzuwenden, wenn solche Aktivitäten nur gelegentlich entfaltet werden und einen bestimmten Zweck in seiner Liebeslehre erfüllen.
[138] Ov. ars 1,238-242; dazu siehe A.S. Hollis, Ovid 86.
[139] Ov. ars 3,113 (*simplicitas*). 128 (*rusticitas*).

eines Zechers rückgängig gemacht wird. Nach diesem Zeugnis meldet Ovid Vorbehalte gegen die *ars* an, wenn sie durch übertriebene Pflege entartet und den *cultus* fragwürdig werden läßt.

7.4 Gepränge im äußeren Erscheinngsbild wohlhabender Stadtrömer

Die Wertschätzung materieller Güter im neuen *saeculum aureum* rief nach Ovids Ausführungen in manchen Römern offensichtlich den Wunsch hervor, ihren Reichtum bei ihrem Habitus zur Schau zu stellen, weil solche Äußerlichkeiten das Ansehen einer Person wesentlich bestimmten. Wie seinen Vorschriften zu entnehmen ist, prangert er eine allzu luxuriöse Aufmachung als fehlgeleitete Entwicklung des *cultus* an. Von seinen Vorwürfen sind Männer- und Damenwelt in gleicher Weise betroffen, wenn ihm auch die Frauen mehr Gründe für Beanstandungen als die Herren liefern. Während sich Überfeinerung bei Männern in einem als typisch weiblich geltenden Erscheinungsbild äußert, schlägt sich dieses Phänomen bei den Frauen in zu kostspieliger, aufwendiger Kleidung und exzessiver Haarpflege nieder.

Männer ziehen sich den Tadel des *praeceptor amoris* zu, wenn sie gegen sein maskulines Schönheitsideal verstoßen, indem sie als Gecken auftreten. Nach Ausweis der Zeugnisse ist der verweichlichte Mann an sorgfältig angelegter, wallender Kleidung aus feinen, oftmals bunten Stoffen,[140] einer kunstvollen Frisur, der Kopfbedeckung, reichem Schmuck, dem Fehlen von Bart und Körperbehaarung und an Schminke zu erkennen.[141] Zu den wichtigsten kosmetischen Sünden, die Snobs nachgesagt werden, zählt die Übernahme femininer Praktiken beim Frisieren. So besprengte der schöne Marathus nach Tibull sein weiches Haar mit duftendem Salböl und probierte ständig neue Frisuren aus.[142] Manche *homines belli* beschränkten sich nicht darauf, ihr Haar zu parfümieren, sondern kräuselten es obendrein mit einer Brennschere. Cicero tadelt Gabinius, den Konsul des Jahres 58 v.Chr., wegen dieser Gewohnheit scharf; denn sie ließ sich nicht mit der *dignitas* des Amtsinhabers in Einklang bringen.[143] Durch die

---

[140] H. Herter, RAC IV (1959) 620ff.

[141] Ovid erwähnt in seiner Warnung vor schönen Männern und Schwindlern die parfümierten Haare, die Kleidung, die Schuhe und den Schmuck solcher Snobs: *nec coma vos fallat liquido nitidissima nardo / nec brevis in rugas lingula pressa suas, / nec toga decipiat filo tenuissima, nec si / anulus in digitis alter et alter erit: / forsitan ex horum numero cultissimus ille / fur sit et uratur vestis amore tuae* (Ov. ars 3,443-448). Dazu siehe R.K. Gibson, Ovid 280ff.

[142] Tib. 1,8,9f.: *quid tibi nunc molles prodest coluisse capillos / saepeque mutatas disposuisse comas*; dazu vgl. J. Wildberger, Ovids Schule 125.

[143] Cic. Sest. 18: *alter unguentis adfluens, calamistrata coma* ... Ähnlich: Prop. 2,4,5f.

gleiche Marotte zeichnete sich der Dandy Cotilus aus.[144] Wenn Ovid seine Schüler vor Dauerwellen und Epilieren warnt, weil solche Tätigkeiten mit der Würde eines kultivierten Stadtrömers nicht vereinbar sind,[145] vertritt er nach diesen Zeugnissen eine Ansicht, die anscheinend in breiten Kreisen der Bevölkerung geteilt wurde und mit den im Prinzipat propagierten Werten übereinstimmte.

Die in diesen Beanstandungen zum Vorschein kommende *effeminatio* ist ein geschlechtsspezifischer Auswuchs verfeinerter Körperpflege; gesteht doch der *praeceptor amoris* den Damen[146] und Gruppen, die er nicht zu den richtigen Männern zählt wie Eunuchen und Homosexuelle,[147] solche kosmetischen Kunstgriffe zu. Außerdem beabsichtigt er zu gewährleisten, daß die Frauen in ihrer ureigenen Domäne nicht von den Männern ausgestochen werden.[148] Das geringschätzige Urteil über eitle Männer liegt im Kausalzusammenhang zwischen übertriebener Schönheitspflege und niedriger Gesinnung begründet. So sind in seinen Augen solche Gecken treulos und zu keiner festen Bindung imstande:

> *sed vitate viros cultum formamque professos*
> *quique suas ponunt in statione comas:*
> *quae vobis dicunt, dixerunt mille puellis;*
> *errat et in nulla sede moratur Amor.*[149]

Daß diesen Männern ein schlechter, durchtriebener Charakter nachgesagt wurde, läßt sich wohl daraus herleiten, daß sie mit Eunuchen und männlichen Prostituierten in Verbindung gebracht wurden.[150] Demnach wurden durch den Vorwurf der *effeminatio* die äußere Erscheinung, der Charakter und das Sexualverhalten der angegriffenen Person diskreditiert.[151] Freilich beschwört Ovid das Bild des

---

[144] Mart. 3,63,3f.: *bellus homo est, flexos qui digerit ordine crines, / balsama qui semper, cinnama semper olet.*

[145] Ov. ars 1,505f.: *sed tibi nec ferro placeat torquere capillos, / nec tua mordaci pumice crura teras*; vgl. 3,433f.

[146] Ov. ars 3,148 (künstliche Locken). 194 (Epilieren).

[147] Ov. ars 1,507f. 523f.; dazu I. Hohenwallner, Venit 22.

[148] Ov. ars 3,437f.

[149] Ov. ars 3,433-436; V. 443: *nec coma vos fallat liquido nitidissima nardo.* Ähnlich: Hor. carm. 1,15,13-15. 19f.; 4,9,13f. (gepflegtes Haar des Paris als Merkmal eines potentiellen Frauenhelden und Ehebrechers); vgl. noch Hom. Il. 3,392-394; Verg. Aen. 4,215-217; I. Hohenwallner, Venit 24.

[150] I. Hohenwallner, Venit 25.

[151] Derartige Beschuldigungen wurden vornehmlich in der Invektive erhoben. Siehe z.B. Val. Max. 6,9,6 (Sulla); Suet. Iul. 49; vgl. 22; Macr. somn. 2,3,9 (Caesar); Cic. Att. 1,19,8; Cic. de orat. 2,257 (römische Jugend); Cic. Catil. 2,22. 24 (Anhänger Catilinas); dazu siehe H. Herter, RAC IV (1959) 625; I. Hohenwallner, Venit 25f.

verweichlichten Mannes nicht aus moralischen, sondern aus komischen Gründen herauf.[152] Er ließ wohl in die Darstellung der kultivierten, selbstverliebten Herren Kritik an der feinen Gesellschaft seiner eigenen Zeit einfließen, indem er ihr mit Hilfe seiner Warnung vor Augen führte, wie sie wirklich war.

Obwohl der *praeceptor amoris* den Frauen bei der Gestaltung ihres Habitus, vor allem aber bei der Kosmetik mehr Spielraum als den Männern zugesteht, weil sie *venustas* symbolisieren sollen,[153] erliegen auch sie in seinen Augen den Gefahren der Überfeinerung, wenn sie den Luxus übertreiben:

> *vos quoque non caris aures onerate lapillis,*
> *quos legit in viridi decolor Indus aqua,*
> *nec prodite graves insuto vestibus auro:*
> *per quas nos petitis, saepe fugatis, opes.* [154]
> *quid de veste loquar? nec nunc segmenta requiro*
> *nec quae de Tyrio murice, lana, rubes.*
> *cum tot prodierint pretio leviore colores,*
> *quis furor est census corpore ferre suos?*[155]

Da die Entfaltung der *luxuria privata* mit hohen Kosten verbunden ist, hält er es für angebracht, dieser Entwicklung entgegenzutreten, damit die finanziellen Aufwendungen für Kleidung und Schmuck in vernünftigen Grenzen bleiben. Um seinen Schülerinnen solch eine Weisung annehmbar zu machen, begründet er die Aufforderung, keine golddurchwirkten und purpurfarbenen Gewänder zu tragen,[156] auf zweifache Art: Er weist auf die immensen Ausgaben für derartige Waren hin und führt außerdem das durchschlagende Argument an, daß Pomp die Betrachter abstößt.[157] Durch die zweite Erklärung, die ihre Wirkung auf eitle

---

[152] I. Hohenwallner, Venit 26.

[153] Zur Unterscheidung der zwei Arten von Schönheit, nämlich weiblicher *venustas* und männlicher *dignitas* (Cic. off. 1,130), siehe auch S. 165. 242.

[154] Ov. ars 3,129-132; dazu siehe R.K. Gibson, Ovid 144ff. Bereits Lucilius kritisiert die Prunksucht und die damit einhergehende Überfremdung durch griechische Einflüsse (14 M = 13 K). Dazu U.W. Scholz, Lucilius 226f.

[155] Ov. ars 3,169-172; dazu siehe R.K. Gibson, Ovid 163ff.

[156] Ov. ars 3,131 (golddurchwirkte Stoffe). 170 (purpurfarbene Stoffe). Ovid veranschaulicht die unnatürliche Prachtentfaltung mancher Frauen dadurch, daß er die Kleider aus kostbaren Stoffen und die Schmuckstücke als Last für ihre Trägerin hinstellt: *non caris aures onerate lapillis* (V. 129); *nec prodite graves insuto vestibus auro* (V. 131).

[157] Ov. ars 3,132. An dieser Stelle lehnt Ovid die Verwendung von Purpur ausschließlich aus Kostengründen ab, obwohl dieser Stoff als schön galt und daher gut zum Habitus kultivierter Frauen paßte. Siehe H. Blum, Purpur als Statussymbol in der griechischen Welt. Antiquitas Reihe 1,47, Bonn 1998, 139. Nicht ganz zutreffend ist die Deutung

Damen kaum verfehlt haben dürfte, weist sich der Dichter als Ästhet aus, der sich der Ambivalenz von Pracht bewußt war. Demnach tadelte er den Luxus, wenn er nicht mit Geschmack gepaart war, und teilte die Ansicht des Augustus über die private Prunksucht der stadtrömischen Aristokratie. Bekanntlich bemühte sich der Machthaber, allzu großen Pomp einzudämmen, indem er die *lex Iulia de sumptu* erließ.[158] Folglich stehen die Ausführungen des Autors zur Pracht mit der offiziellen Propaganda in Einklang.

Obwohl Ovid grundsätzlich begrüßt, daß Frauen sich schminken, um Schönheitsdefizite auszugleichen, meldet er Vorbehalte an, wenn sich ihre Tätigkeiten auf ungeeignete Ziele richten. So klingt in seinen Ausführungen zur Praxis des Lidstrichs in der Formulierung *nec pudor est* anscheinend Kritik mit: *nec pudor est oculos tenui signare favilla / vel prope te nato, lucide Cydne, croco*.[159] Offensichtlich deutet er diese kosmetische Maßnahme als Überfeinerung, auch wenn seinen Darlegungen nicht zu entnehmen ist, worauf sich sein Urteil gründet.[160] Vielleicht mißfällt ihm, daß die Frauen im augusteischen Rom die bisher übliche Schminktechnik im Augenbereich um Lidstriche erweiterten und sie nicht mit *stibium* zogen, sondern sich anderer Mittel und verschiedener Farben bedienten. In diesem Fall wäre seine Kritik zugleich ein Bekenntnis zu den traditionellen Methoden der Schönheitspflege.

Obgleich Ovid billigt, daß Damen ihre Haare färben, sich Dauerwellen zulegen und mit Perücken fehlende oder spärliche Haarpracht kaschieren, heißt er nicht gut, wenn sie ihre Bemühungen maßlos übertreiben und die gegenteilige Wirkung erzielen. Er kommentiert die fatalen Folgen solcher Fehler mehr oder weniger unverhohlen.[161] So zeigt er ein gewisses Maß an Verständnis, wenn eine Frau zu Färbemitteln und Zweitfrisuren greift, weil ihre Haare ergraut oder ohne ihr Verschulden ausgegangen sind; denn er ist sich bewußt, daß ihr Selbstwertgefühl durch die Beseitigung dieses Schönheitsdefizits gehoben wird. Allerdings beanstandet er, wie ungeniert manche Damen die benötigten Artikel einkaufen[162] und gegen die Diskretion, eines der wichtigsten Gebote der weiblichen

---

von J. Wildberger, Ovid behaupte, Gold und Purpur stünden den Damen nicht. Siehe J. Wildberger, Ovids Schule 374.

[158] Siehe S. 138. 152 mit weiterer Literatur.
[159] Ov. ars 3,203f.; dazu siehe R.K. Gibson, Ovid 178f.
[160] Sowohl griechische als auch römische Frauen unterstrichen die Wirkung der Augen durch Verwendung von Kosmetika. Nach Xen. oec. 10,2 zogen sich Griechinnen die Augenlider dunkel nach. Römerinnen schwärzten sich Wimpern und Augenbrauen mit *stibium* (Iuv. 2,93f.). Dazu siehe R. Hurschmann, Der neue Pauly 6 (1999) 768 mit weiterer Literatur.
[161] Ov. ars 3,165-168; Ov. am. 1,14. Zu Ov. am. 1,14 siehe N. Holzberg, Ovid 61f.
[162] Ov. ars 3,167: *nec rubor est emisse*; siehe auch S. 147.

Schönheitspflege, die der *praeceptor amoris* besonders Frauen mit Haarproblemen ans Herz legt, verstoßen.[163]

Deutlicher äußert Ovid Vorbehalte gegen diese Aktivitäten, wenn eine Dame die genannten Mittel anwendet, ohne sie nötig zu haben, und durch exzessiven Gebrauch ihr Haar, dem sie zum großen Teil ihre Attraktivität verdankt,[164] ruiniert, so daß sie weitere künstliche Hilfen benötigt, um die Schäden zu verbergen.[165] Nach Darstellung des Dichters in Amores 1,14 wird dieser verhängnisvolle Mechanismus vor allem durch Färben und Dauerwellen ausgelöst; führt doch das ständige Kräuseln und Kolorieren der Haare zu Sprödigkeit und in extremen Fällen zeitweilig zum völligen Verlust der Haarpracht,[166] so daß die betroffene Frau das Unglück unter einer Perücke verstecken muß.[167] Er attakkiert diese Praktik aus zwei Gründen scharf. Zunächst sind solche Maßnahmen in seinen Augen völlig unangebracht, wenn eine Frau mit Schönheit gesegnet ist, die der Kunst nicht bedarf;[168] denn jeder Versuch, ihr gutes Aussehen mit kosmetischen Eingriffen weiter zu verbessern, bedeutet einen Verstoß gegen die natürliche Perfektion und ist daher als Überfeinerung zu werten. Ferner beanstandet er, daß Frauen, die mit ihrem Äußeren nicht zufrieden sind, im Übermaß Kosmetika verwenden, ohne die Konsequenzen ihres Tuns zu bedenken.[169] Durch diesen Verstoß gegen das Gebot der *moderatio* wird dem guten Geschmack zu wenig Rechnung getragen, so daß das Ergebnis solcher Bemühungen unter Umständen nicht mehr als schön empfunden werden kann. Da ansehnliche Erfolge nur durch die richtige Dosierung der gewählten Mittel zu erzielen sind, lehnt er einen restriktiven wie exzessiven Gebrauch derartiger Hilfen in gleicher Weise ab. Weil sich Ovid bei der Beurteilung der weiblichen Schönheitspflege ausschließlich von seinem ästhetischen Empfinden leiten läßt, billigt er nur kosmetische Maßnahmen, durch die wirkliche Schönheitsdefizite ausgeglichen werden und das Aussehen einer Frau tatsächlich verbessert wird. So resultiert aus dem Gegensatz zwischen natürlicher Zier und gekaufter Kosmetik in der Elegie Amores 1,14 eine völlig andere Bewertung von Färbemitteln und Perücken als in der Ars amatoria. Obwohl Ovid in diesem Liebesgedicht die Nützlichkeit von Perücken durchaus anerkennt, weil sie durch falsche Pflege verursachte, vorübergehende Haarprobleme kaschieren und das Selbstwertgefühl der betroffenen Frau bewahren, stellt er seinen Leserinnen doch die Pein-

---

[163] Ov. ars 3,243-250; dazu siehe R.K. Gibson, Ovid 194ff.
[164] Ov. am. 1,14,19-30.
[165] Ov. am. 1,14; dazu J.C. McKeown, Ovid: Amores II 364ff.
[166] Ov. am. 1,14,31-54.
[167] Ov. am. 1,14,45-50; dazu vgl. auch S. 148.
[168] Ov. ars 3,257f.; Ov. am. 1,14,28-34.
[169] Ov. am. 1,14,25-29. 44.

lichkeit derartiger Hilfen an einem komisch anmutenden Beispiel vor Augen.[170] Er verdeutlicht ihnen diesen Kausalzusammenhang an Zweitfrisuren, die aus den Haaren gefangener Sugambrerinnen gefertigt sind.[171] Zunächst geraten sie wegen dieser Abhängigkeit von besiegten Feinden des Römischen Reiches in Verlegenheit. Besonders dürfte eine Frau jedoch schmerzen, daß das Lob, das diesem Haarersatz gezollt wird, seiner ehemaligen Besitzerin und nicht seiner Trägerin gilt.[172] Somit tritt an diesem Fall erneut der Vorrang natürlicher Schönheit vor künstlicher, modischer Ausstattung zutage.

In der Elegie 1,14 greift Ovid ein Thema auf, dem in jenen Jahren Interesse entgegengebracht wurde; denn im 1. Jahrhundert v.Chr. haben sich bereits griechische Epigrammatiker und Properz damit auseinandergesetzt. Auffällige Parallelen drängen sich zu Properzens carmen 2,18 auf, in dem der Dichter die aus der Putzsucht der Geliebten resultierende übermäßige Anwendung von Kosmetika und die dadurch bedingte Einbuße an Schönheit am Färben ihrer Haare veranschaulicht:

nunc etiam infectos demens imitare Britannos,
ludis et externo tincta nitore caput?
ut natura dedit, sic omnis recta figura est:
turpis Romano Belgicus ore color.
illi sub terris fiant mala multa puellae,
quae mentita suas vertit inepta comas!
deme: mihi certe poteris formosa videri;
mi formosa sat es, si modo saepe venis.
an si caeruleo quaedam sua tempora fuco
tinxerit, idcirco caerula forma bona est?[173]

Ovids Vorgänger unterscheidet sehr genau zwischen der von der Natur verliehenen Schönheit einer Frau, die den Liebenden betört, und den diversen Möglichkeiten, gutes Aussehen noch weiter zu verbessern, und lehnt alle Dinge, die diesem Zweck dienen, wie kostbaren Schmuck, prächtige Kleider, kunstvolle Frisuren, Kosmetika und duftende Essenzen entschieden ab. Wegen dieser Einstellung stellt er das Färben der Haare zunächst als Verstoß gegen die Gebote der Natur hin.[174] Wie sein Urteil über belgische Farbe, ein Blondierungsmittel, zeigt, apostrophiert er derartige Aktivitäten außerdem als unrömisch und moralisch

---

[170] Ov. am. 1,14,44-54.
[171] Ov. am. 1,14,45-50.
[172] Ov. am. 1,14,47f.
[173] Prop. 2,18C,23-32.
[174] Prop. 2,18C,25f. Vgl. W. Fauth, Maia 32, 1980, 281.

verwerflich.[175] Diese Einschätzung führt er im folgenden Distichon weiter aus, wenn er Frauen, die sich solcher Mittel bedienen, als verlogen und albern bezeichnet.[176] An dieser Stelle kommt der eigentliche Grund für seine Aversion gegen jede Art von *cultus* deutlich zum Vorschein: Wie man weiß, sieht er einen Kausalzusammenhang zwischen der Schönheitspflege und dem Lebenswandel einer Frau.[177] Er befürchtet, daß die Geliebte sich aufwendig zurechtmacht, um einem neuen Liebhaber zu gefallen, und dadurch die bestehende Beziehung gefährdet. Demnach stellt er eine anspruchsvolle Aufmachung mit Sich-Feilbieten und natürliche Schönheit und Anmut mit *pudicitia* gleich. Bei dieser moralischen Betrachtungsweise wird *cultus*, das „unlautere Mittel der Verführung"[178] und Symptom einer dekadenten Gesellschaft, mit *libido* gleichgesetzt. Cynthia wird Treulosigkeit oder gar Prostitution unterstellt, weil sie ihr Haar so kunstvoll frisiert und färbt.

Bei Ovid hat die Bestürzung des *amator* andere Ursachen: er nimmt die Rolle des überlegenen Kenners ein, der über die mangelnde Selbsteinschätzung und den folgenschweren Dilettantismus der Geliebten entsetzt ist. Trotz dieser unterschiedlichen Sicht setzt er sich in dem Gedicht Amores 1,14 mit dem elegischen Wertesystem seines Vorgängers auseinander.[179] Allerdings behandelt er diesen Teilbereich der weiblichen Schönheitspflege nicht unter moralischen, sondern ausschließlich unter ästhetischen Gesichtspunkten. Diese Art der Bewertung hat zur Folge, daß *praeceptor amoris* die moralische Betrachtungsweise seiner Vorgänger, vornehmlich des Properz, der einen Kausalzusammenhang zwischen dem Gebrauch von Kosmetika und dem Lebenswandel der betreffenden Frau sieht,[180] nicht teilt und keine Verbindung zwischen ihrer Verwendung und dem Wandel der traditionellen Werte herstellt,[181] obwohl er grundsätzlich aus der materialistischen Gesinnung im *saeculum aureum* resultierende Veränderungen der Moral wahrnimmt. Freilich ist er in seinen Ausführungen nicht ganz konsequent; denn er begründet die an seine Schüler gerichtete Warnung vor Dauerwellen und Epilieren ausdrücklich mit dem Hinweis, solche Aktivitäten seien losen Mädchen vorbehalten. Vielmehr geht er das Problem mit der kühlen, distinguierten Haltung des Großstädters an und erinnert an die zeitli-

---

[175] Prop. 2,18C,26 (*turpis*).
[176] Prop. 2,18C,27f.
[177] Prop. 1,2,1-8. 15,4-8. Vgl. W. Fauth, Maia 32, 1980, 281.
[178] K. Heldmann, WJA N.F. 7, 1981, 156.
[179] Zu den wichtigsten Unterschieden zwischen Properz und Ovid, dem Ausbau des Motivs und der ausführlichen Beschreibung der Haare der Freundin siehe I. Hohenwallner, Venit 79ff.
[180] Vor allem Prop. 2,18; dazu siehe auch S. 246.
[181] Ov. ars 1,523f.

che Begrenztheit des Unglücks.[182] „Mit dieser selbstironischen Schlußwendung ist die komisch-pathetische Schelte ganz und gar aufgehoben, die Karikatur der properzischen Invektive gegen die Schönheitspflege, die Problematisierung des *cultus* an sich, ist perfekt."[183]

---

[182] I. Hohenwallner, Venit 81.
[183] K. Heldmann, WJA N.F. 7, 1981, 159.

8. *Urbanitas* – *rusticitas* / *barbaria*

Ovid entwickelt das Bild der veredelten Lebensart im augusteischen Rom vornehmlich in den Werken, die vor seiner Relegation in der Metropole entstanden sind.[1] Darüber hinaus vervollständigt er es durch seine Äußerungen über seinen angeblich unzivilisierten Verbannungsort Tomi weiter; denn er stellt die Zustände in dieser Polis auf der Grundlage des mit topischen Elementen angereicherten Gegensatzes zwischen Stadt und Land als krasses Gegenteil zu den Verhältnissen in Rom hin.[2] Somit fungieren seine Bemerkungen zu den Lebensbedingungen in Tomi als Kontrastmodell, auf dessen Folie sich die Hauptstadt des Römischen Reiches wirkungsvoll abhebt. Schließlich bestimmt er die verfeinerte Lebensweise in der Metropole auch dadurch, daß er sie der Situation in nicht näher spezifizierten ländlichen Gegenden, die er als rückständig und hinterwäldlerisch apostrophiert, gegenüberstellt. Bezieht man diese Polarisierungen in die Betrachtung ein, dienen *rusticitas*[3] und *barbaria*[4] als Kontrastbegriffe zu *urbanitas*.

Die Kontrastierungen zeigen, daß Ovid den *urbanitas*-Begriff speziell auf Rom zuschneidet und sowohl *rusticitas* als auch *barbaria* aus der Negation der stadtrömischen Verhältnisse herleitet. Dadurch entsteht eine Hierarchie der Begriffe, die sich an ihrer Distanz vom hauptstädtischen Ideal orientiert. Wegen dieser Sicht spricht der Dichter Tomi trotz dessen Zugehörigkeit zu den Poleis jegliche Urbanität ab und stellt es mit den Ansiedlungen der Völker in jener Gegend, die nicht dem griechisch-römischen Kulturkreis angehören und denen jede

---

[1] In dieser Studie wird davon ausgegangen, daß Ovid seine letzten Lebensjahre tatsächlich in Tomi verbracht hat und seine Relegation keine literarische Fiktion ist. Anders: A.D. Fitton Brown, LCM 10,2, 1985, 18ff.; H. Hofmann, LCM 12,2, 1987, 23 mit weiterer Literatur. Die aus dieser Annahme resultierenden Schwierigkeiten erörtert W.-W. Ehlers, A&A 34, 1988, 154ff.

[2] Zum Gegensatz zwischen Rom und Tomi siehe A. Videau-Delibes, Ovide 151ff.; zum Rombild in Ovids Werken M. von Albrecht, Ovid 255ff.; vgl. E. Gorman, Arethusa 30, 1997, 119; S. Grebe, Rom 115f.; zum *urbanitas*-Konzept der Exilwerke Ovids Ch. Walde, GB 24, 2005, 158. 162ff. A.R. Sharrock, MD 33, 1994, 100 sieht primär nicht einen Gegensatz zwischen *urbanitas* und *rusticitas*, sondern stellt der verfeinerten Lebensweise der Stadtrömer die auf *mos maiorum* basierende Metropole des Römischen Reiches gegenüber.

[3] Zur Bedeutung von *rusticitas* siehe die Einleitung von N. Scivoletto zu L. Pepe (cur.), Ovidio 24.

[4] Zur Bedeutung von *barbaria* in Ovids Exilliteratur siehe J.-M. André, Ovidius 80ff. Nach J.-M. André, a.a.O. 83 verwendet der Dichter diesen Begriff ähnlich wie Cicero (z.B. de orat. 1,118; fin. 2,49; Font. 44; Flacc. 24) zur Charakterisierung von Klima, fehlender Bildung und Verhaltensformen der Menschen in jener Gegend.

Veredelung abgeht, auf die gleiche Stufe. Eine weitere Abstufung ist zwischen *rusticitas* und *barbaria* festzustellen; denn in der Regel sind die *barbari* weiter von diesem Vorbild entfernt als die *rustici*.

In seinen Briefgedichten aus dem Exil klagt Ovid unaufhörlich, nach Skythien an das Ende der Welt verstoßen worden zu sein. Bereits bei der ersten Erwähnung dieses Landes in seinem Abschiedsgedicht von Rom springt die Gegensätzlichkeit beider Örtlichkeiten in die Augen.[5] Diese Polarität faßt der Dichter pointiert in den Worten *quid melius Roma? Scythico quid frigore peius?*[6] zusammen. Demnach bildet der Verbannungsort Tomi seiner Meinung nach das negative Korrelat und Pendant zur Hauptstadt des Imperium Romanum.[7] Er zeichnet sich durch das Fehlen sämtlicher Eigenschaften aus, die in den Augen Ovids die kultivierte Lebensart in der Metropole ausmachten.

Der Dichter malt in seiner Exilliteratur die unerträglichen Lebensbedingungen in dieser angeblich unwirtlichen Umgebung am Rand der Oikumene aus, indem er die literarische Skythentopik auf Tomi überträgt.[8] Er litt nach seinen Worten zunächst unerträglich unter den extremen klimatischen Bedingungen, der arktischen Kälte,[9] dem anhaltenden Frost[10] und dem immerwährenden Schnee.[11] Von diesen unwirtlichen Witterungsverhältnissen zeugt der Umstand, daß der Wein zu Hause in den Krügen gefriert und nur in Stücken genossen wer-

---

[5] Ov. trist. 1,3,61f.

[6] Ov. Pont. 1,3,37; dazu M. Helzle, Epistulae128; zur formalen Gestaltung dieses Verses siehe B. Chwalek, Verwandlung 123f. Ähnlich: ... *quo / esse nihil toto tristius orbe potest* (Ov. trist. 5,7,43f.).

[7] Zur Darstellung von Tomi in den Werken Ovids siehe vor allem A. Podossinov, Dichtung passim; G.D. Williams, Voices 8ff.; B. Chwalek, Verwandlung 41ff. 125ff.; R. Kettemann, Verbannungsort 735 mit weiterer Literatur; vgl. M. Helzle, ICS 13, 1988, 79ff.; U. Schmitzer, Ovid 182ff.; S. Laigneau, REL 80, 2002, 115ff.; P.J. Davis, AJPh 123, 2002, 263ff.

[8] A. Podossinov, Dichtung 24ff.; G.D. Williams, Voices 10ff.; R. Kettemann, Verbannungsort 721.

[9] Ov. Pont. 3,1,14.

[10] Ov. trist. 3,2,8; Ov. Pont. 2,7,72; 4,7,7.

[11] Ov. trist. 3,10,13f.; 5,2,65f.; Ov. Pont. 1,3,50. Zu den klimatischen Verhältnissen in jener Gegend siehe S. Besslich, Gymnasium 79, 1972, 177ff.; A. Podossinov, Dichtung 123ff.; A. Videau-Delibes, Ovide 110ff.; R. Kettemann, Verbannungsort 731ff.; J.-M. Claassen, Displaced Persons 194f.; S. Laigneau, REL 80, 2002, 116f.; S. Grebe, Rom 119f. Das Bild von Tomi in trist. 3,10 basiert auf Verg. georg. 3,349-383. Dazu T. Besslich, a.a.O. 179f.; A. Videau-Delibes, a.a.O. 110; J.-M. Claassen, Displaced Persons 194; G. Williams, Exile Poetry 235f. A. Videau-Delibes, a.a.O. 110 stellt ferner Einflüsse von Herodots Schilderung der Skythen im 4. Buch und des 7. Buches von Strabons geographischem Werk auf diese Elegie fest. Ähnlich: G. Williams, Exilic Poetry 345. Vgl. auch Anm. 7.

den kann, sehr eindrucksvoll.[12] Sämtliche Gewässer, selbst die Donau und die unendliche Fläche des Schwarzen Meeres sind in jedem Winter mit einer dicken Eisschicht überzogen.[13]

Noch schlimmer sind die Menschen jener Gegend. Weil nach der hippokratischen Lehre ein Zusammenhang zwischen Klima und Wesensart der Bewohner bestand, mußten die Völker in jener Region wild und kriegerisch sein.[14] Da sie nur Plünderung, Verwüstung und Blutvergießen kannten,[15] lebten die Einwohner der Stadt Tomi in ständiger Angst vor Überfällen[16] und zitterten um ihr Leben.[17] Die von ihnen ausgehende Gefahr beschwört der Dichter wiederholt in eindrucksvollen Bildern. Oft dringen sie bis ins Stadtinnere vor und bedrohen die Städter mit ihren heimtückischen Waffen, Pfeilen, die mit Widerhaken versehen und mit tödlichem Gift getränkt sind.[18] Wenn die Wächter Alarm schlagen, rüsten sich die Einwohner von Tomi zum Kampf.[19] Sogar Ovid, der sich in

---

[12] Ov. trist. 3,10,23f. Ähnlich: 3,10,26. 12,28.

[13] Zum ungastlichen Pontus Euxinus siehe Ov. trist. 1,2,83; 3,11,7f.; 4,4,55f.; 5,2,63. 10,1f.; zum Zufrieren von Donau und Schwarzem Meer R. Kettemann, Verbannungsort 731f.; J.-M. Claassen, Displaced Persons 195; zum Winter A. Videau-Delibes, Ovide 116. 124. 128; zur Funktion des Klimas in der Elegie ebd. 127.

[14] Hippokr. Aer. 19f. 24 (Heiberg). Diese Lehre findet sich auch in Lucan. 8,363-366; Cic. leg. agr. 2,95; vgl. Sen. dial. 4,15,5; 12,7,1. Dazu G.D. Williams, Voices 16ff.; R. Kettemann, Verbannungsort 718 mit Anm. 9 und weiterer Literatur; S. Laigneau, REL 80, 2002, 117f.; vgl. G. Williams, Exilic Poetry 346f. (Ähnlichkeit der Zustände in Rom mit denen im Eisernen Zeitalter); zu den literarischen Vorbildern von Ovids Beschreibung der wilden Völker siehe A. Videau-Delibes, Ovide 139; G.D. Williams, Voices 21ff.; vgl. R. Vulcănescu, Aspetti 616; zu den Einwohnern Tomis S. Besslich, Gymnasium 79, 1972, 177ff.; S. Grebe, Rom 117ff.

[15] Ov. trist. 1,11,31f.; 2,187. 191f.; 3,10,5f. 69. 11,10. 13f.; 4,1,77ff. 4,59ff.; 5,2,32. 69ff. 3,11. 10,15ff. 12,19f.; Ov. Pont. 1,2,13ff. 3,57-60. 7,11ff. 8,5f.; 2,5,17ff. 7,31. 68; 3,1,1f. 25f.; 4,9,82. 14,27f.; dazu siehe G.D. Williams, Voices 22f.; B. Chwalek, Verwandlung 74ff.; R. Kettemann, Verbannungsort 724; vgl. M. Helzle, ICS 13, 1988, 81; S. Laigneau, REL 80, 2002, 118.

[16] Ov. trist. 3,10,67ff.; 4,1,77f.; 5,7,15f. 10,21f.; Ov. Pont. 1,2,15ff.; 3,1,25f.; 4,7,11f. 35f. 9,82. 10,31; dazu siehe ausführlich R. Kettemann, Verbannungsort 724; B. Chwalek, Verwandlung 42. 46. 75.

[17] Ov. trist. 4,1,75ff.; vgl. auch 3,10,69. 11,10; 5,2,69ff. 12,19f.; Ov. Pont. 1,3,57ff. 8,5ff.; 3,1,25; 4,3,52. 9,82; dazu R. Kettemann, Verbannungsort 724.

[18] Ov. trist. 3,10,63f.; 4,1,77f.; 5,7,15f. 10,21f.; Ov. Pont. 1,2,15ff.; 3,1,25f.; 4,7,11f. 35f. 9,83. 10,31; dazu siehe R. Gandeva, Misericordia 295; R. Kettemann, Verbannungsort 724. Nach G. Williams, Voices 19 besteht zwischen Ov. trist. 5,7,15f. und Verg. Aen. 10,168f. ein intertextueller Bezug, durch den diese Stelle der elegischen Welt zugeordnet wird; denn die Geten und Sarmaten tragen die gleichen Waffen wie die Gefolgsleute eines Etruskerfürsten in der Aeneis. Vgl. auch R. Vulcănescu, Aspetti 619; N. Holzberg, Ovid 192.

[19] Ov. trist. 4,1,71-76.

jungen Jahren dem Kriegsdienst entzog, ist im Alter angesichts dieser Unsicherheit gezwungen, sein Leben mit dem Schwert zu verteidigen.[20] Voller Selbstironie stellt er fest, er habe selbst seine Verse in Waffen verfaßt.[21]

Schließlich war auch das Leben in Tomi ohne diese Bedrohung von außen nach Ansicht Ovids nicht auszuhalten; denn dort fehlte alles, was Zivilisation, Kultur und Lebensqualität ausmachte. Dieses Manko kommt zunächst im Ambiente der Stadtbewohner zum Vorschein. Nach Darstellung des Dichters gab es in diesem Ort vor allem Zweckbauten: er war mit einer Mauer umgeben, die den Einwohnern einen gewissen Schutz gegen die Angriffe der wilden Völkerschaften aus der Umgebung bot.[22] Wegen dieser Funktion wurde eine Anlage, die in den literarischen Quellen in der Regel kaum erwähnt wurde, in den Augen des Relegierten zum wichtigsten Bauwerk in Tomi. Aus dem gleichen Grund ging er auf die Stadttore ein; denn sie vermittelten den Bewohnern ebenfalls das Gefühl der Sicherheit.[23] Daß sich in diesem Ort nach Ovids Schilderung keine Lebensqualität entfalten konnte, ist freilich nicht nur der Gefährdung durch die Stämme aus der Nachbarschaft, sondern vor allem auch der fehlenden Infrastruktur zu verdanken. Da in jener Gegend vorgeblich keine Häfen vorhanden waren,[24] entwickelten sich keine Handelsbeziehungen auf dem Seeweg, die der Belebung der Wirtschaft und der Prosperität dieser Stadt dienen konnten. Demnach existierten nach Meinung des Verbannten in Tomi wichtige Voraussetzungen für die Förderung von Kultur und Zivilisation, die in Rom infolge der verstärkten Zufuhr von Ressourcen aus dem Osten gegeben waren, nicht.[25] Noch wichtiger erachtet der Relegierte allerdings den Umstand, daß wegen des fehlenden Hafens angeblich kaum Schiffe aus Italien nach Tomi kamen und da-

---

[20] Ov. trist. 4,1,71ff.; Ov. Pont. 1,8,5ff. Zu Ov. trist. 4,1,71ff. siehe B. Chwalek, Verwandlung 164ff.; N. Holzberg, Ovid 190. Mit dem Bild des greisen Kriegers, das keineswegs als reales Selbstzeugnis des Verbannten gedeutet werden darf, führt Ovid seinen Lesern das Zerrbild des einst gefeierten Dichters vor Augen. Dazu B. Chwalek, Verwandlung 164f. mit weiterer Literatur.

[21] Ov. Pont. 1,8,7-10; dazu siehe M. Helzle, Epistulae 210f.; E. Zinn, Gymnasium 67, 1960, 54; B.R. Nagle, Poetics 115.

[22] Ov. trist. 3,14,41f.; 4,1,69. 75-78. 81f.; 5,2,70. 10,17f. 21f. 27; Ov. Pont. 1,2,17. 21f. 8,12. 61f. Zu Ov. trist. 5,10,27-46 siehe B. Chwalek, Verwandlung 78ff.; M.-J. Claassen, Displaced Persons 192.

[23] Ov. trist. 3,14,41f.; 4,1,69; Ov. Pont. 1,8,62. Zur Stadtmauer in Tomi siehe Ch.M. Danoff, RE Suppl. IX (1962) 1421 mit weiterer Literatur; A. Aricescu, Mur d'enceinte 85ff.

[24] Ov. trist. 3,12,37f. Ovids Ausführungen entsprechen nicht der historischen Realität; denn seit Mitte des 3. Jahrhunderts v.Chr. entwickelte Tomi eine rege Handelstätigkeit. Deshalb besaß diese Stadt zweifelsfrei auch einen Hafen. Siehe Ch.M. Danoff, RE Suppl. IX (1962) 1399ff.

[25] Ov. ars 3,113-128.

durch seine Isolierung weiter verstärkt wurde. Ferner machen sich die Defizite der Infrastruktur bei der Wasserversorgung bemerkbar: Der an das reine, kühle Wasser der aqua Virgo gewöhnte *homo urbanus*[26] mußte sich in seiner neuen Umgebung mit Trinkwasser abfinden, dessen Qualität weit hinter dem Standard der Metropole zurückblieb;[27] denn es war sumpfig und mit Meerwasser vermischt.[28] Da diesem Naß keine durststillende Wirkung zugeschrieben werden konnte,[29] sprach ihm der Dichter die für stadtrömische Institutionen typische Eigenschaft, den Benutzern Genuß zu bereiten, ab.[30] Dieser Mißstand ist der rückständigen Wasserversorgung des Ortes zu verdanken; nach Ovids Darstellung erfolgte sie nicht über ein Netz von Leitungen, sondern die Bewohner mußten ihren Eigenbedarf aus Quellen decken.[31] Nach diesen Darlegungen war es dem Dichter angeblich nicht möglich, in Tomi menschliche Grundbedürfnisse in angemessener Weise zu befriedigen.

Außerdem erwähnt er die Agora, weil sie wegen der Roheit der Geten zweckentfremdet und zum Schauplatz blutiger Auseinandersetzungen und gravierenden Unrechts wird.[32] An diesen Zuständen kommt erneut die vorgeblich mangelnde Zivilisation in dieser Stadt zum Vorschein.

Schließlich veranschaulicht Ovid die weitreichende Barbarisierung, die in allen Lebensbereichen in dieser Stadt festzustellen ist, durch die Behauptung, daß ein großer Teil der Häuser von Geten bewohnt ist, die der griechischen Bevölkerung Furcht einflößten.[33] Bemerkenswert ist, daß der Dichter dieses Detail erst im vierten Jahr seines Aufenthaltes in Tomi erwähnt, nachdem er in den ersten Büchern seiner Tristien nur die ständige Bedrohung dieses Ortes durch Überfälle wilder Völkerschaften aus der Umgebung in düsteren Farben ausgemalt hat.[34] Offensichtlich beabsichtigte er, die Tristheit seiner Lage weiter zu steigern, indem er seinen Lesern vor Augen führte, daß auch in der Stadt keine Ruhe herrschte. Diese seiner Meinung nach trostlose Situation wird noch dadurch verschlimmert, daß die Häuser den Ansprüchen eines Stadtrömers an

---

[26] Ov. Pont. 1,8,37f.; dazu M. Helzle, Epistulae 217f.
[27] Ov. Pont. 2,7,73f.; 3,1,17f.; vgl. Ov. trist. 3,3,7.
[28] Ov. Pont. 2,7,73f.
[29] Ov. Pont. 3,1,17f. Diese Behauptung Ovids wird durch die Überreste eines Aquäduktes und einer Wasserleitung widerlegt. Siehe Ch.M. Danoff, RE Suppl. IX (1962) 1420.
[30] Ov. Pont. 1,8,39f.; dazu M. Helzle, Epistulae 218.
[31] Ov. Pont. 3,1,17f.
[32] Ov. trist. 5,7,47f. 10,43f.; dazu siehe A. Podossinov, Dichtung 152f. mit weiterer Literatur; vgl. D.M. Pippidi, Tomis 191ff.; A. Videau-Delibes, Ovide 144.
[33] Ov. trist. 5,10,29f.; dazu P.J. Davis, AJPh 123, 2002, 263f.; zu den Geten A. Videau-Delibes, Ovide 140. 143; G. Williams, Exilic Poetry 350ff.
[34] A. Podossinov, Dichtung 152.

Wohnkomfort keineswegs genügten.[35] Der Poet geht auf das Aussehen und die Ausstattung der Gebäude von einer bezeichnenden Ausnahme abgesehen nicht ein. Um dem Adressaten seines Briefes Graecinus seine Loyalität dem Machthaber und der *domus Augusta* gegenüber zu versichern, erwähnt er das Heiligtum, das er in seinem Haus zur Ausübung des Herrscherkultes eingerichtet hat.[36] An diese ausführliche Schilderung dürfte er zweifellos die Hoffnung geknüpft haben, daß sich Augustus zur Milde gegen ihn bewegen ließ, falls er von seiner Treue Kenntnis erhalten habe.

Endlich beklagt Ovid die schlechten Arbeitsbedingungen Intellektueller, die vom Fehlen von Büchern herrühren.[37] Mit dieser Behauptung unterstellt er, daß in Tomi keine Bibliotheken existierten und somit eine unumgängliche Voraussetzung für den Erwerb von Bildung samt der darauf basierenden Kultur nicht gegeben war. Darüber hinaus macht er seinen Lesern klar, daß diese Entwicklung nicht zuletzt eine Folge der Mentalität der Bewohner der Stadt war. Da sie ständig auf ihre Sicherheit bedacht sein mußten, hatten sie für derartige Beschäftigungen nicht die nötige Muße.

Ovid führt in seinen Darlegungen zum Ambiente in Tomi nur eine kleine Auswahl Bauwerke an, um an ihnen die Barbarisierung der Stadt und die damit einhergehende fehlende Lebensqualität zu demonstrieren. Aus dieser Absicht erklärt sich die recht häufige Erwähnung von Zweckbauten, die in literarischen Quellen normalerweise übergangen werden. Ferner stellt er seinen Lesern an diesen Anlagen die innere und äußere Bedrohung seines Verbannungsortes vor Augen. Andererseits erweckt er den Anschein, daß Gebäude und Institutionen, die unbedingt zum Lebensstandard einer Stadt gehören, in Tomi nicht vorhanden sind. Zu diesem Zweck verschweigt er Sport- und Vergnügungsbauten, die nach seiner Überzeugung das Leben in der Metropole Rom attraktiv und interessant machten, weil sie nicht nur der Unterhaltung dienten, sondern auch als Begegnungsstätten der Geschlechter fungieren konnten. Als griechische Polis besaß Tomi zweifellos solche Anlagen.[38] Durch Inschriften ist gesichert, daß die Stadt ein Amphitheater, ein Stadion und wahrscheinlich auch ein Theater hatte.[39] Wie aus einem in Palazu bei Tomi gefundenen Grabepigramm hervorgeht, das an den Freigelassenen Attalos, einen Jäger, erinnert, der im Kampf mit einer wilden Kuh im Stadion den Tod gefunden hat, wurden dort Volksbelustigungen mit Tieren veranstaltet.[40] Von der Beliebtheit der Gladiatorenkämpfe zeugen

---

[35] Ov. trist. 3,3,9.
[36] Ov. Pont. 4,9,105-120.
[37] Ov. trist. 3,14,37-40; vgl. 4,10,111-114.
[38] Diese Vorgehensweise zeigt erneut, daß Ovid die Bedeutung von *urbanitas* einengt und auf Rom beschränkt.
[39] Ch.M. Danoff, RE Suppl. IX (1962) 1420.
[40] Ch.M. Danoff, RE Suppl. IX (1962) 1420.

zahlreiche Inschriften,[41] mehrere Darstellungen dieser Personen wie beispielsweise die Protome des Skirtos[42] und Reliefs von Fechterpaaren.[43] Nach diesen epigraphischen und archäologischen Zeugnissen stand den Bewohnern in dieser Stadt ein Unterhaltungsprogramm zur Verfügung, das sich wohl kaum mit dem reichhaltigen Angebot in Rom messen konnte, das sich aber doch nicht grundsätzlich von ihm unterschied.

Ovids Ausführungen zum Ambiente in Rom und Tomi zeigen, daß er Aquädukte, Sportanlagen, Vergnügungsstätten und sämtliche weiteren Bauwerke, in deren Umgebung soziale Kontakte geknüpft werden konnten, als unentbehrliche Voraussetzung für die verfeinerte Lebensart in einem städtischen Zentrum erachtet. Als Intellektueller interessiert er sich zweifellos für ihren Bildungs- oder Unterhaltungswert; doch machte für ihn die Möglichkeit, an diesen Stätten urbane Verhaltensformen im zwischenmenschlichen Bereich zu entfalten, den eigentlichen Reiz dieser Anlagen aus. Existieren dagegen in einem Ort solche Bauwerke nicht, fehlt in den Augen des Poeten eine wesentliche Bedingung für die Entwicklung von *urbanitas*.

Ferner war das Leben in Tomi nach Ovids Darstellung in den früheren Elegien wegen der Geten, die dort inmitten der Griechen ansässig waren, unerträglich. Ihr Aussehen und ihre Lebensführung waren so verwahrlost, daß sie kaum als Menschen bezeichnet werden durften.[44] Da sie nach Ansicht des Dichters sogar die Wölfe an Wildheit übertrafen, fiel es schwer, in ihnen die Bewohner einer griechischen Polis zu sehen:

in quibus est nemo, qui non coryton et arcum
telaque vipereo lurida felle gerat.
vox fera, trux vultus, verissima Martis imago,
non coma, non ulla barba resecta manu,
dextera non segnis fixo dare vulnera cultro,
quem iunctum lateri barbarus omnis habet.[45]

Nach den Versen des Poeten sind die Einwohner von Tomi von dieser Umwelt stark geprägt; trugen doch die Geten sogar innerhalb der Stadt Waffen.[46] Ovids Urteil über ihre Ausrüstung mit Messern und ihre Bereitschaft, damit dem Gegner schwere Wunden zu schlagen, ist für seine Meinung über die Qualitäten die-

---

[41] L. Robert, Les gladiateurs 101-107; Ch.M. Danoff, RE Suppl. IX (1962) 1420.
[42] L. Robert, Les gladiateurs 104f. Nr. 44 mit pl. IV.
[43] L. Robert, Les gladiateurs 106 Nr. 46 mit pl. XIII.
[44] Ov. trist. 5,7,45: ... *vix sunt homines hoc nomine digni.*
[45] Ov. trist. 5,7,15-20; dazu G. Williams, Exilic Poetry 350ff.
[46] Ov. trist. 5,7,15f. 19f.

ser Leute sehr aufschlußreich, schreibt er doch solch ein Benehmen Barbaren zu.[47] Diese Bemerkung erklärt sich wieder aus seinem Bestreben, die Polis zu barbarisieren und ihr sämtliche urbane Errungenschaften abzusprechen. Die Anpassung an die wilden Völkerschaften aus der Umgebung ist außerdem bei der Kleidung der Tomitaner festzustellen. Infolge der extremen klimatischen Bedingungen hüllten sie sich in Felle[48] und trugen weite Hosen.[49] Der Dichter betont eigens, daß sie das unübliche Kleidungsstück, das sich bei den Geten und Persern großer Beliebtheit erfreute, statt ihrer einheimischen Tracht gewählt haben,[50] um an einem weiteren Beispiel den Verlust ihrer städtischen Verhaltensweisen zu demonstrieren. In der Forschung gilt diese Behauptung Ovids als glaubwürdig;[51] denn Dion weist ebenfalls auf solch ein Kleidungsstück hin.[52] Weil dieser Autor jedoch das Erscheinungsbild eines gewissen Kallistrates, der in derartigen Beinkleidern und der übrigen Ausrüstung der Skythen zu Pferd vom Kriegsdienst zurückgekehrt ist, beschreibt, darf dieser Einzelfall keineswegs verallgemeinert und auf alle Bewohner Olbias übertragen werden. Selbst wenn Ovid bemüht ist, das barbarische Kolorit seines Verbannungsortes durch seine Äußerungen zum Habitus der Bewohner zu verstärken, bergen seine Ausführungen doch einen wahren Kern. Bekanntlich zeigen Grabreliefs mit Darstellungen von Bosporanern aus römischer Zeit ebenfalls die Verbreitung der nomadischen Kleidung samt Hosen, wie sie die Perser trugen, unter den Griechen. Da es sich bei diesen Leuten jedoch vornehmlich um bewaffnete Reiter handelte, war diese Tracht nicht alltäglich, sondern wurde wohl hauptsächlich während des Winters getragen.[53]

Von fehlender Zivilisation zeugt zudem der Umstand, daß die Frauen in Tomi nach den Worten Ovids die Kunst des Webens nicht beherrschen.[54] Deshalb hatten sie keine Möglichkeit, Kleider zu verfertigen, die nicht nur ihre eigentliche Funktion erfüllten, sondern auch gehobenen ästhetischen oder modischen Ansprüchen genügten. Freilich geht der Dichter auf die Gewänder der Frauen nicht ein; denn durch sie werden die mangelnden urbanen Qualitäten der Einwohnerschaft von Tomi weniger eindrucksvoll unterstrichen als durch die an

---

[47] Ov. trist. 5,7,19f.
[48] Ov. trist. 3,10,19; 5,7,49. 10,31f.; Ov. Pont. 4,10,2.
[49] Ov. trist. 3,10,19; 4,6,47; 5,7,49. 10,33f.
[50] Ov. trist. 4,6,47 (Geten); 5,10,33f. (Perser); zu dieser Stelle siehe A. Podossinov, Dichtung 157f.; B. Chwalek, Verwandlung 141.
[51] Ov. trist. 5,10,34 (*Persica braca*). Zur Kleidung der Geten siehe R. Vulcănescu, Aspetti 619; P.J. Davis, AJPh 123, 2002, 264.
[52] Dion Chr. or. 36,7; dazu siehe A. Podossinov, Dichtung 157 mit Anm. 620 und weiterer Literatur.
[53] A. Podossinov, Dichtung 158 mit Anm. 622, 623 und weiterer Literatur.
[54] Ov. Pont. 3,8,9f.

das Klima und die Kriegführung der Nomaden angepaßte Kleidung und Bewaffnung der Männer.

Neben der Gewandung deutet Ovid die Haar- und Barttracht der Tomitaner als weitere Hauptmerkmale ihrer Barbarisierung. Nach seinen Darlegungen ließen ihre Haare nicht die geringste Spur von Pflege erkennen. Weil sie weder gekämmt noch geschnitten wurden,[55] waren sie lang, zottig und struppig[56] und bedeckten einen großen Teil des Gesichtes.[57] Im gleichen Zustand befanden sich ihre Bärte.[58] Obwohl der Dichter diese Haar- und Barttracht an einer Stelle ausdrücklich den Geten und Sarmaten zuschreibt,[59] versucht er doch den Eindruck zu erwecken, als hätten die Griechen sie von ihnen übernommen, weil sie durch das Leben inmitten der Barbaren degenerierten. Nichtsdestoweniger bergen seine Ausführungen wieder einen wahren Kern. Als Dion Chrysostomos die um ihn versammelten Olbiopoliten beschreibt, stellt er fest, sie hätten von einem einzigen Mann abgesehen alle lange Haare und Bärte gehabt. Diesen Mann beschimpften und haßten die übrigen Bewohner der Stadt; hatte er sich doch rasiert, um den Römern zu schmeicheln und ihnen seine Freundschaft zu beweisen.[60] Nach dieser Stelle sind die langen Haare und Bärte kein Kennzeichen der Barbarisierung, sondern die Fortsetzung einer alten griechischen „Mode", die bis in die Zeit Homers zurückgeht.[61]

Das verwilderte Aussehen der Menschen aus jener Gegend wird nach Ovids Schilderung noch durch eine unzureichende Körper- und Schönheitspflege verstärkt. Der Dichter erläutert diesen Zusammenhang am Beispiel der unzivilisierten Frauen aus dem Kaukasus und aus Mysien, denen jegliches Bedürfnis nach Sauberkeit und ästhetisches Empfinden abgehen:

quam paene admonui, ne trux caper iret in alas
neve forent duris aspera crura pilis!
sed non Caucasea doceo de rupe puellas
quaeque bibant undas, Myse Caice, tuas.[62]

Nach dieser Stelle rechnet Ovid unangenehmen Körpergeruch und den Verzicht auf die Entfernung lästiger, unschöner Härchen an den Beinen zu den charakteristischen Merkmalen von Ungepflegtheit. Weil die Menschen in jener Region

---

[55] Ov. trist. 5,7,18.
[56] Ov. trist. 5,7,50. 10,32.
[57] Ov. trist. 5,7,50.
[58] Ov. trist. 5,7,18; vgl. 3,10,22.
[59] Ov. trist. 5,7,18.
[60] Dion Chr. or. 36,17; dazu siehe A. Podossinov, Dichtung 158f.
[61] A. Podossinov, Dichtung 159.
[62] Ov. ars 3,193-196; dazu siehe R.K. Gibson, Ovid 172f.

ihren gesamten Habitus an den rauhen klimatischen Verhältnissen orientieren, entwickeln sie kein Bewußtsein für Schönheit und Anmut, sondern achten einzig und allein auf Zweckmäßigkeit.

Mit der äußerlichen Verwahrlosung geht der völlige Verlust urbaner Verhaltensformen einher. Defizite machen sich zunächst bei der Sprache der Tomitaner bemerkbar. Sie ist neben der Stadt, der mangelnden Bildung und den Sitten der ortsansässigen Griechen für Ovid der wichtigste Gradmesser seiner momentanen Lage; zeigt sie doch in aller Deutlichkeit, welchen kulturellen und zivilisatorischen Abstieg die Relegation für ihn bedeutete: *cumque locum moresque hominum cultusque sonumque / cernimus, et, qui sim qui fuerimque, subit.*[63] Nach seinen Worten wird der Klang der griechischen Sprache durch getische Laute verunstaltet.[64] Die barbarischen Idiome hätten bereits so stark um sich gegriffen, daß sie das Griechische weitgehend verderbt und verdrängt hätten: *in paucis remanent Graecae vestigia linguae, / haec quoque iam Getico barbara facta sono.*[65] Diese Behauptung des Dichters hat R. Gandeva überzeugend widerlegt, indem sie Inschriften aus dieser Stadt, die in die augusteische Zeit zu datieren sind, zum Vergleich herangezogen hat.[66]

Beachtenswert ist, daß Ovid die Abweichung vom urbanen Sprachstandard in seiner Exilliteratur nicht näher erläutert, sondern sich auf die pauschale Feststellung beschränkt, barbarische Idiome seien in eine Kultursprache eingedrungen und hätten dadurch ihr Niveau gemindert. Nur an einer Stelle deutet er die Auswirkung dieses Vorganges an, indem er darauf hinweist, der Klang des Griechischen sei dadurch beeinträchtigt worden. Nach dieser Bemerkung machte sich die Anpassung des Griechischen an die Sprachen der Völker aus der Umgebung vor allem im Verlust des für den *sermo urbanus* typischen *sonus* bemerkbar. Daß damit außerdem ein Verstoß gegen das Gebot, kein unübliches

---

[63] Ov. trist. 3,8,37f. Zum kulturellen Gefälle zwischen Ovid und seiner Umgebung siehe P.J. Davis, AJPh 123, 2002, 264f.
[64] Ov. trist. 5,2,67f. 7,51f.
[65] Ov. trist. 5,7,51f.; dazu E. Lozovan, Ovide 400f.
[66] R. Gandeva, Ovidij i naselenieto na antična Dobrudža, Godišnik na Sofijskija Universitet 62,1, 1968, 46. 94 (zitiert nach A. Podossinov, Dichtung 152, da mir diese Publikation nicht zugänglich war); vgl. J. Stoian, Tomitana passim; D.M. Pippidi, Tomis 192; A. Podossinov, a.a.O. 152. 204; R. Kettemann, Verbannungsort 730. A. Podossinovs Angaben läßt sich nicht entnehmen, ob R. Gandeva die einschlägigen Inschriften aus Tomi nach Gattungen differenziert ausgewertet hat und auf die aus dieser Unterscheidung resultierende Frage eingegangen ist, ob die Schrift- und Umgangssprache in dieser Stadt das übliche Niveau des Griechischen beibehalten haben oder ob diese Feststellung nur für die Schriftsprache, die beispielsweise in offiziellen Dokumenten und Grabepigrammen nachzuweisen ist, zutrifft und sich die Umgangssprache verändert hat. Zu diesem Problem siehe M. Slavova, Phonology of the Greek Inscriptions in Bulgaria. Palingenesia 83, Stuttgart 2004, 14.

Vokabular zu verwenden, einherging, thematisiert der Dichter nicht eigens;[67] denn solche differenzierten Angaben sind für sein Vorhaben, die Lebensbedingungen in Tomi als unerträglich hinzustellen, nicht nötig.

Andererseits waren bei den Griechen in dieser Polis mit hoher Wahrscheinlichkeit einige Besonderheiten der Aussprache und vielleicht auch morphologisch-syntaktische Eigenarten, die sich infolge der langen Isolation vom Kerngebiet der griechischen Sprache herausbildeten, verbreitet.[68] Diese Abweichungen vom klassischen Griechisch könnte der Dichter als Ergebnis der Berührung mit den ortsansässigen Barbaren gedeutet haben. Bemerkenswert ist, daß Dion Chrysostomos, der sich 95 n.Chr. in Olbia aufhielt, dort ebenfalls eine gewisse „Verderbtheit" der griechischen Sprache feststellte, die er auf den Einfluß der in dieser Stadt lebenden Barbaren zurückführte.[69] Auch in diesem Fall lassen die Inschriften von Olbia keine merklichen Abweichungen von den Normen der griechischen Sprache erkennen.[70] A.I. Dovatur sieht sowohl in den Eigenheiten der ionischen Dialekte als auch in den Fehlern im mündlichen Sprachgebrauch der Olbier Eigentümlichkeiten der Aussprache, phonetische Feinheiten, die bei schriftlicher Fixierung keinen Niederschlag fanden.[71]

Wegen der Entstellung und Zurückdrängung der griechischen Sprache konnte sich Ovid nach seinen Darlegungen vorgeblich nicht mit der einheimischen Bevölkerung verständigen.[72] Weil er mitten im thrakischen und skythischen Sprachgebiet lebte,[73] sehnte er sich danach, daß ein Schiff nach Tomi kam, damit er sich mit der Besatzung auf griechisch oder lateinisch unterhalten konnte.[74] Seine Verständigungsschwierigkeiten wurden noch dadurch erhöht, daß die lateinische Sprache in jener Gegend überhaupt nicht verbreitet war;[75] denn diese Polis und ihr Umland gehörten in augusteischer Zeit dem linkspontischen κοινὸν τῶν Ἑλλήνων an, das unter dem Protektorat der Römer stand.[76] Selbst wenn Latein in Tomi in jenen Jahren nur wenig gepflegt wurde, obwohl die Stadt in der ripa (Histri) Danuvii lag, die unter der Aufsicht eines wohl dem

---

[67] Dazu ausführlich S. 60f.
[68] A. Podossinov, Dichtung 160.
[69] Dion Chr. or. 36,9; dazu siehe A. Podossinov, Dichtung 160.
[70] A. Podossinov, Dichtung 160.
[71] A.I. Dovatur, Kratkij očerk grammatiki bosporskich nadpisej, in: KBN 797 (zitiert nach A. Podossinov, Dichtung 160 mit Anm. 631). Vgl. auch S. 212 Anm. 66.
[72] Ov. trist. 3,11,9; 5,10,37.
[73] Ov. trist. 3,14,47.
[74] Ov. trist. 3,12,37-40.
[75] Ov. trist. 4,1,89f.; 5,2,67f. 7,53f. 10,37f.; dazu G.D. Williams, Voices 50.
[76] Ch.M. Danoff, RE Suppl. IX (1962) 1418f. mit weiterer Literatur.

Statthalter der Provinz Moesia unterstellten praefectus ripae Histri stand,[77] dürfte diese Behauptung des Relegierten übertrieben sein.[78]

Nach seiner Schilderung konnte sich angeblich auch Ovid nicht dem durch die Umgebung bedingten Prozeß der Barbarisierung von Sprache entziehen; sah er sich doch wegen der schlechten Verständigungsmöglichkeiten dazu gezwungen, getisch und sarmatisch zu lernen.[79] Demnach ist seine ungewollte Beherrschung der barbarischen Sprachen der beste Beweis dafür, daß er aufgrund seines Lebensbereiches wichtige Merkmale eines *homo urbanus* verloren hat. Freilich enthalten seine Angaben einige Ungereimtheiten, die ihren fiktiven Charakter verraten, obwohl der Dichter den Gedanken, sich die Sprache der Geten und Sarmaten anzueignen, konsequent entwickelt. So behauptet er in einer 10 n.Chr. nach Rom gesandten Elegie, in getischem Versmaß zu schreiben.[80] Zwei Jahre später hat er seine Kenntnisse um Sarmatisch erweitert.[81] In einer im Frühjahr 12 n.Chr. abgefaßten Elegie stellt er dagegen fest, er habe sich mit den Barbaren nur durch Gestikulieren verständigen können.[82] In einer weiteren im gleichen Jahr entstandenen Elegie beteuert er erneut, Getisch und Sarmatisch gelernt zu haben.[83] Selbst wenn Ovids Nachrichten einen wahren Kern bergen sollten, dienen sie doch in erster Linie dem Nachweis seiner Überzeugung, daß mit dem traditionellen römischen Bildungskanon unvereinbare Kenntnisse eines kultivierten Römers nicht würdig sind und zur Minderung seines verfeinerten Wesens beitragen.

---

[77] I. Bogdan Cătăniciu, A propos de ripa Histri, Novensia 15, 2004, 73ff.; CIL XIV 3608 = ILS 986 (praefectura ripae Histri unter Aufsicht des legatus Augusti Moesiae). Dieses Gebiet wurde unter Domitian in den römischen Provinzialverband integriert.

[78] Zu den sprachlichen Verhältnissen in jener Gegend siehe Ch.M. Danoff, RE Suppl. IX (1962) 1419f.

[79] Ov. trist. 3,14,48 (getisch); 5,7,56 (sarmatisch); 5,12,58 (getisch, sarmatisch); Ov. Pont. 3,2,40 (getisch, sarmatisch); vgl. Ov. Pont. 4,2,21f.

[80] Ov. trist. 3,14,48.

[81] Ov. trist. 5,7,56.

[82] Ov. trist. 5,10,35f.; dazu P.J. Davis, AJPh 123, 2002, 263f.

[83] Ov. trist. 5,12,58. Zu Ovids Kenntnissen der getischen und sarmatischen Sprache siehe auch E. Lozovan, Ovide 400f.; N.I. Herescu, Poeta Getes 404f.; R. Avallone, De Ovidii elegiaci humanitate 102; A. Podossinov, Dichtung 112f. 204; B. Chwalek, Verwandlung 79; J.-M. Claassen, Displaced Persons 203; S. Laigneau, REL 80, 2002, 121f.; P.J. Davis, AJPh 123, 2002, 265; Ch. Walde, GB 24, 2005, 155. J.-M. Claassen, a.a.O. 203 hält Ovids Sarmatischkenntnisse wegen der weiten Entfernung von Tomi und Sarmatia für unwahrscheinlich. Anders: E. Doblhofer, Exil 126. Nach Ch. Walde, GB 24, 2005, 173 lernt Ovid Getisch und dichtet in dieser Sprache, weil er sich der Verantwortung für die nichtzivilisierten Völker bewußt ist; daher trägt seine Poesie zum „Kulturprozeß" bei und wirkt „kulturstiftend".

Der Kausalzusammenhang, der zwischen der Umgebung eines Menschen und der Qualität seiner Sprache besteht, macht sich nach den Worten des Dichters auch bei seinem Latein bemerkbar; bringt er doch die durch seine Exilpoesie nicht verifizierbare Behauptung vor, es verschlechtere sich doch angeblich immer mehr[84] und beeinträchtige dadurch zugleich den Wert seiner Verse.[85] Weil er dauerhaft im griechischen Sprachgebiet lebte und sich fast ausschließlich fremder Sprachen bediente, wurde ihm das Lateinische zunehmend fremd, so daß er nach dem passenden Ausdruck suchen mußte und zuweilen unbeabsichtigt barbarische Idiome gebrauchte.[86] Um den Verfall seiner Muttersprache als besonders drastisch und rapide zu kennzeichnen, weist er in einer 12 n.Chr. verfaßten Elegie darauf hin, er habe seine Dichtungen gelegentlich um pontische Worte bereichert.[87] Nach dieser Bemerkung ging dem Dichter nach und nach die Fähigkeit verloren, seine Worte situationsgemäß zu wählen, nur in Rom gängiges Vokabular zu verwenden und sich vor Ausdrücken, die für Italiker und Fremde typisch waren, zu hüten.[88]

Diese durch die Umgebung bedingte Verschlechterung seines Lateins schlug sich nach Meinung Ovids auch in der Güte seiner Verse nieder. Obwohl seine in knapp einem Jahrzehnt in Tomi entstandenen Elegien neun Bücher umfassen, deren Qualität sich nicht von der seiner Liebesdichtungen unterscheidet, klagt er wiederholt, ihm fehle in seinem unwirtlichen, unkultivierten Verbannungsort jegliche Motivation und Inspiration zum Dichten.[89] Wegen dieser Bedingungen verringerte sich seine literarische Produktion vorgeblich beträchtlich,[90] und die wenigen Verse, die er dort zustande brachte, blieben weit hinter dem Niveau der in Rom entstandenen Werke zurück.[91] Wie schmerzlich es für

---

[84] Ov. trist. 3,14,43-46; 5,7,57-60; dazu B.R. Nagle, Poetics 113; G.D. Williams, Voices 50; E. O'Gorman, Arethusa 30, 1997, 120f.; U. Schmitzer, Ovid 188; vgl. G. Williams, Exilic Poetry 357; Ch. Walde, GB 24, 2005, 155. 166f. Zu den Gefahren der Muttersprache in der Verbannung siehe E. Doblhofer, Exil 120ff.

[85] Ov. trist. 4,1,89-106; 5,1,71-74; Ov. Pont. 1,5,9-20; 4,2,15-38; vgl. auch Ov. trist. 4,10,111f. Zu Ov. Pont. 1,5,9-20 siehe M. Helzle, Epistulae 161ff.

[86] Ov. trist. 3,14,43-47; 5,7,57-60.

[87] Ov. trist. 3,14,49f.; dazu B.R. Nagle, Poetics 133; vgl. 114ff.

[88] Zu diesem Gebot, das in den rhetorischen Schriften als Charakteristikum des *sermo urbanus* gilt, siehe Cic. de orat. 3,44. Vgl. auch S. 27. 60.

[89] Ov. Pont. 1,5,9-12; 4,2,25-30; dazu G.D. Williams, Voices 50ff.; B. Chwalek, Verwandlung 173.

[90] Ov. Pont. 4,2,25-30.

[91] Ov. trist. 3,14,25-52; 5,1,65-80; Ov. Pont. 1,5,9-86. 8,9f.; 2,5,19-40; 4,2,15-38; E. Lozovan, Ovide 398f.; H. Froesch, Ovid 73ff.; B.R. Nagle, Poetics 114; E. Doblhofer, Sprachnot 109ff.; ders., Exil 124f.; N. Holzberg, Ovid 192; M. Helzle, ICS 13, 1988, 75; P.J. Davis, AJPh 123, 2002, 267; G. Williams, Exile Poetry 238; S. Lütkemeyer, Exildichtung 72ff. Zum Vorwurf, seine Gedichte seien monoton, siehe Ov. Pont. 3,7,1-

ihn war, den urbanen Standard nicht mehr erreichen zu können, verdeutlicht er durch die resignierende Feststellung, er gelte im sarmatischen Volk als großes Talent.[92] Der Grund für diese unbeabsichtigte Wertschätzung war nach seiner Darstellung, daß seine „barbarischen" Verse offensichtlich zu Tomi und der Mentalität seiner Bewohner paßten.[93] Freilich enthalten seine zahllosen Beteuerungen, in der Verbannung könne er nur den äußeren Lebensumständen angemessene Gedichte schreiben, kein Urteil über ihren Wert; versichert er doch gleichzeitig, daß alle, die ihm behilflich seien, vom Herrscher eine Änderung der Relegation zu erwirken, durch seine Poesie unsterblich würden.[94] Auch habe der Herrscher auf seinen Ruhm und sein Talent keinen Einfluß.[95] W.-W. Ehlers erklärt diesen Widerspruch damit, daß Ovid den Römern zeigt, „daß er seine Stellung als Dichter in der römischen Gesellschaft aufrechterhalten und sich ewigen Ruhm durch seine vorgeblich schwachen Gedichte sichern wolle, die er mit verfallender Begabung schreibe."[96] Demnach macht der Relegierte seinen Lesern klar, wie gut er unter diesen ungünstigen äußeren Bedingungen poetische Werke zu verfassen vermag, indem er seine persönliche Situation zum Anlaß nimmt, das Thema Exil, das für die Gattung Elegie neu war, so zu behandeln, daß spätere Dichter kaum mehr etwas hinzufügen konnten.[97] Hält man sich den Wortreichtum und die sprachlichen Variationen in den neun Elegienbüchern aus der Verbannung vor Augen, sind Ovids angebliche Sprachprobleme als Element seiner Strategie zu deuten.

Ferner unterstreicht der Poet seine Ingeniosität dadurch, daß er seine Behauptung, wegen der Kommunikationsprobleme mit der Bevölkerung in Tomi Getisch und Sarmatisch gelernt zu haben, konsequent weiterführt und mitteilt, er habe in getischer Sprache sogar Gedichte verfaßt und sich dabei der im Lateinischen gängigen Metren bedient:

nec te mirari, si sint vitiosa, decebit
carmina, quae faciam paene poeta Getes.
a, pudet, et Getico scripsi sermone libellum,

---

8. 9,1f. 39-44; 4,15,29-32; dazu B.R. Nagle, Poetics 132f.; M. Helzle, GB 15, 1988, 127-138; ders., ICS 13, 1988, 83. Zum Einfluß des Horaz auf Pont. 1,5 und 3,9 M. Helzle, GB 15, 1988, 130ff.; G.D. Williams, Voices 83ff.

[92] Ov. trist. 5,1,72f.; dazu B.R. Nagle, Poetics 110.
[93] Ov. trist. 5,1,71f.
[94] W.-W. Ehlers, A&A 34, 1988, 152; vgl. S. Lütkemeyer, Exildichtung 70ff.
[95] Ov. trist. 3,7,47-52; dazu G.D. Williams, Voices 197; ders., Exilic Poetry 371.
[96] W.-W. Ehlers, A&A 34, 1988, 152; vgl. J.-M. Claassen, Latomus 49, 1990, 116. Zur abnehmenden Begabung siehe Ov. trist. 3,1,17f. 14,27-30; 5,12; Ov. Pont. 4,2,15-30.
[97] W.-W. Ehlers, A&A 34, 1988, 152. Zu Ovids dichterischen Qualitäten siehe J.-M. Claassen, Displaced Persons 219ff.

> *structaque sunt nostris barbara verba modis:*
> *et placui (gratare mihi) coepique poetae*
> *inter inhumanos nomen habere Getas.*
> *materiam quaeris? laudes: de Caesare dixi.*
> *adiuta est novitas numine nostra dei.*
> *nam patris Augusti docui mortale fuisse*
> *corpus, in aetherias numen abisse domos:*
> *esse parem virtute patri, qui frena rogatus*
> *saepe recusati ceperit inperii:*
> *esse pudicarum te Vestam, Livia, matrum,*
> *ambiguum nato dignior anne viro:*
> *esse duos iuvenes, firma adiumenta parentis,*
> *qui dederint animi pignora certa sui.*
> *haec ubi non patria perlegi scripta Camena,*
> *venit et ad digitos ultima charta meos,*
> *et caput et plenas omnes movere pharetras,*
> *et longum Getico murmur in ore fuit.*
> *atque aliquis 'scribas haec cum de Caesare,' dixit*
> *'Caesaris inperio restituendus eras.'*[98]

Ovid empfindet diese Beschäftigung als Schande;[99] denn sie offenbart seinen Abstieg, der sich im Ausschluß aus dem Kreis der kultivierten stadtrömischen Dichter äußert. Andererseits kommt auch ein gewisser Stolz auf sein Können zum Vorschein; beherrscht er doch das Getische so gut, daß er die ihm aus seiner Heimat geläufigen Versmaße auf diese Sprache übertrug.[100] Weil diese Werke einen gewissen literarischen Wert hatten, wurde ihnen der Beifall der einheimischen Zuhörer zuteil.[101] Interessant ist das Thema seiner Ausführungen: Bekanntlich glorifizierte er Tiberius und die *domus Augusta* und bewies in seinem Herrscherlob ein hohes Maß an Loyalität.[102] Nach seiner Darstellung hatte er es im wesentlichen seinem Thema, einer zweckgebundenen Bekundung von Ergebenheit, zu verdanken, daß er diese Aufgabe trotz der fehlenden Übung in

---

[98] Ov. Pont. 4,13,17-38; dazu siehe J.T. Bakker, Publii Ovidii Nasonis Tristium liber V 135; D. Adameșteanu, Geticum libellum 391ff.; S. Lambrino, Tomis 383ff.; B.-R. Nagle, Poetics 133; D.M. Pippidi, Tomis 189ff.; M. Myerowitz, Games 108f.; A. Podossinov, Dichtung 63. 94; W. Schubert, Mythologie 332; F. Millar, JRS 83, 1993, 15; G.D. Williams, Voices 91ff.; N. Holzberg, Ovid 199f.; J.-M. Claassen, Displaced Persons 196f.; P.J. Davis, AJPh 123, 2002, 265f.; G. Williams, Exile Poetry 239.

[99] Ov. Pont. 4,13,19.
[100] Ov. Pont. 4,13,19f.
[101] Ov. Pont. 4,13,21f. 35-39.
[102] Ov. Pont. 4,13,23-32.

dieser Sprache hervorragend meisterte. Die meisten Gelehrten, welche die Glaubwürdigkeit von Ovids Aussagen über die Verhältnisse in Tomi untersucht haben, halten diese biographischen Angaben des Autors für zuverlässig und sehen in dieser Passage eine kurze Nacherzählung seines Gedichtes.[103] So versucht beispielsweise R. Gandeva, anhand der Bilder und Begriffe der lateinischen Kurzfassung die Entsprechungen in der originalen Version zu ermitteln und phonetische und lexikalische Besonderheiten der getischen Sprache zu klären. Dabei vernachlässigt sie völlig die poetischen Gesetzmäßigkeiten und die Intentionen, die der Dichter mit seinen Briefen aus der Verbannung verfolgte.[104] R. Syme dagegen deutet Ovids getische Poesie wie den größten Teil seiner ortsgebundenen Realien als Ausfluß seiner dichterisch-rhetorischen Phantasie.[105]

Die Abnahme der poetischen Produktion und der Verlust der Dichterpersönlichkeit,[106] Faktoren, die mit dem Schwinden der muttersprachlichen Kompetenz einhergehen, sind vorgeblich durch den stark eingeschränkten Kontakt zum Publikum bedingt. Der Poet klagt wiederholt darüber, daß er dort keine Zuhörer für seine Gedichte fand, weil den Einwohnern sämtliche Voraussetzungen für die Würdigung solcher intellektueller Leistungen, nämlich eine qualifizierte Bildung, die solide literarische Kenntnisse umfaßte, abgingen.[107] Dieses Defizit äußert sich auf verschiedene Art und Weise. Zunächst entwickelte sich in Tomi unter den Einheimischen keine Dichtkunst, von der sich Ovid unter Umständen hätte inspirieren lassen können.[108] Außerdem fehlten ihm Gelehrte, mit denen er sich austauschen und von deren sachverständigem Urteil er profitieren konnte.[109] Hinzu kommt, daß solche Absichten wegen der bereits erwähnten Sprachprobleme von vornherein zum Scheitern verurteilt waren.[110] Unter diesen ungünstigen Bedingungen hatten seine in Tomi entstandenen Elegien zu leiden; trug doch die Rezitation neuer Werke in Lesungen vor einem ausgewählten Publikum nicht unwesentlich zu deren Verbreitung und Bekanntheit bei. Da Ovid in

---

[103] Ov. Pont. 4,13,23-32.
[104] R. Gandeva, Über die Sprache der Geten nach Ovids Werken "Tristia" und "Epistulae ex Ponto", Isvestija na instituta za bolgarski ezik 16, 1968, 87-95; A. Podossinov, Dichtung 63ff. mit weiterer Literatur und kurzem Überblick über die Forschung.
[105] R. Syme, History 16ff. 164. Weitere Untersuchungen, in denen der fiktive, tendenziöse Charakter dieser Angaben hervorgekehrt ist, finden sich bei A. Podossinov, Dichtung 66f.
[106] Zur Identität des Relegierten und seiner Depersonalisation siehe J.-M. Claassen, Latomus 49, 1990, 109ff.
[107] Ov. trist. 3,14,39f.; 4,1,89f. 10,113f.; dazu E. Lozovan, Ovide 399; Ov. trist. 5,12,53f. Zu Ov. trist. 4,1,89f. siehe B. Chwalek, Verwandlung 166f.
[108] Ov. trist. 3,3,10f.
[109] Ov. trist. 3,14,39f.
[110] Ov. trist. 4,1,89f.; dazu siehe auch S. 213f.

Rom den literarischen Kreisen um Maecenas und Messalla angehörte, die talentierte Autoren förderten, und in ihrem Umfeld seine Liebesdichtung vortragen durfte,[111] empfand er das geistigen Tätigkeiten abträgliche Ambiente in seinem Verbannungsort als besonders schmerzlich. Freilich war die Lage nicht ganz so trostlos, wie es nach der Schilderung des Dichters den Anschein hat; denn er teilt in dem bereits erwähnten Brief an Carus mit, er habe ein getisches Gedicht über Tiberius und die *domus Augusta* vor einem einheimischen Publikum vorgetragen und dafür lebhaften Beifall geerntet,[112] weil es offenbar den ästhetischen Vorstellungen der Adressaten entsprach. Wegen ihrer mangelnden Bildung äußerten die meisten ihre Zustimmung allerdings nicht in Worten, sondern murmelten und schüttelten den Kopf oder ihre Köcher.[113] Demnach waren sie zu einer differenzierten Stellungnahme und Auseinandersetzung mit dem Vortrag nicht imstande. Nur ein Gete faßte den Eindruck, den die übrigen mit Gesten und Gebärden zum Ausdruck brachten, in der Bemerkung zusammen, daß der Herrscher die Relegation des Dichters wegen dessen Loyalität schon längst hätte aufheben müssen.[114] Zwar zollt er Ovids Talent höchstes Lob, doch geht auch er nicht näher auf die dargebotene Elegie ein. Insgesamt kommt zwischen dem Autor und seinem Publikum trotz der Anerkennung, die ihm in seinem Verbannungsort zuteil wird, kein wirklicher Kontakt zustande, weil das Bildungsgefälle zu groß ist und Ovid zu den *homines urbani* rechnet. Obwohl er sich der getischen und sarmatischen Sprache bedient, kaschiert er lediglich den Unterschied, der zwischen der städtischen und ländlichen Lebensart besteht; denn eine völlige Anpassung des Dichters an seine Mitmenschen in Tomi hätte unweigerlich gravierende Einbußen an intellektuellem Niveau nach sich gezogen und den Verlust seiner Identität bedeutet.

Die rudimentäre Bildung der Tomitaner resultiert nach der Darstellung Ovids nicht zuletzt aus dem Fehlen von Büchern[115] und somit auch von

---

[111] Zu den Dichterzirkeln J. Griffin, Augustus and the Poets: 'Caesar qui cogere posset', in: F. Millar – E. Segal (ed.), Caesar Augustus. Seven Aspects, Oxford 1984, 189-218; P.L. Schmidt, Maecenas, Der Neue Pauly 7 (1999) 634f. mit weiterer Literatur.

[112] Ov. Pont. 4,13,17-38.

[113] Ov. Pont. 4,13,33-36. Zum Humor, der dieser Beifallskundgebung innewohnt, siehe J.-M. Claassen, Displaced Persons 236.

[114] Ov. Pont. 4,13,37-39.

[115] Ov. trist. 3,14,37f.; 5,12,53f.; dazu J.-M. Claassen, Displaced Persons 199. Diese Behauptung Ovids entspricht wohl nicht der historischen Realität. Die sprachliche und stilistische Form der Grabgedichte zeugt von der Bildung und dem literarischen Geschmack der Bevölkerung von Tomi. So finden sich in einem Grabepigramm Anklänge an Hom. Od. 16,117f. (siehe IScM II 197; vgl. Ch.M. Danoff, RE Suppl. IX [1962] 1420). Im Grabepigramm der Nikaso, der Tochter des Nikias, erinnert eine Stelle an Eur. Herak. 761 (siehe G. Tocilescu, AEM 6, 1882, 6 Nr. 9; A. Wilhelm, Zu griechischen Epigrammen, BCH 29, 1905, 412f. Nr. 6; vgl. Ch.M. Danoff, a.a.O. 1420; G.

Bibliotheken. Da derartige Einrichtungen zugleich eine unerläßliche Voraussetzung für sein dichterisches Schaffen waren, empfand der Verbannte auch dieses Manko als besonders schmerzlich. Freilich entspricht seine Behauptung, mit der er das Mitleid der stadtrömischen Leser mit einem unter unzumutbaren Bedingungen lebenden Gelehrten wecken und sie dazu bewegen will, sich beim Herrscher für ihn zu verwenden, keinesfalls der historischen Realität. Wie ein Vergleich seiner Darlegungen mit Grabepigrammen, in denen Anklänge an Verse aus den Werken bedeutender griechischer Dichter zu finden sind, zeigt, besaß die griechische Bevölkerung von Tomi die in diesem Kulturkreis übliche höhere Bildung. Obwohl dem *homo urbanus* nach seinen Worten in diesem angeblich bildungsfeindlichen Ambiente die für seine Identität maßgebliche Grundlage entzogen ist, gleicht er diese ungünstigen Lebensbedingungen durch sein Talent aus, durch das er sich auch in seiner neuen Umgebung eine hervorragende Position gesichert hat.[116] Folglich dient seine Begabung als Regulativ des „Barbarisierungsprozesses," den zivilisierte, kultivierte Menschen wegen ihrer Anpassung an die Umweltbedingungen durchlaufen.[117] Andererseits tragen seine Dichtungen auch zur Hebung des intellektuellen Niveaus in Tomi bei; lernen doch Geten und Sarmaten neben der griechischen Bevölkerung durch ihn qualitativ hochstehende Poesie kennen. Selbst wenn der Verbannte diese Schlußfolgerung nicht zieht, weil sie für seine Intention ohne Bedeutung ist, fördert er doch nach seinen Ausführungen unbeabsichtigt das geistige Leben und zugleich auch die „Urbanisierung" dieses Ortes. A. Podossinov hält es durchaus für möglich, daß Ovid in Tomi kulturelle Bestrebungen unterstützte, indem er auf eigene Kosten einen Dichterwettstreit ausrichtete und zum Agonotheten gewählt wurde.[118] Der Forscher leitet diese Annahme aus der Bemerkung des Relegierten her, er habe den Geburtstag des Augustus an einem Altar mit Spielen festlich begangen: *Pontica me tellus, quantis hac possumus ara, / natalem ludis scit celebrare dei.*[119] Da mit diesem Begriff *ludi circenses, scaenici, gladiatorii* und Satiren bezeichnet werden, ist die Deutung von A. Podossinov keineswegs gesi-

---

Williams, Exilic Poetry 340). Ferner sind in einem Epigramm der Severerzeit Übereinstimmungen mit Epicharm 13,8 festzustellen (siehe IScM II 275; vgl. Ch.M. Danoff, a.a.O. 1420). Im 2. Jahrhundert n.Chr. ist in einer Ehreninschrift ein Sophist namens T. Cominius Claudianus Hermophilus belegt (IGRR I 632 = IScM II 69). Obendrein existierte in dieser Stadt ein Gymnasium, das der Bildung und Erziehung der freien Jugend diente (siehe Ch.M. Danoff, a.a.O. 1405; G. Williams, Exilic Poetry 340).

[116] Bes. Ov. trist. 5,1,73f.; Ov. Pont. 1,5,63-70; dazu siehe B. Chwalek, Verwandlung 183ff.; vgl. auch S. 215f.

[117] Nach Ov. Pont. 4,2,15f. mußte Ovid allerdings eine gewisse Einbuße seines Talentes hinnehmen.

[118] A. Podossinov, Dichtung 115.

[119] Ov. Pont. 4,9,115f.

chert, aber durchaus plausibel. Der Dichter könnte diese Aufgabe im Rahmen seiner priesterlichen Funktion im Kult des Augustus wahrgenommen haben;[120] gehörte doch ein Agon zu dem Programm, das an einem wichtigen Festtag zu Ehren des Herrschers dargeboten wurde. Somit gibt er implizit zu, daß in seinem Verbannungsort kulturelle Veranstaltungen durchgeführt wurden, die zugleich der Unterhaltung der Bevölkerung dienten.

Zu den Umgangsformen, die wesentlich den sozialen Verkehr der Geschlechter in seiner Liebesdichtung bestimmen, äußert sich Ovid in seinen Briefen aus der Verbannung nur vereinzelt. Weil er die Menschen in jener Gegend als Barbaren hingestellt hat, konnte er sich auf Anspielungen und einige einprägsame Beispiele beschränken; denn seine Leser verbanden mit diesem Begriff zweifellos entsprechende Vorstellungen. Allerdings beschreibt er fast ausschließlich das Benehmen der in Tomi lebenden Sarmaten und Geten, zum Verhalten der ortsansässigen Griechen dagegen äußert er sich kaum.

Nach Ansicht Ovids hatten die Geten und Sarmaten in seinem Verbannungsort derart unkultivierte Sitten, daß ihm der Kontrast zwischen seinem früheren und seinem gegenwärtigen Leben schmerzlich bewußt wurde: *haeret et ante oculos veluti spectabile corpus / astat fortunae forma legenda meae: / cumque locum moresque hominum cultusque sonumque / cernimus, et, qui sim qui fuerimque, subit.*[121] Die beiden Völker, deren Wildheit in Überfällen, Plünderungen, Verwüstungen und Blutvergießen ihren Ausdruck fand,[122] zeichnen sich vor allem durch Mißachtung von Recht und Gesetz aus: *non metuunt leges, sed cedit viribus aequum, / victaque pugnaci iura sub ense iacent.*[123] Der Dichter verwendet in diesen Versen negierte juristische Termini, um darauf hinzuweisen, daß die üblichen, auf dem Forum praktizierten Rechtsgrundsätze der Römer in solch einer Umgebung keine Gültigkeit haben. Wegen der Härte, Willkür und fehlenden Bildung dieser Völker treten an die Stelle einer geregelten, vorschriftsmäßigen Jurisdiktion Gewalt, Talion und das Recht des Stärkeren. Diese Verkehrung der herkömmlichen Verhältnisse liegt in der zweckentfremdeten Nutzung der

---

[120] Ov. Pont. 4,9,105-114; dazu F. Millar, JRS 83, 1993, 16.
[121] Ov. trist. 3,8,35-38.
[122] Siehe S. 205f. mit Belegen und Literatur.
[123] Ov. trist. 5,7,47f.; siehe auch Ov. trist. 5,10,43f.: *adde quod iniustum rigido ius dicitur ense, / dantur et in medio vulnera saepe foro*; Ov. Pont. 4,9,93f.; Ov. trist. 5,7,47f.: *leges, aequum, iura*; 5,10,43: *iniustum ius dicere*; dazu siehe A. Podossinov, Dichtung 153 mit weiterer Literatur. Weniger überzeugend ist die Auffassung von S. Lambrino, daß Ovid nicht die Gesetzlosigkeit der Geten, sondern das eigentümlich „Barbarische" ihrer Ordnung hervorheben will. Er deutet diese Stellen unter Berufung auf ähnliche Bräuche bei anderen Barbaren als „Gottesgericht", bei dem die Gottheit selbst, d.h. Mars, dem Sieger beisteht. Siehe S. Lambrino, Tomis 381f.; vgl. 387ff.; B. Chwalek, Verwandlung 81f.; A. Podossinov, Dichtung 153 mit Anm. 597 und weiterer Literatur.

Agora in Tomi offen zutage; lieferten sich doch dort Geten und Sarmaten blutige Schlägereien.[124]

Selbst wenn Ovid das rohe Betragen dieser Völker breit ausmalt, billigt er ihnen doch vereinzelt Aufgeschlossenheit für menschliche Grundwerte zu. Als er vor dem Publikum in Tomi die Geschichte der Iphigenie von Tauris erzählt hat, stellt er ausdrücklich fest, das barbarische Herz dieser Leute werde von Freundschaft gerührt.[125] Außerdem zollten sie der Liebe und Treue, Eigenschaften, die das Handeln der Hauptpersonen wesentlich bestimmten, Anerkennung.[126] Durch dieses Beispiel verdeutlicht Ovid seinen Lesern in der Metropole, daß unter Umständen ein Kausalzusammenhang zwischen *mores* und *urbanitas* besteht. Während die für die menschliche Gemeinschaft unerläßlichen Qualitäten *fides* und *amicitia* gerade bei unzivilisierten Völkern in hohem Ansehen stehen,[127] trägt der Verfeinerungsprozeß in Rom zu ihrem Schwinden bei. Trotzdem wiegen diese Vorzüge in den Augen des Dichters nicht die Defizite ihres ungeschliffenen Wesens und Verhaltens auf. Darüber hinaus waren die Barbaren unter Umständen humaner als die Römer. Da diese für einen Adligen unerläßliche Eigenschaft den Thrakerkönig Kotys auszeichnet,[128] bittet Ovid ihn um Hilfe und führt ihm vor Augen, daß aus der Sorge des Herrschers für die seiner Macht Unterstellten seine Größe erwächst.[129] Auch die Feinde profitieren von dieser Qualität des Kotys; zeigt er sich doch nicht mehr blutrünstig, wenn Frieden geschlossen ist.[130] Nach diesen Ausführungen des Dichters besitzt der thrakische Machthaber Tugenden, die einen *princeps bonus* ausmachen und einem Vergleich mit den zivilisierten Römern standhalten.

Die Griechen besaßen ebenfalls einige gute Eigenschaften. In den Epistulae ex Ponto stellt der Poet sie als mild und großherzig hin; ferner gibt er zu, daß sie tiefes Mitgefühl mit dem Verbannten hegten.[131] Bemerkenswert ist, daß er ihnen neben *fides* Freundlichkeit und Empfindsamkeit zugesteht; spielen doch diese

---

[124] Ov. trist. 5,10,43f.
[125] Ov. Pont. 3,2,99f. Siehe auch V. 37-44; dazu N. Corciu, Attitude 205; S. Laigneau, REL 80, 2002, 122ff.; vgl. S. Grebe, Rom 124ff.
[126] Ov. Pont. 3,2,97f.
[127] Zu den guten Eigenschaften der Bewohner des westlichen Schwarzmeergebietes und ihre daraus resultierende Überlegenheit gegenüber den Römern siehe S. Grebe, Rom 124ff.
[128] Ov. Pont. 2,9,11-18; dazu M. Helzle, Epistulae 378f.
[129] Ov. Pont. 2,9,35-40; dazu M. Helzle, Epistulae 381f.
[130] Ov. Pont. 2,9,45f.; dazu M. Helzle, Epistulae 383f. Nach M. Myerowitz, Games 43 trägt das Studium der *artes ingenuae* zur „Besänftigung" des Charakters bei (Ov. Pont. 2,9,47f.; vgl. 1,6,58).
[131] Ov. Pont. 4,9,97-100. 14,45-50; dazu J.-M. Claassen, Displaced Persons 197. Zu Ovids Verhältnis zu den Tomitanern siehe N. Corciu, Attitude 203ff.; G. Gandeva, Misericordia 295.

Eigenschaften in der veredelten Lebensart der Hauptstadt des Römischen Reiches eine zentrale Rolle: *molliter a vobis mea sors excepta, Tomitae, / tam mites Graios indicat esse viros.*[132] Da nach dieser Bemerkung urbane Verhaltensweisen den Umgang der Griechen mit den Mitmenschen bestimmten, hat die Stadt den Charakter einer Polis keineswegs verloren, wie Ovid wiederholt in den Tristien behauptet.[133]

Das Bild, das Ovid in den Briefen Pont. 4,9 und 4,14 vom Leben in Tomi zeichnet, unterscheidet sich auffallend von seiner Schilderung in den früheren Briefen; gehen doch seine Klagen über die angeblichen Schrecken seiner Verbannung im vierten postum veröffentlichten Buch dieser Elegien deutlich zurück.[134] So beschwert er sich in der Rede an seine griechischen Mitbewohner in Tomi nur noch über das rauhe Klima und die äußeren Gefahren[135] und äußert sich nicht mehr abfällig zu den Verhältnissen in dieser Stadt, dem erbärmlichen Zustand des kulturellen Lebens, der Barbarisierung der Griechen, der Übermacht der wilden Geten und Sarmaten in der Bevölkerung und dem Fehlen sämtlicher römischer Einflüsse. Dieser Wechsel von Inhalt und Ton der letzten Briefe wird in der Forschung gewöhnlich mit der Beruhigung der militärischen Lage an der unteren Donau erklärt, die auf die erfolgreichen Operationen der römischen Flotte beim Vordringen der Geten über die Donau in den Jahren 12 und 15 zurückzuführen sei.[136] Manche Gelehrte vertreten die Ansicht, Ovid habe nach dem Tod des Augustus jegliche Hoffnung auf eine Aufhebung oder Abmilderung des Relegationsurteils verloren und sich mit dem Leben in Tomi abgefunden.[137] Vereinzelt werden auch beide Deutungen miteinander kombiniert.[138] Die Argumentation, die Völker in der Umgebung hätten ihre kriegerischen Aktivitäten wegen der militärischen Maßnahmen der Römer stark reduziert, trifft nicht zu; denn Ovid stellt gerade in den Briefen Pont. 4,7. 9 und 14 die äußere Bedrohung als eine der unangenehmsten Seiten seiner Verbannung hin.[139] Gegen die zweite Annahme kann man einwenden, daß sich der Dichter bis an sein Lebensende nach Rom gesehnt hat; daher ist in seinen Gesprächen mit den Ortsansässigen kein Hinweis auf eine Aussöhnung mit seinem Dasein in

---

[132] Ov. Pont. 4,14,47f.; dazu S. Laigneau, REL 80, 2002, 121; S. Grebe, Rom 125.
[133] Siehe bes. Ov. trist. 3,9.
[134] Dazu ausführlich A. Podossinov, Dichtung 113ff.; S. Laigneau, REL 80, 2002, 120f. 125.
[135] Ov. Pont. 4,14,27f.
[136] A. Podossinov, Dichtung 115 mit Anm. 380 und weiterer Literatur.
[137] Z.B. H. Fränkel, Ovid 155ff.; E. Lozovan, Ovide 403; N. Herescu, Ovide 60-76; vgl. auch A. Podossinov, Dichtung 115 mit Anm. 381 und weiterer Literatur.
[138] A. Podossinov, Dichtung 115 mit Anm. 382 und weiterer Literatur.
[139] A. Podossinov, Dichtung 115 mit Anm. 383 und weiterer Literatur.

Tomi zu sehen.[140] Nach A. Podossinov ist der auffallende Wandel in der Darstellung dieser Stadt durch Ovids Publikum bedingt.[141] Während die Adressaten seiner frühen Briefe mit den Verhältnissen am Pontus nur wenig vertraut waren, änderte sich die Situation, als die Römer mit dieser Region enger in Berührung kamen. Weil die Zahl derer, die selbst in dieser Gegend waren, ständig zunahm, konnte er die Schattenseiten seiner Relegation nicht mehr in dem Maße wie früher übertreiben, wollte er seine Glaubwürdigkeit nicht völlig einbüßen.[142] Außerdem wurde seine dichterische Freiheit auch durch die wachsende Achtung und das Interesse, das die alteingesessenen Griechen seinen Werken entgegenbrachten, eingeengt und dadurch eine allzu tendenziöse Schilderung des Lebens in dieser Stadt verhindert.[143] Da Ovid die inneren Verhältnisse der Polis fast ausschließlich in den Tristien und den ersten drei Büchern der Epistulae ex Ponto, d.h. in Elegien, die er zwischen 9 und 13 n.Chr. verfaßt hat, herabsetzt, berücksichtigt er in jenen Jahren offensichtlich noch keine einheimischen Leser.[144] Somit stilisiert er in diesen frühen Briefen seinen Verbannungsort bewußt zum *locus horribilis*.[145] Weil dieses Bild keine eigenständige Konzeption ist, sondern durch die Verkehrung von Charakteristika der verfeinerten Lebensart in der Metropole des Römischen Reiches ins Gegenteil entsteht, lassen sich aus den Merkmalen, die Ovid Tomi zuschreibt, zugleich Anhaltspunkte für seine Auffassung von *urbanitas* gewinnen.

Nach seinen Äußerungen spielte das Ambiente für die Lebensqualität der Bewohner eine zentrale Rolle. Welchen Stellenwert er diesem Faktor beimißt, kommt in der starken Verzerrung der Lebensbedingungen in Tomi besonders deutlich zum Vorschein; veranschaulicht er doch gerade durch die Verfälschungen den Kausalzusammenhang zwischen der Umgebung und der Kultivierung eines Menschen. Weil einem *homo urbanus* in einem Ort mit ländlichem Gepräge die Existenzgrundlage entzogen wird, ist *urbanitas* keine unveränderliche Größe, sondern an ein städtisches Zentrum, nämlich die Metropole des Römischen Reiches, gebunden. Folglich löst ein Wechsel des Wohnortes einen „Barbarisierungsprozeß" aus und führt zum Verlust der Identität eines Stadtrömers. Demnach bot allein ein Leben in der Hauptstadt des Imperium Romanum in Ovids Augen Intellektuellen die Möglichkeit der Selbstverwirklichung; denn nur durch einen dauerhaften Aufenthalt in Rom war ein ständiges Messen der eigenen Person am dort üblichen Standard gewährleistet. Ovid weist in seinen Brie-

---

[140] A. Podossinov, Dichtung 115f.
[141] A. Podossinov, Dichtung 116.
[142] Zu diesen Römern gehörten auch Freunde Ovids aus Rom. Dazu siehe A. Podossinov, Dichtung 116 mit Anm. 387 und weiterer Literatur.
[143] A. Podossinov, Dichtung 116.
[144] A. Podossinov, Dichtung 116.
[145] R. Kettemann, Verbannungsort 735.

fen aus der Verbannung mehrfach auf die Auswirkungen dieser fehlenden Vergleichsmöglichkeiten hin, indem er einen qualitativen Unterschied zwischen den Werken stadtrömischer Dichter und seinen eigenen feststellt und damit kokettiert.[146] Nichtsdestoweniger vertritt er die Ansicht, daß ein gebildeter, kultivierter Mensch dem Assimilationsprozeß, dem er in dieser angeblich unwirtlichen Umgebung unterworfen ist, aufgrund seiner Begabung Grenzen setzen kann; behält er doch entgegen seinen eigenen Worten sein früheres Niveau in den Briefen aus der Verbannung bei.[147]

Ferner wurde Ovids Lebensqualität in Tomi nach seiner Schilderung durch Sprachschwierigkeiten verschiedenster Art gemindert. Seine Ausführungen zum verderbten Griechisch und den fehlenden Lateinkenntnissen am Pontus bestätigen, daß eine gepflegte Sprache zu den unverzichtbaren Fähigkeiten eines *homo urbanus* zählt und Defizite in diesem Bereich solch einer Einstufung Abbruch tun. Allerdings kehrt er in seiner Exilliteratur andere Merkmale dieses Phänomens als in seinen Liebeselegien hervor. Da er beabsichtigt, seinen Lesern in Rom am Beispiel der ortsansässigen Griechen und seiner Person darzulegen, wie Anpassung an die Sprache der Völkerschaften aus der Umgebung Abstriche an der eigenen Urbanität nach sich zieht, führt er nur die Verstöße gegen das Gebot der richtigen Wortwahl an, die sich aus der Übernahme getischen oder sarmatischen Vokabulars ergeben. Daß dieser Vorgang zwangsläufig den Klang der veredelten Sprache beeinträchtigt, expliziert Ovid hingegen nicht eigens, weil ihm an einer detaillierten Analyse der sprachlichen Verhältnisse in jener Gegend aus thematischen Gründen nichts liegt. Hinzu kommt, daß der Hinweis auf die Etablierung fremder Wörter im Griechischen und Lateinischen den Degenerationsprozeß dieser Sprachen eindrucksvoller offenbart als eine Aufzählung einzelner Verletzungen der urbanen Sprachnorm oder Klagen über fehlende Merkmale verfeinerter Redeweise.

Die mit dem niederen Sprachniveau einhergehende unzulängliche Bildung ist nach Ovids Ausführungen ein weiteres Indiz für mangelnde Urbanität. Seine Verzerrungen der tatsächlichen Verhältnisse zeigen erneut, daß er im Wissen die wichtigste Voraussetzung für ein Intellektuellen gemäßes Leben sieht; denn nur bei gleichem Bildungsstand kommen geistiger Austausch und Kontakte zwischen dem Dichter und seinem Publikum zustande. Der daraus resultierende Verlust seiner Identität wiegt für den Verbannten zweifellos schwerer als der Verzicht auf die stadtrömischen Annehmlichkeiten; ist er sich doch darüber im klaren, daß die Lebensweise in der Metropole auch Schattenseiten hat. Nach

---

[146] Ov. trist. 5,1,73f.; Ov. Pont. 1,5,83f.; dazu B. Chwalek, Verwandlung 185; zur Einschätzung der Qualität der Exilelegien in der Forschung S. Lütkemeyer, Exildichtung 73; vgl. auch S. 215f.
[147] W.-W. Ehlers, A&A 34, 1988, 152.

diesen Äußerungen waren ideale Arbeitsbedingungen für Gebildete nur in einem urbanen Milieu zu finden, in dem sich noch keine Auswüchse etabliert hatten. Freilich war solch eine Grundlage in seinen Augen weder in Tomi noch in Rom gegeben; denn in der Hauptstadt des Römischen Reiches wurde eine angemessene Wertschätzung geistiger Erzeugnisse durch die materialistische Gesinnung in den Oberschichten verhindert.

Obwohl Ovids Darlegungen zum Habitus der Einwohner seines Verbannungsortes einen wahren Kern bergen, sind sie doch stark übertrieben und als Gegenteil der in Rom üblichen Gepflogenheiten stilisiert. Seine Beanstandungen offenbaren, daß Kleidung nicht nur ihren eigentlichen Zweck erfüllen, sondern auch ansehnlich sein muß, wenn sie urbanen Ansprüchen gerecht werden soll. Außerdem wird ein gewinnendes Äußeres durch eine gut sitzende, typengerechte Haar- und Barttracht vervollkommnet. Damit ein ansprechendes Erscheinungsbild erzielt wird, ist ferner eine systematische Körper- und Schönheitspflege vonnöten, bei der die Hygiene eine wichtige Grundlage für kosmetische Maßnahmen ist. Der Habitus übt nur die gewünschte Wirkung aus, wenn diese Faktoren in vorteilhafter Weise kombiniert sind und das rechte Maß, das auf der Beachtung des *decorum* beruht, gewahrt wird. Darüber hinaus ist die äußere Erscheinung bis zu einem gewissen Grad auch von modischen Gesichtspunkten bestimmt. Allerdings müssen sie sich mit dem *decorum* in Einklang befinden und dürfen nicht das gute Aussehen der betreffenden Person beeinträchtigen. Weil die in Tomi ansässigen Griechen ausschließlich auf die Zweckmäßigkeit ihrer Kleidung bedacht waren, wurden sie diesem an ästhetischen Kriterien orientierten urbanen Schönheitsideal nicht gerecht, sondern machten einen verwilderten Eindruck, der zu ihrer Umgebung paßte.

Obgleich Ovid aus thematischen Gründen nur vereinzelt auf die Umgangsformen der Bewohner von Tomi eingeht, lassen doch seine Äußerungen erkennen, daß er sie nicht einfach zum Gegenbild der veredelten Verhaltensweisen in Rom stilisiert; denn er gesteht ihnen durchaus urbane Eigenschaften zu. Der Grund für seine abweichende Vorgehensweise ist durch das Sujet seiner Exilliteratur bedingt. Für seine Absicht, die Lebensbedingungen in seinem Verbannungsort als unerträglich hinzustellen, spielt das Betragen der Städter keine zentrale Rolle.

Insgesamt bestätigen Ovids Darlegungen zur Lebensweise in seinem angeblich unkultivierten Verbannungsort seine in der Liebesdichtung zum Vorschein kommende Auffassung von *urbanitas*; denn die dortigen Zustände können aus der Negation der stadtrömischen Verhältnisse hergeleitet werden.

Neben dem Kontrastmodell Tomi, auf dessen Folie sich die Lebensart in der Hauptstadt des Imperium Romanum wirkungsvoll abhebt, bestimmt Ovid *urbanitas* außerdem durch den Kontrastbegriff *rusticitas*. Mit dieser Bezeichnung verbindet er die üblichen Vorstellungen, die Städter von Landbewohnern hatten.[148] Anders als in seinen Klagen über die Lebensbedingungen in seinem Verbannungsort hat er an diesen Stellen keinen bestimmten Ort im Auge, sondern stellt die Metropole jeder beliebigen ländlichen Gegend im Römischen Reich gegenüber. Ferner legt er in seinen Ausführungen zu den Verhältnissen auf dem platten Land den Schwerpunkt auf die Umgangsformen der Bewohner. Das Ambiente samt dem daraus resultierenden Habitus der Einwohner, das in seinen Briefen aus der Verbannung im Zentrum seiner Betrachtung stand, ist bei dieser Sicht ohne Bedeutung.

Ovid verwendet den Begriff *rusticitas* in seiner Liebesdichtung auf zweifache Weise. Er versteht darunter zunächst die primitive Lebensweise der Vorfahren, welche die Stadtrömer aufgrund der zunehmenden Sublimierung, die sich infolge der verstärkten Zufuhr von Ressourcen aus dem Osten von der Mitte des 2. Jahrhunderts an einstellte, überwunden haben.[149] Daneben ist rohe Schlichtheit nach weit verbreiteter Ansicht zu Lebzeiten des Dichters vor allem bei der Landbevölkerung anzutreffen. In seinen Anweisungen bedient er sich dieses Gegensatzes, um seine Schüler vor schwerwiegenden Fehlern im beiderseitigen Umgang, die für Hinterwäldler typisch sind, zu bewahren. So deutet er die Zurückhaltung eines Mannes bei der Annäherung an eine Frau als Tölpelhaftigkeit, wenn er davon absieht, ein Gespräch mit ihr anzuknüpfen,[150] oder sich damit begnügt, sie zu küssen, und keine weiteren Initiativen ergreift.[151] Seiner Meinung nach ist solch eine unangebrachte Passivität, die durch die Scham geboten wird, ein unerotisches Verhalten und mit der *ars amatoria* nicht zu vereinbaren. Daß die Bereitschaft eines Menschen, sich in der Liebe keine allzu engen Schranken aufzuerlegen, den Begriff *rusticitas* in Ovids Ars amatoria und Remedia amoris nachhaltig prägt, bestätigt der Kommentar des Autors zu Helenas Ehebruch[152] und der Affäre von Mars und Venus.[153] In beiden Fällen bezeichnet er mit diesem Wort „das liebesfeindliche Gegenstück zum erotisch erwünschten *cultus*."[154] Wie Ovids Ausführungen zur Affäre von Mars und Venus zeigen, sind auch Frauen zu einem Benehmen fähig, das nicht von *rusticitas* bestimmt ist.[155] Venus, die der Dichter nach dem Vorbild der elegischen *puella* gestaltet hat, läßt das typische Verhalten solcher Damen erkennen.[156] Als der Kriegsgott sie um-

---

[148] Siehe K.-W. Weeber, Landleben 20. 43ff.
[149] Ov. ars 3,127f.
[150] Ov. ars 1,607f.; dazu siehe A.S. Hollis, Ovid 129f.; J. Wildberger, Ovids Schule 136; vgl. auch S. 120. 123. 174. 180.
[151] Ov. ars 1,672; zu dieser Stelle siehe A.S. Hollis, Ovid 137; vgl. auch S. 81. 180.
[152] Ov. ars 2,369-372; dazu siehe S. 112. 179f. 284 mit weiterer Literatur.
[153] Ov. ars 2,565f.; dazu ausführlich S. 179f.
[154] M. Janka, Ovid 409.
[155] Ov. ars 2,565f.; zu dieser Stelle siehe M. Janka, Ovid 408f.
[156] M. Janka, Ovid 408.

warb, spielte sie nicht die bäurische Spröde und verweigerte sich der Liebe nicht: *nec Venus oranti (neque enim dea mollior ulla est) / rustica Gradivo difficilisque fuit.*[157] Dagegen geht *pudor* den Landbewohnern nicht ab; denn ihre Werte und Verhaltensweisen unterliegen nicht dem in der Metropole ablaufenden Verfeinerungsprozeß samt seinen Auswüchsen.[158] Somit entlarvt der Poet diese Eigenschaft als unzeitgemäß, indem er sie mit einer rückständigen Bevölkerungsgruppe in Verbindung bringt. Diese Kritik gewinnt um so mehr Bedeutung, als er eine der zentralen Tugenden des römischen Wertesystems, die in der augusteischen Ehegesetzgebung eine zentrale Rolle spielt, attackiert.[159] Ovid billigt nicht zuletzt aus thematischen Gründen den Wandel dieser wichtigen Qualität in Rom; war dieser Vorgang doch die notwendige Voraussetzung für Raffinement und Tändeleien im sozialen Verkehr der Geschlechter. Freilich geht Scham nicht zwangsläufig mit Zurückgebliebenheit einher. Wie das Beispiel Cydippes zeigt, rechnet der Dichter diese Qualität zu den positiven Eigenschaften, wenn sie kein der Erotik abträgliches Verhalten hervorruft.[160] Da *rusticitas* der beiderseitigen Annäherung keineswegs förderlich ist, bedient Ovid sich dieser Eigenschaft in den Remedia amoris, um seinen Schülern Wege aufzuzeigen, wie sie sich von unerwünschten Liebesbeziehungen lösen können: *et poterit dici 'petulans', quae rustica non est; / et poterit dici 'rustica', si qua proba est.*[161] Die Parallelisierung dieses Begriffes mit *probitas* bestätigt die bereits gemachten Beobachtungen. Selbst wenn das Urteil des Dichters thematisch bedingt ist, läßt die Gegenüberstellung des ersten Begriffspaares darüber hinaus erkennen, daß Frauen, die für Erotik aufgeschlossen sind, gewisse Grenzen nicht überschreiten dürfen, wenn sie nicht wegen ihres moralisch allzu freizügigen Verhaltens in Verruf geraten wollen.

Neben rückständigen Verhaltensweisen können in der Bezeichnung *rusticitas* Defizite im Auftreten und Äußeren von Landbewohnern subsumiert werden. So sind in Ovids Augen die weitausladenden Riesenschritte der Frau eines umbrischen Bauern eine Bewegungsart, die für diese Bevölkerungsgruppe charakteristisch, aber für kultivierte Stadtrömerinnen nicht empfehlenswert ist.[162] Demnach lassen diese Frauen für eine ästhetische Ausstrahlung wesentliche Ei-

---

[157] Ov. ars 2,565f.
[158] Zur Auffassung, daß sich in ländlichen Gegenden Italiens Wertbegriffe, die in der Metropole nicht mehr anzutreffen sind, gehalten haben, siehe Verg. georg. 2,473f.; Tac. ann. 16,5,1.
[159] Dazu siehe auch S. 174.
[160] Ov. epist. 20,59: *vultus sine rusticitate pudentes.*
[161] Ov. rem. 329f.; zu dieser Stelle siehe auch S. 185.
[162] Ov. ars 3,303-306: *illa, velut coniunx Umbri rubicunda mariti, / ambulat, ingentis varica fertque gradus. / sed sit, ut in multis, modus hic quoque: rusticus alter / motus, concesso mollior alter erit.*

genschaften wie Eleganz, Anmut und Grazie vermissen; ihrem tölpelhaften Wesen entspricht eine plumpe Erscheinung, die durch den passenden Habitus vervollkommnet wird.

Nach diesen Zeugnissen bedient sich Ovid in seiner Liebesdichtung des Kontrastbegriffes *rusticus* in einer stark verengten Spezialbedeutung, indem er die traditionellen Vorstellungen der Stadtrömer von der Rückständigkeit der Landbevölkerung auf ihre Moral und ihr Liebesverhalten überträgt und darunter ein der Erotik abholdes Verhalten versteht, das sich auf altmodische Sittlichkeit gründet. Außerdem faßt der Dichter in diesem Wort aus mangelndem Modebewußtsein resultierende Verstöße gegen das Gebot städtischer Eleganz und Grazie zusammen. Insgesamt tragen die Darlegungen des Dichters zu *rusticitas* zur näheren Bestimmung des Phänomens *urbanitas* bei; ist es doch möglich, anhand der Gegensatzpaare seine Grenzen schärfer zu umreißen. Vor allem zeigt sich an diesen Gegenüberstellungen die Veränderung der Moralvorstellungen: Wie man weiß, werden zentrale altrömische Tugenden, denen im augusteischen Rom wieder stärker Geltung verschafft wurde, als unzeitgemäß und rückschrittlich entlarvt. Somit dient dieser Begriff in Ovids Liebesdichtung zugleich implizit der Kritik an der Ehe- und Sittengesetzgebung des Prinzipatsgründers.

Neben *rusticus* verwendet Ovid in seiner Liebesdichtung für Menschen, denen wegen ihrer Herkunft jede für den griechisch-römischen Kulturkreis typische Bildung abgeht, vereinzelt die Begriffe *barbarus* und *barbaria*, um Kontraste zur stadtrömischen Lebensweise zum Ausdruck zu bringen.[163] An dieser Gegenüberstellung demonstriert er die Entartung der *urbanitas*, die durch die einseitige Wertschätzung materieller Güter und die dadurch bedingte Verkehrung der Werte verursacht wurde. Das augenfälligste Zeichen dieser Entwicklung ist, daß ein wohlhabender Barbar bei den Frauen größere Wertschätzung als ein kultivierter Städter genießt.

Offensichtlich verbanden die Römer mit diesem Wort auch die Vorstellung von übermäßigen, deplacierten Reaktionen. Von diesem Fehlverhalten ist selbst der *praeceptor amoris* nicht frei; denn er beklagt sich darüber, daß seine Geliebte von einem Nebenbuhler geküßt worden sei: *oscula vir dederat, memini, suus; oscula questus / sum data: barbaria noster abundat amor.*[164] Diesem Kommentar liegt das Bewußtsein des Sprechers, zu wenig verfeinerte Umgangsformen gezeigt zu haben, zugrunde; gibt er sich doch unangebrachten Ausbrüchen von Eifersucht hin, die jegliche Selbstbeherrschung vermissen lassen und für Bauerntölpel und Barbaren typisch sind, statt die „Spielregeln" des kultivierten Liebeskünstlers zu befolgen und solche Dreiecksverhältnisse zu tolerieren. Dieses Benehmen zeigt noch einen weiteren wichtigen Fehler, den er auf-

---

[163] Ov. ars 2,275f.; dazu siehe ausführlich S. 102 mit weiterer Literatur.
[164] Ov. ars 2,551f.

grund seiner Lehren eigentlich vermeiden müßte. Offenbar nimmt er die Liebe in diesem Fall zu ernst und faßt sie nicht bloß als heiteres Spiel auf.

Ferner bezeichnet Ovid mit dem Adjektiv *barbarus* sprachliche Eigentümlichkeiten, die nicht dem hauptstädtischen Standard entsprechen: *a, quoties dubius scriptis exarsit amator / et nocuit formae barbara lingua bonae!*[165] Da er in den vorangegangenen Versen die Merkmale einer gepflegten Redeweise beschrieben hat,[166] können die Charakteristika der „barbarischen" Sprache aus ihrer Negation gewonnen werden: sie zeichnet sich durch die Verwendung entlegenen, wenig bekannten Vokabulars aus, ist daher nicht allgemeinverständlich und macht keinen gewählten Eindruck. Wer über solche sprachlichen Eigenheiten verfügt, ist nach Ansicht des Dichters nicht imstande, eine urbanen Ansprüchen genügende Konversation zu betreiben.[167] Dieses Defizit wiegt in seinen Augen schwer; denn es bestimmt wesentlich den Gesamteindruck einer Person. So wird die Schönheit einer Frau durch solch ein Manko erheblich beeinträchtigt, weil nur die Harmonie zwischen Habitus, Sprache und Umgangsformen sie attraktiv und liebenswert machen.

In seinen Liebeselegien bringt Ovid durch die Begriffe *rusticus* und *barbaria* Defizite im Bereich der Urbanität zum Ausdruck. Durch das Thema dieser Werke bedingt, greift er vor allem den Aspekt der unkultivierten Umgangsformen auf und engt beide Bezeichnungen auf ein in Rückständigkeit wurzelndes Fehlverhalten gegenüber Erotik ein. Während er in *rusticus* ein allzu sittliches, prüdes Benehmen zusammenfaßt, prangert er mit *barbarus* übertriebene Reaktionen auf Aufgeschlossenheit für amouröse Abenteuer an. Darüber hinaus bedient sich Ovid des Wortes *barbarus,* um die Pervertierung zentraler Werte, die in seinen Augen die verfeinerte Lebensart im augusteischen Rom ausmachen, zu kritisieren. Er veranschaulicht durch das Bild des reichen Barbaren, der Erfolg bei den stadtrömischen Frauen hat, daß die Sublimierung der Lebensweise in der Metropole kein statisches Gut, sondern ein dynamischer Prozeß ist, der aufgrund der Hochschätzung falscher Werte rückläufig sein und zum Verlust wichtiger Errungenschaften führen kann. Da ein Barbar in der Regel nicht dem griechisch-römischen Kulturkreis angehört, ist er obendrein ein anschauliches Beispiel unkultivierter Redeweise.

Die Gegenüberstellungen von *urbanitas* und *rusticitas* bzw. *barbaria* bringen zwar keine wesentlichen neuen Erkenntnisse, tragen aber zur Abgrenzung des Phänomens der Ungeschliffenheit und zu geringen Veredelung bei. Der Dichter bedient sich an diesen Stellen der traditionellen Vorstellungen vom Gegensatz zwischen Stadt und Land, läßt aber in dieses mit Topoi angereicherte

---

[165] Ov. ars 3,481f.; dazu R.K. Gibson, Ovid 294; vgl. Ov. rem. 335.
[166] Ov. ars 3,479f.; dazu siehe R.K. Gibson, Ovid 293f.
[167] Ov. rem. 335.

Gedankengut noch seine eigenen Überzeugungen einfließen und verleiht dadurch seinen Ausführungen ihre spezifische Prägung. So werden seine Lehren trotz ihrer thematischen Bindung und ihrer Verwurzelung in den Gesetzen der Gattung Elegie auch zu einem Vehikel der Auseinandersetzung mit den Werten und den durch die Ehe- und Sittengesetzgebung des Prinzipatsgründers intendierten Zuständen im augusteischen Rom.

9. *Urbanitas* in der augusteischen Dichtung

Einschlägige Äußerungen in den Werken der übrigen augusteischen Dichter lassen erkennen, daß die verfeinerte Lebensart in der Metropole zu den Themen zählte, von denen sich Menschen aus den vornehmen Kreisen während der Regierungszeit des Prinzipatsgründers angesprochen fühlten. Freilich schenken sie der *urbanitas* nicht so viel Aufmerksamkeit wie Ovid und behandeln nicht alle Komponenten dieses Phänomens. Auf diese Weise entsteht in ihren Ausführungen kein geschlossenes Bild der stadtrömischen Lebensweise; vielmehr würdigen sie in der Regel Einzelheiten, die zu den für Elegien typischen Motiven zählen und obendrein oft topischen Einschlag haben, oder entwerfen Kontrastmodelle zur *vita urbana*, die auf der Umkehrung des traditionellen Gegensatzes zwischen Stadt und Land beruhen.

Für das architektonische Ambiente der Hauptstadt, in dem Ovid eine wichtige Voraussetzung für die kultivierte Lebensart sieht, interessieren sich die übrigen augusteischen Dichter kaum.[1] Sie gehen nur vereinzelt auf die augusteischen Bauten ein, die der Metropole ein ihrer Bedeutung gemäßes würdevolles Aussehen verliehen. Anders als Ovid, der diesen Bauwerken in seinen Werken eine konkrete Funktion beimißt, bringen sie diese Poeten nicht mit der *urbanitas* in Verbindung: sie nehmen zwar die Veränderungen wahr, welche die Bautätigkeit des Prinzipatsgründers im Stadtbild bewirkte, deuten sie aber bloß als Beitrag zur Monumentalisierung Roms. Wie Ovid stellen Properz, Tibull und Vergil das alte Rom dem neuen ihrer eigenen Zeit gegenüber. Ihr Ziel ist es, im Kontrast von einstiger Schlichtheit und Kleinheit und gegenwärtiger Größe und Herrlichkeit das Wachstum der Stadt zu veranschaulichen. Diese Vergleiche von Vergangenheit und Gegenwart sind einander sehr ähnlich; denn die Dichter verwenden die gleichen Motive, die fast schon topischen Charakter haben, und benutzen zudem das Werk des Vorgängers.[2] Wegen des geringen Raums, den Tibull der Geschichtlichkeit in seinen Elegien gibt, äußert er sich kaum zu den Baumaßnahmen des Augustus. Da er sich von den augusteischen Dichtern am stärksten auf die *vita privata* zurückzog, indem er seine Liebe zu Delia, Nemesis und Marathus in den Vordergrund rückte, den Frieden des Landlebens und das stille Glück der Bauern pries, ließ er aktuelle Zeitbezüge nur vereinzelt in seine

---

[1] Die Beschäftigung mit Rom unter dem Aspekt Stadt und Land sowie Gegenwart und Vergangenheit war eine zentrale Frage, die Augustus aufnahm, um die Umgestaltung der *res publica* mit dem Rückbezug auf die Vergangenheit, dem Ideal der Ländlichkeit auszubalancieren. Sie verlieh besonders der zeitgenössischen Dichtung ein gemeinsames Merkmal. Dazu U. Eigler, Hermes 130, 2002, 289ff.

[2] Dazu A. Scheithauer, Bautätigkeit 36 mit Belegen.

Ausführungen einfließen und stellte das frühe Rom in den Mittelpunkt seiner Betrachtungen. Tibull beschreibt den Ort, an dem die künftige Metropole entstehen sollte, als eine einfache ländliche Siedlung.[3] In den Eingangsversen der Elegie 2,5 spielt er zwar auf den Tempel des Apollo Palatinus an,[4] setzt ihn aber wegen der Ausrichtung seiner Darlegungen auf die Gottheit nicht zum Bauherrn in Beziehung. Properz wählte seine Liebe zu Cynthia zum Gegenstand seiner Gedichte. Doch integrierte er die Zeitgeschichte und damit die augusteischen Bauten stärker in sein Werk als Tibull. Nichtsdestoweniger sind für beide Poeten der Ausdruck der eigenen Persönlichkeit und der explizit formulierte Anspruch auf deren Entfaltung kennzeichnend.[5] Obwohl Properz Rom im allgemeinen eher negativ und als Metropole des Lasters, in der Krämergeist, Profitdenken und Unmoral blühen, sieht,[6] schätzt er doch die Ruhe und den Frieden, den der *princeps* geschaffen hat, und erkennt in der Elegie 4,1 den kulturellen Fortschritt an.[7] Diese Entwicklung verdeutlicht er an zentralen Bauten des neuen Regimes: Weil der Herrscher die curia Iulia baute, können Senatsversammlungen jetzt in einem würdevollen Rahmen abgehalten werden und müssen nicht mehr wie früher auf der Wiese stattfinden.[8] Dank der sakralen Bautätigkeit des Augustus erstrahlen die Tempel endlich in neuem Glanz und der ihnen gebührenden Pracht; dieser Wandel fällt vor allem beim Heiligtum des Quirinus in die Augen.[9] Wo einst die Rinder Euanders weideten, steht nunmehr der Tempel des Apollo Palatinus.[10] Dieses Heiligtum hat Properz tief beeindruckt; denn er widmet ihm eine ganze Elegie, in der er dessen ästhetische Wirkung würdigt.[11] Er bewundert zunächst eines seiner charakteristischen äußeren Merkmale, den lunensischen Marmor, der in jener Zeit wegen seiner Seltenheit noch auffiel, und kennzeichnet ihn recht treffend als fest, weiß und strahlend.[12] Außerdem erwähnt er das Material der porticus Danaidum, die den Platz, auf dem dieser Tempel stand,

---

[3] Tib. 2,5,23-34. 55-64; dazu U. Eigler, Hermes 130, 2002, 292.
[4] Tib. 2,5,1. 6.
[5] F.-H. Mutschler, Zur Bedeutung des Ritterstandes für die Geschichte der römischen Literatur im 2. und 1. Jh. v.Chr., WJA N.F. 14, 1988, 125.
[6] Negative Einstellung gegenüber Rom: z.B. Prop. 2,6,19-22. 19,1-6; 3,12,18; Krämergeist, Profitdenken: z.B. 2,16,19ff.; Unmoral: z.B. 2,32,44.
[7] Zum Rombild in Prop. 4,1 M. von Albrecht, Properz bes. 360-369; vgl. P. Gros, Templa 16.
[8] Prop. 4,1,11-14.
[9] Prop. 4,1,5. 9f.
[10] Prop. 4,1,3f. Der Vergleich von Vergangenheit und Gegenwart klingt auch in Prop. 4,4,11-14 an.
[11] Prop. 2,31; dazu siehe A. Scheithauer, Bautätigkeit 39-42. 48-51 mit weiterer Literatur.
[12] Prop. 2,31,9: *claro ... marmore*. Ähnlich: Ov. trist. 3,1,60: *candida templa dei*; Verg. Aen. 6,69: *solido de marmore*; Verg. Aen. 8,720: *niveo candentis limine Phoebi*; vgl. Serv. Aen. 8,720.

umschloß, nämlich *marmor Numidicum* (giallo antico), und faßt im Epitheton *aurea* dessen Anziehungskraft auf den Betrachter zusammen.[13] Wegen des geschärften Blicks der Zeitgenossen für Marmor führt er möglicherweise auch das Material einer Apollostatue vor dem Eingang des Heiligtums auf dem Palatin auf.[14] An der Ausstattung des Sakralbaus fesselten ihn die vier von Myron geschaffenen Ochsen, das Gespann des Sonnengottes auf dem Giebel, die Reliefdarstellungen auf den Türflügeln, nämlich die Errettung Delphis vor den Galliern und das Schicksal der Tantaliden, und die Statuengruppe mit Apollo Citharoedus zwischen Mutter und Schwester.[15]

Auch in Vergils „Ursprungs-Rom" zeichnet sich bereits die kommende Größe des historischen Rom unter Augustus ab.[16] Bei einem Spaziergang zum Palatin zeigte der Arkaderkönig Euander, der *Romanae conditor arcis*,[17] seinem Gast Aeneas die Stätten der künftigen Weltstadt: ara und porta Carmentalis, asylum, Lupercal, nemus Argileti, den tarpeischen Felsen, das Kapitol, die Gründungen des Ianus und Saturn, Ianiculum und Saturnia.[18] Den Kontrast zwischen Gegenwart und Vergangenheit veranschaulicht der Dichter vornehmlich am Beispiel des Kapitols, das früher von wildem Strauchwerk umgeben war und jetzt im Goldschmuck prangte;[19] wie Properz hält er den Prunk der Tempel für das typische Merkmal der sakralen Bautätigkeit des *princeps*. Im großen und ganzen bewunderten Properz, Tibull und Vergil zwar uneingeschränkt die gegenwärtige Größe und Herrlichkeit der Hauptstadt, verachteten deswegen aber keineswegs ihre einstige Kleinheit, denn die Schlichtheit hatte auch etwas Erhabenes. Außerdem gab es Verfallserscheinungen, die sich als Folge der Machtposition des Imperium Romanum einstellten, damals noch nicht.

Ovid dagegen entwickelte in seinen Ausführungen zum *cultu*s ein anderes Bild der römischen Frühzeit; er würdigt die Einfachheit der alten Zeit herab und bekennt sich offen zum Rom seiner Gegenwart.[20] In der Darstellung dieses

---

[13] Prop. 2,31,1f.: *aurea Phoebi porticus*; dazu A. Scheithauer, Bautätigkeit 39 mit Anm. 122 und weiterer Literatur. Weniger wahrscheinlich ist es, *aurea* als Enallage zu verstehen und auf *Phoebi* zu beziehen.

[14] Prop. 2,31,5f.: *hic equidem Phoebo visus mihi pulchrior ipso / marmoreus* ...

[15] Prop. 2,31,5f. 15f.: Apollo Citharoedus mit Mutter und Schwester; V. 7f.: vier Ochsen; V. 11: Gespann des Sonnengottes; V. 12ff.: Reliefs auf den Türflügeln.

[16] Verg. Aen. 8,340f. 360f.; vgl. G. Binder, Aitiologische Erzählung 282f. 286. Nach P. Grimal, Aeneas 240 werden heilige Örtlichkeiten Roms in ihrer Funktion bereits beim Gang des Euander und Aeneas über das Gelände der künftigen Stadt präfiguriert.

[17] Verg. Aen. 8,313.

[18] Verg. Aen. 8,337-358; vgl. M. Myerowitz, Games 60f.

[19] Verg. Aen. 8,348. Ähnlich: V. 360f.; dazu U. Eigler, Hermes 130, 2002, 294.

[20] Ov. ars 3,113-128; dazu ausführlich S. 33f. 167.

Dichters sind Urroms Kleinheit und Schlichtheit nicht mehr idealisiert, sondern gelten als ein Zustand auf einer niedrigeren Stufe von Zivilisation und Kultur.[21]

Die Vergleiche zwischen Gegenwart und Vergangenheit lassen erkennen, daß die augusteischen Dichter einen tiefgreifenden Wandel im Aussehen des Stadtbildes in jenen Jahren wahrgenommen haben und diese Veränderungen begrüßen, weil die Schönheit und Pracht der Bauten den Anforderungen, die an das Äußere der Hauptstadt eines Weltreiches gestellt werden, gerecht werden. Demnach sind sie davon überzeugt, daß der Herrscher das entsprechende Ambiente für die verfeinerte Lebensart geschaffen hat. Anders als Properz, Tibull und Vergil sieht Ovid zwischen diesem Umfeld und der stadtrömischen Lebensweise einen Kausalzusammenhang; kann sich doch seiner Meinung nach nur in einer stilvollen Umgebung veredelte Lebensart entfalten. Aus diesem Grund integriert er augusteische Bauten in seine Liebeslehre.

Die prachtvollen Neubauten, mit denen der Prinzipatsgründer dem Leben in der Hauptstadt des Römischen Reiches einen würdevollen Rahmen verlieh, fanden im Luxus, mit dem sich vornehme Römer im Privatleben umgaben, ihre Entsprechung. Von den augusteischen Dichtern nimmt vor allem Horaz zu diesem Phänomen Stellung. Da er teure Importwaren ablehnt,[22] folgt er nicht dem Trend seiner Zeit und verzichtet auf eine Ausstattung seines Hauses mit kostbaren Materialien wie Gold, Elfenbein und hymettischem Marmor.[23] Besonders zuwider ist ihm der Brauch, den eigenen Reichtum zur Schau zu stellen, indem man den Eingangsbereich und das Atrium seines Heims durch aufwendige Ausgestaltung nach der neuesten Mode zum Blickfang der Besucher macht.[24] Der Dichter lehnt solche Äußerlichkeiten ab, weil dadurch die von ihm wiederholt beklagte materialistische Gesinnung samt der damit einhergehenden Habsucht gefördert wird.[25] In dieser Haltung tritt die Einsicht zutage, daß Besitzgier sinnlos ist, denn kein Mensch kann mittels seiner Glücksgüter dem Tod entgehen.[26]

Obwohl Horaz nach eigenen Worten in seinem Haus weitgehend von Prachtentfaltung Abstand nimmt, lehnt er den Luxus doch nicht grundsätzlich

---

[21] In den Fasten dagegen legt Ovid den Schwerpunkt auf die Frühzeit und das Wachstum der Stadt, hält sich aber in seinem Urteil stärker zurück. Die Expansion Roms verdeutlicht er plastisch durch den zunehmenden Umfang der Stadtmauern. Anfangs war die Siedlung nicht von einer Umfriedung geschützt (Ov. fast. 5,639); später wurden die Mauern für die Bevölkerung der künftigen Weltstadt viel zu eng angelegt, obwohl sie zunächst noch zu weit erschienen (Ov. fast. 3,181f.). Dazu siehe auch A. Scheithauer, Bautätigkeit 37 mit Anm. 108; vgl. dies., RhM N.F. 141, 1998, 295ff.

[22] Hor. carm. 1,38,1.

[23] Hor. carm. 2,18,1-8; 3,1,45-48.

[24] Hor. carm. 3,1,45-48.

[25] Dazu ausführlich S. 167ff.

[26] Hor. epist. 2,2,175-182.

ab, weil er davon überzeugt ist, daß sittlicher Eifer nicht zu Extremen tendieren darf:

> *insani sapiens nomen ferat, aequus iniqui,*
> *ultra quam satis est virtutem si petat ipsam.*
> *i nunc, argentum et marmor vetus aeraque et artis*
> *suspice, cum gemmis Tyrios mirare colores.*[27]

Diese Äußerung offenbart, daß der Dichter durchaus Sinn für die Schönheit kostbarer Materialien und erlesener Kunstwerke hat, solange sich der Aufwand in vernünftigen Grenzen hält und die gewünschte Wirkung auf den Betrachter erzielt wird. Dieses Gefühl für Ästhetik teilt Horaz mit Ovid, der sich ebenfalls für Mäßigung in diesem Bereich ausspricht.

Das zunehmende Gepränge im privaten Bereich fand nicht zuletzt im Tafelluxus vornehmer Römer seinen Niederschlag. Die Ausführungen des Horaz in seinen Satiren zeigen, daß die Zeitgenossen seiner Meinung nach den eigentlichen Sinn der Nahrungsaufnahme vergessen und die Befriedigung der menschlichen Grundbedürfnisse einem tiefgreifenden Veredelungsprozeß unterworfen haben.[28] Während die Landbevölkerung sich mit einem einfachen Mahl begnügt, das ausschließlich den Hunger und Durst stillen soll und von harter Arbeit seine „Würze" erhält,[29] haben die Stadtrömer eine Eßkultur, die durch ihre Pracht das Auge blendet, hervorgebracht.[30] Der Satiriker sieht die Gefahren dieser Entwicklung vor allem in dem Umstand, daß sich der menschliche Geist vom schönen Schein dieses Glanzes blenden läßt und sich von der Tugend abwendet:

> *discite non inter lances mensasque nitentis,*
> *cum stupet insanis acies fulgoribus et cum*
> *adclinis falsis animus meliora recusat,*
> *verum hic inpransi mecum disquirite. cur hoc?*[31]

---

[27] Hor. epist. 1,6,15-18. Zur Prachtentfaltung in Privathäusern siehe auch Tib. 1,2,77-80; J. Griffin, JRS 66, 1976, 90f.
[28] Hor. sat. 2,2,1-22. 4,12-87. 8,5-95. Solche Klagen über Tafelluxus finden sich bereits in republikanischer Zeit. Siehe Lucil. 1235ff. M = 1130ff. K; 1288 M = 1305 K; dazu U.W. Scholz, Lucilius 227; G. Thome, O tempora 126f. mit weiteren Belegen; G. Thüry, Konsumkritik 34f.; zu den Aufwandgesetzen E. Baltrusch, Regimen morum. Die Reglementierung des Privatlebens der Senatoren und Ritter in der römischen Republik und frühen Kaiserzeit. Vestigia 41, München 1989, 40ff.
[29] Hor. sat. 2,2,14-22.
[30] Hor. sat. 2,2,1-7. Zu dieser Satire siehe E. Stein-Hölkeskamp, Gastmahl 240f.
[31] Hor. sat. 2,2,4-7.

Freilich lehnt Horaz eine Verfeinerung der Eßgewohnheiten nicht grundsätzlich ab; ist sie doch ein charakteristisches Merkmal eines urbanen Lebensstils, sofern sie das übliche Maß nicht überschreitet.

Horaz verbindet mit stadtrömischem Tafelluxus die Vorstellung von einem üppigen Mahl,[32] das sich durch eine Vielfalt erlesener, teurer Speisen auszeichnet.[33] Eine wichtige Voraussetzung für eine geglückte Zusammenstellung der Gaumenfreuden ist ein guter Geschmack; denn er gibt die Gewähr dafür, daß das Gastmahl die Handschrift eines Künstlers verrät.[34] Bezeichnenderweise verwendet der Dichter in diesem Zusammenhang das Substantiv *ars,* das auch nach Ovids Ansicht die Ausdrucksform des *cultus* ist.[35] Diese Qualität kommt zunächst bei der Auswahl der einzelnen Speisen zum Vorschein; ist es doch nicht ratsam, wahllos kostspielige Leckerbissen einzukaufen, wenn sich der Gastgeber nicht über die optimale Zubereitung im klaren ist.[36] Da der Dichter dieses Gebot eigens betont, darf man wohl davon ausgehen, daß solch ein Fehler im augusteischen Rom häufig begangen wurde. Demnach bestand offenbar die Gefahr, daß die materialistische Gesinnung bei derartigen Anlässen überhandnahm und das *decorum,* das sich in gutem Geschmack manifestierte, verdrängte.

Soll ein Mahl den Anforderungen eines urbanen Publikums genügen, müssen die Speisen ferner harmonisch aufeinander abgestimmt werden. Aus diesem Grund macht einen schweren Mißgriff, wer sein Augenmerk ausschließlich auf eine einzige Speise wie beispielsweise Backwerk richtet und danach trachtet, durch eine neue Kreation seinen individuellen Beitrag zu einem raffinierten Tafelgenuß zu leisten.[37] Vielmehr ist der Gastgeber gut beraten, der auch den Zutaten zu den Hauptgerichten, dem Wein, den Saucen und dem Obst seine Aufmerksamkeit widmet.[38]

Freilich zeitigen die größten Bemühungen um ein gelungenes, aus den erlesensten Köstlichkeiten bestehendes Mahl nicht die gewünschte Wirkung auf den Gast, wenn die Gaumenfreuden nicht in einer stilvollen Umgebung serviert werden. Die Ausführungen des Satirikers zeigen, daß Verstöße gegen die Ästhetik zu den Hauptsünden in diesem Bereich zählen. So wird Fisch gelegentlich auf zu kleinen Platten aufgetragen und kommt dadurch nicht richtig zur Geltung.[39]

---

[32] Hor. sat. 2,2,4-7. Zum Tafelluxus siehe J. Griffin, JRS 66, 1976, 93; E. Stein-Hölkeskamp, Gastmahl 163ff. (Speisen). 203ff. (Wein).
[33] Hor. sat. 2,2,21f. 4,12-87. 8,6-95.
[34] Hor. sat. 2,4,35f.
[35] Hor. sat. 2,4,35.
[36] Hor. sat. 2,4,37-39.
[37] Hor. sat. 2,4,47-50.
[38] Hor. sat. 2,4,47-75. Zum Wein siehe auch Hor. sat. 2,2,15f.; vgl. J. Griffin, JRS 66, 1976, 92.
[39] Hor. sat. 2,4,76f.

Noch stärker nehmen Besucher Anstoß daran, daß sie Dienstpersonal mit fettigen Fingern bedient, verstaubtes oder nicht sauber gespültes Geschirr aufgetragen wird und der Speiseraum nicht ordentlich gereinigt ist.[40] Diese Klagen rühren von der Mißachtung des Gebotes der Sauberkeit her, die in den Augen der augusteischen Dichter zu den charakteristischen Merkmalen der verfeinerten Lebensart in der Metropole des Römischen Reiches zählt. Wie unhaltbar solche Zustände nach Meinung des Horaz sind, offenbaren die Begriffe, mit denen er dieses Fehlverhalten kommentiert.[41] Aus diesem Grund ist es nicht zu verwundern, daß er die Reinlichkeit dem Luxus vorzieht.[42] Solche Nachlässigkeiten läßt sich der reiche Nasidienus zwar nicht zuschulden kommen,[43] doch setzt er für die Bedienung seiner Gäste so viele Sklaven ein, daß Horaz diesen übertriebenen Aufwand mißbilligt[44] und als armselige Prahlerei abtut.[45] Obwohl der Gastgeber sämtliche Regeln, die sich bei Festmählern in vornehmen Kreisen eingebürgert haben, genau befolgt, ruft vor allem die Üppigkeit der Delikatessen, unter denen sich teure importierte Waren befanden, Unwillen hervor.[46] Als äußerst lästig empfanden die Teilnehmer an diesem Essen den Umstand, daß Nasidienus ihnen die besonderen Vorzüge der dargebotenen Spezialitäten weitschweifig ausführte, indem er ihre hervorstechenden Merkmale und ihre Zubereitung in allen Einzelheiten erörterte.[47] Dieser Tafelluxus ist das beste Beispiel einer aus der Zurschaustellung des eigenen Reichtums resultierenden Überfeinerung, während das Betragen des Gastgebers mangelnde urbane Umgangsformen, besonders fehlende Mäßigung erkennen läßt. Selbst wenn solche Klagen über übertriebenen Aufwand bei Gastmählern zu den gängigen Motiven von Satiren zählen und topischen Einschlag haben, bergen sie doch einen wahren Kern; denn von den letzten Jahrzehnten der ausgehenden Republik an nahmen Luxus und Veredelung in diesem Bereich ständig zu. Von Horaz abgesehen gehen die übrigen augusteischen Dichter auf dieses Problem nur beiläufig ein. Weil Ovid seine Darlegungen auf Weisungen zum korrekten Verhalten von Männern und Frauen bei Gastmählern konzentriert, läßt er sich über die kulinarischen Leckerbissen

---

[40] Hor. sat. 2,4,76-87. Zu den Speiseräumen und ihrer Ausstattung siehe E. Stein-Hölkeskamp, Gastmahl 116ff.; zum Geschirr ebd. 141ff.
[41] *Inmane vitium* (Hor. sat. 2,4,76); *magna fastidia* (Hor. sat. 2,4,78); *flagitium ingens* (Hor. sat. 2,4,82); *reprehendi* (Hor. sat. 2,4,86).
[42] Hor. sat. 2,4,86f.
[43] Hor. sat. 2,8,10-15 (aufmerksames Dienstpersonal für die Bewirtung der Gäste). 42 (Muräne in großer Schüssel serviert).
[44] Hor. sat. 2,8,6-17.
[45] Hor. sat. 2,8,18: *divitias miseras!*
[46] Hor. sat. 2,8,6-9. 15-17. 24. 27-32. 42-53. 85-93. Ähnlich: Hor. sat. 2,2,21f.
[47] Hor. sat. 2,8,90-93.

nicht aus und übergeht die Gelegenheit, an diesen Auswüchsen im neuen Geldzeitalter Kritik zu üben.

Nach den Ausführungen dieser Poeten ist die Bildung neben dem architektonischen Ambiente eine wesentliche, offenbar allgemein akzeptierte Voraussetzung für *urbanitas*. Allerdings würdigen sie dieses Thema nicht so eingehend wie Ovid, sondern greifen einige Aspekte heraus. Properz äußert sich vornehmlich zu den erforderlichen musischen Fähigkeiten der Frauen. Er erwartet, daß sie tanzen und singen können und ein Saiteninstrument beherrschen, um ihre Gesangsdarbietungen zu begleiten.[48] Welche hohen Anforderungen er an die Damen stellt, zeigt seine Empfehlung, daß sie ihre Zuhörer mit eigenen Liedern erfreuen sollen, deren Qualität sogar die Verse der böotischen Dichterin Corinna übertrifft, die im Ruf stand, selbst Pindar im Wettkampf besiegt zu haben.[49] Derartige Talente bedingen literarische Bildung, d.h. Belesenheit und Vertrautheit mit den Werken bedeutender Poeten, selbst wenn Properz diese Kompetenz nicht eigens erwähnt. Daß Versiertheit in der Musenkunst auch für Männer vorteilhaft ist, klingt im Bekenntnis desselben Dichters an, er habe seine Geliebte durch ein schmeichelndes Lied umzustimmen vermocht.[50] Die beiläufigen Bemerkungen des Horaz über dieses Sujet lassen erkennen, daß er ebenfalls bei beiden Geschlechtern vertrauten Umgang mit der Musik voraussetzte. So schätzte er, wenn Frauen singen und tanzen können;[51] ebenso war die Pflege des Gesanges in seinen Augen für Männer keineswegs unehrenhaft.[52]

Im Gegensatz zu Properz und Tibull kommt Horaz kurz auf die literarische Bildung seiner Zeitgenossen zu sprechen. Für ihn ist es selbstverständlich, daß Stadtrömer aus vornehmen Kreisen die lateinische und griechische Sprache beherrschen.[53] Auch Frauen besitzen nach seiner Darstellung ein solides literarisches Wissen und sind selbst in stoischem Schrifttum bewandert.[54] Nach den einschlägigen Zeugnissen vertraten Intellektuelle in augusteischer Zeit offenbar die Auffassung, daß sich kultivierte Städter aus den Oberschichten durch eine qualifizierte, aber nicht allzu spezialisierte Ausbildung, die gute Kenntnisse der griechischen und römischen Literatur und musische Fähigkeiten umfaßte, auszeichnen sollten. Horaz ist sich mit Ovid obendrein darüber einig, daß Männer

---

[48] Prop. 2,3,17-22; vgl. 1,2,27-30; dazu G. Lieberg, Maia 49, 1997, 349.
[49] Prop. 2,3,21f.
[50] Prop. 1,8B,40: *sed potui blandi carminis obsequio*. Für unsere Thematik nicht relevant: *indoctum carmen* (Prop. 2,34B,84).
[51] Hor. carm. 2,12,13. 17.
[52] Hor. carm. 1,6,17-20.
[53] Hor. carm. 3,8,5: *docte sermones utriusque linguae*.
[54] Hor. epod. 8,15-18.

diese Talente durch sportliche Ertüchtigung in Form von Schwimmen, Reiten, Faustkampf, Wettlauf und Jagen zu vervollkommnen haben.[55]

Trotz der Gelehrsamkeit der Römer von Stand beklagen Tibull und Properz einmütig die Nichtachtung geistiger Erzeugnisse in der Metropole des Römischen Reiches und machen die materialistische Gesinnung ihrer Zeitgenossen für diese Mißstände verantwortlich.[56] Tibull ist darüber betrübt, daß ein armer junger Mann im Geldzeitalter des Augustus keine Chancen hat, eine Frau mit Gedichten für sich zu gewinnen; denn in diesem Milieu können Elegien und Apollo, der Gott der Dichtkunst, gegen teure Geschenke nichts ausrichten.[57] Properz stellt Geld Versen gegenüber und kehrt resignierend den geringen Nutzen der Erträge der Dichtkunst hervor.[58] Obwohl diese beiden Dichter grundsätzlich Ovids Auffassung von der Geringschätzung der Poesie in der Hauptstadt des Imperium Romanum im frühen Prinzipat teilen, behandeln sie dieses Problem nicht so differenziert wie der Verfasser der Ars amatoria. Während sie dieses vernichtende Urteil über alle Stadtrömer fällen, räumt Ovid ein, daß es im Publikum durchaus noch einige wahre Liebhaber von Literatur und Kunst gibt, die sich dem Zeitgeist widersetzen und Gedichte zu würdigen wissen. Diese Klagen zeigen somit trotz ihres topischen Einschlags die Risiken, denen der fortschreitende Verfeinerungsprozeß ausgesetzt ist, wenn sich die Entwicklung einseitig auf den materiellen Sektor verlagert, wie es zu Lebzeiten der augusteischen Dichter aufgrund der zunehmenden Prachtentfaltung der Fall war. Weil die auf *litterae* und *urbanitas* basierende *humanitas* zu den hervorragenden Eigenschaften eines Stadtrömers zählt,[59] beklagen die Poeten jener Epoche die Mißachtung intellektueller Leistungen, die sich in ihren Augen vor allem im geringen Ansehen der Dichtkunst niederschlägt. Da sie in ihren Werken wiederholt ein Übel zur Sprache bringen, dessen Behebung ihnen als Gebildeten besonders am Herzen liegt, dürfte in ihren Äußerungen trotz der thematischen Bedingtheit zugleich ihre persönliche Meinung zum Vorschein kommen. Ihre Bemerkungen zeigen, daß eine kleine Gruppe der Bevölkerung der Metropole die aus der materialistischen Gesinnung erwachsende Unterminierung eines zentralen römischen Wertbegriffs, nämlich der *humanitas*, mit Besorgnis zur Kenntnis nahm. Sie verfolgen wohl mit ihrer Kritik den Zweck, ihre Leser auf dieses Problem aufmerksam zu machen und zur Änderung ihres Verhaltens zu bewegen.

Ferner war nach Meinung der augusteischen Dichter ein kultivierter Stadtrömer bereits am Habitus zu erkennen. Weil Personen, die zu wenig oder zu viel

---

[55] Hor. carm. 3,12,9-16.
[56] Prop. 4,5,53f.; Tib. 2,4,13f.
[57] Tib. 2,4,13-20.
[58] Prop. 4,5,53f.
[59] Zur Verbindung von *humanitas* und Bildung siehe F. Kühnert, Humanismus 59f.

Wert auf solche Äußerlichkeiten legten und daher der üblichen Norm nicht genügten, von ihren Mitmenschen verspottet oder kritisiert wurden,[60] würdigen sie dieses Thema eingehend, indem sie zwischen Kleidung, Haartracht und Kosmetik differenzieren und wegen der geschlechtsspezifischen Unterschiede Männer und Frauen getrennt behandeln. Freilich schenken sie dem Aussehen der Damen mehr Aufmerksamkeit, weil ihr Hang zur Prunkentfaltung in vielen Fällen Anlaß zu Beanstandungen bot.

Nach Horaz zog ein Mann zunächst die Blicke aller auf sich, wenn seine Schuhe schlecht saßen, seine Tunika schäbig war oder seine Toga wegen eines nicht ordnungsgemäßen Faltenwurfs keine gute Paßform hatte.[61] Der Grund für diese Reaktion ist nicht nur das fehlende Modebewußtsein des Trägers dieser Kleidung, sondern vor allem auch der Umstand, daß solche Mängel *homines rustici* von *homines urbani* scheiden.[62] Darüber hinaus ist der Mißmut des Satirikers auch durch Verstöße gegen das Gebot des rechten Maßes bedingt; denn manche seiner Zeitgenossen verfallen bei Kleiderfragen ins Extrem, indem sie die Tunika zu lang tragen oder zu weit schürzen.[63] Aus dem gleichen Grund wurde ein übermäßig drapierter Faltenwurf der Toga moniert.[64] Anstoß erregte ferner, wenn ein Mann mit der Kleidung zu großen Aufwand betrieb und sie allzu häufig wechselte oder seine Füße in unbequemes, modisches Schuhwerk zwängte:

frustra iam vestes, frustra mutantur amictus
 ansaque compressos colligat arta pedes.[65]

Diese Abweichung von der üblichen Norm resultiert ebenfalls aus der Mißachtung des Maßhaltens, zeugt aber obendrein noch von Überfeinerung, die für Gecken typisch ist. Weil derart eitle Männer ihre Würde verletzen, sind auch sie Gegenstand des Spotts.[66]

---

[60] Hor. epist. 1,1,94-97: *si curatus inaequali tonsore capillos / occurri, rides; si forte subucula pexae / trita subest tunicae vel si toga dissidet inpar, / rides*; V. 104f.: *cum sis et prave sectum stomacheris ob unguem / de te pendentis, te respicientis amici*; Tib. 1,6,40; 1,8,13f.

[61] Hor. epist. 1,1,95ff.; Hor. sat. 1,2,25f. 3,30-32. Zum Habitus siehe J. Griffin, JRS 66, 1976, 92f.

[62] Hor. sat. 1,3,29-32.

[63] Hor. sat. 1,2,25f.

[64] Tib. 1,6,40.

[65] Tib. 1,8,13f.

[66] Zum Gebot der *dignitas* bei der Körperpflege des Mannes siehe Cic. off. 1,130; vgl. auch S. 133. 165. 196.

Bei der Haarpflege sind die Wahrung des rechten Maßes und ein feines Gespür für das Angemessene besonders wichtig, geben doch diese Qualitäten die Gewähr dafür, daß ein Mann seine *dignitas* bewahrt, weil er nicht der Gefahr der Übertreibung, die zur „Verweiblichung" führt, erliegt. Außerdem führen sie zu einem typengerechten, ästhetischen Ergebnis kosmetischer Bemühungen. Properz, Tibull und Horaz sind sich darüber einig, daß Stadtrömer ihre Haare zwar sorgfältig pflegen,[67] aber nicht mit Salböl oder wohlriechenden Essenzen besprühen sollen.[68] Ebenso gilt es als verpönt, wenn Herren ihren Schopf kunstvoll frisieren, weil solches Gebaren Frauen und Snobs vorbehalten ist.[69] Außerdem halten sie eine modische, gut geschnittene Frisur für angebracht; denn *homines urbani* zeichnen sich durch Eleganz aus.[70] Menschen vom Land dagegen, denen die genannten Eigenschaften abgehen, sind an ihrem unmodernen Haarschnitt oder an einem kahl geschorenen Kopf zu erkennen.[71] Aus den genannten Gründen hat sich ein Mann auch vor der Verwendung von Schönheitsmitteln wie Rouge oder Pastillen zu hüten.[72] In gleicher Weise zählt die Hilfe eines professionellen Schönheitskünstlers beim Nägelschneiden zu den für Frauen typischen Maßnahmen der Körperkultur.[73] Nach diesen vereinzelten Äußerungen billigen die augusteischen Dichter offensichtlich nicht, daß Männer Kosmetika benutzen oder Aktivitäten entfalten, die dem maskulinen Schönheitsideal Abbruch tun. Obwohl auch die Hygiene einen *homo urbanus* ausmachte, äußern sich diese Poeten wohl aus thematischen Gründen nur beiläufig dazu; denn dieser Aspekt spielte in ihrer Kritik an den Verstößen gegen das Gebot eines angemessenen Habitus keine Rolle. Nichtsdestoweniger vertraten sie die Auffassung, daß das Erscheinungsbild eines Stadtrömers durch Sauberkeit bestimmt werden sollte, da sie die diversen Schönheitsmittel erst richtig zur Geltung kommen ließ. So war nach der Überzeugung des Horaz Mundhygiene für diesen Personenkreis selbstverständlich; denn Zähne mit Verfärbungen, die von mangelnder Pflege herrührten, kennzeichneten einen Mann vom Land.[74] Aus dem gleichen Grund mokiert er sich über einen gewissen Gargonius, der wegen völliger Vernachlässigung der Reinlichkeit die Ausdünstung eines Ziegenbocks angenommen und

---

[67] Tib. 1,8,9f.
[68] Prop. 2,4,5; Hor. sat. 2,7,55; vgl. Hor. carm. 2,7,6-8.
[69] Tib. 1,6,39.
[70] Hor. sat. 1,3,30f.
[71] Hor. epist. 1,18,5-8.
[72] Tib. 1,8,11f.; Hor. sat. 1,2,26f.
[73] Tib. 1,8,11f.
[74] Hor. epist. 1,18,5-8.

sich ebenfalls den Menschen vom Land angenähert hat.[75] Weil die Gangart eines Menschen seinen Gesamteindruck wesentlich bestimmt, erwähnt Properz in seinen Ausführungen zum Habitus kurz einen wichtigen Fehler, der vermutlich weit verbreitet war. In seinen Augen sollte jeder Mann davon absehen, lässig gemessenen Schrittes einherzugehen, war doch solch ein Gang seiner *dignitas* abträglich.[76] Bemerkenswert ist, daß die augusteischen Dichter in ihren Darlegungen zum männlichen Erscheinungsbild nur Verfehlungen, die in der Regel aus der Mißachtung des Gebotes des rechten Maßes und des Angemessenen resultieren, anführen, weil dadurch die Würde der entsprechenden Person beeinträchtigt wird. Die Vorstellungen vom korrekten Äußeren kultivierter Herren dagegen kleidet allein Ovid in Worte, indem er dieses Thema zum Gegenstand seiner Anweisungen in der Ars amatoria macht. Trotz dieses unterschiedlichen Schwerpunktes liegen den Stellungnahmen dieser Poeten die gleichen Bewertungskriterien zugrunde, die einen einheitlichen Wertekanon in den römischen Oberschichten erkennen lassen.

Erwartungsgemäß würdigen die augusteischen Dichter den Habitus der Frauen recht eingehend. Zunächst schlug sie die zunehmende Kleiderpracht der Damen, die zu den beliebten elegischen Motiven zählt, in ihren Bann. Anders als Ovid, der in der Ars amatoria seinen Schülerinnen eine stattliche Auswahl kleidsamer Stoffe unterschiedlicher Herkunft zusammenstellt,[77] erwähnen Properz und Tibull vornehmlich Gewänder aus kostbaren Materialien. Daß sich ihre Bemerkungen auf purpurnes oder koisches Gewebe konzentrieren, ist einerseits in ihrer Absicht begründet, die Prunksucht der Frauen zu brandmarken. Andererseits erfreuten sich solche Kleider bei ihren Trägerinnen möglicherweise großer Beliebtheit.[78] Tibull meldet Vorbehalte gegen die Verwendung dieser Stoffe an; denn sie wurden in der Regel mit kostbarem Schmuck kombiniert[79] und weckten in den Frauen Habgier.[80] Demnach hat der vermehrte Luxus im

---

[75] Hor. sat. 1,2,26f. 4,91-93; dazu S. Lilja, Treatment 128. 151. 223; zum Ziegenbock als Symbol scharfer, unangenehmer Ausdünstung ebd. 133f. Vgl. auch Plaut. Pseud. 738; Catull. 71,5f.; Hor. epod. 12,5.

[76] Prop. 2,4,5f.

[77] Ov. ars 3,169-192; dazu siehe S. 149. 196.

[78] Gewänder aus purpurnem Stoff: Prop. 2,25,45; Tib. 1,9,69f.; 2,4,27f.; Hor. epod. 12,21f.; Gewänder aus koischem Stoff: Prop. 1,2,1f. = 4,5,55f.; 2,1,5f.; Tib. 2,3,57f. 4,29f. Zur Kleiderpracht der Frauen bei Properz und Tibull siehe K. Heldmann, WJA N.F. 7, 1981, 153ff.

[79] Tib. 1,9,69f. (Purpurstoff und goldener Armreif); 2,4,27f. (Purpurstoff und Smaragd); 2,3,57f. (Kleider aus koischem Gewebe); 2,4,29f. (koisches Gewand und Perlen). Zu kostbarem Schmuck siehe J. Griffin, JRS 66, 1976, 93f.

[80] Tib. 2,4,29f.

augusteischen Rom die Frauen nach Meinung dieses Dichters verdorben.[81] In dieser Beurteilung der eleganten, teuren Gewänder tritt ein grundlegender Unterschied zu Ovids Ansicht zutage. Während der *praeceptor amoris* sich bei seinen Darlegungen zu diesem Thema ausschließlich von ästhetischen Gesichtspunkten leiten ließ, stellt Tibull einen Kausalzusammenhang zwischen der Kleidung und der Moral einer Frau fest und deutet Prunkentfaltung und die Freude an materiellen Werten als Ausdruck fehlender Sittlichkeit.[82] Properz ist von der gleichen Überzeugung durchdrungen. Der Wunsch des Dichters, daß seine Geliebte sich nicht herausputzen soll, kommt in der Elegie 1,2 besonders deutlich zum Vorschein. Neben einer kunstvollen Frisur, orientalischem Parfüm und weiteren aus dem Ausland importierten Artikeln wirken die fast durchsichtigen koischen Gewänder besonders aufreizend und gelten als verdächtig, weil sie die natürliche Schönheit einer Frau nicht zur Geltung kommen lassen:

> *quid iuvat ornato procedere, vita, capillo*
> *et tenuis Coa veste movere sinus,*
> *aut quid Orontea crinis perfundere murra,*
> *teque peregrinis vendere muneribus,*
> *naturaeque decus mercato perdere cultu,*
> *nec sinere in propriis membra nitere bonis?*[83]

Nach diesem Zeugnis verdammt Properz alle Mittel, mit denen Frauen ihre Schönheit hervorkehren können, d.h. den *cultus* schlechthin, „verstanden als das Unechte und Unehrliche im Gegensatz zu dem Offenen und Echten der *natura*."[84] Diese Prunksucht hat verheerende Konsequenzen, wenden sich doch solche Damen von ihrem Geliebten ab und geben die gemeinsame Beziehung preis. Auf diese Weise wird der Gegensatz von *natura* und *cultus* gleichbedeutend mit dem von *pudicitia* und *libido*:

> *non illis studium vulgo conquirere amantis:*
> *illis ampla satis forma pudicitia.*

---

[81] Tib. 2,4,29.
[82] Dazu siehe K. Heldmann, WJA N.F. 7, 1981, 157.
[83] Prop. 1,2,1-6; dazu siehe K. Heldmann, WJA N.F. 7, 1981, 154.
[84] K. Heldmann, WJA N.F. 7, 1981, 155. Ähnlich: Prop. 1,2,16. 26; vgl. V. 19: *falsus candor*. Zur Geschichte des Motivs der weiblichen Prunkliebe siehe Gregor von Nazianz. Gegen die Prunksucht der Frauen. Verbesserter griechischer Text mit Übersetzung, motivgeschichtlichem Überblick und Kommentar von A. Knecht. Wissenschaftliche Kommentare zu griechischen und lateinischen Schriftstellern, Heidelberg 1972, 39-55.

non ego nunc vereor ne sim tibi vilior istis:
  uni si qua placet, culta puella sat est.[85]

Weil der *cultus* in den Augen des Dichters die Äußerung von *impudicitia* ist, die echte Gefühle zu unterminieren droht, wird die kultivierte Schönheit zu einem unverkennbaren Symptom der befürchteten Zerstörung wahrer Liebe.[86] Demnach mißt auch Properz das Verhalten der Frauen mit moralischen Maßstäben und läßt die ästhetische Beurteilung der Schönheitspflege außer acht.

Nach den gleichen Kriterien wird die Haarpflege der Frauen bewertet. Properz empört sich in der Elegie 2,18 über das Färben der Haare, weil die Geliebte einer besonders verwerflichen Form des *cultus* huldigt, indem sie genau das Gegenteil von dem tut, was wahre Liebe verlangt: *deme: mihi certe poteris formosa videri; / mi formosa sat es, si modo saepe venis.*[87] Somit versinnbildlicht auch in diesem Gedicht „die hübsch zurechtgemachte Frau das unkeusche Sichfeilbieten".[88] *ipse tuus semper tibi sit custodia lectus, / nec nimis ornata fronte sedere velis.*[89] Erneut stellt der Dichter eine Beziehung zwischen der Verwendung von Färbemitteln und mangelnder Sittlichkeit her, indem er solche Frauen als verlogen apostrophiert: *illi sub terris fiant mala multa puellae, / quae mentita suas vertit inepta comas!*[90] Da kunstvolle Frisuren oftmals durch Schmuck oder die Verwendung wohlriechender Essenzen vervollkommnet werden, fließt in die Ausführungen der augusteischen Dichter zur Schönheitspflege der Frauen gelegentlich auch Kritik am Luxus ein. Wegen ihres hohen Preises sind diese Mittel von vornherein diskreditiert. So fiel Properz im Theater eine Frau auf, die ihre Haare in der Mitte des Scheitels mit einem indischen Edelstein zierte.[91] Der Poet enthält sich zwar an dieser Stelle einer expliziten Wertung, doch besteht an seiner Einstellung kein Zweifel. Dagegen steht das *luxuria*-Motiv im Mittelpunkt der Betrachtungen über die weibliche Schönheitspflege, wenn die Putzsucht der Frauen als Ausdruck ihrer materialistischen Gesinnung, die sich im Wunsch nach teuren Geschenken äußert, angeprangert wird. In diesen Fällen geht das Thema mit einer Invektive gegen den Sittenverfall einher, der als Konsequenz

---

[85] Prop. 1,2,23-26.
[86] K. Heldmann, WJA N.F. 7, 1981, 156.
[87] Prop. 2,18C,29f.
[88] K. Heldmann, WJA N.F. 7, 1981, 156.
[89] Prop. 2,18C,35f.
[90] Prop. 2,18C,27f. Weiterer Tadel kunstvoller Frisuren: Prop. 1,2,1 = 4,5,55; 2,1,7f.; Tib. 1,9,67f. Den Aspekt, daß durch Färben graue Haare und das Alter einer Frau kaschiert werden, kehrt Tibull in der Elegie 1,8 hervor (Tib. 1,8,43-46). Diese Versuche, die Schönheit der Jugend und die eigene Anziehungskraft zu konservieren, zeigen das Unvermögen des Menschen, das Glück hohen Alters zu erkennen.
[91] Prop. 2,22,29f.

des in jenen Jahren stark zunehmenden Luxus gedeutet wird. Properz und Tibull verdammen diesen kostspieligen weiblichen *cultus* in gleicher Weise. So beklagt Tibull in der Elegie 2,3, daß die Geliebte nur aufgrund seiner Geschenke in prachtvoller Ausstattung durch die Stadt schreiten kann.[92] Properz dagegen rechnet prinzipiell mit der *luxuria* der Damenwelt ab; denn besonders die unerschwinglichen Mittel der Schönheitspflege bringen selbst die schamhaftesten Frauen dazu, den Reichen ihre Türen zu öffnen.[93] Erneut ist *pudicitia* der zentrale Gegenbegriff zum Luxus: der *puella culta* steht auch in diesem Gedicht die *puella fida et pia* gegenüber.[94]

Da die Kosmetik die sinnfälligste Ausdrucksform der weiblichen Schönheitspflege ist, fällt Properz ein vernichtendes Urteil über sie. Nach der Meinung dieses Dichters leistet sie der Unterminierung der *pudicitia* Vorschub, weil die Damen vornehmlich davon Gebrauch machen, um anderen Männern zu gefallen.[95] An einer weiteren Stelle kritisiert er, daß die natürlichen Vorzüge einer Frau wegen der Schminke nicht zur Geltung kommen und der Liebende dadurch zu Fehleinschätzungen ihrer Person verleitet wird.[96] Horaz spricht sich wie Ovid aus ästhetischen Überlegungen dafür aus, daß Kosmetika nicht in Gegenwart von Zuschauern aufzutragen seien, weil nur das Ergebnis derartiger Bemühungen eine ansprechende Wirkung erziele. So stößt seiner Meinung nach herabtriefende Schminke, die obendrein aus widerlichen Zutaten wie Krokodilmist gefertigt ist, jeden Mann ab:

> *... neque illi*
> *iam manet umida creta colorque*
> *stercore fucatus crocodili iamque subando*
> *tenta cubilia tectaque rumpit.*[97]

---

[92] Tib. 2,3,53-64. Ähnlich: Tib. 1,9,67-72; 2,4,27-34. Zum Frauenbild bei Properz und Tibull siehe B. Feichtinger, SO 68, 1993, 47ff.

[93] Prop. 3,13,9.

[94] Prop. 3,13,23f. Properz verdeutlicht diesen Gegensatz durch zwei Alternativen einer moralisch intakten Welt. Das erste Gegenbild sind die Frauen aus dem Osten, die mit ihrem Mann in Polygamie leben und nach seinem Tod darum streiten, wer ihm als rechtmäßige Ehefrau auf den Scheiterhaufen folgen darf (Prop. 3,13,15-22). Im zweiten Fall wird das dekadente Rom der augusteischen Zeit der idealisierten Vergangenheit gegenübergestellt; damals war die Liebe noch nicht käuflich (Prop. 3,13,25-46), weil es weder kostbare Kleider noch wertvolle Geschenke gab (Prop. 3,13,27-38; Tib. 2,3,73-80). Dadurch wird der Kontrast zwischen natürlicher und künstlicher Schönheit auf die Ebene von Natur und Kultur verlagert. Dazu siehe K. Heldmann, WJA N.F. 7, 1981, 157ff.

[95] Prop. 1,15,5-8.

[96] Prop. 3,24,5-8.

[97] Hor. epod. 12,9-12.

Nach seinen Äußerungen billigt Horaz die Kosmetik durchaus, weil sie für den Habitus einer kultivierten Frau unerläßlich ist. Allerdings prangert er die unsachgemäße Verwendung der einschlägigen Produkte an; denn sie hat den gegenteiligen Effekt.

In den Ausführungen der augusteischen Dichter zum gepflegten Äußeren von *homines urbani* sind deutliche Unterschiede zu erkennen, die vor allem aus der verschiedenen Bewertung der weiblichen Schönheitspflege herrühren. Während Ovid solche Aktivitäten zu den unverzichtbaren Errungenschaften der verfeinerten Lebensart in jenen Jahren zählt, deuten sie Properz und Tibull als Symptom der moralischen Dekadenz und bringen sie stärker mit der materialistischen Gesinnung ihrer Zeitgenossen in Verbindung als der Verfasser der Ars amatoria.[98] Somit kommt in ihrer Verdammung der Putzsucht der Frauen die für römisches Denken typische Kombination von zunehmendem Luxus und dem daraus resultierenden Sittenverfall zum Vorschein. Dieser Entwicklung setzen sie das Ideal der natürlichen Schönheit, das mit einer strengen, für eine niedrigere Stufe der Kultur typischen Moralauffassung gepaart ist, entgegen. Freilich muß man bedenken, daß primär thematische Gründe den Ausschlag für diese Betrachtungsweisen geben. Während Ovid seinen Schülerinnen mittels seiner Anweisungen zu einem attraktiven Aussehen verhelfen will und daher den Gebrauch von Schönheitsmitteln ausdrücklich gutheißt, interessieren sich Properz und Tibull vornehmlich für die Treue ihrer Geliebten, die in ihren Augen durch solche künstlichen Hilfen gefährdet wird. Trotz ihrer von Ovid abweichenden Auffassung bestätigen sie nichtsdestoweniger, daß der Habitus eine unverzichtbare Komponente der *urbanitas* ist.

Die augusteischen Dichter vertreten ferner die Auffassung, daß ein Stadtrömer an der Sprechweise zu erkennen war. So sieht Tibull in milden, sanft klingenden Worten ein Charakteristikum der Sprache Verliebter und kennt die Bedeutung dieser Merkmale: *non ego celari possum, quid nutus amantis / quidve ferant miti lenia verba sono.*[99] Obwohl der Poet an dieser Stelle auf einen Sonderfall urbanen Redens, der von topischen Elementen der Liebeselegie geprägt ist, eingeht, kommt doch eine wesentliche Besonderheit des *sermo urbanus*, nämlich die Mäßigung, zum Vorschein. Diese Ansicht war in jenen Jahren offensichtlich verbreitet: Nach Horaz zeichnet sich der Weltmann durch einen leichten Ton aus, in dem seine Selbstbeherrschung und die Fähigkeit, klug mit seinen Mitteln Maß zu halten, ihren Ausdruck findet: *... interdum urbani, parcentis viribus atque / extenuantis eas consulto.*[100] Demnach schlägt ein *homo*

---

[98] Dazu siehe S. 244ff.; vgl. S. 199f.
[99] Tib. 1,8,1f.
[100] Hor. sat. 1,10,13f. Zur Kunst des Maßhaltens siehe auch Hor. epist. 1,18,1-20. Diese Auffassung ähnelt den Ausführungen des Aristoteles in der Nikomachischen Ethik

urbanus auch in der Sprache den goldenen Mittelweg ein, indem er seine Redeweise seinem übrigen Verhalten annähert und sich mit anderen Menschen in einer feinfühligen, kultivierten Weise unterhält.[101]

Anders als Ovid, der die zentrale sprachliche Erscheinungsform der *urbanitas*, den Humor, in seinen Anweisungen nicht thematisiert, sondern dem Leserpublikum anhand seiner Werke demonstriert, äußert sich Horaz wiederholt zu diesem Phänomen. Für die Bestimmung seiner Auffassung von Witz ist eine Stelle aus den Satiren aufschlußreich:

saepe tribus lectis videas cenare quaternos,
e quibus unus amet quavis aspergere cunctos
praeter eum qui praebet aquam; post hunc quoque potus,
condita cum verax aperit praecordia Liber:
hic tibi comis et urbanus liberque videtur
infesto nigris: ego si risi, quod ineptus
pastillos Rufillus olet, Gargonius hircum,
lividus et mordax videor tibi?[102]

Nach seinen Darlegungen unterscheidet sich der Humor vom derben Scherz, durch den andere Menschen herabgesetzt werden, weil er keineswegs lustig, geistreich oder offenherzig ist. Andererseits darf er nicht mit dem harmlosen Spott gleichgesetzt werden, den manche Leute als hämisch und niederträchtig einstufen.[103] In den Augen des Dichters bietet das rechte Maß die Gewähr dafür, daß sich der feine Witz in der Mitte zwischen den beiden Extremen bewegt und die betroffenen Personen nicht verletzt. Demnach basiert der einem Städter eigene Witz auf Scharfsinn, gutem Geschmack und dem Gefühl für Angemessenheit.[104]

(4,1126b,4-9), in denen er Schmeichler, die alles gutheißen und niemals jemandem widersprechen, Menschen, die immer nörgeln, gegenüberstellt. Wer dagegen gesunden Menschenverstand besitzt, bewegt sich zwischen diesen Extremen und wägt das Für und Wider sorgsam ab. Zu dieser Stelle siehe E.S. Ramage, Urbanitas 78.

[101] E.S. Ramage, Urbanitas 79.

[102] Hor. sat. 1,4,86-93. Zu dieser Stelle siehe E.S. Ramage, Urbanitas 80; zum feinen Witz bei Horaz E. Zinn, Gymnasium 67, 1960, 49ff.; H. Antony, Humor passim.

[103] Die Auffassung, daß Witz nicht in billige Possenreißerei entarten darf, sondern daß in ihm eine rechtschaffene Gesinnung zum Ausdruck kommen muß, vertritt bereits Cicero (Cic. off. 1,103).

[104] Neben den allgemeinen Bemerkungen zum feinen Humor eines Städters kommt die Auffassung des Horaz zu diesem Phänomen auch in seinen Äußerungen zur Entwicklung der römischen Literatur zum Vorschein. Da er an diesen Stellen jedoch auf den Witz einzelner Autoren eingeht, werden diese Zeugnisse in der vorliegenden Studie nicht berücksichtigt. Zu diesem Problem siehe E.S. Ramage, Urbanitas 80f.

Außer den Stellen, an denen Horaz den Humor definiert, führt er seinen Lesern diese Erscheinung in seinen Werken vor Augen. So weist die Satire 1,5 Merkmale eines veredelten Gespräches auf, das der kultivierte Erzähler mit Fonteius Capito, einem weiteren Gentleman, führt.[105] Der Eindruck der *urbanitas* kommt dadurch zustande, daß das ganze Gedicht von Humor, der mit einer feinen Ironie gepaart ist, durchdrungen wird. So mokiert sich Horaz beispielsweise über die eigene Bequemlichkeit, indem er sich als *ignavus* bezeichnet: *hoc iter ignavi divisimus.*[106] Vom gleichen Ton zeugen seine „Kriegserklärung" an seinen Magen, dem er wegen der schlechten Wasserqualität die „Zufuhr" verweigert,[107] und seine Ausführungen zur Trägheit des Maultiers und der Störung der Nachtruhe der Reisenden durch Schnaken und Sumpffrösche.[108] Den Wettstreit der Witzbolde Sarmentus und Messius, der auch Kampfhahn genannt wurde, kleidet er in eine durch Musenanruf eingeleitete epische Beschreibung, die in spöttischem Ton gehalten ist.[109] In ähnlicher Weise ist die Episode vom brennenden Haus in Beneventum gestaltet.[110] Von Situationskomik zeugt, daß der Gastgeber einer vornehmen Reisegesellschaft beim Braten von Drosseln in seiner Beflissenheit fast Feuer fängt und die Gäste aus Angst um ihr Essen die Schüsseln an sich reißen.

Der Humor manifestiert sich gelegentlich im Scherz, den vor allem Horaz und Ovid mit den Stadtrömern in Verbindung bringen. Beide vertreten die Ansicht, daß der Umgangston von Liebenden, aber auch von Liebeselegien dieses Merkmal aufweisen soll.[111] So hatte Licymnia neben ihrem anmutigen Tanz nicht zuletzt ihren Scherzen ihre Anziehungskraft auf Horaz zu verdanken.[112] Mit dem Scherz geht die Kunst des anmutvollen Lachens einher, in deren Beherrschung der Dichter neben der Lust des Plauderns die wichtigsten Merkmale der sprachlichen Leistung eines Stadtrömers sieht: *reddes dulce loqui, reddes ridere decorum.*[113] Bezeichnend ist, daß Horaz nur Lachen, bei dem das Gebot des Angemessenen gewahrt wird, als verfeinerte Ausdrucksform im zwischen-

---

[105] Zu dieser Satire siehe E.S. Ramage, Urbanitas 81f.
[106] Hor. sat. 1,5,5; vgl. E.S. Ramage, Urbanitas 82.
[107] Hor. sat. 1,5,7f.
[108] Hor. sat. 1,5,11-23.
[109] Hor. sat. 1,5,51-69; dazu siehe H. Antony, Humor 79. 103.
[110] Hor. sat. 1,5,71-76; dazu H. Antony, Humor 80.
[111] Bes. Hor. carm. 1,6,20; 2,12,17-20; Ov. ars 1,353f. 594; 2,175f. 600. 723f.; 3,327f.; vgl. Hor. sat. 1,10,9-15.
[112] Hor. carm. 2,12,17-20.
[113] Hor. epist. 1,7,27.

menschlichen Umgang gelten läßt.[114] Ferner machen sich vor allem Horaz und Ovid das Lachen zunutze, um ihr Publikum mit der Wahrheit konfrontieren zu können, jedoch mit dem Unterschied, daß Horaz mit dem Witz der Satirendichtung eine moralische Absicht verfolgt.[115] Wie bereits erwähnt wurde, wählte der *praeceptor amoris* die Ebene des Spiels, um Anstößigem die Spitze zu nehmen. Freilich sollte sich ein Autor nach Meinung des Horaz nicht damit begnügen, seine Leser bloß zum Lachen zu bringen, sondern eine differenzierte Ausdrucksweise wählen, die sich durch den Wechsel von ernsthaftem, scherzendem und urbanem Ton sowie die professionelle Kunst eines Redners oder Dichters auszeichnet.[116] Trotz seines Eintretens für eine ausgewogene Mischung ist er davon überzeugt, daß der Scherz bei der Entscheidung wichtiger Fragen eine größere Wirkung hervorruft als leidenschaftlicher Ernst. Aufschlußreich für den Stellenwert, den Horaz dem Scherz und dem Spiel im sozialen Verkehr von *homines urbani* beimißt, ist eine Bemerkung am Ende seiner Briefe: *vivere si recte nescis, decede peritis. / lusisti satis, edisti satis atque bibisti.*[117] An dieser Stelle teilt er die Ansicht, daß das persönliche Glück eines Menschen nur durch die Kunst der richtigen Lebensweise zu erreichen ist. Zu dieser Kunst gehören in einem urbanen Ambiente neben Gastmählern Scherz und Spiel, d.h. Dichten.[118]

Im Brief an Tiberius Claudius Nero demonstriert Horaz erneut seine *urbanitas*, indem er Septimius dem Adressaten auf dessen Bitte hin empfiehlt, ohne jedoch aufdringlich zu werden; denn nach seiner Meinung ist die Ablehnung dieses Wunsches nicht mit dem taktvollen Benehmen eines Gentleman zu vereinbaren: *sic ego maioris fugiens opprobria culpae / frontis ad urbanae descendi praemia.*[119] Der Junktur *frons urbana* wird im letzten Vers das Wort *grex* gegenübergestellt, das dem Ende des Schreibens einen rustikalen Touch verleiht und von feinem Witz zeugt.[120] Ferner enthält die Satire 1,9, in der Horaz einen hartnäckigen Parasiten auf der Sacra via trifft, eine aufschlußreiche Beschreibung eines *homo urbanus*. Als der Dichter wiederholt versucht, seinen lästigen Begleiter loszuwerden, bleibt er stets höflich und verliert niemals seine Selbstbeherrschung. Er zeigt grundsätzlich nicht seine wahren Gefühle, obwohl die Ironie, die in seinen Äußerungen zum Vorschein kommt, eindeutige Hinweise

---

[114] Wegen der Verrohung des Scherzes und seiner Entartung in Bosheit zählt Horaz die Fesenninen, bei denen auch derbe Schimpfworte gebraucht werden, zu den für die Landbevölkerung typischen Vergnügungen (Hor. epist. 2,1,145-150).
[115] Hor. sat. 1,1,23-25; dazu H. Antony, Humor 19.
[116] Hor. sat. 1,10,7-15.
[117] Hor. epist. 2,2,213f.; dazu H. Antony, Humor 40.
[118] Hor. carm. 2,10; 3,4,65-67; Hor. sat. 1,1,106f. 10,9-15; Hor. epist. 1,18,59f.; 2,2,141-144.
[119] Hor. epist. 1,9,10f.
[120] Hor. epist. 1,9,13.

gibt. Diese subtilen Zeichen versteht der zudringliche Mensch wegen seines Mangels an Feingefühl allerdings nicht zu deuten. Demnach läßt zur Schau getragener Anstand nach dieser Satire nicht unbedingt die wahren Überzeugungen einer Person erkennen, sondern verhüllt sie vielmehr.[121] Dieser Kausalzusammenhang macht deutlich, daß in urbanen Verhaltensweisen offensichtlich eine gewisse Tendenz zur Unaufrichtigkeit angelegt ist, die sich Ovid für seine Anweisungen zunutze macht. Freilich besteht ein gravierender Unterschied zwischen den Ausführungen des Horaz und den Lehren des *praeceptor amoris*. Während bei jenem Dichter die Neigung, die eigenen Ansichten zu verbergen, in dem Gebot der Höflichkeit, der Selbstbeherrschung und des Maßhaltens begründet liegt, macht Ovid ein Verhalten, das Freimut vermissen läßt, zur Grundlage seiner Vorschriften. Indem er diese Eigenschaft forciert, trägt er zur Entartung der *urbanitas* bei.

Von den urbanen Umgangsformen spielt die Kunst des Maßhaltens in den Werken der augusteischen Dichter eine zentrale Rolle.[122] Horaz veranschlagt ihren Wert im öffentlichen und privaten Bereich besonders hoch; hält er sie doch nicht nur für einen Grundpfeiler im sozialen Verkehr, sondern auch für eine der Ursachen der Größe Roms.[123] Das rechte Maß ist die Voraussetzung für die Kunst der richtigen Lebensweise, weil es die Gewähr dafür gibt, daß das Gebot der goldenen Mitte eingehalten wird.[124] Deshalb kann man diese Eigenschaft zugleich als Grundbedingung für *urbanitas* ansehen;[125] denn dadurch wird ihre Entartung verhindert. So verdankt Lollius dem Umstand, daß er sein ganzes Benehmen an Takt und Maß orientiert, seine Zugehörigkeit zu den kultivierten Stadtrömern: *quamvis nil extra numerum fecisse modumque / curas, interdum nugaris rure paterno*.[126] Horaz führt diese Richtlinien menschlichen Handelns an einer anderen Stelle weiter aus, indem er darauf hinweist, daß sie durch Vernunft und Einsicht zu erzielen sind.[127] Nach dieser Äußerung nimmt er wie Ovid einen Zusammenhang zwischen der Verfeinerung der Lebensart und intellektuellen Qualitäten wahr; denn der Veredelungsprozeß der Umgangsformen zeitigt nur die gewünschten Ergebnisse, wenn er vom Verstand des jeweiligen Individuums gesteuert wird und auf Selbstdisziplin basiert. Damit einer einseitigen

---

[121] Siehe E.S. Ramage, Urbanitas 83f.
[122] Hor. carm. 2,10; 3,4,65-67; Hor. sat. 1,1,106f. 10,9-15; Hor. epist. 1,18,59f.; 2,2,141-144.
[123] Hor. carm. 3,4,65-67; dazu K. Scheidle, Modus 131.
[124] Hor. sat. 1,1,106. Zum Gebot der goldenen Mitte siehe Hor. carm. 2,10,5-8; dazu K. Scheidle, Modus 16. 185f.; vgl. auch S. 110f.
[125] Hor. sat. 1,10,13f.
[126] Hor. epist. 1,18,59f.
[127] Hor. epist. 2,2,141-144; dazu siehe K. Scheidle, Modus 27.

Ausprägung der Mäßigung entgegengewirkt wird, hat Horaz allerdings gegen eine gelegentliche Zerstreuung nichts einzuwenden.[128]

Weitere Eigenschaften, die in Ovids Liebeslehre den kultivierten Städter kennzeichnen, sind in den Werken der übrigen augusteischen Dichter dagegen aus thematischen Gründen kaum von Belang. Nach seinen Ausführungen in einer Satire hält es Horaz für äußerst vorteilhaft, daß Städter die Kunst des Heuchelns beherrschen und zu schauspielern verstehen. Besonders angebracht ist es, wenn sich Erbschleicher solche Talente aneignen; können sie doch auf diese Weise ihre Freude über den Tod ihres Gönners verbergen und Trauer simulieren.[129] Jedoch besteht ein bezeichnender Unterschied zwischen den Darlegungen dieses Dichters und denen des *praeceptor amoris*. Während Ovid seinem Leserpublikum derartige Vorgehensweisen anrät, hält der Satiriker sie für Mißstände und prangert sie an.[130] Die von Ovid seiner Schülerschaft wärmstens empfohlene Strategie, Tugend und Laster zu vertauschen,[131] zählt Horaz ebenfalls zu den Qualitäten, die sich für den zwischenmenschlichen Verkehr in manchen Fällen als nützlich erweisen.[132] Der Satiriker erkennt den Wert des Verfahrens, dessen sich besonders Liebende bedienen, weil sie für die Schönheitsfehler ihrer Geliebten blind sind,[133] vor allem für Freundschaften:

vellem in amicitia sic erraremus et isti
errori nomen virtus posuisset honestum.
ac pater ut gnati, sic nos debemus amici
siquod sit vitium non fastidire. strabonem
appellat paetum pater, et pullum, male parvos
sicui filius est, ut abortivus fuit olim
Sisyphus; hunc varum distortis cruribus, illum
balbutit scaurum pravis fultum male talis.[134]

---

[128] Hor. epist. 1,18,59f.
[129] Hor. sat. 2,5,99-104.
[130] Properz hat nichts dagegen einzuwenden, daß ein Liebender eine spröde Frau mit Schmeicheleien umwirbt: *ille meos numquam patitur requiescere postis, / arguta referens carmina blanditia* (Prop. 1,16,15f.). Wie die einschlägigen Äußerungen Ovids ist auch diese Bemerkung seines Vorgängers zum Umgangston von Liebespaaren in erster Linie durch die Gattung Elegie bedingt und für die Frage nach urbanen Verhaltensmustern nur unter Vorbehalt aufschlußreich.
[131] Dazu siehe ausführlich S. 77 mit Belegen.
[132] Hor. sat. 1,3,38-75.
[133] Hor. sat. 1,3,38-40.
[134] Hor. sat. 1,3,41-48. Mit diesen Ausführungen distanziert sich Horaz von der Auffassung, daß Häßlichkeit und körperliche Mängel geeigneten Stoff für Witze bieten (Cic. de orat. 2,239). Dazu siehe E. Rabbie, Witz 52f.

Er bedauert, daß diese bei Liebenden und Eltern-Kind-Beziehungen bewährte Methode auf Freunde viel zu selten angewendet wird; denn ihre Gefühle werden weniger verletzt, wenn sie nicht direkt mit ihren Fehlern und Irrtümern konfrontiert werden. Er mißt dieser Taktik eine große soziale Bedeutung zu; dient sie doch in erster Linie der Regulierung kränkender Äußerungen und erweist sich dadurch als stabilisierender Faktor der Freundschaft: *haec res et iungit iunctos et servat amicos*.[135] Der Satiriker klagt darüber, daß seine Zeitgenossen diesen engen zwischenmenschlichen Bindungen keine Achtung entgegenbringen und sie durch rücksichtsloses Verhalten gefährden, indem sie einen Freund nicht mit der ihm gebührenden Tugend, sondern mit dem entsprechenden Laster charakterisieren: *at nos virtutes ipsas invertimus atque / sincerum furimus vas incrustare*.[136] Horaz hält dieses Vorgehen für verwerflich, weil die guten Eigenschaften eines anderen Menschen absichtlich herabgesetzt werden und keine Nachsicht mit seinen Schwächen geübt wird, während man für die eigenen Unzulänglichkeiten selbstverständlich Rücksicht erwartet:

> *quam temere in nosmet legem sancimus iniquam.*
> *nam vitiis nemo sine nascitur; optimus ille est.*
> *qui minimis urgetur. amicus dulcis, ut aequum est,*
> *cum mea conpenset vitiis bona, pluribus hisce,*
> *si modo plura mihi bona sunt, inclinet, amari*
> *si volet: hac lege in trutina ponetur eadem.*
> *qui, ne tuberibus propriis offendat amicum,*
> *postulat, ignoscet verrucis illius: aequum est*
> *peccatis veniam poscentem reddere rursus.*[137]

Der Satiriker deutet solch ein Benehmen als kurzsichtig; denn die Menschen schaden sich dadurch selbst am meisten, daß sie auf diese Weise die Umgangsformen von Freunden bestimmen. Wieder besteht ein augenfälliger Unterschied zwischen den Darlegungen des Horaz und denen Ovids. Horaz heißt die erwähnte Strategie aus Rücksicht auf die Empfindungen der beteiligten Personen gut. Da Ovid sich die verhüllende Wirkung der Vertauschung von Tugend und Laster für seine Vorschriften zunutze macht, um seinen Lesern reibungslos verlaufende beiderseitige Annäherungsmöglichkeiten zu demonstrieren, schlägt er ihnen diese Methode wegen ihrer Effizienz vor. Die gleiche Motivation tritt in seinen Remedia amoris zutage, in denen er seinen Schülern empfiehlt, mit Hilfe

---

[135] Hor. sat. 1,3,54. Horaz unterstreicht in diesem Vers die enge Zusammengehörigkeit von Freunden einprägsam durch das Polyptoton *iungit iunctos*.
[136] Hor. sat. 1,3,55f.
[137] Hor. sat. 1,3,67-75.

dieses Verfahrens eine mißliebige Beziehung zu beenden, ohne sich um dessen Wirkung auf die betroffenen Frauen zu kümmern. Demnach wertet Ovid eine Vorgehensweise, die nach einer Bemerkung des Horaz unter Liebenden gang und gäbe ist und aus gegenseitiger Achtung praktiziert wird,[138] um und macht sie seiner Liebeslehre dienstbar.

Mit der *urbanitas* geht nach Auffassung der augusteischen Dichter nicht zuletzt die *comitas* einher; ist doch ein heiteres Wesen die Voraussetzung für die Ausstrahlung jeder Person.[139] Weil diese Eigenschaft auf Kultivierung basiert, entlarvt Horaz in der Satire 1,4 diese Einstufung eines derben Spaßvogels als unangebracht.

Schließlich prangern die augusteischen Dichter diverse Auswüchse der *urbanitas* an, die mit der zunehmenden Verfeinerung der Lebensart in der Metropole auftreten. Wie Ovid nehmen sie zunächst daran Anstoß, daß die wachsende Zufuhr von Ressourcen aus dem Osten zu Veränderungen im traditionellen Wertesystem geführt und die Herausbildung einer materialistischen Gesinnung gefördert hat. Properz und Tibull bedauern diese Entwicklung, weil sie in ihren Augen die zwischenmenschlichen Beziehungen nachhaltig stört. Durch das Thema ihrer Werke bedingt, erörtern sie fast ausschließlich die Folgen dieser gewandelten Einstellung für Liebesbeziehungen. Nach ihrer Überzeugung tendiert die immer stärker werdende Bedeutung von Glücksgütern zur Reglementierung solcher Bindungen, indem sie ein Kriterium für die Selektion der Männer, denen Frauen ihre Gunst schenken, schafft.[140] Die aus dem materialistischen Denken resultierende Habsucht hat geschlechtsspezifische Konsequenzen: wegen der neuen Wertmaßstäbe haben arme oder wenig begüterte Männer bei den meisten Frauen keinerlei Chancen.[141] Um diesem Manko abzuhelfen, lassen sich einige dazu verleiten, ihr Leben bei gefährlichen Wagnissen wie weiten Fahrten über das Meer zu riskieren.[142] Frauen hingegen sind nicht mehr bereit, einem Mann Gefühle entgegenzubringen, wenn er sie nicht mit teuren Geschenken honoriert.[143] Besonders verwerflich ist nach Meinung dieser Poeten ihre Unersättlichkeit, die beim ständigen Fordern neuer Gaben zum Vorschein kommt.[144] Somit stellen beide Dichter zwischen der materialistischen Gesinnung und der weiblichen Putzsucht einen Kausalzusammenhang fest. Da in den vornehmen Kreisen Roms wegen der Bedeutung des Luxus zunehmend Wert auf

---

[138] Hor. sat. 1,3,38-40.
[139] Hor. sat. 1,4,90f.; vgl. 1,10,64f. (Lucilius als *comis* und *urbanus*).
[140] Prop. 2,24A,11-16; 3,5,1-6. 7,1-12. 13,1-14; Tib. 1,4,57-60. 5,59-66. 9,31-34; 2,3,37-64; vgl. K. Heldmann, WJA N.F. 7, 1981, 157f.
[141] Tib. 1,5,59-68.
[142] Prop. 3,7,5-12; vgl. auch Tib. 2,3,37-50.
[143] Prop. 2,24A,11-16; 3,13,1-14; 4,5,21-28; Tib. 1,4,57-60. 5,59f.; vgl. Tib. 1,9,31-34.
[144] Prop. 2,24A,11-16; 3,13,1-14.

Äußerlichkeiten gelegt wird, nimmt zwangsläufig die Habgier der Frauen zu; denn sie trachten danach, ihre Garderobe und Accessoires durch Geschenke von Männern zu ergänzen. Durch dieses vermeintliche Bedürfnis nach Luxuswaren schwindet ihre Bereitschaft oder Fähigkeit zur Treue, und menschliche Grundwerte degenerieren.

Auch Horaz sieht im überhandnehmenden Streben nach Besitz den Grund für Veränderungen im römischen Wertesystem,[145] bringt aber dieses Phänomen von einer Ausnahme abgesehen[146] nicht wie Properz und Tibull mit Liebesbeziehungen in Verbindung. Weil Geld zum Maßstab der sozialen Geltung einer Person wird, avanciert es zum obersten Wert, dem alle Tugenden untergeordnet sind:

> ... *quoad vixit, credidit ingens*
> *pauperiem vitium et cavit nihil acrius, ut, si*
> *forte minus locuples uno quadrante perisset,*
> *ipse videretur sibi nequior. 'omnis enim res,*
> *virtus, fama, decus, divina humanaque pulchris*
> *divitiis parent; quas qui construxerit, ille*
> *clarus erit, fortis, iustus.' 'sapiensne?' 'etiam, et rex*
> *et quidquid volet.' hoc veluti virtute paratum*
> *speravit magnae laudi fore.*[147]

Der Satiriker demonstriert diese Perversion an den Grundpfeilern des römischen Tugendsystems, *virtus, fama* und *decus*, die im neuen Geldzeitalter ihre Bedeutsamkeit einbüßen, ihres eigentlichen Sinnes entleert und mit neuem Inhalt gefüllt werden.[148] Die Anomalie der neuen Hierarchie der Werte zeigt sich am deutlichsten daran, daß Reichtum als vollwertiger Ersatz für Gerechtigkeit, Tapferkeit und Weisheit gilt, seinem Besitzer das gleiche Prestige wie diese Eigenschaften verschafft und ihn berühmt macht.[149] Demnach dient Geld als Nachweis von *virtus* und sichert den für die Menschen in der Antike wichtigen Nachruhm.[150] So wird der künftige Stellenwert dieser Qualität durch die materiellen Werte bestimmt. Wegen dieser Veränderungen gründet sich das soziale Ansehen einer Person nicht mehr auf Leistung, sondern auf Äußerlichkeiten. Da Armut

---

[145] Hor. carm. 3,24,41-64; Hor. epod. 11,11f.; Hor. sat. 1,1,41-119; 2,3,77-160; Hor. epist. 1,1,41-69.
[146] Hor. epod. 11,11f.
[147] Hor. sat. 2,3,91-99.
[148] Hor. sat. 2,3,94-96.
[149] Hor. sat. 2,3,96-99.
[150] Hor. sat. 2,3,99f.

als Schande gilt,[151] unternehmen die Leute alle möglichen Anstrengungen, um diesem angeblichen Mißstand abzuhelfen, und verlassen sogar den Weg der Tugend.[152] Aus diesen Konsequenzen der Besitzgier zieht Horaz den Schluß, daß ein Geizhals dumm und unvernünftig ist.[153]

Nach den Ausführungen des Horaz trägt die materialistische Einstellung zu einer Lebenshaltung bei, die nicht mit der Natur in Einklang steht.[154] Weil Reiche in ständiger Angst vor Dieben und Brandstiftungen leben,[155] sind sie nicht imstande, ihr Vermögen zu genießen.[156] Ferner leiden zwischenmenschliche Beziehungen unter ihrer Habsucht; denn Begüterte sind wegen ihres Geizes nicht beliebt und pflegen keine Freundschaften oder Kontakte zu ihren Verwandten. Somit verlieren solche Leute in den Augen des Horaz die Fähigkeit, Bindungen zu ihren Mitmenschen entwickeln zu können. Aus diesen Gegebenheiten folgert der Dichter, daß die Menschen sich bei allen ihren Taten trotz der Hochschätzung des Besitzes in jenen Jahren[157] um das rechte Maß bemühen sollen;[158] dient doch diese Kunst als stabilisierender Faktor des römischen Wertesystems. Sie bietet die Gewähr dafür, daß der Stellenwert von Tugenden und Glücksgütern wie Gold und Silber nicht verkehrt wird.[159]

Wie Properz und Tibull erblickt Horaz ferner in mangelnder Sittsamkeit eines der hervorstechenden Merkmale der Frauen im augusteischen Rom.[160] Anders als die beiden Elegiker deutet er die gelockerte Moral in der sechsten Römerode jedoch nicht als Auswirkung des zunehmenden Luxus, sondern als Folge der Schuld, welche die Römer wegen der Vernachlässigung der *religio* auf sich geladen haben.[161] Weil er sich an Faktoren, die er für den Niedergang des *mos maiorum* in den letzten Jahrzehnten der späten Republik verantwortlich macht, orientiert, richtet er sein Augenmerk primär auf Ehebrüche und nicht auf Treulosigkeit in nicht legalisierten Liebesbeziehungen. Seiner Meinung nach wirken sich Tanz und Flirt verhängnisvoll auf die Damenwelt aus; wird doch dadurch die um sich greifende Sittenlosigkeit von Mädchen und jungen Frauen gefördert[162] und der Grundstein zu ihrer späteren Neigung zu Ehebrüchen ge-

---

[151] Hor. sat. 2,3,91f.
[152] Hor. carm. 3,24,41-44.
[153] Hor. sat. 2,3,158f.
[154] Hor. sat. 1,1,49-51.
[155] Hor. sat. 1,1,76-78.
[156] Hor. sat. 1,1,70-79; 2,3,107-160.
[157] Hor. sat. 1,1,61f.
[158] Hor. sat. 1,1,106f.
[159] Hor. sat. 1,1,41ff.
[160] Hor. carm. 3,6,17-32; dazu siehe H. Antony, Humor 56; K. Scheidle, Modus 136.
[161] Hor. carm. 3,6,1-8. Zur Bedeutung der *religio* für die Römer siehe Cic. nat. deor. 2,8.
[162] Hor. carm. 3,6,21-28.

legt.[163] Somit interpretiert Horaz die lose Moral und die eheliche Untreue als Teil eines komplexen Verfallsprozesses des *mos maiorum*, durch den die religiöse Fundierung des römischen Gemeinwesens unterminiert und sein Bestand gefährdet wird. Die für Elegiker typische Auffassung vertritt er in einem Paraklausithyron, in dem er Lyce auffordert, ihre Sprödigkeit abzulegen.[164] In diesem Fall ist sein Rat, die Geliebte solle sich umgänglicher zeigen, durch die Situation und das Thema seines Gedichtes bedingt. Bezeichnenderweise tritt in diesen Versen wieder die für urbanes Denken typische Auffassung, Maß zu halten, zutage; denn eine allzu abweisende Haltung galt offensichtlich als ungeschliffenes, bäurisches Verhalten. Aus diesem Grund billigt Horaz den Barbaren Sittenstrenge zu, indem er auf das Beispiel der Geten verweist, bei denen Verstöße gegen das Gebot der Keuschheit und der ehelichen Treue mit dem Tod gesühnt werden.[165] Nach diesen Stellungnahmen erklären sich die Unterschiede in der Bewertung der laxen Moral in augusteischer Zeit primär aus den Konventionen der jeweiligen Gattung.

Die Äußerungen der augusteischen Dichter zur verfeinerten Lebensart in der Metropole lassen erkennen, daß Angehörige der Oberschichten in jenen Jahren offensichtlich weitgehend homogene Vorstellungen von diesem Phänomen hatten. Diese Übereinstimmung ist zunächst dadurch bedingt, daß die Ansichten zur *urbanitas* in dieser Zeit bereits weitgehend festliegen und die Konzeption nicht mehr grundlegend verändert wird. Hinzu kommen Bemerkungen über epochenspezifische Erscheinungsformen der urbanen Lebensweise, die in manchen Einzelheiten von den überkommenen Überzeugungen abweichen, aber insgesamt weiter zur Einheitlichkeit der Darlegungen der Poeten beitragen. Beispielsweise nehmen sie ausnahmslos eine ausgeprägte materialistische Gesinnung bei der Mehrzahl ihrer Zeitgenossen wahr; die früheren Autoren haben eine derartige Einstellung nicht erwähnt, weil sie erst in den letzten Jahrzehnten der ausgehenden Republik überhandnimmt. Schließlich wird die Ähnlichkeit der Darstellungen durch die Verwendung gattungsspezifischer Motive, die vor allem in der Elegie häufig vorkommen, erreicht. So finden sich gerade in diesem literarischen Genus immer wieder Klagen über die Wertschätzung des Goldes, weil sie in den Augen der Dichter eine Liebesbeziehung stark belastet. Wie dieses Beispiel zeigt, können solche Motive, die in der Regel auch topischen Einschlag haben, darüber hinaus zugleich Aktualität gewinnen, wenn sie auf Zustände, die für jene Zeit typisch sind, anspielen. Diese Abhängigkeit der Autoren von

---

[163] Hor. carm. 3,6,25-28.
[164] Hor. carm. 3,10,9f.
[165] Hor. carm. 3,24,17-24. Dieses Argument hat topischen Einschlag und zählt zu den Motiven, mit denen die Römer normalerweise die gegensätzlichen Umgangsformen von Stadt- und Landbevölkerung beschreiben.

werkimmanenten Kriterien erschwert die Beurteilung ihrer Ausführungen; denn es läßt sich kaum eruieren, was sie wirklich über dieses Thema dachten.

Aufgrund dieser Voraussetzungen weichen die Darlegungen der augusteischen Dichter zur *urbanitas* vornehmlich aus thematischen und gattungsspezifischen Gründen in der Betrachtung und Bewertung der Einzelheiten voneinander ab. So ist es in erster Linie dem Sujet der Ars amatoria zu verdanken, daß Ovid die Voraussetzungen und Komponenten der kultivierten Lebensart in extenso erörtert. Die übrigen augusteischen Dichter wählen andere Schwerpunkte und behandeln überwiegend die verschiedenen Seiten der urbanen Lebensweise. Properz, Tibull und in gewisser Weise auch Horaz gehen vor allem auf den zunehmenden Luxus im privaten Bereich, die damit gepaarte materialistische Gesinnung und Veränderungen im traditionellen Wertekanon, d.h. auf Auswüchse dieses Lebensstils, ein und untersuchen die Auswirkungen dieser Verfallserscheinungen auf Liebesbeziehungen. Wegen dieser Zielsetzung konzentrieren sie ihre Darstellungen auf den Wandel der Sittsamkeit der Frauen, den sie aus dem Überfluß an Glücksgütern ableiten, und beurteilen die Prachtentfaltung im augusteischen Rom nach moralischen Gesichtspunkten. Weil Ovid seiner Schülerschaft mit Hilfe der Ars amatoria die Aneignung der verfeinerten Lebensart ermöglichen will, widmet er sich primär der positiven Seite des Prunkes und schenkt dessen Schattenseiten weniger Aufmerksamkeit als die übrigen Dichter dieser Zeit, obwohl auch er die Mißstände im neuen Geldzeitalter wahrnimmt und beklagt. Diese Sicht hat zur Folge, daß der *praeceptor amoris* die ästhetische Komponente dieses Phänomens stärker hervorkehrt als Properz, Tibull und Horaz, weil die daraus resultierende Schönheit in seinen Vorschriften eine zentrale Rolle spielt. Dieser grundlegende Unterschied zeigt sich vor allem bei den Ausführungen zur Körper- und Schönheitspflege der Frauen, die nach Meinung Ovids eine wichtige Voraussetzung für die Annäherung der Geschlechter ist, nach Ansicht der übrigen augusteischen Dichter dagegen die Bedingung für die Lockerung der Moralvorstellungen der Damenwelt und den durch ihre Untreue verursachten Niedergang der Liebesbeziehungen. Diese eingehende Erörterung der ästhetischen Seite des *cultus* dürfte freilich nicht nur thematisch bedingt sein, sondern läßt auch die Freude des Autors an den schönen Dingen des urbanen Lebens erkennen. Das Vorhaben, seine Schülerinnen die Schönheitspflege systematisch zu lehren, zieht bei Ovid andere Schwerpunkte als bei den übrigen Poeten jener Zeit nach sich. So befaßt er sich eingehend mit den Komponenten, die das Äußere einer Frau am meisten bestimmen, der Kosmetik, den Frisuren und Kleiderfarben. Weil Gepflegtheit mit Sauberkeit einhergeht, thematisiert er in seinen Anweisungen auch die Körperhygiene, die in den Werken des Properz und Tibull belanglos ist.

In der Behandlung des architektonischen Ambientes sind weitere bezeichnende Abweichungen im Detail festzustellen. Während die übrigen Dichter jener

Zeit die augusteischen Bauten nicht mit der verfeinerten Lebensart in Verbindung bringen, stellt Ovid diesen Bezug her, indem er sie zum Schauplatz für die Begegnung der Geschlechter und Praktizierung veredelter Umgangsformen werden läßt. Freilich schenkt er dem Umfeld nur so viel Aufmerksamkeit, wie es die Realisierung seiner Vorschriften erfordert. Ein anschauliches Beispiel sind seine Weisungen für vorteilhaftes Benehmen bei Gastmählern, die er seiner Schülerschaft in zwei einander ergänzenden geschlechtsspezifischen Versionen unterbreitet.[166] Da ihm daran gelegen ist, Ratschläge für die beiderseitige Annäherung zu erteilen, richtet er sein Augenmerk ausschließlich auf das Verhalten der beteiligten Personen bei Tisch und übergeht den bei solchen Gelegenheiten betriebenen Tafelluxus, der ein charakteristisches Merkmal der urbanen Lebensweise in jener Zeit war. Dagegen greift Horaz dieses Thema wiederholt auf; denn es zählt zu den beliebten Motiven in Satiren.[167]

Wegen des Sujets und Zwecks der Ars amatoria stehen die veredelten Umgangsformen im Zentrum von Ovids Darlegungen zur *urbanitas*; denn von ihnen hängen wesentlich die Realisierung und der Erfolg seiner Lehren ab. Wie ein Vergleich seiner Äußerungen mit den Ausführungen der übrigen augusteischen Dichter zeigt, haben sich in jener Zeit offensichtlich recht homogene Vorstellungen vom angemessenen Verhalten eines kultivierten Städters herausgebildet. So war in ihren Augen das Benehmen dieser Personengruppe vor allem durch Mäßigung, Selbstbeherrschung, das rechte Gespür für das Angemessene, Menschlichkeit, Nachgiebigkeit und Einfallsreichtum gekennzeichnet. Außerdem erwarteten diese Poeten bei gebildeten Stadtbewohnern Interesse für Literatur und intellektuelle Leistungen. Freilich messen sie diesen Eigenschaften einen unterschiedlichen Stellenwert bei. Während Ovid Ingeniosität und mit Ideenreichtum gepaarte, schauspielerische Qualitäten aus den bereits erwähnten Gründen für sehr wichtig erachtet, spielen diese Fähigkeiten in den Werken des Properz, Tibull und Horaz kaum eine Rolle. Vom *praeceptor amoris* abgesehen kommt nur Horaz in seinen Ausführungen zur Erbschleicherei auf die Kunst, sich zu verstellen, zu sprechen.[168] Allerdings apostrophiert er solch ein Gebaren in der für Satiren spezifischen Übertreibung als kalte, am eigenen Nutzen orientierte Berechnung und sieht darin eine Folgeerscheinung der in der augusteischen Zeit überhandnehmenden materialistischen Gesinnung, während Ovid diese Fähigkeiten als Ausfluß von Phantasie und Kreativität, d.h. als Voraussetzung für eine abwechslungsreiche, interessante Gestaltung des sozialen Verkehrs, auffaßt. Weil sich das Benehmen der Liebenden in den Werken des Properz, Tibull und Horaz kaum durch Simulieren und Ideenreichtum auszeichnet,

---

[166] Ov. ars 1,565-602; 3,747-768; dazu siehe ausführlich S. 118ff.
[167] Siehe S. 237ff. mit Belegen.
[168] Hor. sat. 2,5,99-110; dazu siehe auch S. 253.

bleiben bei ihnen die Schattenseiten dieser Eigenschaften, nämlich Unaufrichtigkeit, Heuchelei und sinnentleerte Äußerlichkeiten, Merkmale, die Ovids Vorschriften wegen ihrer Zweckgebundenheit nach sich ziehen, im Hintergrund. Ferner stimmen die Poeten darin überein, daß ein Gentleman bei allen seinen Aktivitäten Maß halten und nicht zu extremen Reaktionen neigen soll. Die Mäßigung prägt außerdem bis zu einem gewissen Grad sein Erscheinungsbild; denn sie bietet neben dem Gefühl für das Angemessene die Gewähr dafür, daß er nicht der Gefahr der Überfeinerung erliegt, indem er bei seiner Körper- und Schönheitspflege Praktiken anwendet, die seinen Habitus unmännlich wirken lassen wie künstlich gekräuselte Haare.[169] Wie Bildnisse von Männer- und Frauenfrisuren aus jener Zeit offenbaren, spiegelt sich in den einschlägigen Äußerungen der augusteischen Dichter der Zeitgeist wider. Bei den Männerporträts sind die Haare „streng stilisiert und begrenzen die Stirn in ausgewogenen Proportionen zum Gesicht - unabhängig vom tatsächlichen Haarwuchs des jeweils Dargestellten."[170] Diese stilisierten Köpfe schmückt in der Regel glattes Haar, nur über der Stirn sind gelegentlich schön geordnete Locken zu erkennen.[171] Der standardisierte Einheitsausdruck, der dem Porträtstil des Herrscherhauses nachgeahmt ist, deutet darauf hin, daß künstliche Locken nicht zum männlichen Schönheitsideal der augusteischen Zeit gehörten. Demnach geben die Dichter in ihren Ausführungen zur Haartracht der Männer die offizielle Sicht dieses Phänomens wieder. Ihre Darlegungen sind nicht nur durch das Thema und das Genus ihrer Werke bedingt, sondern fügen sich auch in den historischen Kontext ein und können als Zeugnis für epochenspezifische Überzeugungen von *urbanitas* dienen. Die Gründe, die in ihrer Ablehnung unmännlicher Praktiken bei der Haarpflege zum Vorschein kommen, nämlich daß ein solches Verhalten einen gravierenden Verstoß gegen die Würde eines Mannes bedeutet,[172] lassen sich ebenfalls anhand der bereits erwähnten Bildnisse aus dem beginnenden Prinzipat verifizieren. Bekanntlich machen die klassisch wohlproportionierten Männerköpfe nach den Ergebnissen der archäologischen Forschung einen standardisierten, würdevoll distanzierten Einheitsausdruck.[173] Somit werden bei der Körper- und Schönheitspflege von Männern nur Aktivitäten akzeptiert, die ihrer *dignitas* nicht abträglich sind, weil sie sich am Gebot des rechten Maßes orientieren.

---

[169] Dazu siehe ausführlich S. 131ff.
[170] P. Zanker, Augustus 292f. Bezeichnenderweise gibt es kaum noch Glatzköpfe unter den frühkaiserzeitlichen Darstellungen.
[171] P. Zanker, Augustus 293.
[172] Ov. ars 1,505-508.
[173] P. Zanker, Augustus 293.

Der Würde, die im Erscheinungsbild und Verhalten eines Mannes zutage tritt, entspricht bei Frauen das Gefühl für das Angemessene, das sie bei der Gestaltung ihres Habitus vor groben Verstößen gegen die Ästhetik und vor einem Benehmen, das nicht mit der üblichen Norm und den traditionellen Werten zu vereinbaren ist, bewahrt. Die Äußerungen der augusteischen Dichter zum Äußeren von Frauen werden wieder teilweise durch archäologische Zeugnisse bestätigt.[174] Ein Vergleich von Ovids Ausführungen zu den weiblichen Frisuren jener Epoche mit bildlichen Darstellungen zeigt, daß er die tatsächliche Mode gebührend berücksichtigt und seine Übersicht weitgehend als verpflichtend gelten kann.[175] Da sich der Poet bei diesem Thema erwartungsgemäß von den tatsächlichen Gegebenheiten leiten läßt, spiegeln sich in seinen Vorschriften erneut die Vorstellungen von einem Teilbereich augusteischer *urbanitas* wider.

Die Übereinstimmungen, die in den Werken der augusteischen Dichter und den archäologischen Zeugnissen bei der Gestaltung des Habitus von Männern und Frauen zutage treten, deuten darauf hin, daß es ästhetische Kriterien von Kunst und Literatur gibt, die ähnliche Vorstellungen von einzelnen Aspekten der *urbanitas* erkennen lassen.[176] So sind die Ausführungen dieser Poeten, daß das Äußere eines Mannes Würde ausstrahlt, wenn er Gespür für das rechte Maß und das Angemessene bei der Wahl von Kleidung, Haartracht und kosmetischen Maßnahmen entwickelt, im großen und ganzen durch bildliche Darstellungen zu verifizieren, wenn man von dem Umstand absieht, daß bei den Porträts der Individualität der jeweiligen Person nicht Rechnung getragen wird. Ähnliche Ergebnisse zeitigt ein Vergleich der Aufmachung der Frauen in der Literatur und Kunst jener Epoche. Dagegen wird in beiden Genera ein wesentlicher Faktor, an dem sich das Erscheinungsbild von Männern und Frauen orientierte, nämlich das Vorbild des Herrschers und der Angehörigen seiner Familie, nicht erfaßt. Demnach teilen die Zeitgenossen nicht mit, daß die Ausgestaltung der verfeinerten Lebensart in der Metropole zumindest in einigen Bereichen dem Einfluß des Machthabers unterlag und von ihm nach ideologischen Gesichtspunkten gelenkt wurde. Ob den Autoren dieser Zusammenhang bewußt war, ist kaum festzustellen; denn dieser Gesichtspunkt spielte für sie aus thematischen Gründen keine Rolle.[177]

---

[174] Die Vergleichsmöglichkeiten sind von vornherein eingeschränkt, weil die Poeten jener Zeit ihre Darlegungen zu den Gewändern der Frauen so allgemein gehalten haben, daß eine eindeutige Identifizierung mit der Kleidung, die aus bildlichen Darstellungen bekannt ist, nicht möglich ist.
[175] Dazu ausführlich S. 139ff. mit Belegen.
[176] Dazu siehe S. 263ff.
[177] Bei Kunstwerken blieb dem Betrachter die Erkenntnis solcher Bezüge vorbehalten.

10. Gemeinsamkeiten zwischen Literatur und Kunst der augusteischen Zeit

Die bereits festgestellten Übereinstimmungen von den Äußerungen der augusteischen Dichter und den archäologischen Zeugnissen deuten darauf hin, daß es einheitliche ästhetische Kriterien und Wertmaßstäbe von Kunst und Literatur gibt, aufgrund deren sie in den geistesgeschichtlichen Kontext dieser Epoche eingeordnet werden können.

In der Literatur und Kunst der augusteischen Zeit, vornehmlich in der Malerei des späten Zweiten Stils spiegelt sich ein gemeinsames ästhetisches Prinzip, nämlich *elegantia*.[1] Dieses Merkmal ist Teil der mondänen Lebensauffassung, die in jener Epoche als allgemeines Unterscheidungsmerkmal der vornehmen Gesellschaft anzusehen ist. In ihre modischen Präferenzen gibt vor allem Ovids Ars amatoria Einblick. Der neue, von *elegantia* geprägte Lebensstil, der den ganzen Menschen bezeichnen kann, äußert sich nach den Lehren des *praeceptor amoris* in zurückhaltendem Auftreten, in einer gepflegten Umgangssprache und exklusiven Accessoires. Ferner wird auch der Wohnraum von *homines urbani* nach diesen Maßstäben gestaltet. *Elegantia* in der Literatur umfaßt drei Aspekte: Feinheit der Struktur und Ausarbeitung, Ironie und Humor, mythologische und ästhetische Bildung.[2] Diese Gesichtspunkte entsprechen den zentralen Begriffen der neoterischen Dichtung *tenuis, lepidus* und *doctus*. Ovid trägt in den Amores, aber auch in der Ars amatoria und den Remedia amoris der Kürze und Feinheit, zwei Merkmalen, in denen sich das Ideal der *tenuitas* manifestiert, Rechnung. In der Regel stehen diese Charakteristika zueinander in Beziehung; denn exakte Feinarbeit ist mit einem geringen Umfang der Werke verknüpft.[3] Diese Präzision der Dichtung führt zur Unterscheidung verschiedener Textebenen wie Inhalt, Metrik und Struktur.[4] Solch eine Komposition stellt hohe Anforderungen an den Leser, konnte er doch derartige Werke nur schätzen, wenn er diese Raffinessen im Detail erkannte. Diese Kriterien liegen in Ovids Ars amatoria offen zutage. Der Dichter behandelt sein Thema in drei Büchern von nicht allzu großer Länge in einer Weise, die den Geboten des Feinen und Eleganten in jeder Hinsicht gerecht wird. Die dem Inhalt adäquate Form des Werkes gibt wichtige Hinweise zu seinem Verständnis.[5] Als Leitgedanken las-

---

[1] Siehe A. Grüner, Venus 170.
[2] A. Grüner, Venus 170.
[3] A. Grüner, Venus 179.
[4] A. Grüner, Venus 179f.
[5] Zur harmonischen Ausgewogenheit der Form von Ovids Werken siehe M. von Albrecht, Literatur I 635ff. Aus der umfangreichen Literatur zu diesem Thema sei hier nur auf A. Crabbe, Structure and Content in Ovid's „Metamorphoses", ANRW II 31.4

sen sich drei Prinzipien feststellen, nach denen der Lehrgang des *praeceptor amoris* aufgebaut ist: 1) vom Äußeren zum Inneren, 2) vom Leichten zum Schweren und 3) vom Unkultivierten zum Kultivierten. Das erste inhaltliche Aufbauprinzip liegt in Ovids Ausführungen zu den Begegnungsstätten der Geschlechter offen zutage. Markiert man die im 1. Buch genannten Örtlichkeiten auf einem Stadtplan und verbindet sie der Reihe nach, ergeben sich vier spiralförmige Kurven.[6] Der zweite Gesichtspunkt kommt vornehmlich in den Darlegungen zur Festigung einer bereits bestehenden Liebesbeziehung im 2. Buch zum Vorschein; denn die Anforderungen an die Leser und Schüler des Dichters nehmen kontinuierlich zu.[7] Der zuletzt genannte Aspekt ist der Leitgedanke des ganzen Werkes, der in 3,113-128 gewürdigt wird.[8]

Vom kunstvollen Aufbau des Werkes zeugt der Umstand, daß Ovid „bei der Darstellung seines Gegenstandes den Kontext in exakte zahlenmäßige Proportionen aufteilt."[9] Diese Feststellung sei an folgendem Beispiel verdeutlicht: Wenn man aus der Ars amatoria und den Remedia amoris den eigentlichen Lehrtext herausnimmt und ihn mit den „Einschüben", d.h. den Proömien, Epilogen, Exempla und Selbstzeugnissen, vergleicht, ergibt sich ein Verhältnis von drei zu zwei. Stellt man den längsten fortlaufenden Lehrtext[10] dem längsten Exkurs[11] gegenüber, kommt man zum gleichen Ergebnis.[12] Weitere Beobachtungen bestätigen, daß die Zahl drei in der Ars amatoria eine wichtige Rolle spielt und zugleich Symmetrie in ihrem Aufbau bewirkt. Im 1. Buch verteilt der Dichter die sechs Schritte der Annäherung an eine junge Frau auf neun seiner zwölf Anweisungen. Zunächst entfallen zwei Lehren (1.-6.) auf je einen Schritt der Fühlungnahme. Danach deckt sich je eine Vorschrift (7.-9.) mit einem weiteren Schritt der Aufnahme von Kontakten, damit die gesteigerte Dynamik zutage kommt. In den beiden Teilen des 2. Buches werden drei Themen in drei Unterkapiteln behandelt. Die beiden Teile des 3. Buches sind schließlich in neun Unterweisungen untergliedert.[13] Diese Mannigfaltigkeit in der formalen Anlage des Werkes wird mit Hilfe der durchgängigen Anordnung in Dreiergruppen zusammengehalten. So entspricht die formale Vielfalt der Buntheit des dargebotenen

---

(1981) 2274-2327 und L. Braun, Kompositionskunst in Ovids 'Fasti', ebd. 2344-2375 jeweils mit weiterer Literatur verwiesen.

[6] Ov. ars 1,67-170 (neun Orte). 255-262 (zwei Orte); dazu ausführlich mit Abbildungen K. Weisert, Aufbau 6.
[7] K. Weisert, Aufbau 7.
[8] K. Weisert, Aufbau 7.
[9] K. Weisert, Aufbau 1.
[10] Ov. ars 2,251-340.
[11] Ov. ars 2,21-98.
[12] K. Weisert, Aufbau 1.
[13] Zu diesen Aspekten der Struktur der Ars amatoria ausführlich K. Weisert, Aufbau 2ff.

Inhalts, die strenge Gliederung dem lehrhaften Charakter.[14] Weitere Elemente, die auf Sublimierung hinweisen, sind kunstvolle sprachlich-gedankliche Verknüpfungen, Ringkomposition und Analogien von metrischen und inhaltlichen Elementen.[15]

Mit der kleinen Form geht der Anspruch einher, das Detail stärker als bisher zu berücksichtigen. Neben raffinierter Struktur und Verskomposition wurden strenge Maßstäbe an Wortwahl, Ausdruck und Stoff gelegt.[16] Ovids Anweisungen zum angemessenen Umgangston im sozialen Verkehr der Geschlechter lassen erkennen, daß er sich dieser Anforderungen sehr wohl bewußt war; denn er stellt diese Gesichtspunkte in das Zentrum seiner Betrachtungen. Wie bereits an anderer Stelle dargelegt wurde, empfiehlt der *praeceptor amoris* seiner Schülerschaft, sich einer Redeweise zu befleißigen, die den Eindruck von Natürlichkeit erzielt, weil sie sich durch situationsgemäße Verwendung von gängigem Vokabular, angenehme Intonation und einen schlichten Stil auszeichnet.[17] Horaz teilt diese Auffassung, indem er das Postulat der sorgfältigen Wortwahl im Adjektiv *tenuis* subsumiert: *in verbis etiam tenuis cautusque serendis / hoc amet, hoc spernat promissi carminis auctor.*[18]

Tenuitas ist auch ein wesentliches Merkmal des späten Zweiten und vor allem des Dritten Stils. Sie kommt vornehmlich in der „Verschlankung" von Architekturelementen, d.h. der Reduktion der gebauten Masse, zum Vorschein.[19] Besonders der überschlanke hohe Lampenständer mit seinen stangenartigen Proportionen entspricht diesem ästhetischen Primat der Zeit; denn er paßt optimal zum Kult des Feinen und Eleganten, der auch die Wandmalerei beherrscht.[20] Demnach hat die zeitgenössische Dichtungskonzeption in der Verringerung der architektonischen Masse ihre augenfälligste Parallele. Dichter und Maler waren bestrebt, den monumentalisierenden Stil der Vergangenheit in den Hintergrund zu drängen und die Eleganz des Kleinen und Raffinierten an die Stelle von Größe und Schwulst zu setzen.[21] Ein glänzendes Zeugnis dieses übergreifenden ästhetischen Prinzips ist die ausgeklügelte, aber zurückhaltende Dekoration der

---

[14] K. Weisert, Aufbau 5.
[15] Dazu A. Lüderitz, Aufbau 8ff. mit Belegen.
[16] A. Grüner, Venus 179. Vgl. Hor. ars 289ff. zum Zeitaufwand für die Korrektur solcher Gedichte.
[17] Dazu eingehend S. 260ff.
[18] Hor. ars 46. 45 (An dieser Stelle wurde die in den Handschriften überlieferte Anordnung der Verse umgekehrt). Ähnliche Ansicht: Vitr. 7,5,4 bei der Beschreibung des späten Zweiten Stils. Vgl. A. Grüner, Venus 181.
[19] A. Grüner, Venus 171.
[20] A. Grüner, Venus 172.
[21] A. Grüner, Venus 178.

Privathäuser, in der kleinformatige Bilder und eine minutiöse Ornamentik dominieren.[22]

Ein weiterer obligater Bestandteil von *elegantia* und *urbanitas* war das ironische Spiel mit Personen und Gegebenheiten. Eleganter Humor zeichnete den lockeren, mondänen Umgangston der vornehmen Gesellschaft der augusteischen Zeit aus.[23] Das beste Beispiel, in welch lässiger Form sich Römer von Stand im privaten Bereich unterhielten,[24] gibt der Herrscher selbst, wenn er Horaz in seinen Briefen als „reinsten Schwanz" und „wahnsinnig witzigen Typ" bezeichnet: *praeterea saepe eum inter alios iocos purissimum penem et homuncionem lepidissimum appellat.*[25] Außerdem vergleicht er in einem Schreiben ironisch die Dickleibigkeit dieses Dichters mit dessen dünnen Gedichtbänden: '*vereri autem mihi videris ne maiores libelli tui sint, quam ipse es; sed tibi statura deest, corpusculum non deest. itaque licebit in sextariolo scribas, ut circuitus voluminis tui sit ὀγκωδέστατος, sicut est ventriculi tui.*'[26] Humorvoll gestaltete sich auch der persönliche Umgang. Nach einem Zeugnis Suetons verfaßte Augustus bei einem Essen aus dem Stegreif einige griechische Verse und fragte Thrasyllus, einen Begleiter des Tiberius, von wem sie seien. Als er verlegen wurde und ihre Qualität pries, lachte der Machthaber schallend und erging sich in spöttischen Reden.[27] Ferner zeigt die Schilderung des Gastmahls beim reichen Nasidienus in den Satiren des Horaz, wie schnell man in den besten Kreisen zur Zielscheibe des Spotts wurde, wenn man den ironischen Unterton eines Gesprächs nicht verstand.[28] Solch eine Ironie kommt in den Reaktionen und Kommentaren von Nomentanus, Varius und Balatro auf den Einsturz eines Baldachins, der eine Schüssel unter sich begrub, in aller Deutlichkeit zum Vorschein;[29] denn die Äußerungen des Nomentanus und Balatro, die dieses Mißgeschick als Walten der Fortuna hinstellen, sind in Wirklichkeit nicht ernst gemeint.

Diesen Ton pflegten auch die Elegiker der augusteischen Zeit, die in die Fußstapfen der Neoteriker traten, um ihren eigenen literarischen und politischen Standort zum Ausdruck zu bringen und zugleich die konservativen, moralisierenden Vertreter des Senatorenstandes mit feinem Humor und Ironie zu konterkarieren.[30] Er war oftmals provokativ und mit der republikanischen *gravitas* nicht zu vereinbaren. Da die machtpolitisch orientierten Wertmaßstäbe der Se-

---

[22] A. Grüner, Venus 181. 184.
[23] A. Grüner, Venus 206.
[24] K. Galinsky, Augustan Culture 196f.
[25] Suet. vita Hor. p. 45sq.; dazu A. Grüner, Venus 206.
[26] Suet. vita Hor. p. 47.
[27] Suet. Aug. 98,4. Zu solchen Stegreifdichtungen E. Stein-Hölkeskamp, Gastmahl 235.
[28] Hor. sat. 2,8.
[29] Hor. sat. 2,8,59ff.
[30] A. Grüner, Venus 207.

natsaristokratie in den letzten Jahrzehnten der Republik in den Oberschichten an Attraktivität einbüßten und sich die Ideale des Raffinements und des Intimen zunehmend verbreiteten, war der Humor nicht nur in der Dichtung, sondern auch in der Wandmalerei zu finden. Da er im Zeichen des Privaten stand, war das Sujet nicht mehr die Gesellschaft und das Verhalten des einzelnen in ihr, sondern die Liebe. Wegen seiner Subtilität kommt der Humor nicht auf den ersten Blick zur Geltung und kann leicht übersehen werden. Demnach schlägt sich in Humor und Ironie das intellektuelle Niveau der augusteischen Poesie nieder.

Diese Qualitäten zeichnen Ovids Werke in hohem Maße aus; denn der Dichter teilte die in den rhetorischen Schriften vertretene Überzeugung, daß ein Redner seine Zuhörer nur bewegen kann, wenn er neben Bildung, Schlagfertigkeit und Kürze über Charme, Witz, Anmut und Eleganz verfügt.[31] Besonders wichtig ist der feine Witz; wird doch damit die Rede wie mit einer Prise Salz gewürzt und verfeinert.[32] Freilich läßt sich der für die Metropole charakteristische Humor nicht genau definieren, weil Cicero und seine Zeitgenossen ihn nicht präzise beschreiben. Sie verstanden darunter wohl den Eindruck, den er bei anderen hervorrief, und den Inhalt der heiteren Bemerkung.[33] C. Iulius Caesar Strabo unterscheidet im zweiten Buch von Ciceros De oratore zwei Arten des Humors: die eine gründet sich auf den ganzen Stil der Rede und ist Ausfluß der Persönlichkeit, des Talentes und glücklicher Umstände, die andere beruht auf der Schlagfertigkeit der Formulierung und zeugt von Inspiration und Improvisation.[34] Somit ist feiner Witz mit der Reflexion eines *homo urbanus* über das Verhalten und Äußere anderer gleichzusetzen. Dagegen kann die Ironie, ein Element des stadtrömischen Humors, nicht eindeutig bestimmt werden; ihr wichtigstes Merkmal ist, daß man in der ganzen Rede Ernst vorgibt, während man das Gegenteil meint.[35]

---

[31] Cic. de orat. 1,17: *accedat eodem oportet lepos quidam facetiaeque et eruditio libero digna celeritasque et brevitas et respondendi et lacessendi subtili venustate atque urbanitate coniuncta.*

[32] Cic. de orat. 1,159.

[33] Cic. off. 1,104: *duplex omnino est iocandi genus, unum inliberale petulans flagitiosum obscenum, alterum elegans urbanum ingeniosum facetum ...;* vgl. Cic. Cael. 6.

[34] Cic. de orat. 2,220: *non enim fere quisquam reperietur praeter hunc in utroque genere leporis excellens: et illo, quod in perpetuitate sermonis, et hoc, quod in celeritate atque dicto est;* dazu E. Rabbie, Witz 8ff.

[35] Cic. de orat. 2,269f.: *urbana etiam dissimulatio est, cum alia dicuntur ac sentias, non illo genere, de quo ante dixi, cum contraria dicas, ut Lamiae Crassus, sed cum toto genere orationis severe ludas, cum aliter sentias ac loquare ... genus est perelegans et cum gravitate salsum cumque oratoriis dictionibus tum urbanis sermonibus accomodatum;* dazu E. Rabbie, Witz 143ff.; E.S. Ramage, Urbanitas 58. Über diese Qualitäten verfügte Ciceros Zeitgenosse Valerius Cato, auch wenn er sich offensichtlich nicht der Ironie bediente (Quint. inst. 6,3,105). Sein auf Bonmots liegender Schwerpunkt läßt er-

Dem sublimierten Humor widmet sich Domitius Marsus ferner in seiner verlorenen Schrift über die *urbanitas*.[36] Der Autor versteht unter *urbanitas* eine kurze sprachliche Äußerung in gedrängter Form, die sämtliche Gemütsbewegungen hervorruft. Sie ist die einem bündigen Ausdruck inhärente Kraft, einen Sachverhalt pointiert zusammenzufassen, zu unterstreichen und zu illustrieren, indem die Aufmerksamkeit des Lesers durch Feinheit und Sorgfalt des Gedankens und Stils gefesselt wird.[37] Sie ist bei den *dicta* zu finden, die mit den *sententiae* verwandt, aber im Gegensatz zu diesen typisch stadtrömisch sind. Nach den Ausführungen des Horaz schließlich sind Kürze und der Wechsel zwischen ernstem und heiterem Ausdruck sowie zwischen dem leichten Ton des Weltmannes und dem erhabenen Schwung des Redners oder Dichters die herausragenden Merkmale des Humors in der Satire.[38] In diesen theoretischen Äußerungen aus den letzten Jahrzehnten der Republik und des frühen Prinzipates werden Humor und Ironie zwar erklärt, doch nicht voneinander abgegrenzt. Solch einen Versuch unternimmt A. Haury.[39] Seiner Meinung nach ist Humor an der Selbstironie, an der Kommunikation als paradoxer Haltung, an der bildhaften affektiven Sprache, an seiner Gelöstheit und an Urteilen, die längere Zeit in der Schwebe bleiben, zu erkennen. Er unterscheidet davon antithetisch die Ironie, die sich durch Kürze, Abstraktion und Gespanntheit auszeichnet und sich darin gefällt, den anderen durch das Absurde zu widerlegen. Durch diese Definition engt A. Haury den Humorbegriff zu sehr ein; hinzu kommt, daß beide Ausdrücke manchmal nicht streng gegensätzlich sind, sondern eng miteinander verflochten sind.[40] Nach M. von Albrecht ist Humor umfassender als Ironie und reicht in größere Höhen und Tiefen als sie. Er bezeichnet eine bestimmte seelische Grundverfassung des ganzen Menschen, während die Ironie eine in ver-

---

[36] kennen, daß es ihm nicht um eine allgemeine Verfeinerung des Humors, sondern um kurze, witzige Bemerkungen, wie man sie von einem gebildeten Städter erwartete, ging. Quint. inst. 6,3,104: '*urbanitas est virtus quaedam in breve dictum coacta et apta ad delectandos movendosque homines in omnem adfectum animi, maxime idonea ad resistendum vel lacessendum, prout quaeque res ac persona desiderat*'.

[37] E.S. Ramage, Urbanitas 105.

[38] Hor. sat. 1,10,9-15: *est brevitate opus, ut currat sententia neu se / inpediat verbis lassas onerantibus auris, / et sermone opus est modo tristi, saepe iocoso, / defendente vicem modo rhetoris atque poetae, / interdum urbani, parcentis viribus atque / extenuantis eas consulto. ridiculum acri / fortius et melius magnas plerumque secat res.* Horaz kehrt an dieser Stelle einen dreifachen Kontrast zwischen *tristi ... iocoso, rhetoris ... poetae / urbani ... consulto* und *ridiculum acri* hervor. Zu diesen Versen siehe Horace. Satires I with an Introduction, Text, Translation and Commentary by P.M. Brown, Warminster 1995, 184f.

[39] A. Haury, L'ironie et l'humour chez Cicéron, Leiden 1955, bes. 64f.

[40] Dazu M. von Albrecht, Ovids Humor 408.

schiedenster Disposition mögliche Form des Denkens und Ausdrucks ist.[41] Demnach ist Humor eine Eigenschaft, die zu einem Menschen gehört, eine innere Haltung,[42] Ironie eine Stimmung, die das ganze Werk eines Autors durchzieht.[43]

Ovid vervollkommnet die Eleganz seiner Poesie, indem er die Feinheit der Struktur und Ausarbeitung durch Humor und Ironie abrundet. Die zuerst genannte Eigenschaft, deren Verwendung an einigen repräsentativen Beispielen exemplarisch verdeutlicht werden soll, schlägt sich im Wortschatz, in den Bildern, Anspielungen und Kommentaren des Dichters nieder.[44] Der Humor im Wortschatz tritt vor allem im Gebrauch von Synonymen, die sich einem Wortfeld zuordnen lassen, in Wortspielereien bzw. dem Spiel mit Worten und Wortwiederholungen zutage.[45] Wortspiele bieten dem Poeten vielfältige Möglichkeiten, seinen Lesern seinen feinen Witz zu demonstrieren; denn die Verwendung eines Begriffes in zwei Bedeutungen oder von Synonymen in verschiedenem Sinn ruft wegen der doppelten Konnotation eines Wortes unerwartete Effekte hervor. Diese Wirkung macht sich der *praeceptor amoris* in folgenden Versen zunutze:

pauperibus vates ego sum, quia pauper amavi;
cum dare non possem munera, verba dabam.[46]

Die Phrase *verba dare*, die der Wendung *munera dare* entspricht, hat nicht nur den Sinn „jemanden mit Worten abfinden", sondern auch „verführen, betören". An dieser Stelle rät der Dichter allen nicht mit Glücksgütern gesegneten jungen Männern, die Geliebte nicht mit teuren Geschenken, sondern mit Komplimenten zu beglücken, weil sie nichts kosten. Mit Hilfe dieses Wortspiels verdreht er die Hierarchie von Präsenten: Eine unentgeltliche Gabe kann solch einen Effekt erzielen, daß die Empfängerin dafür auf wertvolle Mitbringsel verzichtet.[47] Auch

---

[41] M. von Albrecht, Ovids Humor 409.
[42] M. Amann, Komik 12; vgl. E. Schüttpelz, Humor 86.
[43] Auf diese Weise definiert M. Amann, Komik 14 die literarische oder romantische Ironie. Beim Stichwort Ironie denkt man wohl am ehesten an die rhetorische Ironie, d.h. die Redefigur, bei der das Gegenteil des eigentlichen Wortlauts zum Ausdruck kommt. Zu weiteren Bedeutungen dieses Begriffs siehe ebd. 13f. mit weiterer Literatur; vgl. E. Behler, Ironie 623.
[44] Zu diesem Thema siehe vor allem E. Doblhofer, Philologus 104, 1960, 63-91. 223-235; M. von Albrecht, Ovids Humor 405-437; J.-M. Frécaut, Esprit 27-171; vgl. E. Zinn, Gymnasium 67, 1960, 41-56. 152-155; E. de Saint-Denis, Essais bes. 209ff.
[45] J.-M. Frécaut, Esprit 27-58.
[46] Ov. ars 2,165f.; vgl. J.-M. Frécaut, Esprit 28.
[47] Ähnlich: Ov. epist. 21,121.

an den durchaus gängigen Vergleich der verehrten Dame mit einer Göttin[48] knüpft Ovid ein Wortspiel an, das einen ausgesprochen burlesken Effekt hat. Nachdem er die Geliebte geschlagen hat, stellt er von Gewissensbissen geplagt folgende Verbindung zwischen dem Tydiden Diomedes, der Aphrodite vor Troja verwundet haben soll,[49] und sich her: *ille deam primus perculit; alter ego*.[50] Außerdem dienen Wortspielereien der Überdeckung von Obszönitäten. Ein besonders schönes Beispiel dieses Gebrauchs findet sich am Anfang des 3. Buches der Ars amatoria, als Ovid die Unterweisung der Frauen mit den Worten *non erat armatis aequum concurrere nudas* begründet.[51] Demnach verfaßt er nachträglich Anleitungen für die Damen, um sie nicht schutzlos den Herren, die bereits Instruktionen erhalten haben, preiszugeben. In diesem Vers haben die Wörter *nudae* und *armati*[52] jeweils eine doppelte Bedeutung. Die eigentliche hat einen obszönen Sinn, der durch die übertragene kaschiert und sublimiert wird.[53] Mitunter erschöpft sich diese Ausdrucksform des Humors nicht in der Erzielung komischer Effekte, sondern läßt auch eine tiefere Wahrheit oder ein echtes Gefühl durchscheinen. So spielt Ovid mit dem Satz *aurea sunt vere nunc saecula*[54] vordergründig auf die reichliche Verwendung von Gold für die Bauten in augusteischer Zeit an, in Wirklichkeit aber prangert er die Wertschätzung an, die dieses Edelmetall in jener Epoche genießt und die alles käuflich werden läßt.[55] In einzelnen Fällen können Wortspiele zu einer Antithese, Pointe oder Metapher führen. Agamemnon betrog seine Frau Clytaemnestra mit der von ihm als Kriegsbeute mitgebrachten Cassandra und wurde dadurch vom Sieger zu ihrer Beute: *victor erat praedae praeda pudenda suae*.[56] Dadurch, daß *praeda* auf beide Personen bezogen wird, entsteht eine Antithese, die durch das mit einer Alliteration gepaarte Polyptoton unterstrichen wird. Wie der Hexameter *spectatum veniunt, veniunt spectentur ut ipsae*[57] beweist, gestaltet der Dichter Verse gelegentlich sehr kunstvoll, indem er mehrere Figuren, die für den der *urbanitas* inhärenten Humor typisch sind, miteinander kombiniert: Zunächst fällt die Ge-

---

[48] Z.B. Catull. 68,67ff. Zur erotischen Deifikation in der griechischen und lateinischen Literatur siehe G. Lieberg, Puella divina. Die Gestalt der göttlichen Geliebten bei Catull im Zusammenhang der antiken Dichtung, Amsterdam 1962, 13ff. mit weiteren Belegen.
[49] Hom. Il. 5,334ff.
[50] Ov. am. 1,7,32. Ähnlich: Ov. epist. 18,65-74. 169f.
[51] Ov. ars 3,5.
[52] Zum doppelten Sinn von *armatus* siehe Ov. am. 1,9,25f.; Petron. 91.
[53] Weitere Beispiele dieser Art: Ov. am. 1,9,25f.; 2,14,21; 3,10,35f.; Ov. ars 3,709f.
[54] Ov. ars 2,277.
[55] Ov. ars 2,277f. Weitere Beispiele: Ov. am. 2,2,15f. 4,19f.; Ov. epist. 13,37f.; 21,143f.; Ov. met. 11,442f.; Ov. Pont. 3,1,7-10; Ov. trist. 4,3,14.
[56] Ov. ars 2,406. Ähnlich: Ov. ars 1,310; Ov. met. 3,415; Ov. epist. 10,49f.
[57] Ov. ars 1,99; vgl. J.-M. Frécaut, Esprit 48.

minatio *veniunt* auf; außerdem entsteht durch das Polyptoton *spectatum* und *spectentur* eine Antithese; schließlich wird der doppelte Zweck, aus dem Frauen sich in solchen Anlagen sehen lassen, durch die chiastische Wortstellung hervorgekehrt.[58]

Humor kann ferner in den Bildern, zu denen die verschiedenen Typen des Vergleichs, sprichwörtliche Ausdrücke und Metaphern zählen, enthalten sein.[59] Gegenüberstellungen werden aus ästhetischen Gründen in poetische Werke eingefügt, schaffen eine bestimmte Aura und erzielen unter Umständen eine komische, burleske oder humoristische Wirkung.[60] Witzige Effekte werden durch die Entsprechung zweier ähnlich gelagerter Fälle[61] oder durch Gleichartigkeit, die mit Doppeldeutigkeit einhergeht, hervorgerufen.[62] Die belustigenden Überraschungsmomente von Vergleichen, die sich aus unerwarteten Bezügen ergeben, macht sich Ovid zunutze, wenn er eine problemlose Liebe zu einer süßen Speise, die dem Magen schadet, in Beziehung setzt, und daraus den unerwarteten Schluß zieht, daß ihm solch eine Affäre Verdruß bereitet: *pinguis amor nimiumque patens in taedia nobis / vertitur et, stomacho dulcis ut esca, nocet.*[63] In dieser Bemerkung tritt die Auffassung zutage, daß nur ein Liebesverhältnis, in dem zunächst Hindernisse aller Art überwunden werden müssen, für ihn reizvoll ist, weil es eine Herausforderung bedeutet. Humor kommt für gebildete Leser außerdem zustande, wenn der Dichter Motive aus anderen literarischen Gattungen, vornehmlich Epos und Tragödie, in einen neuen Kontext, seine Elegien, einfügt. Zu diesem Zweck werden häufig Anleihen bei den Epen Homers und Vergils gemacht. Nach der Darstellung Ovids ist das Herz der Liebenden dem Ansturm zahlreicher Künste wie schöner Worte, falscher Beteuerungen und Tränen ausgesetzt wie ein Fels, der ringsum von der Brandung umgeben ist:[64] *artibus innumeris mens oppugnatur amantum, / ut lapis aequoreis undique pulsus aquis.*[65] In diesem Bild veranschaulicht der Dichter treffend die Schwierigkeiten, die aus ständigem Bedrängtwerden resultieren, und deutet sie als Naturgewalt, der sich ein Mensch nur bedingt widersetzen kann. In manchen Fällen sind

---

[58] Ähnlich: Ov. am. 2,5,43: *spectabat terram: terram spectare decebat.* Weitere Beispiele: Ov. met. 5,483; 6,273. 376; Ov. am. 3,9(8),1; Ov. rem. 807; Ov. epist. 8,75; Ov. Pont. 1,2,57. Zu weiteren Formen von Wortspielereien siehe J.-M. Frécaut, Esprit 27-58.

[59] Zu den Bildern siehe J.-M. Frécaut, Esprit 59-93; zu Metaphern auch P. Hardie, Ovid's Poetics 228ff.

[60] Zur Wirkung poetischer Vergleiche siehe Cic. de orat. 2,265.

[61] Cic. de orat. 2,265; dazu E. Rabbie, Witz 125ff.

[62] Quint. inst. 6,3,62; dazu siehe J.-M. Frécaut, Esprit 60; vgl. H. Bardon, L'obstacle: métaphore et comparaison en latin, Latomus 23, 1964, 3ff.

[63] Ov. am. 2,19(20),25f.

[64] Hom. Il. 15,618f.; Apoll. Rhod. 3,1293ff.; Verg. Aen. 7,586f.; 10,693f.

[65] Ov. rem. 691f.

sprichwörtliche Wendungen eng mit Vergleichen verbunden. So setzt der *praeceptor amoris* in ernstem Ton die vielfältigen Ausdrucksformen der Liebesqualen zur großen Zahl der Hasen, die auf dem Athos grasen, der Bienen, die in Hybla schwärmen, der Beeren, die der Ölbaum der Pallas trägt, und der Muscheln, die am Strand liegen, in Beziehung und erzeugt Komik, indem er in burlesker Weise das Konkrete mit dem Abstrakten mischt: *quot lepores in Atho, quot apes pascuntur in Hybla, / caerula quot bacas Palladis arbor habet, / litore quot conchae, tot sunt in amore dolores.*[66] Daß Metaphern gelegentlich auch komische Kontraste bewirken, zeigen Ovids Ausführungen zum Lob der Zivilisation, wenn er die guten Erträge, die Ackerland und Weinstöcke aufgrund von sorgfältiger Pflege erzielen, mit dem Erfolg kultivierter Frauen bei Männern in Verbindung bringt und obendrein einen „parodistischen Seitenblick"[67] auf Vergils Georgica wirft: *ordior a cultu: cultis bene Liber ab uvis / provenit, et culto stat seges alta solo.*[68]

Weiterhin tritt Humor in Anspielungen zutage;[69] beabsichtigt ein Autor doch, mit dem Gesagten noch etwas anderes zum Ausdruck zu bringen.[70] Ein schönes Beispiel dieser Vorgehensweise findet sich in einer Passage aus der Ars amatoria, in welcher der *praeceptor amoris* die Frauen mit einem unerschöpflichen Schatz vergleicht, über den die Männer ungeniert verfügen können:

ite per exemplum, genus o mortale, dearum,
  gaudia nec cupidis vestra negate viris.
ut iam decipiant, quid perditis? omnia constant;
  mille licet sumant, deperit inde nihil.[71]

In diesen Versen parodiert Ovid mit der Formulierung *omnia constant; mille licet sumant, deperit inde nihil* die Rechtssprache. Durch diese witzige Parallele

---

[66] Ov. ars 2,517-519. Weitere Beispiele: Ov. ars 1,57-59. 93-97; Ov. am. 2,10(11),13f. 19(20),31f. 45f.; 3,2,33f.; Ov. epist. 7,37-40; 10,107-110. 131f.; Ov. met. 14,757f.; Ov. trist. 3,11,3f.; 5,6,37-41; Ov. Pont. 4,10,3f.; dazu J.-M. Frécaut, Esprit 69ff.
[67] M. Steudel, Literaturparodie 107.
[68] Ov. ars 3,101f.; vgl. Verg. georg. 2,35ff.; dazu siehe auch S. 135 mit Literatur. Weitere Beispiele: Ov. ars 2,322. 513. 667f.; 3,81f. 562; Ov. epist. 17,263; 20,143f.; Ov. am. 1,3,15; 2,19(20),57; Ov. met. 11,188f. 190-192; dazu J.-M. Frécaut, Esprit 78ff.
[69] J.-M. Frécaut, Esprit 95-134.
[70] Cic. de orat. 2,268: *arguta etiam significatio est, cum parva re et saepe verbo res obscura et latens inlustratur*; dazu E. Rabbie, Witz 137ff.
[71] Ov. ars 3,87-90; dazu J.-M. Frécaut, Esprit 109f. Diese Verse bringt P. Brandt, De Arte amatoria 140 mit dem dritten Gedicht der Priapeen in Verbindung. Solche Bezüge wurden schon in der Antike festgestellt; denn Seneca weist diesen Text Ovid zu (Sen. contr. 1,2,22). Siehe V. Buchheit, Studien zum Corpus Priapeorum. Zetemata 28, München 1962, 14ff.

unterstreicht er die Rechtmäßigkeit des Handelns der Männer: Da sie den Frauen keine sichtbaren Schäden zufügen, gibt es nach Meinung Ovids keinen Grund für Klagen und Beanstandungen.[72] Besonders reizvoll für den Leser sind die literarischen Anspielungen; denn sie bereiten ihm beim Aufspüren intellektuelles Vergnügen und rufen zudem unerwartete Effekte hervor.[73] Da auf diese Weise oft eine komische Wirkung entsteht, bedient sich Ovid häufig solcher Beziehungen zweier Texte. So schließt er der Schilderung des isolierten Lebens der Urmenschen das Motiv der *voluptas* an, die Mann und Frau vereint und als „gesellschaftsbildende und kulturfördernde Kraft"[74] anzusehen ist: *blanda truces animos fertur mollisse voluptas: / constiterant uno femina virque loco.*[75] An dieser Stelle setzt sich der *praeceptor amoris* mit dem Lehrgedicht De rerum natura des Lukrez auseinander[76] und distanziert sich obendrein ironisch von ihm.[77] In Vers 477 imitiert er Lukrez zunächst wörtlich, indem er die Lust ebenfalls mit den Worten *blanda voluptas* bezeichnet.[78] Durch den Gebrauch dieser Wendung macht er seinen Lesern deutlich, daß die Lust bei ihm die Urmenschen „besänftigt", wie sie bei Lukrez den Schmerz vergessen läßt. Außerdem setzt sich Ovid noch mit einem weiteren Abschnitt aus De rerum natura auseinander, „der sich als Hauptbezugspunkt erweisen wird."[79] In diesen Versen führt Lukrez ein neues Stadium in der Entwicklung der Menschheit ein, den Beginn der Zivilisation:

inde casas postquam ac pellis ignemque pararunt
et mulier coniuncta viro concessit in unum
...

cognita sunt, prolemque ex se videre creatam,
tum genus humanum primum mollescere coepit.
...

---

[72] Weitere Beispiele: Ov. ars 1,8. 130; 2,576; Ov. am. 3,2,35f. 83f. 7(6),41f.; Ov. rem. 589; 789f.; Ov. epist. 13,75f.; Ov. met. 11,113f. 116f.; 14,268-270; Ov. fast. 1,201; 3,103f.; Ov. trist. 5,4,29f.; dazu J.-M. Frécaut, Esprit 104ff.

[73] Solch eine Wirkung schreibt Cicero besonders einem Vers oder Versteil zu, der unverändert oder leicht abgewandelt in einen Prosatext eingefügt wird (Cic. de orat. 2,257: *saepe etiam versus facete interponitur, vel ut est vel paululum immutatus, aut aliqua pars versus*). Zu literarischen Anspielungen siehe J.-M. Frécaut, Esprit 114ff.

[74] M. Steudel, Literaturparodie 48.

[75] Ov. ars 2,477f.; dazu M. Steudel, Literaturparodie 47f.

[76] H. Fränkel, Ovid 203 Anm. 30; J. Krókowski, Eos 53, 1963, 148; J.-M. Frécaut, Esprit 128; S.A. Schlueter, Studies 105f.; G. Sommariva, A&R N.S. 25, 1980, 142ff.; P.A. Watson, Latomus 43, 1984, 391f.; M. Myerowitz, Games 50ff.; M. Steudel, Literaturparodie 48.

[77] B. Effe, Dichtung 243 Anm. 8.

[78] Lucr. 4,1085: *blandaque refrenat morsus admixta voluptas.*

[79] M. Steudel, Literaturparodie 48.

> *et Venus inminuit viris puerique parentum*
> *blanditiis facile ingenium fregere superbum.*[80]

Nach seiner Darstellung verloren die Menschen ihre Härte, als sie begannen, in Hütten zu leben, Felle und Feuer zu verwenden, Ehen zu schließen und Nachwuchs großzuziehen. Ovid greift mit den Worten *truces animos* zunächst das Motiv des unzivilisierten Urmenschen auf, wie ihn Lukrez in seinem Werk schildert. Ferner nimmt er durch das Verb *mollisse* auf *mollescere* bei Lukrez Bezug und geht auf die „Besänftigung" des Urmenschen in der gerade zitierten Passage aus De rerum natura ein, wobei er *blanda voluptas* pointiert mit einer lukrezischen Wendung einführt. Im Gegensatz zu Lukrez, bei dem die Lust nur im Zusammenhang mit Ehe und Familie als einer von mehreren zivilisierenden Faktoren fungiert,[81] avanciert sie bei Ovid zur einzigen zivilisierenden Instanz[82] und nimmt dadurch eine zentrale Stellung ein. Die unterschiedliche Einstellung der Dichter zu *voluptas* kommt in der verschiedenen Wortwahl deutlich zum Vorschein. Während *mollescere* bei Lukrez eine negative Konnotation, nämlich körperliche Schwäche, aufweist, hat *mollisse* bei Ovid einen positiveren Klang und bedeutet „sanft werden." Vers 478, in dem Ovid *voluptas* erneut von den Faktoren, die bei Lukrez den Ausschlag für die Zivilisation geben,[83] isoliert, dient der Erläuterung des vorhergehenden Hexameters: In den Augen des *praeceptor amoris* zivilisiert die durch diese Eigenschaft motivierte Vereinigung von Mann und Frau die Menschen. Die von Ovid in Vers 477 vorgebrachte Behauptung wird durch eine andere Passage aus Lukrez weiter verdeutlicht:

> *et Venus in silvis iungebat corpora amantum;*
> *conciliabat enim vel mutua quamque cupido*
> *vel violenta viri vis atque inpensa libido*
> *vel pretium, glandes atque arbita vel pira lecta.*[84]

Sieht man in Lucr. 5,962ff. und 1012 die Vorbilder für Ov. ars 2,478, erhebt der Liebeslehrer gerade das Verhalten, das Lukrez als primitiven Urzustand des Menschen apostrophiert, zum Handeln, das Zivilisation bewirkt.[85] Außerdem wertet er die Lust auf, indem er seine gesamte Kosmogonie und Kulturentste-

---

[80] Lucr. 5,1011-1018.
[81] Lucr. 5,1011ff.
[82] Vgl. Ov. fast. 4,107-114 (*voluptas* bewirkt die *artes*). Nach dieser Auffassung schafft die Liebe die höhere Zivilisation. Dazu H. Fränkel, Ovid 203 Anm. 31; vgl. H. Zabulis, Klio 67, 1985, 190; M. Myerowitz, Games 50.
[83] Lucr. 5,1011ff.
[84] Lucr. 5,962-965.
[85] P.A. Watson, Latomus 43, 1984, 391; M. Steudel, Literaturparodie 50f.

hung in sie münden läßt. Während *voluptas* für Lukrez nur im Zusammenhang mit Ehe und Familie zivilisatorische Wirkung entfaltet, allein aber den primitiven Zustand des Menschen kennzeichnet, wird sie bei Ovid zum alleinigen Zivilisationsfaktor. Da der *praeceptor amoris* Ehe und Familie in seinem Werk nicht erwähnt, wertet er diese Institutionen dadurch möglicherweise ab. Durch diese Modifikationen ergeben sich zwischen den Werken von Lukrez und Ovid Kontraste, die der Komik nicht entbehren und von der *elegantia* des augusteischen Dichters zeugen.

Schließlich findet der für die sublimierte Literatur jener Epoche typische feine Witz in den verschiedenen Arten von Autorenkommentaren wie Apostrophen, Exempla, Anekdoten und Reflexionen seinen Ausdruck. Apostrophen, in denen sich ein Autor an eine Person aus seinem Werk wendet und in Kontakt zu ihr tritt, zeitigen vor allem komische Wirkung, wenn die angeredete Figur Opfer ihrer eigenen Verblendung zu werden droht.[86] Ein schönes Beispiel dieser Vorgehensweise sind die Fragen und Ausrufe, mit denen Ovid die Absurdität von Pasiphaes Verhalten hervorkehrt und kommentiert; macht sie sich doch kunstvoll zurecht, um einem Stier zu gefallen:

> *quo tibi, Pasiphae, pretiosas sumere vestes?*
> *ille tuus nullas sentit adulter opes.*
> *quid tibi cum speculo montana armenta petenti?*
> *quid totiens positas fingis inepta comas?*
> *crede tamen speculo, quod te negat esse iuvencam:*
> *quam cuperes fronti cornua nata tuae!*
> *sive placet Minos, nullus quaeratur adulter;*
> *sive virum mavis fallere, falle viro.*[87]

Da sie die ganze Körper- und Schönheitspflege wegen eines Tieres betreibt, wirken ihre Aktivitäten grotesk. Dieses Merkmal verstärkt der Dichter dadurch, daß er in der Apostrophe Pasiphaes geheime Wünsche ausspricht, um das Ausmaß ihrer „Verirrung" zu verdeutlichen. In den folgenden Versen unterstreicht er die verkehrten Verhältnisse weiter, indem er gleich zu Anfang das Verhalten der Rinder wie ein menschliches darstellt[88] und Pasiphaes Eifersucht auf ihre Nebenbuhlerinnen schildert.[89] Dieser Zustand gipfelt darin, „daß sie sich das

---

[86] J.-M. Frécaut, Esprit 139.
[87] Ov. ars 1,303-310.
[88] J.D. McLaughlin, Relevancy 36; W. Schubert, Mythologie 201.
[89] Ov. ars 1,311-322. Weitere Beispiele: Ov. am. 3,2,15f. 21-24. 27f. 42. 46. 56f. 79f.; Ov. ars 2,361f. 367f. 589-592; Ov. epist. 14,103-106; Ov. fast. 2,385f.; 6,123-126; Ov. rem. 471f.; Ov. met. 1,720f.; 4,73-77; dazu siehe J.-M. Frécaut, Esprit 136ff.

Schicksal anderer mythischer Frauen wünscht, die sich komplementär zueinander verhalten."[90] Wie Ovids Ausführungen zu Pasiphae offenbaren, bedient sich der Dichter in seinen Werken der *exempla*, um seiner Schülerschaft und seinem Leserpublikum einen Gedanken zu veranschaulichen, seine Argumentation durch einschlägige Belege zu untermauern und die Gegenwart durch Konfrontation mit der Vergangenheit zu erhellen.[91] So verifiziert der *praeceptor amoris* seine Behauptung, die Leidenschaft rufe bei Frauen eine größere Raserei als bei Männern hervor, durch eine Reihe von Beispielen mythischer Frauen, die nach weit verbreiteter Ansicht in der Antike die *furiosa libido* symbolisierten.[92] Ovid greift das *exemplum* der Pasiphae heraus und würdigt diese abartige Liebe eingehend, während er die übrigen, weniger „spektakulären" Fälle nur kurz erwähnt. Wie W. Schubert nachgewiesen hat, entsteht der groteske Humor dieser Szene dadurch, daß durch die Übertragung menschlicher Begriffe wie *optare, dominus, paelex* auf die Tiere die Inkongruenz der beiden Sphären, die Pasiphae durch menschliche, werbende „Schlüsselreize" vergeblich zu vereinen sucht, aufgezeigt wird.[93] Da sich die anderen Beispiele für solch eine Darstellung nicht eignen, gestaltet der *praeceptor amoris* nur die Pasiphaegeschichte aus und verleiht ihr dadurch ihr für sublimierte Dichtung typisches Gepräge.

Schließlich rührt die *elegantia* von Ovids Werken nicht zuletzt von der Verwendung von Anekdoten her, in denen der in der Sache liegende Witz zum Vorschein kommt.[94] Der Dichter bedient sich ihrer vor allem in der Ars amatoria und in den Remedia amoris. Beispielsweise läßt er seine Ausführungen zu den Annäherungsmöglichkeiten, die Zirkus und Arena bieten, in einer Anekdote gipfeln:

dum loquitur tangitque manum poscitque libellum
et quaerit posito pignore, vincat uter,
saucius ingemuit telumque volatile sensit
et pars spectati muneris ipse fuit.[95]

---

[90] Ov. ars 1,323f.; W. Schubert, Mythologie 201.
[91] J.-M. Frécaut, Esprit 144f.
[92] Ov. ars 1,289-326.
[93] W. Schubert, Mythologie 202. Weitere Beispiele: Ov. am. 2,2,45f.; 3,4,21f.; Ov. ars 1,363f.; 3,15f. 219-224; Ov. rem. 63-68. 285. 711f.; Ov. Pont. 4,13,15f.; Ov. trist. 3,5,42; Ov. epist. 15,37f.; dazu J.-M. Frécaut, Esprit 144-150.
[94] Cic. de orat. 2,240: *duo sunt enim genera facetiarum, quorum alterum re tractatur, alterum dicto: re, si quando quid tamquam aliqua fabella narratur ...*; dazu E. Rabbie, Witz 53ff.
[95] Ov. ars 1,167-170.

Nach den Darlegungen des Dichters ist das Forum, auf dem zu seinen Lebzeiten die Gladiatorenkämpfe ausgetragen wurden, für das männliche Publikum ein besonders riskanter Ort; denn die Zuschauer, die das Geschehen in der Arena samt den damit einhergehenden Verwundungen der Kämpfer verfolgen, geraten selbst in Gefahr, von den Pfeilen Amors getroffen zu werden, wenn sie erste Kontakte zu einer Frau anbahnen, indem sie um das Programm bitten und Wetten auf den Sieger abschließen. So werden sie selbst in das Spiel einbezogen, das sie anschauen und erleiden wie der verwundete Gladiator eine Verletzung. Der dieser Stelle inhärente Witz entsteht durch den Kontrast zwischen den hastigen Aktivitäten, mit denen ein junger Mann seine Nachbarin auf sich aufmerksam machen will, und seiner Rolle als Opfer Amors, durch die er zur Passivität verurteilt wird. Diesen vom Agierenden nicht beabsichtigten Umschwung kommentiert der *praeceptor amoris* mit der schlagkräftigen Pointe *et pars spectati muneris ipse fuit.*[96] Die Nutzung sämtlicher Ausdrucksformen des feinen Witzes, die an repräsentativen Beispielen demonstriert wurde, trägt wesentlich zur *elegantia* der Sprache von Ovids Werken bei. Nichtsdestoweniger wirkt seine Sprache wegen der Verwendung eines angeblich alltäglichen Wortschatzes schlicht und einfach; denn der Dichter verschleiert seine Kunst, hinter der ein hohes Maß an Erfindungskraft steckt,[97] und erzielt dadurch den Eindruck von Unauffälligkeit.[98]

Der verfeinerte Humor, der ein wesentlicher Bestandteil der *urbanitas* ist, fand nicht nur in die Literatur, sondern auch in die dekorative Kunst jener Epoche, nämlich den späten Zweiten Stil, Eingang. Um den Rezipienten ästhetischen Genuß zu bereiten, verfremden die Künstler architektonische Elemente in skurriler Weise,[99] indem sie ihren statischen Zusammenhang bewußt zerstören. Dadurch entstehen schwerelose, feingliedrige und labile Strukturen, deren Eleganz und Raffinesse dem verwöhnten Geschmack des Publikums entsprachen. Diese Dekoration läuft den monumentalen, auf die Öffentlichkeit ausgerichteten

---

[96] Ov. ars 1,170. Weitere Beispiele: Ov. ars 1,84. 86. 88; 2,169-172; 3,245f. 249f. 447f. 449f.; Ov. rem. 311-314. 317-321. 612. 623f. 664. 666-668; Ov. fast. 3,541f.; 4,381-386; 6,787f.; dazu J.-M. Frécaut, Esprit 151ff.

[97] M. von Albrecht, Literatur I 638; vgl. G. Wellmann-Bretzigheimer, Ovids «Ars amatoria» 5; E.J. Kenney, Language 36ff.; R. Martin, Art 87.

[98] Vergils Sprache zeichnet sich ebenfalls durch vornehme Zurückhaltung aus: „Der Dichter wägt jedes Wort und entscheidet sich oft für das einfachste." Siehe M. von Albrecht, Literatur I 547. Zu den Merkmalen der Sprache der übrigen augusteischen Dichter ebd. I 574f. (Horaz). 601 (Tibull). 614f. (Properz); zu Properz vgl. auch H. Tränkle, Die Sprachkunst des Properz und die Tradition der lateinischen Dichtersprache. Hermes Einzelschriften 15, Wiesbaden 1960; zu Vergils Einfluß auf Ovid siehe F. Bömer, Ovid 173-202.

[99] Dazu A. Grüner, Venus 185ff.

Palastvisionen der Republik zuwider.[100] Die Architektur ruft keine einheitliche Wirkung mehr hervor, sondern die Künstler lösen sie in Einzelteile auf und parodieren sie. Auf diese Weise wird jedes Bauglied aus dem Kontext genommen, „sein Material verändert oder bis zur Unkenntlichkeit verdünnt".[101] Demnach spielen die Repräsentanten des späten Zweiten Stils mit den Architekturvisionen der Republik in der gleichen Art, in der Ovid mit den Werken seiner Vorgänger umging.[102] In der Kunst und in der Literatur entziehen sich die Anspielungen, subtilen Parodien und Ironie jedem Versuch einer eindeutigen Interpretation. Ein anschauliches Beispiel der für den späten Zweiten Stil charakteristischen Ironie sind die Fresken der Villa unter der Farnesina.[103] Die Ironie kommt zunächst in der vielfältigen *variatio* der Figuren zum Vorschein. Jede der Karyatiden ist mit einem anderen Gewand bekleidet und unterscheidet sich in der Körperhaltung von ihrer Nachbarin. Im Gegensatz zu den Karyatiden in den Attiken der Portiken des Augustusforums, die *dignitas* ausstrahlen und dem Werk *pondus* verleihen, sind die Figuren der Farnesina Teil eines dünnen Gestänges aus Lampenständern und Blätterranken. Da sie ihre Köpfe drehen und die Girlanden nach ihrem Gutdünken halten, symbolisieren sie weder Würde noch Wuchtigkeit, sondern *elegantia* und *urbanitas*. Typisch für den Humor der Dekorateure der frühaugusteischen Zeit ist ferner ihr Hang zum Zitat. Sie verkürzten zum Beispiel die Säulenhallen im Hintergrund der Architekturmalereien, die für die Tiefendimension und die repräsentative Wirkung des hohen Zweiten Stils von Bedeutung waren, perspektivisch und nahmen ihnen dadurch ihre Funktion; denn Räumlichkeit und monumentaler Effekt waren nicht mehr gefragt. Demnach bedienten sich die Künstler dieses Stils der Architekturglieder, welche die spätrepublikanischen Wanddekorationen kennzeichneten, und wandelten sie ab, wie Ovid die Werke seiner Vorgänger „in manieristischer Weise persiflierte und in neue Zusammenhänge stellte".[104] Folglich offenbart die verfeinerte Ironie, wie eng die Wandmalerei und Dichtung der augusteischen Zeit in ästhetischer Hinsicht miteinander verwandt sind.[105]

Andererseits zeugen Ironie und Humor, der bisweilen so subtil ist, daß er nicht sofort wahrgenommen wurde oder sogar übersehen werden konnte, von der Bildung der Autoren und Künstler jener Epoche. Die Bildung, für die Kenntnisse des Mythos charakteristisch sind, ist der dritte Faktor, auf dem die *elegantia* der Literatur dieser Jahre beruht. Mythologische *exempla* sind in allen

---

[100] A. Grüner, Venus 202.
[101] A. Grüner, Venus 202.
[102] A. Grüner, Venus 202.
[103] Dazu ausführlich A. Grüner, Venus 202ff.
[104] A. Grüner, Venus 206.
[105] A. Grüner, Venus 211.

Werken Ovids in großer Anzahl zu finden und dienen der Veranschaulichung seiner Ausführungen. Vor allem in seiner Liebesdichtung erfüllen sie noch eine weitere Funktion; denn der *praeceptor amoris* unterminiert mit ihrer Hilfe die zentrale These seiner Darlegungen, daß die Liebe eine lehrbare Kunst ist, und stellt dadurch die eigene Seriosität ironisch in Frage.[106] Somit wird das Beweisziel durch die Diskrepanz zwischen dem Beispiel und dem Kontext unterhöhlt.[107] Durch diese Vorgehensweise entsteht eine witzige Form der Darstellung, die dem Leser intellektuelles Vergnügen bereitet, wenn er sie nachvollzieht. Demnach kommen Ovids Kenntnisse nicht nur in der Verwendung von Mythen zum Vorschein, sondern auch in seinem Umgang mit diesem Bildungsgut, vor allem in dessen Modifikation und konstruktiver Kritik. Wie sich der Poet des Mythos bedient, zeigt seine Schilderung des Raubes der Sabinerinnen besonders deutlich. Dieses mythologische *exemplum* konterkariert die Ansprüche des *praeceptor amoris*, indem die drei Lehrphasen der *ars amatoria ad absurdum* geführt werden, und offenbart, daß seine Liebeslehre eigentlich überflüssig ist, weil es auch einfachere Wege gibt, um eine Frau zu umwerben.[108] In den Geschichten, in denen Ovid den Ehebruch von Mars und Venus sowie von Helena und Paris thematisiert, hintertreibt er ebenfalls seine eigenen Prämissen; denn seine Vorschriften gelten nicht nur für die freie Liebe, sondern auch für die Ehe.[109]

Ferner sind weitere wesentliche Kennzeichen der augusteischen Ästhetik, nämlich erotische Motive, Intimität und Subjektivität, in der Kunst und Literatur jener Epoche zu finden.[110] Die römische Liebeselegie und der späte Zweite Stil, die etwa zur selben Zeit entstanden, sind in hohem Maße von diesen neuen Idealen geprägt. Die Elegiker, die sich nach den langen Wirren der Bürgerkriege der ausgehenden Republik von der aktiven Teilnahme am politischen Leben und den Werten der *libera res publica* distanzierten, zogen sich ins Private zurück. Ihre provokante Lebensauffassung fand in *nequitia*, Faulenzen ohne Richtung und Ziel, ihren Ausdruck. Da sie ihre einzige Aufgabe im *servitium amoris*, im Dienst an der Geliebten sahen, wurde die ungebundene Liebe zum literarischen Thema dieser Epoche. Vor diesem Hintergrund gewinnt die Wahl des Sujets von Ovids Amores, Ars amatoria und Remedia amoris besondere Aktualität. In der Wandmalerei fand dieser Wandel vornehmlich darin seinen Niederschlag, daß

---

[106] K. Heldmann, Dichtkunst 356f.
[107] K. Heldmann, Dichtkunst 360. Mit dieser Methode verstößt Ovid gegen das Gebot, daß sich *exempla* am argumentativen Nutzen orientieren müssen (Rhet. Her. 2,46). Vgl. K. Heldmann, a.a.O. 360f.
[108] Dazu ausführlich K. Heldmann, Dichtkunst 376ff.
[109] K. Heldmann, Dichtkunst 411.
[110] Dazu A. Grüner, Venus 211ff.

vermehrt mit erotischen Motiven gearbeitet wurde.[111] Ein schönes Beispiel dieser Entwicklung sind die Fresken der Villa unter der Farnesina, deren Wände mit erotischen Szenen und Anspielungen übersät waren. In vielen Räumen des Palastes sind auf Betten liegende Liebespaare abgebildet. Diese Szenen sind trotz ihrer Thematik sehr zurückhaltend wiedergegeben; denn die Damen sind von einer einzigen Ausnahme abgesehen immer vollständig bekleidet. Zudem ist das Liebespaar nicht allein, sondern von Dienern umgeben, die eine allzu große Vertrautheit verhindern.[112] Demnach geht der Maler der Farnesina mit der Erotik sehr subtil um, indem er Anstößiges und Pornographisches meidet. Wie ein großes Mittelbild im Cubiculum 3 zeigt, auf dem die thronende Venus mit einer Dienerin und Amor dargestellt ist, verzichteten die Dekorateure außerdem nicht auf mythologische Symbolik. Daß erotische Themen des Mythos zum Gegenstand von Wandmalerei wurden, offenbart ferner das Tablinum der Casa di Livia, in dem Polyphemus und Galatea sowie die unglückliche Liebe der Io abgebildet sind.[113] Somit lassen die neuen Motive auf den Fresken erkennen, daß die Wände in augusteischer Zeit nicht mehr als „monumentales Repräsentationsmittel, sondern als Träger einer intimen, erotischen Atmosphäre"[114] aufgefaßt wurden. Den Wandel und die neue Funktion der Wandmalerei thematisiert auch Properz in seinen Elegien und integriert dadurch die Dichtung und die Kunst in den ästhetischen und geistesgeschichtlichen Kontext jener Epoche.[115] Nach den Ausführungen des Properz kommt in diesen Malereien der Rückzug ins Private zum Vorschein. Die erotischen Szenen forderten den Betrachter zur assoziativen Lesung auf; denn er sollte seine persönliche Situation und Bildung in ähnlicher Weise in die Dynamik der Darstellung einbeziehen,[116] wie er seine Gefühle in der Liebeselegie wiederfinden konnte.

Schließlich finden die antiklassizistischen Strukturen der frühaugusteischen Literatur und Kunst, die sich im Bizarren manifestieren, vornehmlich in Ovids Liebeselegien ihren Niederschlag.[117] Diese Gemeinsamkeit tritt in seinen Darlegungen zur psychologischen Situation des elegischen „Ichs", in denen er die Bekenntnisse eines betrogenen Liebhabers fingiert, in Ansätzen zutage, selbst wenn er der Liebe die selbstzerstörerischen Züge, die ihr frühere Elegiker bei-

---

[111] Dazu A. Grüner, Venus 213ff.
[112] Dazu A. Grüner, Venus 213f. mit weiterer Literatur.
[113] A. Grüner, Venus 214 mit weiterer Literatur.
[114] A. Grüner, Venus 215.
[115] Prop. 2,6,27-34: *quae manus obscenas depinxit prima tabellas / et posuit casta turpia visa domo, / illa puellarum ingenuos corrupit ocellos / nequitiaeque suae noluit esse rudis. / a gemat, in terris ista qui protulit arte / turpia sub tacita condita laetitia! / non istis olim variabant tecta figuris: / tum paries nullo crimine pictus erat.*
[116] A. Grüner, Venus 217.
[117] Zu diesem Problem siehe ausführlich A. Grüner, Venus 218ff. mit weiterer Literatur.

gelegt haben, nimmt. Dadurch unterscheidet er sich grundlegend von Tibull, der die irrationale Handlungsweise und Denkstruktur eines Liebeskranken am überzeugendsten imitiert.[118]

Freilich weisen die augusteische Kunst und Literatur nicht nur weitgehend einheitliche ästhetische Kriterien und Wertmaßstäbe auf, die für die Mentalität jener Zeit typisch sind, sondern es besteht auch ein enger Zusammenhang zwischen diesen beiden Gattungen und der Politik; denn der Rückzug von Vertretern der vornehmen Kreise in den privaten Bereich samt der damit einhergehenden Hochschätzung von *elegantia* und *urbanitas* ist der Ausdruck ihrer Resignation über die verlorene politische Mitbestimmung und ihres Verdrusses über die Kämpfe um die Macht im Staat.

Mit der Sublimierung geht in der Regel Kreativität einher. Die augusteische Dichtung ist ein Produkt ihrer Zeit, in der in verschiedener Weise über die verfeinerte Manipulation poetischer Konventionen, die Komplexität zeitgenössischer Probleme und die zahlreichen Dimensionen der Ansichten der Römer über Individuum und Gemeinwesen reflektiert wird.[119] Die Kreativität findet in der für die Werke dieser Dichter typischen Transzendenz ihren Ausdruck.[120] Die augusteische Liebeselegie kann in einem Kontext gesehen werden, der über den zeitgenössischen Rahmen hinausgeht,[121] denn die Autoren setzen sich in ihren Gedichten mit den traditionellen Idealen und Werten auseinander und nehmen dazu Stellung, indem sie die Liebe samt den Annehmlichkeiten des urbanen Lebens statt der von Vergil glorifizierten Waffentaten wählen. Transzendenz zählt ebenfalls zu den wichtigen Charakteristika der Kunst jener Epoche. Ein gutes Beispiel sind die streng stilisierten Männerporträts, die wie die Bildnisse des Herrschers und seiner Adoptivsöhne Würde ausstrahlen.[122]

Eine weitere Gemeinsamkeit zwischen der Kunst und der Literatur der augusteischen Zeit, vor allem den Werken Ovids besteht darin, daß große erzählende Partien gemieden und statt dessen individuelle Bilder, Szenen und ihre Anordnung dargestellt werden.[123] So bevorzugt Ovid in höherem Maße als Ver-

---

[118] Dazu C. Neumeister, Tibull. Einführung in sein Werk. Heidelberger Studienhefte zur Altertumswissenschaft, Heidelberg 1986, 69ff.; A. Grüner, Venus 263ff. mit weiterer Literatur; zu Erscheinungsformen des Bizarren in der Kunst ebd. 218ff.
[119] K. Galinsky, Augustan Culture 225.
[120] K. Galinsky, Augustan Culture 225.
[121] P. Veyne, Elégie érotique; M. Wyke, JRS 79, 1989, 165-170. Weitere Beispiele bei K. Galinsky, Augustan Culture 225.
[122] Dazu siehe S. 135 mit Literatur. Zur Ansicht der augusteischen Dichter, daß im Erscheinungsbild eines Mannes Würde zum Vorschein kommen solle, siehe ausführlich S. 133f. 165. 196. 242 mit Belegen.
[123] K. Galinsky, Augustan Culture 228.

gil Episoden und Charakterskizzen.[124] Diese Charakteristika kommen bei der Wiedergabe der Teppiche, die Pallas und Arachne in ihrem Wettstreit webten, deutlich zum Vorschein; denn der Dichter schildert, wie die Göttin den Kampf von Pallas und Neptunus um Attika samt den zwölf olympischen Göttern in der Mitte ihrer Handarbeit abbildet und in die Ecken die Bestrafung berühmter Verächter der Götter einwebt,[125] während sich Arachne Geliebte des Jupiter und Neptunus, denen sich die beiden Götter in verwandelter Gestalt nahten,[126] zum Thema wählt. Nach diesen Darlegungen sind beide Kunstwerke mit diversen Bildern geschmückt, die das gleiche Sujet repräsentieren. Die Motive von Pallas' Teppich sind darüber hinaus zu Arachnes künftigem Schicksal in Beziehung gesetzt.[127] Die gleichen Merkmale liegen außerdem in der Ars amatoria, in welcher der *praeceptor amoris* seine Vorschriften in einzelnen Abschnitten erläutert, offen zutage. Ferner weisen auch die mythologischen Erzählungen in diesem Werk, die argumentative, didaktische, psychagogische, strukturbildende und parodistische Funktion haben,[128] diese Eigenart auf. Ein anschauliches Beispiel ist die Geschichte von Menelaus und Helena, an der Ovid seinen Lesern die Gefahren einer zu langen Trennung von zwei Liebenden demonstriert.[129] In der Kunst macht sich diese Gepflogenheit im neuen Dekorationsstil für die Wohnräume von Privathäusern bemerkbar.[130] „Die Wände werden nicht mehr durchbrochen, sondern betont, der Blick wird auf wenige, den Raum beherrschende Bilder und deren Aussagen gelenkt. Ikonographische und stilistische Veränderungen gehen also Hand in Hand. Der sich anbahnende Wandel scheint auch hier mit moralischen Vorstellungen verbunden gewesen zu sein."[131] In diesem sogenannten „Kandelaberstil" waren mythologische Szenen und Ausblicke in sakrale Landschaften besonders beliebt.[132] Der handlungsarme Erzählstil, der dem Betrachter mit sparsamen Gesten und Gebärden sinnbildhafte Bedeutung und Tiefsinn suggeriert, kommt in den mythologischen Darstellungen im Haus

---

[124] K. Galinsky, Was Ovid a Silver Latin Poet?, ICS 14, 1989, 73-77.
[125] Wettstreit von Pallas und Neptunus: Ov. met. 6,70-82; Haemus und Rhodope: Ov. met. 6,88f.; Gerana bzw. Oinoë: Ov. met. 6,90-92; Antigone: Ov. met. 6,93-97; Cinyras und seine Töchter: Ov. met. 6,98-100.
[126] Europa: Ov. met. 6,103-107; Asterie: Ov. met. 6,108; Leda: Ov. met. 6,109; Antiope, Tochter des Nycteus: Ov. met. 6,110f.; Alcmene: Ov. met. 6,112; Danae: Ov. met. 6,113; Aegina: Ov. met. 6,116; Mnemosyne, Proserpina, Tochter der Ceres: Ov. met. 6,114; Canace: Ov. met. 6,115f.; Theophane, Iphimedia, Tochter von Bisaltes: Ov. met. 6,116f.; Ceres: Ov. met. 6,118f.; Medusa: Ov. met. 6,119f.; Melantho: Ov. met. 6,120.
[127] Ov. met. 6,93ff.
[128] M. Weber, Mythologische Erzählung 186ff.
[129] Ov. ars 2,357-372; dazu siehe M. Weber, Mythologische Erzählung 89ff.
[130] Siehe P. Zanker, Augustus 279ff. mit weiterer Literatur.
[131] P. Zanker, Augustus 279.
[132] Zu den Merkmalen dieses Stils siehe P. Zanker, Augustus 281ff.

der Livia besonders deutlich zum Vorschein. So ist die Pflege des kleinen Dionysos durch die Nymphen als Verehrung des wunderbaren Kindes, der Absturz des Ikaros als Trauer über den Tod des jungen Mannes und die Bestrafung der Dirke als Sinnbild für menschliche Hybris zu deuten.[133] In dieser Wandmalerei liegt die Verinnerlichung der *pietas*-Programmatik offen zutage.

Wie die augusteische Kunst ist die Literatur jener Epoche eine komplexe Mischung verschiedener Traditionen, die einen unerhörten Reichtum von Anspielungen und Resonanz bot.[134] Die Poesie, die sich wie ihre Vorgängerin aus dem Hellenismus durch Eleganz und Verfeinerung auszeichnet und die Bildung ihres Verfassers verrät, benötigt ein Publikum, das diese Qualitäten zu schätzen weiß. Jedoch ist diese Dichtung wie die Kunst auch für Leser bzw. Zuhörer geeignet, die nicht über diese Voraussetzungen verfügen; denn beide Gattungen wirken auf den Rezipienten offensichtlich aufgrund seiner persönlichen und historischen Bedingungen ganz unterschiedlich und bieten ihm mehrere Deutungsmöglichkeiten auf verschiedenen Ebenen des Verständnisses an. Von solch einer Komplexität und Vielfalt von Bedeutungen zeugen einerseits Vergils Aeneis und Ovids Metamorphosen, andererseits die ara Pacis Augustae.[135] Ein gutes Beispiel dieser Vielschichtigkeit ist Dido. Jeder Leser kann unmittelbar ihre Emotionen und die Kraft ihrer Persönlichkeit fühlen, ohne detaillierte Kenntnisse des Mythos und der literarischen Vorbilder zu besitzen. Auf dieser Stufe der ästhetischen Rezeption wirkt allein der Charakter auf den Leser. Aber die Komplexität dieses Charakters wird ihm erst bewußt, wenn er die literarischen Vorbilder der Dido-Gestalt in die Betrachtung einbezieht.[136] So enthält beispielsweise die Charakteristik Didos im 4. Buch der Aeneis Anspielungen auf Homers Nausikaa, obwohl sich die beiden Figuren in wichtigen Punkten voneinander unterscheiden. Demnach bedient sich der Dichter literarischer Reminiszenzen, um Ähnlichkeiten oder Kontraste hervorzukehren. Freilich nimmt er dazu nicht Stellung, sondern überläßt dem Leser die Reflexion über diese Probleme. Ferner entwickelt der Poet an literarischen Anspielungen eigene Gedanken. Er ergänzt den Vergleich zwischen Nausikaa und Artemis, der auf Homer zurückgeht,[137] durch eine Gegenüberstellung von Apollo und Aeneas,[138] um die

---

[133] P. Zanker, Augustus 284.
[134] K. Galinsky, Augustan Culture 229ff.; vgl. G. Fink, AU 26,4, 1983, 5f.
[135] Dazu K. Galinsky, Augustan Culture 229ff.
[136] A. Wlosok, Virgils Didotragödie. Ein Beitrag zum Problem des Tragischen in der Aeneis, in: H. Görgemanns – E.A. Schmidt (Hg.), Studien zum antiken Epos. Beiträge zur Klassischen Philologie 72, Meisenheim 1976 (ND 1990), 228-250; V. Pöschl, Die Dichtkunst Virgils. Bild und Symbol in der Aeneis, Berlin – New York ³1977, 84ff. jeweils mit weiterer Literatur.
[137] Hom. Od. 6,102-109.
[138] Verg. Aen. 4,143-150.

Gleichartigkeit von Dido und Aeneas, aber auch die Unmöglichkeit einer Heirat zwischen ihnen zu betonen; denn die beiden Gottheiten waren Geschwister.[139] Außerdem bringt Vergil Dido wegen ihrer Leidenschaft und ihrer Zuflucht zur Magie mit Medea in Verbindung.[140] Auf diese Weise entsteht eine beziehungsreiche Charakteristik der karthagischen Königin, die der Komplexität der augusteischen Zeit entspricht. Ähnliche Beobachtungen sind auch in Ovids Ars amatoria zu machen. Jeder Leser kann die Episode des Ehebruchs von Helena und Paris, die in Form einer parodierten Gerichtssitzung wiedergegeben ist, ohne mythologisches Spezialwissen zur Kenntnis nehmen. Weitere Deutungsmöglichkeiten erschließen sich ihm, wenn er Bezüge zwischen diesem *exemplum* und den Vorschriften des *praeceptor amoris* herstellt. Auf diese Weise lernt er eine neue Interpretation dieses berühmten Falls von Untreue kennen; weist der Dichter doch dem betrogenen Ehemann und nicht der treulosen Ehefrau die Schuld an diesem Geschehen zu. Auf diese Weise versetzt er zugleich der Ehegesetzgebung des Prinzipatsgründers und dessen Bemühungen um die Wiederherstellung der altrömischen Moral einen Seitenhieb. So wird dieser mythische Seitensprung in Ovids Version zu einem komplexen Problem.[141]

Vielschichtigkeit und Bedeutungsvielfalt, deren Interpretation dem Rezipienten anheimgestellt wird, zählen auch zu den hervorstechenden Merkmalen der Kunst jener Epoche. Ein anschauliches Beispiel ist die ara Pacis Augustae, die der Senat zwischen 13 und 9 v.Chr. zu Ehren des aus Gallien und Spanien gesund heimgekehrten Herrschers errichtete. Jeder Betrachter in der Antike, der die bildlichen Darstellungen dieses Monumentes auf sich wirken ließ, konnte sie unter ästhetischen Gesichtspunkten beurteilen. Dagegen waren einfache Leute aus dem Volk wegen fehlender historischer Kenntnisse nicht in der Lage, den Baudekor, der gewöhnlich zu geschichtlichen Ereignissen in Beziehung stand, zu erfassen und zu deuten.[142] Deshalb war diese Personengruppe nicht imstande, die Opferprozession an den Außenseiten der ara Pacis, an der die vier *flamines* und Mitglieder der vier wichtigsten Priesterkollegien sowie der Herrscherfamilie

---

[139] K. Galinsky, Augustan Culture 230; vgl. auch P. Hardie, Ovid's Poetics 261f. Diese Parallelen weisen zugleich auf die Geschichte von Jason und Medea hin. Apollonios Rhodios verwendet den gleichen Vergleich für Medea wie Vergil (Apoll. Rhod. 3,876-886) und stellt Jason ebenfalls wiederholt Apollo gegenüber (Apoll. Rhod. 1,307-311; vgl. 1,536-539; 2,676-679). Siehe K. Galinsky, Augustan Culture 230 mit weiterer Literatur.

[140] Vgl. die Bemerkung des Servius über die Beziehung der Argonautika des Apollonios Rhodios zum 4. Buch von Vergils Aeneis (Serv. Aen. 4,1).

[141] Ov. ars 2,369-372; dazu siehe ausführlich S. 111f. 179f.

[142] Aus diesem Grund benötigten Architekten und somit auch implizit Betrachter für die Gestaltung und Interpretation von Baudekor solides historisches Wissen (Vitr. 1,1,3. 5f.). Dazu siehe A. Scheithauer, Bautätigkeit 288f.

teilnahmen, als Idealprojektion des erneuerten Staates aufzufassen.[143] Ebenso war ihr wohl kaum bewußt, daß diese Prozession auf die am Parthenon abgebildete Bezug nahm.[144] Demnach zeichnen sich Kunst, Architektur und Literatur jener Epoche dadurch aus, daß viele Traditionen in sie Eingang gefunden haben und dadurch wiederbelebt worden sind.[145] Noch evidenter ist die Bedeutungsvielfalt beim sogenannten Tellusrelief auf der Südostseite des Altars. Sie erschließt sich dem Betrachter aufgrund seiner Bildung auf verschiedenen Ebenen. Zunächst kann er das Bildwerk als Ausdruck des allgemeinen Wohlstandes, des Friedens und der Ruhe in der eigenen Gegenwart interpretieren. Außerdem weist die Frauenfigur darauf hin, daß die Prosperität auf dem traditionellen römischen Wertekanon basiert.[146] Auf diese Weise wurde der Bevölkerung das politische Programm der moralischen Erneuerung, das hauptsächlich auf die Steigerung der Kinderzahl abzielte, nahegebracht. Schließlich symbolisiert die ara Pacis Augustae die *auctoritas* des Herrschers;[147] wird er doch als Urheber der ganzen Fülle apostrophiert.[148] Das volle Verständnis dieser Zusammenhänge erforderte freilich ein hohes Maß an Bildung, das der intellektuellen Elite vorbehalten blieb.

Die behandelten Merkmale zeigen, daß die augusteische Kunst und Literatur weitgehend einheitliche ästhetische Kriterien und Wertmaßstäbe aufweisen, die für die Mentalität in jener Zeit charakteristisch sind und ihre Verankerung im historischen und geistesgeschichtlichen Kontext der Epoche ermöglichen. Dadurch gewinnen Ovids Werke, vornehmlich seine Liebesdichtung ihre Aktualität; zugleich sprengt der Dichter jedoch auch diesen Rahmen, indem er seinen Themen trotz ihrer epochenspezifischen Prägung allgemeinmenschliche Züge abgewinnt.

---

[143] Zur ara Pacis Augustae siehe bes. E. Simon, Ara Pacis Augustae. Monumenta artis antiquae 1, Tübingen 1967; A.H. Borbein, Die ara Pacis Augustae. Geschichtliche Wirklichkeit und Programm, JDAI 90, 1975, 242-266; S. Settis, Die Ara Pacis, in: W.-D. Heilmeyer et al. (Hg.), Kaiser Augustus und die verlorene Republik. Eine Ausstellung im Martin-Gropius-Bau, Berlin 7. Juni - 14. August 1988, Mainz 1988, 400-426; P. Zanker, Augustus 126ff. 177ff.; D. Castriota, The Ara Pacis Augustae and the Imagery of Abundance in Later Greek and Early Roman Imperial Art, Princeton 1995; K. Galinsky, Augustan Culture 141ff.
[144] K. Galinsky, Augustan Culture 146.
[145] K. Galinsky, Augustan Culture 146ff.
[146] K. Galinsky, Augustan Culture 148ff.
[147] K. Galinsky, Augustan Culture 154f.
[148] Hor. carm. 4,15,4f.

11. Schluß

Ovid stellt den verfeinerten Lebensstil in seinen Werken als komplexes Phänomen dar, das Sprache, Bildung, Umgangsformen, Habitus, Körper- und Schönheitspflege sowie architektonisches Ambiente umfaßt.[1] Damit gibt er dessen Charakteristika und Ziele, die in der auf Luxus und Repräsentation ausgerichteten Veredelung der Lebensführung und der Kultivierung des Menschen durch vornehmlich aus Griechenland übernommene Bildung, Literatur und Kunst bestehen, treffend wieder. Er führt diese Lebensart in seinen Äußerungen zu den Zuständen in Rom und zu der von den dort herrschenden Begebenheiten abgeleiteten und ihnen angeblich konträren Lebensweise in Tomi aus. Diese Gegenüberstellungen werden noch durch Kontrastierungen von *urbanitas* und *rusticitas* bzw. *barbaria* ergänzt. In den beiden Gegenpolen, die wie die Situation im Verbannungsort des Dichters aus der Negation der Verhältnisse in der Metropole des Imperium Romanum gewonnen werden, treten unterschiedliche Stufen der Entfernung vom stadtrömischen Modell und Ideal zutage, so daß eine Hierarchie der Begriffe entsteht. Neben dem Gegensatz zwischen Stadt und Land enthält die *urbanitas* noch eine zeitliche Komponente, die Ovid an den mit topischen Elementen angereicherten Vergleichen zwischen der primitiven Vergangenheit und der kultivierten Gegenwart verdeutlicht. Demnach bezieht er die kulturelle Entwicklung in seine Betrachtungen ein. Dadurch erhalten seine Auslassungen eine epochenspezifische Prägung, in der sich zugleich seine Auseinandersetzung mit den gegenwärtigen Zuständen in Rom spiegelt. Darüber hinaus idealisiert er den *cultus* als Lebensprinzip seiner Gegenwart; denn er hat Freude an Schönheit, Geschmack und Eleganz. Aus diesem Grund betrachtet er diese Erscheinung vor allem unter ästhetischen, nur vereinzelt unter moralischen Gesichtspunkten.

Ovid setzt sich mit *urbanitas* auf zwei Ebenen auseinander: In seinen Anweisungen behandelt er die einzelnen Bestandteile dieses Phänomens; an seinen Werken dagegen demonstriert er seinen Lesern die veredelte Sprache der Stadtrömer, zu deren wichtigsten Merkmalen der Humor zählt. Dadurch veranschaulicht er zugleich seine knappen Vorschriften zu diesem Thema in der Ars amatoria. Die Verflechtung der beiden Ebenen, die durch das Nebeneinander der einzelnen Konnotationen von *urbanitas,* nämlich der allgemeinen Bedeutung *vita urbana* und eines Teilbereiches der metonymischen Bedeutung dieses Begriffs, die Empfehlung in der „Liebeslehre," sich im sozialen Verkehr einer kultivierten Sprache zu bedienen, und die Umsetzung dieser Vorschrift in den Dichtungen

---

[1] Vgl. auch Ch. Walde, GB 24, 2005, 160.

Ovids bewirkt wird, ist ein wesentliches Indiz für die kunstvolle Gestaltung der Literatur der augusteischen Zeit.

Die von Ovid beschriebene, auf den privaten Bereich ausgerichtete Lebensweise, bei der Vergnügungen, Liebesaffären und literarische Zirkel eine große Rolle spielen, war an die Metropole Rom gebunden und wurde nur von einem kleinen Teil der Stadtrömer, nämlich Mitgliedern der Oberschichten, gepflegt. Dieser Kreis entwickelte zweifellos eine Art Gruppenbewußtsein, in dem seine Exklusivität zum Ausdruck kam. In diesen Rahmen fügt sich auch die verfeinerte Liebesbeziehung zwischen Mann und Frau ein. Durch das Medium des Spiels nimmt ihr Ovid die selbstzerstörerischen Züge, die ihr frühere Elegiker beigelegt haben. So wird die Liebe zu einem kultivierten Gesellschaftsspiel, das auf Vernunft, der Beherrschung der Affekte, Berechnung und einer anspruchsvollen Ästhetik basiert.[2] Doch verbirgt sich hinter dem *ludus* auch Ernst. Der Dichter setzt sich nicht nur mit den Werten der römischen Liebeselegie auseinander,[3] sondern zeigt der zeitgenössischen Gesellschaft auch durch seine Ausführungen zu ihrer Lebensart, wie sie wirklich war. Somit prangert er vieles, was er zur Anweisung erhoben hat, dadurch indirekt an. Freilich findet die Kritik des Poeten in seinem Behagen an Zivilisation und seiner Liebe zu Rom ihre Grenzen.[4]

Andererseits zeugt Ovids Spiel mit den Lesern von *urbanitas*; denn es beruht wesentlich auf dem feinen Witz und Humor, den er in seine Darlegungen einfließen läßt.[5] Die Veredelung äußert sich darin, daß der Dichter sein Thema in der von ihm gewählten Art und Weise behandelt. Im Unterschied zu anderen Verfassern didaktischer Werke relativiert er durch diese beiden Eigenschaften immer wieder seine eigenen Behauptungen oder stellt sie sogar in Frage, indem er den Nachweis führt, daß sein Sujet eigentlich nicht lehrbar ist. Auf diese Weise unterminiert er zugleich seinen Anspruch, *praeceptor amoris* zu sein.

---

[2] N. Holzberg, Ovid 103. Ähnlich: L.P. Wilkinson, Ovid 120 (Ars amatoria als Satire für gebildete Leser, Komödie der Verhaltensformen); E. Küppers, ANRW II 31.4 (1981) 2536 (Liebe als konventionalisiertes Spiel einer kultivierten Gesellschaft); M. Myerowitz, Games 23 (Liebe als „elaborate game"); vgl. L. Alfonsi, Humanitas 72; G. Wellmann-Bretzigheimer, Ovids «Ars amatoria» 18ff.; E.F. Wright, PhQ 63, 1984, 1; zur Bedeutung des Spiels als Kulturerscheinung siehe J. Huizinga, Homo ludens 9ff.

[3] Dazu W. Holzberg, WS 94 (= N.F. 15), 1981, 198ff. 204. Daß Ovid der Liebe die selbstzerstörerischen Züge nimmt, zeigt sich auch an der Passage ars 2,467-492, in der er sich mit Lucr. 4,1197ff.; 5,958-965. 1011ff. und Verg. ecl. 10,7 auseinandersetzt und den Ernst ihrer Darlegungen durch Witz unterminiert. Dazu P. Watson, Latomus 43, 1984, 389ff.

[4] M. von Albrecht, Ovid 82.

[5] Zur Bedeutung des Humors in den Werken anderer augusteischer Dichter siehe die Ausführungen zu Horaz S. 249ff.

Ebenso ist der Umstand, daß der Poet in den Remedia amoris seine in der Ars amatoria erteilten Lehren widerruft und seine Unterrichtsgegenstände dialektisch betrachtet, als Merkmal von *urbanitas* zu deuten.[6] Durch den Wechsel zwischen Ernst und Ironie untergräbt Ovid obendrein den *mos maiorum* und die Hierarchie der darin subsumierten Eigenschaften und Verhaltensmuster. Er erzeugt Komik, indem er mit den traditionellen Wertvorstellungen spielt, gegen sie verstößt oder niedriggestellte Personen in seinen Anweisungen Umgangsformen und Anschauungen von Angehörigen der Oberschichten usurpieren läßt.[7] Neben dem ironischen Spiel mit Personen und Gegenständen schlägt sich der Humor noch in der Sprache, nämlich im Wortschatz, in Bildern, Anspielungen und Kommentaren des Dichters, nieder. Dadurch erzielt Ovid komische, burleske oder humoristische Wirkungen, unerwartete Effekte, ruft beim Publikum Heiterkeit hervor oder verblüfft es. Folglich kommt der Humor in seinen Werken auf der sprachlichen und inhaltlichen Ebene zum Vorschein und stellt hohe Anforderungen an die Leser; denn er ist oft derart subtil, daß er kaum zu bemerken ist. Nichtsdestoweniger spiegelt sich in diesem Merkmal „echte Wirklichkeitserfahrung"[8] des Dichters.

Durch den Humor wird eine Verbindung zwischen *urbanitas* und *humanitas* geschaffen. Diese Synthese läßt einen wesentlichen Aspekt der *humanitas*, der die Literatur jener Epoche kennzeichnet, in Ovids Werke einfließen; bewirkt sie doch deren Durchdringung mit Empfindungen.[9] Durch Humor kehrt der Dichter auch die Menschlichkeit hervor, indem er in seinen Lehren die Schwächen seiner Schüler und seine eigenen thematisiert. Wie die archäologischen Zeugnisse verraten, war der Humor nicht nur eine literarische Mode, sondern auch Ausdruck einer neuen Lebensauffassung. Er stand im Zeichen des Privaten und trug zur Aufwertung eines Lebens bei, in dem Muße, Liebe, Freundschaft und Freiheit eine zentrale Rolle spielten und die alten politisch geprägten Ideale

---

[6] Z.B. Ovids Anweisungen zum Umgang mit den Mängeln der Freundin (Ov. ars 2,641ff.; Ov. rem. 299ff.). Zur Verklammerung von Ars amatoria und Remedia amoris siehe auch E. Küppers, ANRW II 31.4 (1981) 2539f.

[7] Dieses Spiel mit traditionellen Werten findet sich bereits in den Komödien des Plautus. Siehe M. Braun – F.-H. Mutschler, Plautus ludens. Zum Spiel mit „römischen Werten" im Pseudolus, in: M. Braun – A. Haltenhoff – F.-H. Mutschler (Hg.), Moribus antiquis res stat Romana. Römische Werte und römische Literatur im 3. und 2. Jh.v.Chr. Beiträge zur Altertumskunde 134, München – Leipzig 2000, 169ff.

[8] E. Zinn, A&A 5, 1956, 25f.; vgl. E.A. Schmidt, Augusteische Literatur 120.

[9] V. Pöschl, Grundzüge 16; vgl. E.A. Schmidt, Augusteische Literatur 124. Wie Horazens Römeroden und Carmen saeculare erkennen lassen, würdigen Dichter in der augusteischen Zeit weiterhin auch den staatlichen Bereich und das öffentliche Leben samt den damit einhergehenden politisch geprägten Werten.

und Wertmaßstäbe an Bedeutung verloren.[10] Diese Gegebenheiten finden in der Wahl und Beliebtheit erotischer Motive in Kunst und Literatur ihren Niederschlag.

Ovids Darlegungen zur *urbanitas* werden einerseits von diesen Charakteristika seiner Liebesdichtungen nachhaltig beeinflußt; andererseits verleiht der Poet ihr individuelle Prägung, indem er einem Phänomen, das nach Ausweis der literarischen Zeugnisse zu seinen Lebzeiten längst typisiert und kodifiziert war und sich kaum mehr änderte, wieder zu Dynamik verhalf.[11] *Urbanitas* durchläuft in den Werken Ovids eine gewisse Entwicklung, die teilweise durch das persönliche Schicksal des Dichters bedingt ist. Während er in seiner Liebesdichtung, die vor seiner Relegation entstanden ist, den Bezug der *vita urbana* auf die Metropole kaum betont und abstrahiert, konkretisiert er ihn in seiner Exilpoesie und läßt der Stadt dadurch eine große Hommage zuteil werden. Weil er die veredelte Lebensart in Rom in den zuletzt genannten Dichtungen als ideal hinstellt, übertrifft er außerdem ihren Lobpreis in seinen früheren Werken. Bekanntlich bezieht er in seinen Briefen aus der Verbannung neben der Sprache, dem architektonischen Ambiente, dem gepflegten Äußeren, der Kunst und Bildung weitere Komponenten einer lebenswerten Existenz, nämlich Frieden, Ordnung, Rechtsprechung, Landwirtschaft und menschliche Grundbedürfnisse wie gutes Trinkwasser, in seine Ausführungen ein.[12] „Aus der Distanz kann Ovid nun die große Leistung des Augustus, Friedenspolitik und Wiederherstellung und Bewahrung öffentlicher Ordnung anerkennen."[13] Demnach spiegelt sich in seiner Behandlung der *urbanitas* nicht nur sein eigenes Los samt dem daraus resultierenden Wechsel der Perspektive, sondern auch ein für die Werke der augusteischen Zeit kennzeichnendes Merkmal wider. Die Literatur jener Epoche ist kein „statischer Block", sondern ein „Prozeß", ein „System in Bewegung".[14] So erweist sich Ovids Liebesdichtung als typisches Produkt ihrer Entstehungszeit und ist in hohem Maße von ihrer Mentalität geprägt.

Ferner lassen die Ausführungen dieses Poeten zur *urbanitas* die für die augusteische Klassik übliche Tendenz zum Prinzipiellen und Programmatischen erkennen;[15] denn er würdigt in seiner Darstellung der verfeinerten Lebensweise in Rom auch das Grundsätzliche, nämlich allgemeinmenschliche Verhaltensweisen, die im sozialen Umgang immer wieder zum Vorschein kommen. Wie die

---

[10] E.A. Schmidt, Augusteische Literatur 124; vgl. Ch. Walde, GB 24, 2005, 161.
[11] Vgl. E.A. Schmidt, Augusteische Literatur 17.
[12] Ch. Walde, GB 24, 2005, 172f.
[13] Ebd. 173.
[14] E.A. Schmidt, Augusteische Literatur 17.
[15] V. Pöschl, Grundzüge 13; E.A. Schmidt, Augusteische Literatur 123.

Darlegungen zum Angemessenen[16] und zum rechten Maß, das in seiner Liebeslehre eine zentrale Rolle spielt, zeigen, nimmt Ovid wesentliche Inhalte der griechischen Lebensphilosophie auf und vertieft sie.[17]

Neben dem Allgemeinen und Idealen ist in den Werken dieses Dichters das Konkrete und Reale zu finden, Merkmale, durch die der für die Literatur jener Epoche charakteristische Bezug zum wirklichen Leben hergestellt wird.[18] Sie treten in der Erwähnung oder Beschreibung von Details aus dem römischen Alltagsleben wie beispielsweise Kleidung, Frisuren, Schmuck, Kosmetik, Bauten, Freizeitbeschäftigungen und Musikinstrumenten zutage. Dadurch wird der private Bereich erhöht, und das „individuelle Leben" bekommt nach V. Pöschl „eine Würde", die es bei den Römern „vorher nicht besessen" hat.[19] Diese Gegebenheiten wirken sich auch auf den Diskurs über die Beziehung der Geschlechter aus; denn den Frauen wird mehr Aufmerksamkeit geschenkt, als es bisher üblich war.[20] Diese für die augusteische Klassik bezeichnende Aufwertung der persönlichen Welt samt der damit einhergehenden Ablehnung von Ansprüchen der Gesellschaft an das Individuum wirkt sich auf die Behandlung der *urbanitas* aus; denn Ovid schließt das Alltagsgeschehen in Rom in seine Lehren ein und würdigt eingehend Einzelheiten aus dem Privatleben von Liebespaaren. So wirkt der Rahmen, in den er seine Anweisungen integriert, wie „aus dem Leben gegriffen". Wegen dieses epochenspezifischen Merkmals sind seine Darlegungen zur verfeinerten Lebensart in der Metropole des Imperium Romanum von kulturgeschichtlichem Interesse und geben bis zu einem gewissen Grad Aufschluß über die tatsächlichen Verhältnisse. Trotz dieses Bezugs auf das Konkrete und Reale darf man Ovids Schilderung von Szenen aus dem Privat- und Alltagsleben vornehmer Römer nicht als getreue Wiedergabe historischer Zustände und Fakten deuten. In seinen Werken sind die Grenzen zwischen Wirklichkeit und Fiktion, Ernst und Spiel fließend und relativieren sich immer wieder. Diese Charakteristika bedeuten einerseits eine Herausforderung für den Leser, andererseits bereitet ihnen ihr Aufspüren intellektuelles Vergnügen und macht nicht zum geringsten Teil den Reiz der Werke dieses Dichters aus.

Ovids Ausführungen zur *urbanitas* fügen sich in mehrfacher Hinsicht bestens in den geistesgeschichtlichen Kontext der augusteischen Epoche ein. Zunächst entspricht seine Wahl der erotischen Thematik samt der damit verbunde-

---

[16] Zur Bedeutung des Angemessenen, das in der Lehre der Mittleren Stoa von Wichtigkeit ist, für Ovids Ars amatoria siehe M. von Albrecht, Ovid 80f.
[17] V. Pöschl, Grundzüge 14; E.A. Schmidt, Augusteische Literatur 124.
[18] E. Zinn, A&A 5, 1956, 25f.; vgl. S.A. Schlueter, Studies 49; E.A. Schmidt, Augusteische Literatur 124.
[19] V. Pöschl, Grundzüge 17; vgl. E.A. Schmidt, Augusteische Literatur 124; Ch. Walde, GB 24, 2005, 161.
[20] E. Stein-Hölkeskamp, Gastmahl 83.

nen Intimität und Subjektivität, d.h. der Rahmen, den er für seine Auslassungen zur *vita urbana* wählt, dem Trend jener Jahre, der auf die Steigerung der Bedeutung des privaten Bereiches abzielt. Außerdem kommt auch das Sujet *urbanitas* dem zu Ovids Lebzeiten aktuellen Interesse für Veredelung entgegen. Die Aufgeschlossenheit für solche Fragen zu Beginn des Prinzipates bestätigt der Umstand, daß Domitius Marsus dem feinen Humor ein nicht erhaltenes Werk widmete. Da in dieser Schrift die theoretische Auseinandersetzung der Römer mit dem *sermo urbanus* ihren Niederschlag fand, werden dadurch die Darlegungen des Poeten zu diesem Thema in der Ars amatoria abgerundet. Ferner wird die Behandlung von Ovids Sujets, die sich durch Feinheit der Struktur, Ausarbeitung und Sprache kennzeichnet, den in dieser Zeit dominierenden ästhetischen Prinzipien, nämlich *elegantia,* gerecht. Indem der Dichter seinen Intentionen gemäße Anschauungen, die oftmals epochenspezifische Prägung aufweisen, in die weitgehend standardisierten Vorstellungen von der kultivierten hauptstädtischen Lebensart einfließen läßt, löst er die landläufigen Stellungnahmen zu *urbanitas* aus ihrer „Erstarrung" und demonstriert seinen Lesern die Relativität des Wertekanons, der in jener Epoche für maßgeblich erachtet wurde. Dabei macht er sie auf Mißstände im Sittenkodex aufmerksam, indem er subtile Kritik an der Ehegesetzgebung des Herrschers in seine „Liebeslehre" einfließen läßt. So prüft er die traditionellen Werte und Haltungen, begründet sie neu und deutet sie aus subjektiver Erfahrung um.[21] Darüber hinaus bedeutet seine Behandlung der Liebe auf der gleichen Ebene wie die angesehenen *artes,* beispielsweise des von Augustus hochgeschätzten Ackerbaus, einen Seitenhieb auf diesen Herrscher.[22] Nach Ch. Walde weist Ovids Definition eines freien privaten Lebens und der Bejahung hoher Zivilisation nicht nur auf bestimmte Schwächen der augusteischen Restaurationspolitik hin, sondern der Dichter gibt zugleich auch zu verstehen, daß er die politischen Ziele des Machthabers erkannt hat; war der Herrscher doch bemüht, durch den gehobenen Lebensstandard die staatliche Kontrolle und Passivität der Bürger im politischen Bereich zu kompensieren. Durch die neue Nutzung der öffentlichen Bauten für Begegnungen macht er auf

---

[21] Dieser Umgang mit traditionellen Werten und Haltungen ist nicht auf Ovid beschränkt, sondern zeigt sich auch bei anderen Autoren aus dem 1. Jahrhundert v.Chr. wie beispielsweise Catull und Cicero. Zu diesem Problem siehe vor allem die Beiträge von A. Zierl, Werte 202. 208. 211; C. Müller-Goldingen, Wertewandel, Werteverfall und Wertestabilität in Ciceros De re publica, in: A. Haltenhoff – A. Heil – F.-H. Mutschler (Hg.), O tempora, o mores! Römische Werte und römische Literatur in den letzten Jahrzehnten der Republik. Beiträge zur Altertumskunde 171, München – Leipzig 2003, 134; F.-H. Mutschler, Geschichtsbetrachtung und Werteorientierung bei Nepos und Sallust, in: ebd. 267; vgl. auch U.W. Scholz, Varros Menippeische Satiren, in: ebd. 184f. (Varros Werk zeigt Wandlungsfähigkeit des *mos maiorum*).

[22] P. Watson, Praecepta 155.

die Schwachstellen der Politik des Prinzipatsgründers aufmerksam: in seinen Augen geraten solch ein Lebensstandard, die Bereitstellung öffentlichen Raumes, Massenunterhaltung und „moralische Auflagen im Sinne der längst überwundenen Phase der *rusticitas*" in Konflikt miteinander. So ist Ovids Konzeption der *urbanitas* „eine Art Konkurrenzmodell der Augusteischen Neuformierungen des römischen Stadttextes".[23] Freilich zeigt es nur einen „sehr schmalen Ausschnitt der Stadtkultur", der sich auf den durch die augusteischen Bauten geschaffenen Raum und bestimmte soziale Gruppen beschränkt.[24]

Den Passagen, in denen Ovids Spiel mit Personen, Sachen und Wörtern oder für die augusteische Epoche typisches Gedankengut seinen Ausdruck findet, sind Darlegungen zu allgemeinmenschlichen Verhaltensweisen gegenübergestellt, die ihre Aktualität niemals einbüßen und die Vorschriften des *praeceptor amoris* bis zu einem gewissen Grad verbindlich werden lassen, weil sie über den historischen und geistesgeschichtlichen Kontext hinausweisen. Trotz der Bedingtheit durch Thematik, Gattungskonventionen, den damit einhergehenden Topoi, epochenspezifisches Denken und ästhetische Prinzipien der augusteischen Zeit stellt Ovid das Phänomen *urbanitas* in einer Sicht dar, die noch in der Gegenwart geteilt wird. Ihre Akzeptanz liegt in einem Werbeslogan des Jahres 2005 offen zutage, in dem Urbanität mit Lebensqualität, d.h. Essen, Trinken, Kultur, Bauten und Kleidung, Errungenschaften, die der menschlichen Intelligenz und Kreativität zu verdanken sind, gleichgesetzt wird.[25]

---

[23] Ch. Walde, GB 24, 2005, 161.
[24] Ch. Walde, GB 24, 2005, 162.
[25] Den Hinweis auf diesen Werbeslogan verdanke ich Frau Prof. Dr. G. Wesch-Klein (Heidelberg).

Literaturverzeichnis

Die verwendeten Kurztitel sind durch Fettdruck hervorgehoben. Die Zeitschriften sind nach dem System der Année Philologique abgekürzt.

Ovid. Textausgaben, Kommentare und Übersetzungen

P. Ovidi Nasonis Amores, Medicamina faciei femineae, Ars amatoria, Remedia amoris edidit brevique adnotatione critica instruxit E.J. Kenney, Oxonii 1961 (reprinted from corrected sheets of the first edition 1977; Textgrundlage dieser Arbeit).
P. Ovidius Naso. Carmina amatoria. Amores, Medicamina faciei femineae, Ars amatoria, Remedia amoris edidit A. Ramírez de Verger, Monachii – Lipsiae 2003.
Ovide. Les Amours. Texte établi et traduit par H. Bornecque, Paris ³1961.
Ovid. Die Liebeselegien. Lateinisch und deutsch von F.W. Lenz. Schriften und Quellen der Antiken Welt 15, Berlin ²1966.
P. Ovidius Naso. Amores. Liebesgedichte. Lateinisch/Deutsch. Übersetzt und herausgegeben von M. von Albrecht, Stuttgart 1997.
J.C. McKeown, **Ovid: Amores**. Text, Prolegomena and Commentary in Four Volumes. Volume I. Text and Prolegomena. Arca. Classical and Medieval Texts, Papers and Monographs 20, Liverpool – New Hampshire 1987. Volume II. A Commentary on Book One. Arca. Classical and Medieval Texts, Papers and Monographs 22, Leeds 1989. Volume III. A Commentary on Book Two. Arca. Classical and Medieval Texts, Papers and Monographs 36, Leeds 1998.
P. Brandt, **P. Ovidii Nasonis De arte amatoria** libri tres, Hildesheim 1963 (ND Lipsiae 1902).
Ovide. L'art d'aimer. Texte établi et traduit par H. Bornecque, Paris 1924.
P. Ovidius Naso. Die Liebeskunst. Lateinisch und deutsch von F.W. Lenz, Berlin (Darmstadt) 1969.
Publius Ovidius Naso. Liebeskunst. Lateinisch-deutsch. Nach der Übersetzung W. Hertzbergs bearbeitet von F. Burger, München ¹²1976.
Publius Ovidius Naso. Liebeskunst. Lateinisch-Deutsch. Herausgegeben und übersetzt von N. Holzberg, Darmstadt ²1988.
Publius Ovidius Naso. Ars amatoria. Liebeskunst. Lateinisch/Deutsch. Übersetzt und herausgegeben von M. von Albrecht, Stuttgart 1992.
Ovidio. L'arte di amare a cura di E. Pianezzola. Commento di G. Baldo, L. Cristante, E. Pianezzola, Roma – Milano ²1993.
Ovid. Ars Amatoria Book I Edited with an Introduction and Commentary by A.S. Hollis, Oxford 1980 (ND von 1977).

M. Janka, **Ovid**. Ars Amatoria Buch 2. Kommentar. Wissenschaftliche Kommentare zu griechischen und lateinischen Schriftstellern, Heidelberg 1997.
Ovid. Ars Amatoria Book 3 Edited with Introduction and Commentary by R.K. Gibson. Cambridge Classical Texts and Commentaries 40, Cambridge 2003.
Ovidio. "Urbis amator". Introduzione di N. Scivoletto, testo, traduzione e commento a cura di L. Pepe, Roma 1973.
P. Ovidi Nasonis Fastorum libri sex recensuerunt E.H. Alton, D.E.W. Wormell, E. Courtney, Lipsiae 1988 (Textgrundlage dieser Arbeit).
P. Ovidii Nasonis Epistulae Heroidum quas H. Dörrie Hannoveranus ad fidem codicum edidit. Texte und Kommentare 6, Berolini – Novae Eboraci 1971 (Textgrundlage dieser Arbeit).
Ovidio. I cosmetici delle donne a cura di G. Rosati con testo latino a fronte, Venezia 1985.
Publius Ovidius Naso. Ibis, Fragmente, Ovidiana. Lateinisch-deutsch. Herausgegeben, übersetzt und erläutert von B.W. Häuptli, Zürich – Düsseldorf 1996.
P. Ovidii Nasonis Metamorphoses edidit W.S. Anderson, Lipsiae 1982 (Textgrundlage dieser Arbeit).
P. Ovidi Nasonis Metamorphoses recognovit brevique adnotatione critica instruxit R.J. Tarrant, Oxonii 2004.
P. Ovidi Nasonis Tristium libri quinque, Ibis, ex Ponto libri quattuor, Halieutica, Fragmenta recognovit brevique adnotatione critica instruxit S.G. Owen, Oxonii 1915 (reprinted 1980; Textgrundlage dieser Arbeit).
Ovide. Pontiques. Texte établi et traduit par J. André, Paris 1977.
Publius Ovidius Naso. Briefe aus der Verbannung. Tristia, Epistulae ex Ponto. Lateinisch und deutsch. Übertragen von W. Willige, eingeleitet und erläutert von N. Holzberg, Zürich ²1995.
M. Helzle, Ovids **Epistulae** ex Ponto. Buch I-II Kommentar. Wissenschaftliche Kommentare zu griechischen und lateinischen Schriftstellern, Heidelberg 2003.
Ovide. Les remèdes à l'amour, Les produits de beauté pour le visage de la femme. Texte établi et traduit par H. Bornecque, Paris ²1961.
H.J. Geisler, **P. Ovidius Naso**. Remedia amoris mit Kommentar zu Vers 1-396, Diss. Berlin 1969.
Ovid. Heilmittel gegen die Liebe. Die Pflege des weiblichen Gesichtes. Lateinisch und deutsch von F.W. Lenz, Darmstadt ²1969 (Lizenzausgabe des Akademie-Verlages Berlin).
P. Ovidi Nasonis Remedia Amoris Edited with Introduction and Commentary by A.A.R. Henderson, Edinburgh 1979.
Ovide. Tristes. Texte établi et traduit par J. André, Paris 1968.
J.T. Bakker, **Publii Ovidii Nasonis Tristium liber V** commentario exegetico instructus, Diss. Amstelodami 1946.

Cl. Purnelle-Simart – G. Purnelle, Ovide. Ars amatoria, Remedia amoris, De medicamine. Index verborum. Listes de fréquence. Relevés grammaticaux. Université de Liège, Faculté de philosophie et lettres, Série du laboratoire d'analyse statistique des langues anciennes 12, Liège 1987.

Sekundärliteratur

Adameşteanu, D.: Sopra il «**Geticum libellum**» (Pont. 4,13), in: Ovidiana. Recherches sur Ovide, publiées à l'occasion du bimillénaire de la naissance du poète par N.I. Herescu, Paris 1958, 391-395.
Albrecht, M. von: **Ovids Humor** und die Einheit der Metamorphosen, in: M. von Albrecht – E. Zinn (Hg.), Ovid. Wege der Forschung 92, Darmstadt 1968, 405-437 (Erstpublikation: M. von Albrecht, Ovids Humor. Ein Schlüssel zur Interpretation der Metamorphosen, AU 6,2, 1963, 47-72).
Albrecht, M. von: **Properz** als augusteischer Dichter, in: G. Binder (Hg.), Saeculum Augustum II. Religion und Literatur. Wege der Forschung 512, Darmstadt 1988, 360-377 (zuerst in: WS 95 [N.F. 16], 1982, 220-236).
Albrecht, M. von: Geschichte der römischen **Literatur** von Andronicus bis Boethius mit Berücksichtigung ihrer Bedeutung für die Neuzeit. 2 Bde. Zweite, verbesserte und erweiterte Auflage, München – New Providence – London – Paris 1994.
Albrecht, M. von: Römische **Poesie**. Texte und Interpretationen. Uni-Taschenbücher 1845, Tübingen – Basel [2]1995, 219-230.
Albrecht, M. von: Ovid und die Musik, in: H.M. Cotton – J.J. Price – D.J. Wasserstein (ed.), Studies in Memory of Abraham Wasserstein I, SCI 15, 1996, 174-184.
Albrecht, M. von: Ovids Amores und sein Gesamtwerk, WS 113, 2000, 167-180.
Albrecht, M. von: **Ovid**. Eine Einführung, Stuttgart 2003.
Alfonsi, L. – Schmid, W.: Elegie, RAC IV (1959) 1026-1061.
Alfonsi, L.: L'**humanitas** di Ovidio negli Amores, in: N. Barbu – E. Dobroiu – M. Nasta (cur.), Acta conventus omnium gentium Ovidianis studiis fovendis Tomis a die XXV ad diem XXXI mensis Augusti MCMLXXII habiti (Ovidianum. Societas Ovidianis studiis inter omnes gentes fovendis. Universitas Bucuriensis cathedra philologiae classicae), Bucureşti 1976, 71-78.
Alltag im Alten Rom. Ein Lexikon von K.-W. Weeber, Düsseldorf – Zürich 1995.
Alltag im Alten Rom. Das **Landleben**. Ein Lexikon von K.-W. Weeber, Düsseldorf – Zürich 1998, Neuausgabe 2000.

Amann, M.: **Komik** in den Tristien Ovids. Schweizerische Beiträge zur Altertumswissenschaft (SBA) 31, Basel 2006.

André, J.: **Etude** sur les termes de couleur dans la langue latine. Etudes et Commentaires 7, Paris 1949.

André, J.-M.: Quid **Ovidius** de barbaria senserit, in: N. Barbu – E. Dobroiu – M. Nasta (cur.), Acta conventus omnium gentium Ovidianis studiis fovendis Tomis a die XXV ad diem XXXI mensis Augusti MCMLXXII habiti (Ovidianum. Societas Ovidianis studiis inter omnes gentes fovendis. Universitas Bucurestiensis cathedra philologiae classicae), Bucureşti 1976, 79-83.

Antony, H.: **Humor** in der augusteischen Dichtung. Lachen und Lächeln bei Horaz, Properz, Tibull und Vergil, Hildesheim 1976.

Aricescu, A.: Le **mur d'enceinte** de Tomi à l'époque d'Ovide, in: N. Barbu – E. Dobroiu – M. Nasta (cur.), Acta conventus omnium gentium Ovidianis studiis fovendis Tomis a die XXV ad diem XXXI mensis Augusti MCMLXXII habiti (Ovidianum. Societas Ovidianis studiis inter omnes gentes fovendis. Universitas Bucurestiensis cathedra philologiae classicae), Bucureşti 1976, 85-90.

Avallone, R.: **De Ovidii elegiaci humanitate** et arte, in: N. Barbu – E. Dobroiu – M. Nasta (cur.), Acta conventus omnium gentium Ovidianis studiis fovendis Tomis a die XXV ad diem XXXI mensis Augusti MCMLXXII habiti (Ovidianum. Societas Ovidianis studiis inter omnes gentes fovendis. Universitas Bucurestiensis cathedra philologiae classicae), Bucureşti 1976, 91-102.

Baldo, G.: I mollia iussa di Ovidio (ars 2,196), MD 22, 1989, 37-47.

Barbieri, A.: Praeco-Poeta, sal e urbanitas, RCCM 29, 1987, 111-150.

Baudot, A.: **Musiciens romains** de l'Antiquité. Etudes et Commentaires 82, Montréal 1973.

Behler, E.: **Ironie**, in: G. Ueding (Hg.), Historisches Wörterbuch der Rhetorik IV, Darmstadt 1998, 599-624.

Besslich, S.: Ovids Winter in Tomis. Zu trist. III 10, Gymnasium 79, 1972, 177-191.

Bettini, M.: **Mos**, mores und mos maiorum: Die Erfindung der „Sittlichkeit" in der römischen Kultur, in: M. Braun – A. Haltenhoff – F.-H. Mutschler (Hg.), Moribus antiquis res stat Romana. Römische Werte und römische Literatur im 3. und 2. Jh.v.Chr. Beiträge zur Altertumskunde 134, München – Leipzig 2000, 303-352.

Binder, G.: **Aitiologische Erzählung** und augusteisches Programm in Vergils «Aeneis», in: ders. (Hg.), Saeculum Augustum II. Religion und Literatur. Wege der Forschung 512, Darmstadt 1988, 255-287.

Binder, G.: **Herrschaftskritik** bei römischen Autoren. Beispiele eines seltenen Phänomens, in: G. Binder – B. Effe (Hg.), Affirmation und Kritik. Zur politischen Funktion von Kunst und Literatur im Altertum. Bochumer Altertumswissenschaftliches Colloquium 20, Trier 1995, 125-164.

Bömer, F.: **Ovid** und die Sprache Vergils, in: M. von Albrecht – E. Zinn (Hg.), Ovid. Wege der Forschung 92, Darmstadt 1968, 173-202 (zuerst in: Gymnasium 66, 1959, 268-287).

Boyle, A.J.: **Ovid** and the Monuments. A Poet's Rome. Ramus Monographs 4, Bendigo 2003.

Bretzigheimer, G.: Exul ludens. Zur Rolle von relegans und relegatus in Ovids Tristien, Gymnasium 98, 1991, 39-76.

Brown, R.D.: **Lucretius** on Love and Sex. A Commentary on De Rerum Natura IV, 1030-1287 with Prolegomena, Text and Translation. Columbia Studies in the Classical Tradition 15, Leiden – New York – København – Köln 1987.

Bulgăr, G.: **Densité** et couleur dans le langage d'Ovide, in: N. Barbu – E. Dobroiu – M. Nasta (cur.), Acta conventus omnium gentium Ovidianis studiis fovendis Tomis a die XXV ad diem XXXI mensis Augusti MCMLXXII habiti (Ovidianum. Societas Ovidianis studiis inter omnes gentes fovendis. Universitas Bucurestiensis cathedra philologiae classicae), București 1976, 191-195.

Burck, E.: Römische **Wesenszüge** der augusteischen Liebeselegie, in: ders., Vom Menschenbild in der römischen Literatur. Ausgewählte Schriften mit einem Nachwort von H. Diller herausgegeben von E. Lefèvre, Heidelberg 1966, 191-221 (zuerst in: Hermes 80, 1952, 163-200).

Cataudella, Q.: Initiamenta Amoris, Latomus 33, 1974, 847-857.

Chwalek, B.: Die **Verwandlung** des Exils in die elegische Welt. Studien zu den Tristia und Epistulae ex Ponto Ovids. Studien zur klassischen Philologie 96, Frankfurt/Main – Berlin – Bern – New York – Paris – Wien 1996.

Claassen, J.-M.: Ovid's Wavering Identity: Personification and Depersonalisation in the Exilic Poems, Latomus 49, 1990, 102-116.

Claassen, J.-M.: **Displaced Persons**. The Literature of Exile from Cicero to Boethius, London 1999.

Copley, F.O.: Servitium amoris in the Roman Elegists, TAPhA 78, 1947, 285-300.

Corciu, N.: L'**attitude** humaine d'Ovide envers les Tomitains, in: N. Barbu – E. Dobroiu – M. Nasta (cur.), Acta conventus omnium gentium Ovidianis studiis fovendis Tomis a die XXV ad diem XXXI mensis Augusti MCMLXXII habiti (Ovidianum. Societas Ovidianis studiis inter omnes gentes fovendis. Universitas Bucurestiensis cathedra philologiae classicae), București 1976, 203-207.

Danoff, Ch.M.: Tomi, RE Suppl. IX (1962) 1397-1428.

Davis, P.J.: Praeceptor amoris: Ovid's Ars amatoria and the Augustan Idea of Rome, Ramus 24, 1995, 181-195.

Davis, P.J.: The Colonial Subject in Ovid's Exile Poetry, AJPh 123, 2002, 257-273.

Doblhofer, E.: Ovidius Urbanus. Eine Studie zum Humor in Ovids Metamorphosen, Philologus 104, 1960, 63-91; 223-235.

Doblhofer, E.: Die **Sprachnot** des Verbannten am Beispiel Ovids, in: U.J. Stache – W. Maaz – F. Wagner (Hg.), Kontinuität und Wandel. Lateinische Poesie von Naevius bis Beaudelaire. Franco Munari zum 65. Geburtstag, Hildesheim 1986, 100-116.

Doblhofer, E.: **Exil** und Emigration. Zum Erlebnis der Heimatferne in der römischen Literatur. Impulse der Forschung 51, Darmstadt 1987.

Dubuisson, M.: Utraque lingua, AC 50, 1981, 274-286.

Durling, R.M.: Ovid as praeceptor amoris, CJ 53, 1958, 157-167.

Effe, B.: **Dichtung** und Lehre. Untersuchungen zur Typologie des antiken Lehrgedichts. Zetemata 69, München 1977.

Ehlers, W.-W.: Poet und Exil. Zum Verständnis der Exildichtung Ovids, A&A 34, 1988, 144-157.

Eigler, U.: Urbanität und Ländlichkeit als Thema und Problem der augusteischen Literatur, Hermes 130, 2002, 288-298.

Fauth, W.: Venena amoris: Die Motive des Liebeszaubers und der erotischen Verzauberung in der augusteischen Dichtung, Maia 32, 1980, 265-282.

Feichtinger, B.: Casta matrona – puella fallax. Zum literarischen Frauenbild der römischen Elegie, SO 68, 1993, 40-68.

Fink, G.: Ovid als Psychologe. Interpretatorische Schwerpunkte bei der Lektüre der ars amatoria, AU 26,4, 1983, 4-11.

Fitton Brown, A.D.: The Unreality of Ovid's Tomitan Exile, LCM 10,2, 1985, 18-22.

Fleischhauer, G.: **Etrurien** und Rom, in: H. Besseler – M. Schneider (Hg.), Musikgeschichte in Bildern II. Musik des Altertums, Lieferung 5, Leipzig ²1964.

Fögen, T.: **Patrii sermonis egestas**. Einstellungen lateinischer Autoren zu ihrer Muttersprache. Ein Beitrag zum Sprachbewußtsein in der römischen Antike. Beiträge zur Altertumskunde 150, München – Leipzig 2000.

Fontaine, S.: **Parures** et costume chez Ovide, in: Les phénomènes de mode dans l'Antiquité. Actes du colloque organisé par la MAFPEN et l'ARELAD. Dijon. Université de Bourgogne, 1989, 71-86.

Fränkel, H.: **Ovid**: A Poet between Two Worlds. Sather Classical Lectures 18, Berkeley – Los Angeles 1945.

Frank, E.: De vocis **urbanitas** apud Ciceronem vi atque usu, Diss. Berlin 1932.

Frécaut, J.-M.: L'**esprit** et l'humour chez Ovide, Grenoble 1972.

Frécaut, J.-M.: Une **scène ovidienne** en marge de l'Odyssée: Ulysse et Calypso (Art d'aimer II, 123-142), in: H. Zehnacker – G. Hentz (éd.), Hommages à Robert Schilling. Collection d'Etudes latines. Série scientifique 37, Paris 1983, 287-295.

Froesch, H.: **Ovid** als Dichter des Exils. Abhandlungen zur Kunst-, Musik- und Literaturwissenschaft 218, Bonn 1976.

Galinsky, K.: **Augustan Culture**. An Interpretive Introduction, Princeton 1996.

Gandeva, R.: De Ovidio exsule **misericordia** "turbae Tomitanae regionis" commoto, in: N. Barbu – E. Dobroiu – M. Nasta (cur.), Acta conventus omnium gentium Ovidianis studiis fovendis Tomis a die XXV ad diem XXXI mensis Augusti MCMLXXII habiti (Ovidianum. Societas Ovidianis studiis inter omnes gentes fovendis. Universitas Bucurestiensis cathedra philologiae classicae), București 1976, 295-299.

Gauly, B.M.: **Liebeserfahrungen**. Zur Rolle des elegischen Ich in Ovids Amores. Studien zur klassischen Philologie 48, Frankfurt/Main – Bern – New York – Paris 1990.

Giangrande, G.: **Topoi** ellenistici nell'Ars amatoria, in: I. Gallo – L. Nicastri (cur.), Cultura, poesia, ideologia nell'opera di Ovidio. Pubblicazioni dell'Università degli Studi di Salerno. Sezione Atti, Convegni, Miscellanee 33, Napoli 1991, 61-98.

Goette, H.R.: **Studien** zu römischen Togadarstellungen. Beiträge zur Erschließung hellenistischer und kaiserzeitlicher Skulptur und Architektur 10, Mainz 1989.

Goold, G.P.: Amatoria Critica, HSPh 69, 1965, 1-107.

Grebe, S.: **Rom** und Tomis in Ovids Tristia und Epistulae ex Ponto, in: A. Hornung – C. Jäkel – W. Schubert (Hg.), Studia humanitatis ac litterarum trifolio Heidelbergensi dedicata. Festschrift für Eckhard Christmann, Wilfried Edelmaier und Rudolf Kettemann. Studien zur klassischen Philologie 144, Frankfurt/Main – Berlin – Bern – Bruxelles – New York – Oxford – Wien 2004, 115-129.

Green, P.: Ars gratia cultus: Ovid as Beautician, AJPh 100, 1979, 381-392.

Green, C.M.C.: Terms of Venery: Ars Amatoria I, TAPhA 126, 1996, 221-263.

Griffin, J.: Augustan Poetry and the Life of Luxury, JRS 66, 1976, 87-105.

Grimal, P.: **Aeneas** in Rom und der Triumph des Octavian, in: G. Binder (Hg.), Saeculum Augustum II. Religion und Literatur. Wege der Forschung 512, Darmstadt 1988, 240-254 (Erstpublikation: P. Grimal, Énée à Rome et le triomphe d'Octave, REA 53, 1951, 51-61).

Gros, P.: Aurea **Templa**. Recherches sur l'architecture religieuse de Rome à l'époque d'Auguste. BEFAR 231, Rome 1976.

Grüner, A.: **Venus** ordinis. Der Wandel von Malerei und Literatur im Zeitalter der römischen Bürgerkriege. Studien zur Geschichte und Kultur des Altertums N.F. 1. Reihe: Monographien 21, Paderborn – München – Wien – Zürich 2004.

Hadot, I.: **Geschichte** der Bildung; artes liberales, in: F. Graf (Hg.), Einleitung in die lateinische Philologie. Einleitung in die Altertumswissenschaft, Stuttgart – Leipzig 1997, 17-34.

Häußler, R.: Rund ums **Dreieck**: Ovid über Mars, Venus und Vulcanus, in: W. Schubert (Hg.), Ovid. Werk und Wirkung. Festgabe für Michael von Albrecht zum 65. Geburtstag. Teil I. Studien zur klassischen Philologie 100, Frankfurt/Main – Berlin – Bern – New York – Paris – Wien 1999, 205-236.

Hardie, P.: **Ovid's Poetics** of Illusion, Cambridge 2002.

Harrison, S.: **Ovid** and Genre: Evolutions of an Elegist, in: P. Hardie (ed.), The Cambridge Companion to Ovid, Cambridge 2002, 79-94.

Heldmann, K.: Schönheitspflege und Charakterstärke in Ovids Liebeslehre. Zum Proömium der 'Medicamina faciei', WJA N.F. 7, 1981, 153-176.

Heldmann, K.: Ovidius amoris artifex, Ovidius praeceptor Amoris (zu Ars am. 1,1-24), MH 38, 1981, 162-166.

Heldmann, K.: Ovid über den Pfau - Zum Lobe der Schönheit, Hermes 110, 1982, 375-380.

Heldmann, K.: **Dichtkunst** oder Liebeskunst? Die mythologischen Erzählungen in Ovids Ars amatoria. NAWG 1, 2000, Göttingen 2000, 355-414.

Helzle, M.: Ovid's Poetics of Exile, ICS 13, 1988, 73-83.

Helzle, M.: Conveniens operi tempus utrumque suo est: Ovids Epistula ex Ponto III 9 und Horaz, GB 15, 1988, 127-138.

Herescu, N.I.: **Poeta Getes**, in: Ovidiana. Recherches sur Ovide, publiées à l'occasion du bimillénaire de la naissance du poète par N.I. Herescu, Paris 1958, 404-405.

Herescu, N.: **Ovid**, le Gétique (Pont. IV 13,18: paene poeta Getes), in: Atti del Convegno internazionale Ovidiano, Sulmona maggio 1958, Roma 1959, 55-80.

Hermann, A.: Versuch einer **Aufbauanalyse** des 3. Buches der 'Ars amatoria', in: E. Zinn (Hg.), Ovids Ars amatoria und Remedia amoris. Untersuchungen zum Aufbau. Altsprachlicher Unterricht 13, Beiheft 2, Stuttgart 1970, 29-34.

Herter, H.: Ovids **Verhältnis** zur bildenden Kunst am Beispiel der Sonnenburg illustriert, in: Ovidiana. Recherches sur Ovide, publiées à l'occasion du bimillénaire de la naissance du poète par N.I. Herescu, Paris 1958, 49-74.

Herter, H.: Effeminatus, RAC IV (1959) 620-650.

Hesberg, H. von: Die **Häuser** der Senatoren in Rom: gesellschaftliche und politische Funktion, in: W. Eck – M. Heil (Hg.), Senatores populi Romani. Realität und mediale Präsentation einer Führungsschicht. Kolloquium der Prosopographia Imperii Romani vom 11.-13. Juni 2004. HABES 40, Stuttgart 2005, 19- 52.

Higham, T.F.: Ovid and **Rhetoric**, in: Ovidiana. Recherches sur Ovide, publiées à l'occasion du bimillénaire de la naissance du poète par N.I. Herescu, Paris 1958, 32-48.

Higham, T.F.: **Ovid**: Einige Aspekte seiner Eigenart und seiner Ziele, in: M. von Albrecht – E. Zinn (Hg.), Ovid. Wege der Forschung 92, Darmstadt 1968, 40-66 (Erstpublikation: T.F. Higham, Ovid: Some Aspects of His Character and Aims, CR 48, 1934, 105-116).

Hofmann, H.: The Unreality of Ovid's Tomitan Exile Once Again, LCM 12,2, 1987, 23.

Hohenwallner, I.: **Venit** odoratos elegia nexa capillos. Haar und Frisur in der römischen Liebeselegie. Mit einem Prolog von G. Petersmann und einem Epilog herausgegeben von S. Düll. Arianna 2, Möhnesee 2001.

Holleman, A.W.J.: Ovid and Politics, Historia 20, 1971, 458-466.

Holzberg, N.: Ovids erotische Lehrgedichte und die römische Liebeselegie, WS 94 (= N.F. 15), 1981, 195-204.

Holzberg, N.: Ovids Version der Ehebruchsnovelle von Ares und Aphrodite (Hom. Od. θ 266-366) in der Ars amatoria (II 561-592), WJA N.F. 16, 1990, 137-152.

Holzberg, N.: **Ovid.** Dichter und Werk, München 1997.

Huizinga, J.: **Homo ludens.** Vom Ursprung der Kultur im Spiel. In enger Zusammenarbeit mit dem Verfasser aus dem Niederländischen übertragen von H. Nachrod. Mit einem Nachwort von A. Flitner, Hamburg [19]2004.

Hurschmann, R.: Kosmetik, Der neue Pauly 6 (1999) 767-769.

Jäger, K.: **Crambe** repetita? Ovid, Amores 3,2 und Ars 1,135-162, in: E. Zinn (Hg.), Ovids Ars Amatoria und Remedia Amoris. Untersuchungen zum Aufbau. Altsprachlicher Unterricht 13, Beiheft 2, Stuttgart 1970, 51-60.

Kennedy, D.F.: Bluff your Way in Didactic: Ovid's Ars amatoria and Remedia amoris, Arethusa 33, 2000, 159-176.

Kenney, E.J.: Ovid's **Language** and Style, in: B. Weiden Boyd (ed.), Brill's Companion to Ovid, Leiden – Boston – Köln 2002, 27-89.

Kettemann, R.: Ovids **Verbannungsort** – ein locus horribilis?, in: W. Schubert (Hg.), Ovid. Werk und Wirkung. Festgabe für Michael von Albrecht zum 65. Geburtstag. Teil II. Studien zur klassischen Philologie 100, Frankfurt/Main – Berlin – Bern – New York – Paris –Wien 1999, 715-735.

Kienast, D.: **Augustus.** Prinzeps und Monarch, Darmstadt [3]1999.

Kleve, K.: Naso magister erat – sed quis Nasonis magister?, SO 58, 1983, 89-109.

Kling, H.: Zur **Komposition** des 2. Buches der „Ars amatoria", in: E. Zinn (Hg.), Ovids Ars amatoria und Remedia amoris. Untersuchungen zum Aufbau. Altsprachlicher Unterricht 13, Beiheft 2, Stuttgart 1970, 18-28.

Kockel, V.: **Porträtreliefs** stadtrömischer Grabbauten. Ein Beitrag zur Geschichte und zum Verständnis der spätrepublikanisch-frühkaiserzeitlichen Privatporträts. Beiträge zur Erschließung hellenistischer und kaiserzeitlicher Skulptur und Architektur 12, Mainz 1993.

Kölblinger, G.: Einige **Topoi** bei den lateinischen Liebesdichtern. Dissertationen der Universität Graz 15, Wien 1971.

Krill, R.M.: **Mythology** in the Amatory Works of Ovid, in: N. Barbu – E. Dobroiu – M. Nasta (cur.), Acta conventus omnium gentium Ovidianis studiis fovendis Tomis a die XXV ad diem XXXI mensis Augusti MCMLXXII habiti (Ovidianum. Societas Ovidianis studiis inter omnes gentes fovendis. Universitas Bucurestiensis cathedra philologiae classicae), București 1976, 365-371.

Krókowski, J.: Ars amatoria – poème didactique, Eos 53, 1963, 143-156.

Kühnert, F.: Zur **Reihenfolge** der artes liberales in der Antike, in: ders., Bildung und Redekunst in der Antike. Kleine Schriften, herausgegeben von V. Riedel, Jena 1994, 7-22.

Kühnert, F.: Zur antiken **Einteilung** in sogenannte freie Künste und in handwerksmäßige Künste, in: ders., Bildung und Redekunst in der Antike. Kleine Schriften, herausgegeben von V. Riedel, Jena 1994, 23-26.

Kühnert, F.: Zum **Humanismus** im Rom der republikanischen und augusteischen Zeit, in: ders., Bildung und Redekunst in der Antike. Kleine Schriften, herausgegeben von V. Riedel, Jena 1994, 57-69.

Kühnert, F.: Quintilians **Erörterung** über den Witz (Inst. or. VI 3), in: ders., Bildung und Redekunst in der Antike. Kleine Schriften, herausgegeben von V. Riedel, Jena 1994, 111-143.

Küppers, E.: Ovids 'Ars amatoria' und 'Remedia amoris' als Lehrdichtungen, ANRW II 31.4 (1981) 2507-2551.

Labate, M.: L'**arte** di farsi amare. Modelli culturali e progetto didascalico nell'elegia ovidiana. Biblioteca di «Materiali e discussioni per l'analisi dei testi classici» 2, Pisa 1984.

Laigneau, S.: Le poète face aux barbares: l'utilisation rhétorique du thème du barbare dans les œuvres d'exil d'Ovide, REL 80, 2002, 115-128.

Lambrino, S.: **Tomis**, cité gréco-gète chez Ovide, in: Ovidiana. Recherches sur Ovide, publiées à l'occasion du bimillénaire de la naissance du poète par N.I. Herescu, Paris 1958, 379-390.

Lammermann, K.: Von der attischen **Urbanität** und ihrer Auswirkung in der Sprache, Diss. Göttingen 1935.

La Penna, A.: Note sul linguaggio erotico dell'elegia latina, Maia 4, 1951, 187-209.

Lautmann, R.: **Wert** und Norm. Begriffsanalysen für die Soziologie. Beiträge zur soziologischen Forschung 5, Opladen ²1971.

Leach, E.W.: Georgic Imagery in the Ars amatoria, TAPhA 95, 1964, 142-154.

Leary, T.J.: Ovid, Ars amatoria 3.653-6, CQ 85 (N.S. 41), 1991, 265-267.

Lieberg, G.: La laus mulieris nella poesia Augustea, Maia 49, 1997, 349-365.

Lilja, S.: The Roman Elegists' **Attitude** to Women, Helsinki 1965.

Lilja, S.: The **Treatment** of Odours in the Poetry of Antiquity. Commentationes Humanarum Litterarum 49, 1972, Helsinki – Helsingfors 1972.

Lobe, M.: Die **Gebärden** in Vergils Aeneis. Zur Bedeutung und Funktion von Körpersprache im römischen Epos. Classica et Neolatina. Studien zur lateinischen Literatur 1, Frankfurt/Main − Berlin − Bern − New York − Paris − Wien 1999.

Lozovan, E.: **Ovide** et le bilinguisme, in: Ovidiana. Recherches sur Ovide, publiées à l'occasion du bimillénaire de la naissance du poète par N.I. Herescu, Paris 1958, 396-403.

Lüderitz, A.: **Aufbau** des 1. Buches der 'Ars amatoria' von Ovid. Gedanklicher Aufbau und sprachliche Verknüpfung des 'Rahmens', in: E. Zinn (Hg.), Ovids Ars amatoria und Remedia amoris. Untersuchungen zum Aufbau. Altsprachlicher Unterricht 13, Beiheft 2, Stuttgart 1970, 8-17.

Lütkemeyer, S.: Ovids **Exildichtung** im Spannungsfeld von Ekloge und Elegie. Eine poetologische Deutung der Tristia und Epistulae ex Ponto. Studien zur klassischen Philologie 150, Frankfurt/Main − Berlin − Bern − Bruxelles − New York − Oxford − Wien 2005.

Lyne, R.O.A.M.: Servitium Amoris, CQ 73 (N.S. 29), 1979, 117-130.

Lyne, R.O.A.M.: The Latin **Love Poets** from Catullus to Horace, Oxford 1980.

Mader, G.: Ovid the Iconoclast: Argumentation and Design in Ars, 3.101-128, Latomus 47, 1988, 365-375.

Marrou, H.-I.: **Geschichte** der Erziehung im klassischen Altertum, herausgegeben von R. Harder, Freiburg − München 1957.

Martin, R.: **Ovide** et la sexualité: dit et non-dit de l'Ars Amatoria, in: F. Decreus - C. Déroux (éd.), Hommages à Jozef Veremans. Collection Latomus 193, Bruxelles 1986, 208-218.

Martin, R.: L'**art** d'Ovide au livre III de l'Ars amatoria, in: Lectures d'Ovide publiées à la mémoire de Jean-Pierre Néraudau. Etudes réunies par E. Bury, avec la collaboration de M. Néraudau. Préface de P. Laurens, Paris 2003, 79-88.

Martyn, J.R.C.: Naso − Desultor amoris (Amores I-III), ANRW II 31.4 (1981) 2436-2459.

McLaughlin, J.D.: The **Relevancy** of the Mythological Episodes to Ovid's ars amatoria, Ann Arbor 1980 (Diss. Univ. of Michigan 1975).

Millar, F.: Ovid and the Domus Augusta: Rome Seen From Tomoi, JRS 83, 1993, 1-17.

Müller, R.: **Motivkatalog** der römischen Elegie. Eine Untersuchung zur Poetik der Römer, Diss. Zürich 1952.

Müller, R.: **Sprachbewußtsein** und Sprachvariation im lateinischen Schrifttum der Antike. Zetemata 111, München 2001.

Murgatroyd, P.: Militia amoris and the Roman Elegists, Latomus 34, 1975, 59-79.

Murgatroyd, P.: Servitium amoris and the Roman Elegists, Latomus 40, 1981, 589-606.

Murgia, C.E.: Influence of Ovid's Remedia Amoris on Ars Amatoria 3 and Amores 3, CPh 81, 1986, 203-220.

Muth, R.: **Poeta ludens**. Zu einem Prinzip der alexandrinisch-hellenistischen und der römisch-neoterischen Dichtung. Innsbrucker Beiträge zur Kulturwissenschaft 17. Serta philologica Aenipontana 2, 1972, 65-82.

Myerowitz Levine, M.: The Women of Ovid's Ars Amatoria: Nature or Culture?, SCI 6, 1981/82, 30-56.

Myerowitz, M.: Ovid's **Games** of Love, Detroit 1985.

Nagle, B.R.: The **Poetics** of Exile. Program and Polemic in the Tristia and Epistulae ex Ponto of Ovid. Collection Latomus 170, Bruxelles 1980.

Nikolaidis, A.G.: On a Supposed Contradiction in Ovid (Medicamina faciei 18-22 vs. Ars amatoria 3. 129-32), AJPh 115, 1994, 97-103.

Nikolaidis, A.G.: Minerva rava an torva?, AJPh 122, 2001, 81-86.

Nussbaum, A.G.: The **Therapy** of Desire. Theory and Practice in Hellenistic Ethics. Martin Classical Lectures N.S. 2, Princeton, New Jersey 1994.

O'Gorman, E.: Love and the Family: Augustus and Ovidian Elegy, Arethusa 30, 1997, 103-123.

Otis, B.: **Ovids Liebesdichtungen** und die augusteische Zeit, in: M. von Albrecht – E. Zinn (Hg.), Ovid. Wege der Forschung 92, Darmstadt 1968, 233-254 (Erstpublikation: B. Otis, Ovid and the Augustans, TAPhA 69, 1938, 188-229).

Petersen, E.: **Ara Pacis Augustae**. Sonderschriften des Österreichischen Archäologischen Institutes in Wien 2, Wien 1902 (Text- und Tafelband).

Pianezzola, E.: Conformismo e anticonformismo politico nell'Ars amatoria di Ovidio, QIFL 2, 1972, 37-58.

Pippidi, D.M.: **Tomis**, cité géto-grecque à l'époque d'Ovide?, in: ders., Parerga. Ecrits de Philologie, d'Epigraphie et d'Histoire ancienne. Collection d'Etudes anciennes, Bucureşti – Paris 1984, 189-194 (zuerst in: Athenaeum N.S. 55, 1977, 250-256).

Podossinov, A.: Ovids **Dichtung** als Quelle für die Geschichte des Schwarzmeergebiets. Xenia 19, Konstanz 1987.

Pöschl, V.: **Grundzüge** der augusteischen Klassik, in: F. Hörmann (Hg.), Neue Einsichten. Beiträge zum altsprachlichen Unterricht. Dialog Schule - Wissenschaft. Klassische Sprachen und Literaturen 5, München 1970, 6-18 (= ders., in: Kunst und Wirklichkeitserfahrung in der Dichtung. Abhandlungen und Aufsätze zur Römischen Poesie. Kleine Schriften I, herausgegeben von W.-L. Liebermann, Heidelberg 1979, 21-34).

Polaschek, K.: Studien zu einem Frauenkopf im Landesmuseum Trier und zur weiblichen Haartracht der iulisch-claudischen Zeit, TZ 35, 1972, 141-210.

Rabbie, E.: Cicero über den **Witz**. Kommentar zu De Oratore II, 216-290, Diss. Amsterdam 1986.

Ramage, E.S.: The De Urbanitate of Domitius Marsus, CPh 54, 1959, 250-255.

Ramage, E.S.: Early Roman Urbanity, AJPh 81, 1960, 65-72.

Ramage, E.S.: **Urbanitas**. Ancient Sophistication and Refinement. University of Cincinnati Classical Studies 3, Cincinnati/Oklahoma 1973.

Reekmans, T.: **Pudor** in Ovidius' Ars Amatoria, in: Zetesis. Album amicorum door vrienden en collega's aangeboden aan E. de Strycker Gewoon Hoogleraar aan de Universitaire Faculteiten Sint-Ignatius te Antwerpen ter gelegenheid van zijn vijfenzestigste verjaardag, Antwerpen – Utrecht 1973, 373-395.

Reitzenstein, R.: Zur **Sprache** der lateinischen Erotik. SHAW 12, 1912, Heidelberg 1912.

Renz, H.: Mythologische **Beispiele** in Ovids erotischer Elegie, Würzburg 1935 (Diss. Tübingen 1931).

Robert, L.: **Les gladiateurs** dans l'orient grec, Amsterdam 1971 (ND von Bibliothèque de l'Ecole des Hautes Etudes IVe section, Sciences historiques et philologiques 278, Limoges 1940).

Rochette, B.: Remarques sur le bilinguisme gréco-latin, EtClass 64, 1996, 3-19.

Romano, A.C.: Ovid's Ars Amatoria or the Art of Outmanoeuvering the Partner, Latomus 31, 1972, 814-819.

Saint-Denis, E. de: **Essais** sur le rire et le sourire des Latins. Publications de l'Université de Dijon 30, Paris 1965.

Sanders, G.: **Ovide:** les rigueurs du rire, in: F. Decreus - C. Déroux (éd.), Hommages à Jozef Veremans. Collection Latomus 193, Bruxelles 1986, 274-288.

Scaffai, M.: Atteggiamenti verso la divinità in Ovidio elegiaco (Am. 3,3 e Ars am. 1,631 sgg.), Prometheus 14, 1988, 122-140.

Scheidle, K.: **Modus** optumum. Die Bedeutung des «rechten Maßes» in der römischen Literatur (Republik – frühe Kaiserzeit), untersucht an den Begriffen «Modus – Modestia – Moderatio – Temperantia». Studien zur klassischen Philologie 73, Frankfurt/Main – Berlin – Bern – New York – Paris – Wien 1993.

Scheithauer, A.: Die Römer und ihre Frühzeit, RhM N.F. 141, 1998, 286-307.

Scheithauer, A.: Kaiserliche **Bautätigkeit** in Rom. Das Echo in der antiken Literatur. HABES 32, Stuttgart 2000.

Scheithauer, A.: Jünger der Musenkunst in Rom, IJM 10, 2001 (abrufbar unter http://www.goldbergstiftung.de/forum/index_de.php?a=topic8t=45; im Druck).

Schenkeveld, D.M.: **Asteismus,** in: G. Ueding (Hg.), Historisches Wörterbuch der Rhetorik I, Darmstadt 1992, 1129-1134.

Schlueter, S.A.: **Studies** in Ovid's Ars amatoria, Diss. Austin/Texas 1975.

Schmidt, E.A.: Augusteische **Literatur.** System in Bewegung. AHAW 28, 2003, Heidelberg 2003.

Schmidt, E.E.: **Römische Frauenstatuen**, o.O. 1967.

Schmitzer, U.: **Ovid**. Studienbücher Antike 7, Hildesheim – Zürich – New York 2001.

Schmitzer, U.: Literarische Stadtführungen von Homer bis Ammianus Marcellinus und Petrarca, Gymnasium 108, 2001, 515-535.

Scholz, B.I.: **Untersuchungen** zur Tracht der römischen matrona, Köln – Weimar – Wien 1992.
Scholz, U.W.: Die sermones des **Lucilius**, in: M. Braun – A. Haltenhoff – F.-H. Mutschler (Hg.), Moribus antiquis res stat Romana. Römische Werte und römische Literatur im 3. und 2. Jh.v.Chr. Beiträge zur Altertumskunde 134, München – Leipzig 2000, 217-234.
Schröder, W.A.: Zu Ovids Ars amatoria 1,665, Hermes 118, 1990, 242-247.
Schubert, W.: Die **Mythologie** in den nichtmythologischen Dichtungen Ovids. Studien zur klassischen Philologie 66, Frankfurt/Main – Bern – New York – Paris 1992.
Schüttpelz, F.: **Humor**, in: G. Ueding (Hg.), Historisches Wörterbuch der Rhetorik IV, Darmstadt 1998, 86-98.
Sebesta, J.L.: **Tunica** Ralla, Tunica Spissa. Colors and Textiles of Roman Costumes, in: J.L. Sebesta – L. Bonfante (ed.), The World of Roman Costume, Madison 1994, 65-76.
Sharrock, A.R.: Womanufacture, JRS 81, 1991, 36-49.
Sharrock, A.: **Seduction** and Repetition in Ovid's Ars Amatoria 2, Oxford 1994.
Sharrock, A.R.: Ovid and the Politics of Reading, MD 33, 1994, 97-122.
Sharrock, A.: **Ovid** and the Discourses of Love: the Amatory Works, in: P. Hardie (ed.), The Cambridge Companion to Ovid, Cambridge 2002, 150-162.
Shulman, J.: Te Quoque Falle Tamen: Ovid's Anti-Lucretian Didactics, CJ 76, 1980/81, 242-253.
Sittl, C.: Die **Gebärden** der Griechen und Römer, Leipzig 1890.
Solodow, J.B.: Ovid's Ars Amatoria: the Lover as Cultural Ideal, WS 90 (N.F. 11), 1977, 106-127.
Sommariva, G.: La parodia di Lucrezio nell'Ars et nei Remedia Ovidiani, A&R N.S. 25, 1980, 123-148.
Spoth, F.: Hohe Epik als Liebeswerbung? Zweifel an der Authentizität von Ovid, Ars 3,335-338, MH 49, 1992, 201-205.
Stein-Hölkeskamp, E.: Das römische **Gastmahl**. Eine Kulturgeschichte, München 2005.
Steudel, M.: Die **Literaturparodie** in Ovids Ars Amatoria. Altertumswissenschaftliche Texte und Studien 25, Hildesheim – Zürich – New York 1992.
Stoian, I.: **Tomitana**. Contribuții epigrafice la istoria cetății Tomis. Biblioteca de Arheologia 6, București 1962.
Stroh, W.: Die römische **Liebeselegie** als werbende Dichtung, Amsterdam 1971.
Stroh, W.: **Expedit** esse deos, in: E. Stroh – W. Stroh (Hg.), Von Kanzel und Katheder. Gemischte Grüße an Hans Stroh zu seinem siebzigsten Geburtstag, München 1978, 67-72.
Stroh, W.: Ovids Liebeskunst und die Ehegesetze des Augustus, Gymnasium 86, 1979, 323-352.

Stroh, W.: Rhetorik und Erotik. Eine Studie zu Ovids liebesdidaktischen Gedichten, WJA N.F. 5, 1979, 117-132.

Syme, R.: **History** in Ovid, Oxford 1978.

Thome, G.: **O tempora**, o mores! Wertvorstellungen bei den Rednern der republikanischen Zeit, in: M. Braun – A. Haltenhoff – F.-H. Mutschler (Hg.), Moribus antiquis res stat Romana. Römische Werte und römische Literatur im 3. und 2. Jh.v.Chr. Beiträge zur Altertumskunde 134, München – Leipzig 2000, 125-139.

Thüry, G.E.: Antike **Konsumkritik**, Historicum Frühjahr 2004, 34-35.

Tupet, A.-M.: **Ovide** et la magie, in: N. Barbu – E. Dobroiu – M. Nasta (cur.), Acta conventus omnium gentium Ovidianis studiis fovendis Tomis a die XXV ad diem XXXI mensis Augusti MCMLXXII habiti (Ovidianum. Societas Ovidianis studiis inter omnes gentes fovendis. Universitas Bucurestiensis cathedra philologiae classicae), București 1976, 575-584.

Veyne, P.: L'**élégie** érotique romaine. L'amour, la poésie et l'occident, Paris 1983.

Videau-Delibes, A.: Les Tristes d'**Ovide** et l'élégie romaine. Une poétique de la rupture. Etudes et commentaires 102, Paris 1991.

Vulcănescu, R.: **Aspetti** di civilizzazione e di cultura getica nell'opera d'Ovidio, in: N. Barbu – E. Dobroiu – M. Nasta (cur.), Acta conventus omnium gentium Ovidianis studiis fovendis Tomis a die XXV ad diem XXXI mensis Augusti MCMLXXII habiti (Ovidianum. Societas Ovidianis studiis inter omnes gentes fovendis. Universitas Bucurestiensis cathedra philologiae classicae), București 1976, 615-622.

Wagenvoort, H.: Ludus poeticus, LEC 4, 1935, 108-120.

Walde, Ch.: Die Stadt Rom in den Exilgedichten Ovids, GB 24, 2005, 155-174.

Watson, P.: Ovid and Cultus: Ars Amatoria 3.113-28, TAPhA 112, 1982, 237-244.

Watson, P.: Mythological Exempla in Ovid's Ars amatoria, CPh 78, 1983, 117-126.

Watson, P.: Love as Civilizer: Ovid, Ars Amatoria 2,467-92, Latomus 43, 1984, 389-395.

Watson, P.: **Praecepta** amoris: Ovid's Didactic Elegy, in: B. Weiden Boyd (ed.), Brill's Companion to Ovid, Leiden – Boston – Köln 2002, 141-165.

Weber, M.: Die **mythologische Erzählung** in Ovids Liebeskunst. Verankerung, Struktur und Funktion. Studien zur klassischen Philologie 6, Frankfurt/Main – Bern 1983.

Weis, R.: Zur **Kenntnis** des Griechischen im Rom der republikanischen Zeit, in: C.W. Müller – K. Sier – J. Werner (Hg.), Zum Umgang mit fremden Sprachen in der griechisch-römischen Antike. Kolloquium der Fachrichtungen Klassische

Philologie der Universitäten Leipzig und Saarbrücken am 21. und 22. November 1989 in Saarbrücken. Palingenesia 36, Stuttgart 1992, 137-142.

Weisert, K.: **Aufbau** der „Ars amatoria" und der „Remedia amoris", in: E. Zinn (Hg.), Ovids Ars Amatoria und Remedia Amoris. Untersuchungen zum Aufbau. Altsprachlicher Unterricht 13, Beiheft 2, Stuttgart 1970, 1-7.

Wellmann–Bretzigheimer, G.: **Ovids «Ars amatoria»**, in: H.G. Rötzer – H. Walz (Hg.), Europäische Lehrdichtung. Festschrift für Walter Naumann zum 70. Geburtstag, Darmstadt 1981, 1-32.

Wildberger, J.: **Ovids Schule** der „elegischen" Liebe. Erotodidaxe und Psychagogie in der Ars amatoria. Studien zur klassischen Philologie 112, Frankfurt/Main – Berlin – Bern – New York – Paris – Wien 1998.

Wilkinson, L.P.: **Ovid** Recalled, Cambridge 1955.

Wille, G.: **Musica Romana**. Die Bedeutung der Musik im Leben der Römer, Amsterdam 1967.

Wille, G.: **Einführung** in das römische Musikleben. Die Altertumswissenschaft. Einführung in Gegenstand, Methode und Ergebnisse ihrer Teildisziplinen und Hilfswissenschaften 24, Darmstadt 1977.

Williams, G.D.: Banished **Voices**. Readings in Ovid's Exile Poetry. Cambridge Classical Studies, Cambridge 1994.

Williams, G.: Ovid's **Exilic Poetry**: Worlds Apart, in: B. Weiden Boyd (ed.), Brill's Companion to Ovid, Leiden – Boston – Köln 2002, 337-381.

Williams, G.: Ovid's **Exile Poetry**: Tristia, Epistulae ex Ponto and Ibis, in: P. Hardie (ed.), The Cambridge Companion to Ovid, Cambridge 2002, 233-245.

Wright, E.F.: Profanum sunt Genus: The Poets of the Ars Amatoria, PhQ 63, 1984, 1-15.

Wyke, M.: In Pursuit of Love, the Poetic Self and a Process of Reading Augustan Elegy in the 1980's, JRS 79, 1989, 165-173.

Zabulis, H.: Die neue Auffassung von der Menschenwürde in Ovids Ars amatoria, Klio 67, 1985, 185-194.

Zanker, P.: **Augustus** und die Macht der Bilder, München [2]1990.

Zanker, P.: Der **Kaiser** baut fürs Volk. Gerda Henkel Vorlesung, Opladen 1997.

Zierl, A.: Alte und neue **Werte** in den Gedichten Catulls, in: A. Haltenhoff – A. Heil – F.-H. Mutschler (Hg.), O tempora, o mores! Römische Werte und römische Literatur in den letzten Jahrzehnten der Republik. Beiträge zur Altertumskunde 171, München – Leipzig 2003, 199-218.

Zinn, E.: Die Dichter des alten Rom und die Anfänge des Weltgedichts, A&A 5, 1956, 7-26.

Zinn, E.: Elemente des Humors in augusteischer Dichtung, Gymnasium 67, 1960, 41-56; 152-155.

Zinn, E.: **Worte** zum Gedächtnis Ovids gesprochen bei der Zweitausendjahrfeier am 5. Februar 1958 in Tübingen, in: M. von Albrecht – E. Zinn (Hg.), Ovid. Wege der Forschung 92, Darmstadt 1968, 3-39.

Register

In diesem Register sind nur für die vorliegende Untersuchung relevante Stellen und Belege erfaßt.

Literarische Quellen

Apoll. Rhod. 1,307-311: 284 - 1,536-539: 284 - 2,676-679: 284 - 3,876-886: 284
Cic. Arch. 26: 27
Cic. Att. 1,16,10: 24 - 2,14,2: 24 - 2,15,3: 24
Cic. Brut. 169-172: 26 - 170f.: 21. 86 - 171: 59. 62. 65 - 171f.: 59 - 177: 21 - 242: 26 - 258: 27 - 259: 60 - 315: 61
Cic. Cael. 6: 21 - 33: 24 - 54f.: 25
Cic. epist. 3,8,3: 20 - 5,12,1: 25 - 7,31,2: 28 - 7,32,2: 28 - 9,15,2: 28 - 16,21,7: 20
Cic. fin. 2,77: 25
Cic. leg. 1,6: 24
Cic. nat. deor. 2,74: 20
Cic. off. 1: 129 - 1,12: 25 - 1,96-140: 21. 28 - 1,103: 249 - 1,104: 21. 86. 267 - 1,128: 21 - 1,129: 22 - 1,130: 21f. 24. 132f. 165. 196. 242 - 1,131: 22 - 1,132-137: 22 - 1,133: 21f. 60. 62. 65 - 1,134: 22 - 1,136: 22. 110 - 1,137: 22 - 1,138: 22 - 1,138f.: 22 - 1,139: 23 - 1,140: 23 - 3,21ff.: 190 - 3,24: 128 - 3,95: 190 - 3,107: 190
Cic. orat. 81: 25. 61
Cic. de orat. 1,17: 21. 267 - 1,72: 20 - 1,73: 43 - 1,159: 267 - 2,25: 20 - 2,40: 20. 85 - 2,220: 267 - 2,239: 253 - 2,240: 276 - 2,257: 273 - 2,265: 271 - 2,268: 272 - 2,269f.: 21. 86. 267 - 3,39: 61 - 3,42: 25 - 3,42f.: 21. 59 - 3,44: 27. 60. 215 - 3,45: 25. 27 - 3,46: 26. 60 - 3,161: 86
Cic. Quinct. 59: 25
Cic. S. Rosc. 20: 25 - 74f.: 25 - 120f.: 19f. - 143: 25
Cic. Sest. 18: 132. 194
Cic. Tusc. 4,74f.: 85
Gell. 13,11: 23
Hom. Il. 3,392-394: 195
Hom. Od. 6,102-109: 283
Hor. ars 45: 265 - 46: 265 - 289ff.: 265
Hor. carm. 1,5,10-12: 87 - 1,6,17-20: 240 - 1,6,20: 250 - 1,15,13-15: 195 - 1,15,19f.: 195 - 1,24,19f.: 75 - 1,38,1: 236 - 2,7,6-8: 243 - 2,10: 251f. - 2,10,5-8: 252 - 2,12,13: 240 - 2,12,17: 240 - 2,12,17-20: 250 - 2,16,9ff.: 169 - 2,18,1-8: 236 - 3,1,45-48: 236 - 3,4,65-67: 251f. - 3,6,1-8: 257 - 3,6,17-32: 257 - 3,6,21-28: 257 - 3,6,25ff.: 118 - 3,6,25-28: 258 - 3,8,5: 240 - 3,10,9f.: 258 - 3,12,9-16: 241 - 3,24,17-24: 258 - 3,24,41-44: 257 - 3,24,41-64: 256 - 4,2,37-40: 168 - 4,9,13f.: 195 - 4,15,4f.: 285
Hor. epist. 1,1,41-69: 256 - 1,1,94-96: 134. 242 - 1,1,95ff.: 242 - 1,1,104f.: 242 - 1,6,15-18: 237 - 1,7,27: 250 - 1,9,10f.: 251 - 1,9,13: 251 - 1,18,1-20: 248 - 1,18,5-8: 243 - 1,18,59f.: 251-253 - 2,1,145-150:

251 - 2,2,141-144: 251f. - 2,2,175-182: 236 - 2,2,213f.: 251
Hor. epod. 4: 169 - 8,15-18: 240 - 11,11f.: 256 - 12,9-12: 247 - 12,21f.: 244
Hor. sat. 1,1,23-25: 251 - 1,1,41ff.: 257 - 1,1,41-119: 256 - 1,1,49-51: 257 - 1,1,61f.: 257 - 1,1,70-79: 257 - 1,1,76-78: 257 - 1,1,106: 252 - 1,1,106f.: 251f. 257 - 1,2,25f.: 242 - 1,2,26f.: 243f. - 1,2,80ff.: 163 - 1,3,29-32: 242 - 1,3,30f.: 243 - 1,3,30-32: 134. 242 - 1,3,34f.: 76 - 1,3,38-40: 253. 255 - 1,3,38-48: 76 - 1,3,38-75: 253 - 1,3,41-48: 253 - 1,3,54: 254 - 1,3,55f.: 254 - 1,3,67-75: 254 - 1,4: 255 - 1,4,86-93: 249 - 1,4,90f.: 255 - 1,4,91-93: 244 - 1,5: 250 - 1,5,5: 250 - 1,5,7f.: 250 - 1,5,11-23: 250 - 1,5,51-69: 250 - 1,5,71-76: 250 - 1,9: 251 - 1,10,7-15: 251 - 1,10,9-15: 250. 252. 268 - 1,10,13f.: 248. 252 - 1,10,64f.: 255 - 2,2,1-7: 237 - 2,2,1-22: 237 - 2,2,4-7: 237f. - 2,2,14-22: 237 - 2,2,15f.: 238 - 2,2,21f.: 238f. - 2,3,77ff.: 169 - 2,3,77-160: 256 - 2,3,91f.: 257 - 2,3,91-99: 256 - 2,3,94-96: 256 - 2,3,96-99: 256 - 2,3,99f.: 256 - 2,3,107-160: 257 - 2,3,158f.: 257 - 2,4,12-87: 237f. - 2,4,35: 238 - 2,4,35f.: 238 - 2,4,37-39: 238 - 2,4,47-50: 238 - 2,4,47-75: 238 - 2,4,76: 239 - 2,4,76f.: 238 - 2,4,76-87: 239 - 2,4,78: 239 - 2,4,82: 239 - 2,4,86: 239 - 2,4,86f.: 239 - 2,5: 172 - 2,5,9-22: 172 - 2,5,39ff.: 106 - 2,5,99-104: 253 - 2,5,99-110: 260 - 2,7,55: 243 - 2,8: 266 - 2,8,5-95: 237 - 2,8,6-9: 239 - 2,8,6-17: 239 - 2,8,6-95: 238 - 2,8,10-15: 239 - 2,8,15-17: 239 - 2,8,18: 239 - 2,8,24: 239 - 2,8,27-32: 239 - 2,8,42-53: 239 - 2,8,59ff.: 266 - 2,8,85-93: 239 - 2,8,90-93: 239
Iuv. 2,93f.: 197 - 3,149: 134
Lucr. 4,1085: 273 - 4,1141-1191: 163 - 1149-1152: 77 - 4,1159ff.: 153 - 4,1160-1169: 153 - 4,1160-1170: 76 - 4,1174f.: 158 - 4,1174-1181: 158f. - 4,1180f.: 158 - 4,1197ff.: 288 - 5,958-965: 288 - 5,962ff.: 274 - 5,962-965: 274 - 5,1011ff.: 274. 288 - 5,1011-1018: 274 - 5,1012: 274 - 5,1113: 169 - 5,1275: 169
Mart. 3,63,3f.: 195 - 3,63,3-12: 133 - 4,56,1f.: 172
Ov. am. 1,2,10: 75 - 1,4: 121 - 1,4,31f.: 120 - 1,4,32: 121 - 1,4,55-58: 121 - 1,5,10: 141 - 1,7,11: 160 - 1,7,32: 270 - 1,8,39f.: 36 - 1,8,63f.: 102 - 1,8,73f.: 114 - 1,9,25f.: 270 - 1,10: 170 - 1,10,13f.: 136. 170 - 1,10,25-28: 170 - 1,10,57: 170 - 1,12,21f.: 63 - 1,12,22: 63. 67 - 1,14: 118. 148. 197-200 - 1,14,19-30: 198 - 1,14,25-29: 198 - 1,14,28-34: 198 - 1,14,31-54: 198 - 1,14,44: 198 - 1,14,44-54: 199 - 1,14,45-50: 198f. - 1,14,47f.: 199 - 2,2,25f.: 36 - 2,2,66: 63f. 67 - 2,4,17f.: 136 - 2,4,25ff.: 51 - 2,4,25-28: 51 - 2,4,28: 52. 55 - 2,5,43: 271 - 2,7,3f.: 36 - 2,13(14)f.: 106 - 2,17(18),27-30: 102 - 2,19(20),13-18: 114 - 2,19(20),16: 128 - 2,19(20),25f.: 271 - 3,1,53ff.: 102 - 3,2: 36 - 3,4,37: 127. 186 - 3,4,37-42: 175 - 3,4,39f.: 176 - 3,4,41: 157 - 3,4,41f.: 176 - 3,8(7): 171 - 3,8(7),1-4: 171 - 3,8(7),3f.: 171 - 3,8(7),9-12: 102 - 3,8(7),35-

44: 168 - 3,11(10),41: 157 - 3,14,1: 157
Ov. ars 1,1f.: 85. 181 - 1,1-4: 85 - 1,2: 85 - 1,9ff.: 85 - 1,29: 85 - 1,35-40: 86 - 1,41-262: 36 - 1,67-74: 36 - 1,67-170: 264 - 1,69f.: 37 - 1,71: 37 - 1,71f.: 37 - 1,73f.: 37 - 1,75f.: 37 - 1,77f.: 36 - 1,79-88: 36 - 1,81ff.: 37 - 1,89-134: 36 - 1,99: 270 - 1,129-162: 93 - 1,135-163: 36 - 1,139-162: 93 - 1,143f.: 61 - 1,159: 106 - 1,163-170: 36 - 1,167-170: 276 - 1,170: 277 - 1,171ff.: 37 - 1,171-176: 36 - 1,177-228: 37 - 1,229-252: 37. 118 - 1,238-242: 193 - 1,253-258: 37. 56 - 1,255-262: 264 - 1,289-326: 276 - 1,303-310: 275 - 1,311-322: 275 - 1,323f.: 276 - 1,353f.: 250 - 1,418: 100 - 1,419-436: 170 - 1,438-458: 68 - 1,439: 69 - 1,439f.: 70 - 1,441f.: 69 - 1,443f.: 69 - 1,445f.: 69 - 1,447: 69 - 1,447-454: 69 - 1,449: 69 - 1,450: 70 - 1,451f.: 70 - 1,453f.: 63 - 1,454: 69 - 1,455: 69 - 1,455f.: 70 - 1,459: 87 - 1,459-465: 57 - 1,459-468: 43 - 1,461-465: 62. 67 - 1,461-486: 86 - 1,462: 44 - 1,463ff.: 44 - 1,464: 61. 67 - 1,465: 61 - 1,467: 61. 67 - 1,467f.: 44. 61. 67 - 1,468: 63. 67. 69 - 1,469ff.: 44 - 1,471f.: 45 - 1,471-478: 45 - 1,473f.: 45 - 1,475: 45 - 1,475f.: 45 - 1,477: 45 - 1,480: 69 - 1,495ff.: 175 - 1,495-497: 175 - 1,505: 132. 165 - 1,505f.: 165. 195 - 1,505-508: 165. 261 - 1,505-524: 132 - 1,506: 132 - 1,507f.: 132. 195 - 1,509: 132f. - 1,509-512: 132 - 1,513: 132. 164 - 1,514: 132. 134. 164 - 1,515: 132 - 1,516: 132. 134 - 1,517: 134 - 1,517f.: 132. 164 - 1,519: 132 - 1,520: 132 - 1,523f.: 133. 195. 200 - 1,524: 133 - 1,565-568: 118 - 1,565-574: 118 - 1,565-602: 260 - 1,565-630: 118 - 1,569-573: 120 - 1,571f.: 120 - 1,575-602: 120 - 1,576: 121 - 1,578: 121 - 1,579: 121 - 1,580: 106 - 1,581: 121 - 1,583f.: 121 - 1,585f.: 121 - 1,589-593: 119 - 1,594: 119. 250 - 1,595: 51f. - 1,595f.: 119 - 1,597-600: 64 - 1,597-602: 193 - 1,597-608: 119 - 1,598: 67 - 1,599f.: 119 - 1,607f.: 120. 123. 174. 180. 227 - 1,608: 120 - 1,609f.: 121 - 1,609ff.: 68 - 1,609-630: 121 - 1,611-618: 121 - 1,619f.: 71 - 1,619-624: 70 - 1,619-630: 122 - 1,623f.: 71 - 1,625f.: 71 - 1,627: 71 - 1,627-630: 71 - 1,631ff.: 69 - 1,631-636: 78 - 1,631-658: 78. 187 - 1,633f.: 188 - 1,633-636: 78. 188 - 1,635f.: 78. 188 - 1,637-640: 78. 189 - 1,637-644: 188 - 1,638: 189 - 1,638-640: 189 - 1,639f.: 189 - 1,639-642: 189 - 1,643-646: 79 - 1,644: 190 - 1,645: 190 - 1,645-658: 189 - 1,647-652: 79 - 1,653-656: 79 - 1,654: 190 - 1,656: 190 - 1,657: 79. 190 - 1,659-662: 192 - 1,659-678: 80f. - 1,659-722: 79 - 1,663: 80 - 1,669f.: 81 - 1,669-672: 174 - 1,672: 81. 180. 227 - 1,673f.: 81 - 1,710: 128 - 1,717f.: 108 - 1,755-758: 135 - 2,21-98: 264 - 2,99-106: 65. 108 - 2,99-144: 125 - 2,101f.: 65 - 2,106: 65 - 2,107: 87. 130 - 2,107-144: 86f. - 2,108-120: 87 - 2,109-112: 87 - 2,119f.: 46 - 2,119-122: 45 - 2,121-124: 87 - 2,123f.: 46. 88 - 2,123-142: 88 - 2,127-140: 88 - 2,143f.: 46 - 2,145: 64. 126 - 2,145-152: 89 - 2,145-156: 112 - 2,145-176: 64 - 2,145-336: 88 - 2,146: 89. 126. 128 -

2,146-152: 126 - 2,146-160: 125 - 2,151: 89 - 2,151-158: 181 - 2,152: 128 - 2,153-156: 126 - 2,155: 129 - 2,155f.: 64 - 2,156: 67 - 2,159: 63f. 67 - 2,159f.: 89 - 2,165f.: 269 - 2,169ff.: 89 - 2,175f.: 250 - 2,177: 128 - 2,184: 180 - 2,185: 128 - 2,197: 90 - 2,197-202: 90 - 2,197-208: 90 - 2,197-336: 90 - 2,198: 90 - 2,199f.: 90 - 2,200: 90 - 2,201: 90 - 2,201f.: 90 - 2,203: 91. 141 - 2,203-208: 90f. - 2,205: 91 - 2,207: 91 - 2,209: 94 - 2,209-216: 94 - 2,209-222: 96 - 2,210: 94 - 2,210-222: 93f. - 2,211: 94 - 2,212: 94 - 2,213f.: 94 - 2,216: 95 - 2,217-222: 94f. - 2,223f.: 96 - 2,223-232: 95 - 2,223-250: 95 - 2,225f.: 96 - 2,227-232: 96 - 2,228: 96 - 2,229-238: 96 - 2,239-242: 95f. - 2,241: 129 - 2,243-246: 96 - 2,243-248: 96 - 2,247f.: 96 - 2,249f.: 95 - 2,251f.: 98. 126. 175 - 2,251-260: 98. 126 - 2,251-272: 97f. - 2,251-340: 264 - 2,252: 99 - 2,253: 98f. 126 - 2,253f.: 126 - 2,254: 98f. - 2,255: 99. 126 - 2,255-258: 98 - 2,256: 99 - 2,257f.: 99 - 2,259: 99 - 2,259f.: 99 - 2,261-270: 98f. - 2,262: 100 - 2,264: 180 - 2,265f.: 100f. - 2,271f.: 101. 173 - 2,273: 101 - 2,273-276: 171 - 2,273-280: 101. 168 - 2,273-286: 99. 101. 125 - 2,274: 171 - 2,274ff.: 102 - 2,275f.: 102 - 2,276: 171 - 2,276f.: 101 - 2,277: 270 - 2,277f.: 102. 169. 270 - 2,278: 169f. - 2,279f.: 102. 171f. - 2,281f.: 52. 55. 57. 102 - 2,281-286: 102 - 2,283f.: 62. 103 - 2,284: 67 - 2,285f.: 103 - 2,287: 106 - 2,287f.: 105 - 2,287-294: 105. 125 - 2,289-292: 105 - 2,293: 106 - 2,293f.: 106 - 2,295f.: 72 - 2,295-314: 70. 72 - 2,297: 72 - 2,297-302: 72 - 2,298: 72 - 2,299: 72 - 2,300: 72 - 2,301f.: 72 - 2,303: 73 - 2,303f.: 72 - 2,304: 73 - 2,305: 51. 73 - 2,305f.: 73 - 2,307: 73 - 2,307f.: 73 - 2,309f.: 73 - 2,311-314: 74. 111 - 2,313f.: 74 - 2,315-320: 107 - 2,315-336: 106 - 2,321f.: 107 - 2,325: 117 - 2,325f.: 107 - 2,327f.: 107 - 2,329f.: 107 - 2,331f.: 108. 173 - 2,333f.: 108 - 2,333-336: 111 - 2,335f.: 108 - 2,336: 127 - 2,345-348: 75 - 2,346: 117 - 2,349ff.: 51 - 2,349-352: 51 - 2,349-372: 111 - 2,351f.: 111 - 2,353-356: 111 - 2,357f.: 111 - 2,357-372: 282 - 2,359-372: 111 - 2,367: 112 - 2,367-372: 179 - 2,369: 112. 179f. - 2,369-372: 227. 284 - 2,372: 112. 180 - 2,373-378: 113 - 2,373-384: 113 - 2,373-414: 112 - 2,377f.: 113 - 2,379f.: 113 - 2,387f.: 177 - 2,387-414: 177 - 2,389f.: 177. 182 - 2,406: 270 - 2,409-414: 178 - 2,411f.: 178 - 2,413: 178 - 2,413f.: 178 - 2,435f.: 113 - 2,435-454: 114 - 2,437f.: 116 - 2,439-444: 114 - 2,444: 128 - 2,445-454: 114 - 2,447f.: 114 - 2,449f.: 114 - 2,451-454: 115 - 2,454: 69 - 2,455f.: 115 - 2,457-466: 115 - 2,467-492: 85. 288 - 2,477: 273f. - 2,477f.: 273 - 2,478: 274 - 2,517-519: 116. 272 - 2,520-534: 117 - 2,521f.: 115 - 2,521-528: 115 - 2,521-534: 115 - 2,523-528: 115 - 2,525f.: 117 - 2,529f.: 117 - 2,529-532: 115 - 2,533f.: 115 - 2,535-600: 127 - 2,539f.: 127 - 2,543f.: 127 - 2,545-558: 127 - 2,547-556: 127 - 2,551-553: 186 - 2,552: 127 - 2,555f.: 186 - 2,565f.: 179f. 227f. -

2,595f.: 127 - 2,600: 250 - 2,614: 183 - 2,621-624: 184 - 2,625: 183 - 2,625-634: 182 - 2,625-640: 182 - 2,626: 183 - 2,627-630: 183 - 2,631: 183 - 2,631-634: 183 - 2,634: 183 - 2,635-638: 183 - 2,639f.: 183 - 2,640: 183 - 2,641: 77 - 2,641f.: 75 - 2,641-662: 75 - 2,642: 106 - 2,643f.: 75 - 2,643-646: 153 - 2,645f.: 75 - 2,647: 75 - 2,647f.: 75 - 2,648: 75f. - 2,649-652: 76 - 2,653f.: 76 - 2,655f.: 76 - 2,657f.: 77 - 2,657ff.: 153 - 2,657-662: 76. 153 - 2,659: 77 - 2,660f.: 77 - 2,662: 77 - 2,667: 106 - 2,685f.: 181 - 2,720: 175 - 2,723f.: 250 - 2,732: 106 - 3,5: 270 - 3,87-90: 272 - 3,101: 135 - 3,101f.: 135. 272 - 3,101ff.: 30 - 3,103f.: 162 - 3,103-108: 137 - 3,103-112: 137 - 3,103-128: 136. 167 - 3,107-112: 137 - 3,109f.: 137 - 3,111f.: 137 - 3,113: 34. 193 - 3,113f.: 34. 136 - 3,113-122: 34 - 3,113-128: 33. 136. 157. 206. 235. 264 - 3,117f.: 34 - 3,119: 34 - 3,123ff.: 30 - 3,127: 104 - 3,127f.: 179f. 227 - 3,128: 193 - 3,129: 196 - 3,129ff.: 139 - 3,129-132: 138. 196 - 3,129-134: 138 - 3,131: 196 - 3,132: 138. 196 - 3,133: 138 - 3,133-168: 136. 197 - 3,135f.: 138 - 3,137f.: 141. 145 - 3,137-152: 140 - 3,137-168: 140 - 3,139f.: 141. 146 - 3,141f.: 145 - 3,142: 141. 145 - 3,143: 142. 145 - 3,143f.: 145 - 3,148: 145. 195 - 3,149-152: 146 - 3,153f.: 146 - 3,153-158: 144 - 3,155: 67 - 3,156-158: 144 - 3,159-168: 147 - 3,161f.: 147 - 3,163f.: 147 - 3,165-168: 147. 197 - 3,166: 147 - 3,167: 147. 197 - 3,169-172: 149.

196. 244 - 3,169-192: 136. 149 - 3,170: 196 - 3,173f.: 149 - 3,173-192: 149 - 3,175f.: 149 - 3,177f.: 149 - 3,179f.: 149 - 3,181: 150 - 3,182: 150 - 3,183: 150 - 3,184: 150 - 3,185-187: 150 - 3,187-192: 150 - 3,189: 150 - 3,189f.: 150 - 3,191: 150 - 3,193: 154 - 3,193-196: 153. 211 - 3,193-208: 152f. 211 - 3,193-250: 136 - 3,193-280: 135 - 3,194: 128. 154f. 195 - 3,197f.: 154 - 3,199: 155 - 3,199-204: 154. 156 - 3,200: 156 - 3,201: 156 - 3,202: 156 - 3,203: 156 - 3,203f.: 156. 197 - 3,205-208: 154f. - 3,209-234: 152. 158 - 3,210: 158 - 3,211f.: 159 - 3,213f.: 159 - 3,215f.: 159 - 3,216: 159 - 3,217f.: 159 - 3,219f.: 154 - 3,219-224: 154. 158 - 3,223: 128 - 3,224f.: 154 - 3,225-228: 154 - 3,231f.: 154 - 3,231-234: 154. 158 - 3,235-238: 160 - 3,235-250: 152. 160 - 3,237-242: 160 - 3,243f.: 161 - 3,243-250: 198 - 3,245f.: 161 - 3,247f.: 161f. - 3,249f.: 161 - 3,251-280: 152 - 3,255-260: 162 - 3,257f.: 162. 193. 198 - 3,263-266: 162 - 3,267f.: 162 - 3,269f.: 162 - 3,271: 162 - 3,272: 163 - 3,273: 163 - 3,274: 163 - 3,275f.: 163 - 3,277f.: 163 - 3,279f.: 163 - 3,281: 66 - 3,281f.: 82. 125 - 3,281-296: 82. 125. 192 - 3,281-310: 192 - 3,281-383: 192 - 3,282: 82 - 3,283-286: 82f. 192 - 3,286: 82 - 3,287-290: 82. 192 - 3,289f.: 82 - 3,291: 66. 82. 192 - 3,291f.: 82. 107. 125. 192 - 3,293-296: 65. 193 - 3,295: 66 - 3,297: 193 - 3,303f.: 192 - 3,303-306: 228 - 3,305f.: 108 - 3,305-310: 192 - 3,311f.: 50 - 3,311-314: 50 - 3,311-

317

328: 50 - 3,315: 51 - 3,316: 50 - 3,317f.: 51 - 3,319f.: 51 - 3,321f.: 50 - 3,323f.: 50 - 3,325f.: 50 - 3,327f.: 52. 250 - 3,328: 86 - 3,329: 47 - 3,329-346: 47 - 3,330: 47 - 3,331: 47 - 3,332: 47 - 3,333f.: 47 - 3,335f.: 47 - 3,337: 47 - 3,338-346: 47 - 3,341f.: 47f. 62 - 3,343: 47 - 3,343f.: 62. 67 - 3,344: 48 - 3,345: 63. 67 - 3,345f.: 47 - 3,353: 91 - 3,353-366: 92 - 3,353-380: 92 - 3,354(-356): 91 - 3,355f.: 92 - 3,356: 92 - 3,357: 92 - 3,357-360: 91 - 3,361f.: 91 - 3,363f.: 91 - 3,365f.: 91 - 3,367f.: 92 - 3,367-380: 92 - 3,369: 92 - 3,373: 93 - 3,374: 93 - 3,375: 93 - 3,381-386: 55 - 3,381-432: 36 - 3,387f.: 36 - 3,391f.: 36 - 3,393: 36 - 3,394: 36 - 3,395: 36 - 3,396: 36 - 3,405-410: 172 - 3,411-416: 172 - 3,417: 106 - 3,432: 129 - 3,433f.: 195 - 3,433-436: 195 - 3,437f.: 195 - 3,443: 195 - 3,443-448: 194 - 3,479f.: 61. 230 - 3,481f.: 230 - 3,483-486: 177 - 3,499ff.: 115 - 3,501f.: 128 - 3,502: 129 - 3,505f.: 54 - 3,509-512: 128 - 3,509-513: 128 - 3,510: 128 - 3,513: 63 - 3,517-524: 128. 137 - 3,518: 128 - 3,529-532: 170 - 3,533-538: 103 - 3,533-554: 103 - 3,541f.: 103 - 3,543-546: 104 - 3,547-550: 104 - 3,551f.: 104. 229 - 3,553f.: 104 - 3,571: 129 - 3,577-600: 115 - 3,579f.: 115f. - 3,580: 116 - 3,581-584: 117 - 3,581-590: 115 - 3,583: 116 - 3,585f.: 181 - 3,589: 115 - 3,591-594: 115 - 3,593f.: 116 - 3,594: 115f. - 3,597f.: 115f. - 3,599ff.: 116 - 3,601-608: 116 - 3,609f.: 116 - 3,614: 129 - 3,651ff.: 99 - 3,653-656: 99 - 3,747-768: 118. 260 - 3,749-768: 123 - 3,751: 123 - 3,751-754: 123 - 3,755-768: 123 - 3,757-768: 123 - 3,760: 123 - 3,761: 129 - 3,761ff.: 124 - 3,765: 123 - 3,765f.: 124 - 3,767f.: 123 - 3,795: 67 - 3,795f.: 66 - 3,797f.: 66

Ov. epist. 16,221f.: 180 - 16,287-290: 157 - 18,65-74: 270 - 18,169f.: 270 - 20,59: 228 - 21,121: 269

Ov. fast. 1,191-225: 136 - 3,181f.: 236 - 3,684: 128 - 4,107-114: 274 - 4,148ff.: 163 - 5,639: 236 - 6,119f.: 64 - 6,120: 63. 67

Ov. medic. 7f.: 34 - 27-34: 154 - 31-34: 71 - 43f.: 155 - 43-50: 155 - 51-68: 155 - 53f.: 155 - 55: 155 - 55-58: 155 - 59f.: 155 - 63: 155 - 65: 155 - 66: 155 - 69: 155 - 69-82: 155 - 70f.: 155 - 71: 155 - 73-76: 155 - 77-80: 155 - 81f.: 155 - 83-98: 156 - 85f.: 156 - 87: 156 - 88: 156 - 89f.: 156 - 91f.: 156 - 93: 156 - 94: 156 - 95: 156 - 98: 156

Ov. met. 3,375f.: 64 - 3,376: 63. 67

Ov. Pont. 1,2,13ff.: 205 - 1,2,15ff.: 205 - 1,2,17: 206 - 1,2,21f.: 206 - 1,3,37: 204 - 1,3,50: 204 - 1,3,57ff.: 205 - 1,3,57-60: 205 - 1,5: 216 - 1,5,9-12: 215 - 1,5,9-20: 215 - 1,5,9-86: 215 - 1,5,63-70: 220 - 1,5,83f.: 225 - 1,6,58: 222 - 1,7,11ff.: 205 - 1,8,5f.: 205 - 1,8,5ff.: 205f. - 1,8,7-10: 206 - 1,8,9f.: 215 - 1,8,12: 206 - 1,8,29: 29f. - 1,8,37f.: 207 - 1,8,39f.: 207 - 1,8,61f.: 206 - 1,8,62: 206 - 2,4,19f.: 36 - 2,5,17ff.: 205 - 2,5,19-40: 215 - 2,5,69f.: 49 - 2,7,31: 205 - 2,7,47f.: 43 - 2,7,68: 205 - 2,7,72: 204 - 2,7,73f.: 207 - 2,8,13ff.: 37. 39 - 2,8,17-20: 39 - 2,9,11-18: 222 - 2,9,35-40: 222 - 2,9,45f.: 222 -

2,9,47f.: 222 - 3,1,1f.: 205 - 3,1,14: 204 - 3,1,17f.: 207 - 3,1,25: 205 - 3,1,25f.: 205 - 3,1,44-48: 173 - 3,2,27-40: 222 - 3,2,40: 214 - 3,2,97f.: 222 - 3,2,99f.: 222 - 3,3,51f.: 151 - 3,6,13f.: 63 - 3,6,14: 63. 67 - 3,7,1-8: 215f. - 3,8,9f.: 210 - 3,9: 216 - 3,9,1f.: 216 - 3,9,39-44: 216 - 4,2,15f.: 220 - 4,2,15-30: 216 - 4,2,15-38: 215 - 4,2,21f.: 214 - 4,2,25-30: 215 - 4,3,52: 205 - 4,7: 223 - 4,7,7: 204 - 4,7,11f.: 205 - 4,7,35f.: 205 - 4,9: 223 - 4,9,82: 205 - 4,9,83: 205 - 4,9,97-100: 222 - 4,9,105-114: 221 - 4,9,105-120: 208. 220 - 4,10,2: 210 - 4,10,31: 205 - 4,13,17-38: 217 - 4,13,19: 217 - 4,13,19f.: 217 - 4,13,21f.: 217 - 4,13,23-32: 217f. - 4,13,33-36: 219 - 4,13,35-39: 217 - 4,13,37-39: 219 - 4,14: 223 - 4,14,27f.: 205. 223 - 4,14,45-50: 222 - 4,14,47f.: 223 - 4,15,29-32: 216

Ov. rem. 152: 29 - 189: 180 - 321: 77 - 323ff.: 77. 153 - 327: 77 - 329f.: 185. 228 - 332: 63. 67 - 333ff.: 51 - 335: 230 - 337f.: 163 - 341ff.: 159 - 343f.: 171 - 351-356: 185 - 352f.: 175 - 359f.: 186 - 627ff.: 36 - 691f.: 271 - 805f.: 119

Ov. trist. 1,1,69-71: 37 - 1,3,61ff.: 204 - 1,11,31f.: 205 - 2,87ff.: 173 - 2,187: 205 - 2,191f.: 205 - 2,247-250: 151 - 2,247-253: 151 - 2,249f.: 151 - 2,283ff.: 36 - 2,287ff.: 36 - 2,349: 63. 67 - 2,473f.: 91 - 2,475(?): 91 - 2,475(f.): 91 - 2,477-480: 91 - 2,481f.: 91 - 2,512: 128 - 3,1,17f.: 216 - 3,1,27ff.: 37 - 3,1,33f.: 34 - 3,1,33ff.: 37 - 3,1,33-38: 38 - 3,1,35ff.: 37 - 3,1,39f.: 38 - 3,1,39-46: 38 - 3,1,43f.: 39 - 3,1,45f.: 39 - 3,1,47ff.: 37f. - 3,1,60: 234 - 3,1,63-80: 39 - 3,1,65f.: 40 - 3,1,71: 39 - 3,1,71ff.: 40 - 3,2,8: 204 - 3,2,21f.: 41 - 3,3,7: 207 - 3,3,9: 208 - 3,3,10f.: 218 - 3,4b,57-60: 41 - 3,7,47-52: 216 - 3,8,35-38: 221 - 3,8,37f.: 212 - 3,9: 223 - 3,10: 204 - 3,10,5f.: 205 - 3,10,13f.: 204 - 3,10,19: 210 - 3,10,22: 211 - 3,10,23f.: 205 - 3,10,26: 205 - 3,10,63f.: 205 - 3,10,67ff.: 205 - 3,10,69: 205 - 3,11,9: 213 - 3,11,10: 205 - 3,11,13f.: 205 - 3,12,25f.: 36 - 3,12,28: 205 - 3,12,37f.: 206 - 3,12,40: 213 - 3,13,25-52: 215 - 3,14,27-30: 216 -3,14,37f.: 219 - 3,14,37-40: 208 - 3,14,39f.: 218 - 3,14,41f.: 206 - 3,14,43-46: 215 - 3,14,43-47: 215 - 3,14,47: 213 - 3,14,48: 214 - 3,14,49f.: 215 - 4,1,69: 206 - 4,1,71ff.: 206 - 4,1,71-76: 205 - 4,1,75ff.: 205 - 4,1,75-78: 206 - 4,1,77f.: 205 - 4,1,77ff.: 205 - 4,1,81f.: 206 - 4,1,89f.: 213. 218 - 4,1,89-106: 215 - 4,2,17: 36 - 4,2,19: 36 - 4,2,65f.: 36 - 4,4,59ff.: 205 - 4,6,47: 210 - 4,10,111f.: 215 - 4,10,111-114: 208 - 4,10,113f.: 218 - 5,1,18: 128 - 5,1,65-80: 215 - 5,1,71f.: 216 - 5,1,71-74: 215 - 5,1,72f.: 216 - 5,1,73f.: 220. 225 - 5,2,32: 205 - 5,2,45-54: 38 - 5,2,65f.: 204 - 5,2,67f.: 212f. - 5,2,69ff.: 205 - 5,2,70: 206 - 5,3,11: 205 - 5,7,15f.: 205. 209 - 5,7,15-20: 209 - 5,7,18: 211 - 5,7,19f.: 209f. - 5,7,43f.: 204 - 5,7,45: 209 - 5,7,47f.: 207. 221 - 5,7,49: 210 - 5,7,50: 211 - 5,7,51f.: 212 - 5,7,53f.: 213 - 5,7,56: 214 - 5,7,57-60: 215 - 5,10,15ff.: 205 -

5,10,17f.: 206 - 5,10,21f.: 205f. -
5,10,27: 206 - 5,10,27-46: 206 -
5,10,29f.: 207 - 5,10,31f.: 210 -
5,10,32: 211 - 5,10,33f.: 210 -
5,10,34: 210 - 5,10,35f.: 214 -
5,10,37: 213 - 5,10,37f.: 213 -
5,10,43: 221 - 5,10,43f.: 207. 221f. -
5,12: 216 - 5,12,19f.: 205 - 5,12,53f.:
219 - 5,12,58: 214
Petron. 83,9ff.: 169
Prop. 1,2: 157. 245 - 1,2,1 = 4,5,55:
246 - 1,2,1f.: 244 - 1,2,1-6: 245 -
1,2,1-8: 200 - 1,2,16: 245 - 1,2,23-
26: 246 - 1,2,26: 245 - 1,2,27-30:
240 - 1,8B,40: 240 - 1,10,27: 179 -
1,13,5f.: 182 - 1,15: 157 - 1,15,4-8:
200 - 1,15,5-8: 247 - 1,16,15f.: 253 -
2,1,5f.: 244 - 2,1,7f.: 246 - 2,3,17-
22: 240 - 2,3,21f.: 240 - 2,4,5: 243 -
2,4,5f.: 133. 194. 244 - 2,4,5ff.: 157
- 2,4,18: 157 - 2,5,5f.: 102 - 2,5,16:
75 - 2,5,21-26: 160 - 2,6,19-22: 234
- 2,6,27-34: 280 - 2,9,25-27: 106 -
2,14,20: 114 - 2,16,19ff.: 234 - 2,18:
199f. 246 - 2,18C,23-32: 199 -
2,18C,25f.: 199 - 2,18C,26: 200 -
2,18C,27f.: 200. 246 - 2,18C,29f.:
246 - 2,18C,35f.: 246 - 2,19,1-6: 234
- 2,21,9f.: 182 - 2,22,29f.: 246 -
2,24A,11-16: 255 - 2,25,45: 244 -
2,28: 106 - 2,31: 234 - 2,31,1f.: 235 -
2,31,5f.: 235 - 2,31,7f.: 235 - 2,31,9:
234 - 2,31,11: 235 - 2,31,12ff.: 235 -
2,31,15f.: 235 - 2,32,44: 234 - 3,5,1-
6: 255 - 3,7,1-12: 255 - 3,7,5-12: 255
- 3,8,5-8: 160 - 3,12,18: 234 - 3,13:
33. 157. 170 - 3,13,1-4: 255 - 3,13,1-
14: 255 - 3,13,9: 247 - 3,13,15-22:
247 - 3,13,23f.: 247 - 3,13,25-46:
247 - 3,13,27-38: 247 - 3,13,47-50:
169 - 3,13,49f.: 169 - 3,13,60: 170 -
3,16,1ff.: 96 - 3,24,5-8: 247 -
3,24,7f.: 159 - 4,1: 234 - 4,1,1ff.: 33
- 4,1,3f.: 234 - 4,1,5: 234 - 4,1,9f.:
234 - 4,1,11-14: 234 - 4,5,21-28: 255
- 4,5,29f.: 114 - 4,5,49-54: 102 -
4,5,53f.: 241
Quint. inst. 6,3,62: 271 - 6,3,103:
28 - 6,3,104: 29. 268 - 6,3,105: 267 -
6,3,106: 29 - 11,3,65ff.: 80 -
11,3,137: 133
Serv. Aen. 8,720: 234
Tib. 1,2,77-80: 237 - 1,4,51f.: 91 -
1,4,57-60: 255 - 1,4,61f.: 104 -
1,5,9ff.: 106 - 1,5,59f.: 255 - 1,5,59-
66: 255 - 1,5,59-68: 255 - 1,5,61-66:
93 - 1,6,39: 243 - 1,6,40: 242 - 1,8:
246 - 1,8,1f.: 248 - 1,8,3-16: 157 -
1,8,9f.: 243 - 1,8,9ff.: 133. 194. 243
- 1,8,11f.: 243 - 1,8,13f.: 242 -
1,8,43-46: 246 - 1,9,17f.: 169f. -
1,9,31-34: 255 - 1,9,65ff.: 157 -
1,9,67f.: 246 - 1,9,67-72: 247 -
1,9,69f.: 244 - 1,10,61f.: 160 - 2,3:
157. 170. 247 - 2,3,37-50: 255 -
2,3,37-64: 255 - 2,3,53-64: 247 -
2,3,57f.: 244 - 2,3,73-80: 247 -
2,3,82: 133 - 2,4,13f.: 241 - 2,4,13-
20: 241 - 2,4,27f.: 244 - 2,4,27-34:
247 - 2,4,29: 245 - 2,4,29f.: 244 -
2,5: 234 - 2,5,1: 234 - 2,5,6: 234 -
2,5,23-34: 33. 234 - 2,5,55-64: 33.
234 - 3,1,23f.: 102
Verg. Aen. 4,143-150: 283 - 4,215-
217: 195 - 6,69: 234 - 6,126-129: 69
- 6,745-747: 76 - 6,791-795: 168 -
6,851-853: 178 - 8,306-365: 33 -
8,313: 235 - 8,324f.: 168 - 8,337-
358: 235 - 8,340f.: 235 - 8,348: 235 -
8,360f.: 235 - 8,720: 234 - 10,168f.:
205 - 10,284: 120

Verg. ecl. 4,5f.: 168 - 10,7: 288 - 10,69: 76
Verg. georg. 1,79-81: 115 - 2,35: 135 - 2,35ff.: 272 - 2,36: 135 - 2,103-108: 116 - 3,242-248: 113 - 3,349-383: 204 - 3,440ff.: 106
Vitr. 1,1,3: 284 - 1,1,5f.: 284

Personenregister

Achilles: 69
Admetus: 96. 129
Adonis: 133
Aeneas: 283f.
Agamemnon: 270
Agrippa: 35
Aiax: 137
Amor: 85. 277. 280
Amphion: 50
Andromache: 75. 137
Andromeda: 75. 150
Apollo: 33. 38. 95f. 129. 141f. 145. 160. 241. 283f.
Apollo Citharoedus: 142. 145. 235
Arachne: 282
Ariadne: 144
Arion: 50
Artemis: siehe Diana
Augustus, Octavian: 33. 39f. 42. 102. 109. 111. 129. 136. 139. 151. 164. 174. 177. 179. 181. 197. 208. 220f. 223. 233-235. 241. 266. 290. 292
Aurora: 149
Bacchus: 144
Briseis: 150
Busiris: 79
Calypso: 88
Carna: 63
Cassandra: 270

Clytaemnestra: 270
Cydippe: 228
Demophoon: 111
Diana: 142. 145f. 283
Dido: 48. 283f.
Diomedes: 270
Domitius Marsus: 28f. 292
Euander: 235
Eurytion: 118
Fors: 120
Fortuna: 126. 266
Galatea: 280
Geten: 205. 207. 209-211. 214. 220-223. 258
Griechen (in Tomi): 209-213. 220-226
Hector: 69. 75. 137
Helena: 111f. 123. 179f. 227. 279. 282. 284
Helle: 149
Hercules: 94f. 144
Hippodamia: 118
Hippolytus: 133
Homer: 102. 172
Ianus: 63
Ino: 149
Io: 78
Iole: 144
Italiker: 16. 20. 23. 26. 60f. 215
Jason: 48. 284
Juno: 71
Jupiter: 37f. 69. 78. 188f. 282
Kentauren: 118
Kotys: 222
Laodamia: 111. 140. 145
Lapithen: 118
Leander: 95
Lyce: 258
Mars: 179. 227. 279
Medea: 48. 113. 284
Medusa: 73

321

Menelaus: 111f. 179f. 282
Musen: 102
Nausikaa: 283
Neptunus: 282
Nymphe: 63. 149. 283
Odysseus: 88. 111
Omphale: 94
Pallas: 71. 282
Paris: 71. 112. 123. 179f. 279. 284
Pasiphae: 275f.
Penelope: 45. 111
Perillus: 79
Perseus: 75
Phalaris: 79
Phrixus: 149
Phyllis: 111
Pirithous: 118
Polyphemus: 280
Priamus: 69
Procne: 113
Protesilaus: 111
Remus: 176
Romulus: 176
Sarmaten, sarmatisches Volk: 205. 211. 214. 216. 220-223
Sirenen: 50
Tatius: 33
Tecmessa: 137
Theseus: 133. 144
Thrasius: 79
Tiberius: 217. 219
Venus: 120. 179f. 182. 227. 279f.

Sachregister

Achtung: 103. 126. 224. 254f.
Ästhetik: 134. 163. 237f. 262. 279. 288
Äußeres (Aussehen, äußere Erscheinung): 34. 41. 72. 75. 88. 109. 130f. 133. 135-137. 139. 152. 154f. 163. 165. 195. 198f. 209. 211. 226. 229. 233. 236. 242. 244. 247f. 259. 262. 267. 290
Affekt: 69. 92. 109. 114. 129. 288
Aggressivität: 89. 126. 129
Ambiente: 22f. 28f. 54. 93. 120. 125. 137. 144. 171f. 184. 206. 208f. 219f. 224. 227-229. 236. 251
- architektonisches: 31. 33. 42f. 233. 240. 259. 287. 290
Angemessenheit, Angemessenes: 11. 25. 27. 29. 129f. 133. 137. 243f. 249f. 260-262. 291
Anmut (*venustas, venustus*): 20f. 25. 55. 93. 133. 164f. 191. 196. 200. 212. 229. 267
Annäherung (Annäherungsversuch, Avancen, Kontaktanbahnung): 49. 82. 89. 92-94. 96. 123f. 128. 131. 135. 175. 184. 227f. 259f. 264
Annehmlichkeiten: 30f. 35. 167. 225. 281
Anpassung (Anpassungsfähigkeit): 15. 72. 89f. 109. 120
Armut, arm (Mittellosigkeit): 91. 171. 241. 255f.
artes, bonae (ingenuae, liberales): 43f. 56. 87
asperitas: 89. 128f.
Attraktivität, attraktiv (Anziehungskraft, anziehend, Ausstrahlung): 21. 49. 52. 57. 82. 87. 97. 104. 106. 109. 113. 116. 123-127. 129. 135. 147. 152. 154f. 164. 198. 228. 230. 235. 246. 248. 250. 255
Aufmachung (Ausstattung): 23. 41. 136. 139. 170. 194. 199f. 247. 262
Aufwand: 23. 100. 133. 138. 140. 152. 164. 237. 239. 242

Ausbildung (Erziehung, Unterweisung): 11. 13. 21. 46. 49. 52-55. 59. 85. 240
Ausgaben: 99. 105. 149. 196
Barbar (*barbarus*): 15. 102. 171. 180. 204. 210f. 213f. 221f. 229f. 258
barbaria (Ungeschliffenheit, ungeschliffen): 22. 32. 127. 186. 203f. 229f. 287
Bart(tracht): 27. 132. 164. 194. 211. 226
Bautätigkeit (Baumaßnahmen): 33f. 233-235
Bauten (Bauwerke, Gebäude): 30. 33. 35f. 41f. 209. 236. 270. 291. 293
- augusteische: 30. 37. 233f. 236. 260. 293
- öffentliche (*opera publica*): 34. 41f. 292
- stadtrömische: 33. 36f.
  - Anlagen, infrastrukturelle: 35. 41
  - aqua Virgo: 35. 55. 207
  - ara Pacis Augustae: 140f. 284f.
  - atrium Libertatis, Bibliothek: 39
  - circus maximus: 36
  - curia Iulia: 33f. 234
  - domus Augusti: 34. 37-39. 41f.
  - forum
    - Augustum: 278
    - Iulium: 37
    - Romanum: 36
  - Kapitol: 33f. 235
  - naumachia Augusti: 36f.
  - porticus
    - Danaidum: 37. 234
    - Liviae: 37
    - Octaviae: 37
  - saepta Iulia: 36

- Tempel
  - des Apollo Palatinus: 37. 142. 234f.
    - bibliotheca Apollinis: 39
  - der Isis: 36
  - des Quirinus: 234
- Aquädukt: 35. 207
- Bibliothek: 39f. 208. 220
- Bildungseinrichtung: 39. 41
- Forum: 34. 36. 277
- Sportanlage (Sportstätte): 35. 41. 208f.
- Theater: 35f. 154. 208
- Thermen: 55
- Vergnügungsbauten (Vergnügungsstätten): 35. 41. 208f.
- Zirkus: 36. 93. 276
Begegnungsstätte (Aufenthaltsort): 36. 41f. 55. 94. 118. 208. 264
Besitz (materielle Güter): 101f. 169. 171f. 194. 229. 256f.
Bildung (*doctus*): 13. 16. 20. 30-32. 36. 40. 43-46. 49f. 56f. 60. 65. 101. 125. 130. 171f. 203. 208. 212f. 218-221. 225. 229. 240f. 263. 267. 278. 280. 283. 285. 287. 290
Bitte: 64. 68f. 128
Brief (Liebesbrief, Schreiben): 44. 61-63. 69f. 176. 266
Charme, charmant: 20. 22f. 73. 87f. 125. 192. 267
comitas, comis: 67. 128. 255
cultus: 30f. 34. 85. 104. 106. 112. 127. 132. 135f. 138. 152. 155-157. 161f. 167. 169. 179f. 194. 200f. 227. 235. 238. 245-247. 259. 287
Dichter (Poet): 102-104. 171f. 217. 225. 240. 251. 268
Dichtung (Poesie, Dichtkunst): 30f. 49. 62. 102f. 171. 216. 218. 220. 241. 278. 280. 283

323

Dienerschaft (Dienstpersonal, Hauspersonal, Personal): 97-99. 106. 117. 126. 160. 175. 239
Diskretion: 74. 120. 152. 157. 159f. 178. 183. 197
Duldsamkeit (*patientia*): 89. 94. 97. 127
Ehe: 150. 176. 181. 274f. 279
Ehebrecher: 188f. 195
Ehebruch (Seitensprung): 111f. 175-180. 186. 188. 227. 257. 279. 284
Ehegesetze: 129. 151. 177. 179
- *lex Iulia de adulteriis coercendis*: 111. 176
- *lex Iulia de maritandis ordinibus*: 182
Ehegesetzgebung: 111. 174. 176f. 183. 228f. 231. 284. 292
Eifersucht: 112. 114. 117. 229. 275
Einfallsreichtum: 97. 104. 116f. 125. 260
Eitelkeit: 71. 122
Eleganz, elegant (*elegantia*): 20f. 25. 37. 112. 136. 139. 229. 243. 263. 266f. 269. 275-278. 281. 283. 287. 292
Emotion: 22. 29. 89. 92. 109. 112-115. 126. 283
Erbschleicherei: 101. 108. 172. 260
Ernst: 267. 289. 291
Ertüchtigung, körperliche: 55. 241
Essen (Mahl, Speise): 120. 122f. 237-239. 266. 293 siehe auch Gastmahl
Fähigkeiten (Fertigkeiten, Qualitäten, Talente)
- musische: 49. 52. 54. 240
- rhetorische: 49. 90. 105
- schauspielerische: 90. 107. 109. 192. 260

Farbe (Farbton): 149-151. 164. 197. 199
Feingefühl: 136. 252
Feinheit: 263. 268f. 292
Fortschritt, kultureller: 193. 234
Frau, kultivierte: 113. 123. 197. 272
Frauenideal: 123. 185
Freigelassene (freigelassene Frau): 149. 151. 176. 180f.
Freizügigkeit: 173. 178. 186
Fremder (*peregrinus*): 20. 27f. 60f. 215
Freundschaft (*amicitia*): 18. 20. 98. 121. 211. 222. 253f. 257. 289
Frisur (Haartracht, Damenfrisur, Modefrisur): 132. 134. 140-147. 160. 163. 194. 199. 211. 226. 242f. 245f. 259. 261f. 291
Frisurenmode (Haarmode): 72. 140. 144. 146. 148. 163
Fürsorge: 106-108. 172
Gastmahl (Festmahl, Gelage): 23. 37. 64. 86. 118. 120f. 123f. 193. 238f. 251. 260. 266 siehe auch Essen
Geck, geckenhaft: 21. 24. 133. 194f. 242
Gedicht: 62. 99. 101-103. 125. 171. 215f. 218f. 241
Geldzeitalter: 168f. 172. 240f. 256. 259
Geliebte, untreue: 93. 127
Geltungsbedürfnis (Geltungssucht): 70f. 183f.
Gentleman: 21-23. 28. 65. 251. 261
Gepflegtheit, gepflegt: 22. 131. 135. 153-155. 259
Gesang (Gesangsdarbietung, Gesangskunst): 50-52. 73. 102. 240
Geschenk (Gabe, Mitbringsel, Präsent): 97-105. 108. 125f. 170-173. 241. 246f. 255f. 269

Geschmack: 37. 76. 138. 197f. 238. 249. 287
Geselligkeit: 18. 56
Gesellschaftsspiel: 90-92. 288
Gesinnung (Denken, Einstellung), materialistische (materialistisches): 110. 167. 170. 172. 191. 226. 236. 238. 241. 246. 248. 255. 258-260
Geste, Gestik: 21. 71. 79. 81. 98. 109. 120. 219
Glanz: 33f. 154. 158. 234. 237
Glaubwürdigkeit (Glaubhaftigkeit): 44. 61. 67. 224
Gold (*aureus*): 34. 102. 154. 168-171. 197. 235. 257f. 270
Grazie: 182. 229
Griechisch: siehe Sprache
Gunst: 91. 121. 175. 255
Haare (Haarpracht, Frauenhaare, Männerhaare): 71. 73. 89. 132. 134-136. 141. 143-148. 154f. 160. 164. 194f. 197-200. 211. 243. 246. 261
Haarpflege: 139. 148. 194. 243. 246. 261
- Färbemittel: 147. 164. 197f. 246
- Frisieren: 152. 159-161. 194
- Locken, künstliche (Dauerwellen): 132. 195. 197f. 200. 261
Haarproblem: 147. 161. 198
Habgier (Habsucht, Besitzgier, Geldgier, Raffgier): 91. 100. 103f. 169f. 236. 244. 255-257
Habitus: 27-29. 72. 131. 134. 137. 164. 194. 196f. 210. 212. 226f. 229f. 241-244. 248. 261f. 287
Härte (*duritia*): 89. 126. 137
Harmonie: 73. 89f. 93. 109. 116. 120f.
Heiterkeit (*hilaritas*): 128f.
Heuchelei, heucheln: 74. 104f. 107. 109. 122. 253. 261

Hinterwäldler, hinterwäldlerisch: 81. 176. 203. 227
homo rusticus: 23. 134. 242 siehe auch Landbewohner
homo urbanus: 16. 18. 20-23. 28f. 41. 59. 67. 100. 104. 109. 112. 124. 127f. 130. 134. 163. 165. 172. 176. 180. 207. 214. 219f. 224f. 242f. 248f. 251. 263. 267 siehe auch Stadtbewohner, Stadtrömer
humanitas, humanus: 20. 112. 180. 241. 289
Humor: 17. 20-23. 28. 31f. 67-69. 79. 81. 86f. 92. 121. 130. 147. 159. 249f. 263. 266-272. 276-278. 288f. 292
Ideenreichtum: 109. 125. 260
Ingeniosität: 102. 115. 120. 125. 216. 260
ingenium (Begabung, geistige Fähigkeiten, geistige Gaben, Talent, talentiert): 87f. 90. 101. 105f. 112. 115. 117f. 125. 171. 180. 216. 219f. 225. 267
Intelligenz (Klugheit): 18. 20. 88. 102. 104f. 293
Ironie, ironisch: 12. 250f. 263. 266-269. 273. 278. 289
Kenntnisse, literarische: 46. 49. 218
Keuschheit: 176. 258
Kleider (Frauenkleidung, Kleidung, Garderobe, Robe): 14. 22. 72. 130. 132-134. 136. 138. 144. 148. 151f. 163f. 194. 196. 199. 210f. 226. 242. 244f. 247. 256. 262. 291. 293
- Accessoires: 256. 263
- Gewand (Gewebe): 89. 134f. 150-152. 154. 164. 196. 210. 244f. 262
- Schuhe (Schuhwerk): 132. 134. 164. 194. 242
- Stoff: 72. 137. 149. 194. 196f. 244

325

- Stola: 150f.
- Toga: 134. 149. 151. 164. 242
- Tunika: 72. 137. 150. 242

Körpergeruch: 132. 154. 165. 211
Körperpflege (Körperhygiene, Körperkultur): 30-32. 131-133. 138. 147. 152. 165. 195. 211. 226. 242f. 259. 261. 275. 287
- Hygiene: 153f. 226. 243
- Sauberkeit, sauber (Reinlichkeit, *munditia*): 45. 132-134. 138. 153. 164f. 211. 239. 243. 259
- Zahnpflege: 132. 154. 165

Komik: 70. 73. 79. 86. 111. 142. 146. 272. 275. 289
Kompliment: 71. 73. 89. 269
Kontakt: 118. 121. 124. 127. 174. 219. 225
- sozialer: 56. 92. 126

Konversation (Gespräch, Unterhaltung): 13. 16f. 22f. 28. 44. 56. 61. 63. 66f. 121f. 125. 227. 230. 250. 266
Kreativität: 100. 125. 260. 281. 293
Kreise (Gesellschaft), vornehme (beste, feine, führende): 44. 52f. 57. 59f. 66f. 68. 73. 83. 92f. 109. 118. 130. 196. 233. 239f. 263. 266. 281
Kultur: 14. 17. 20. 30. 206. 208. 236. 247f. 293
Kunst (*ars*): 30. 32. 57. 60. 66f. 74. 85. 102. 105. 107. 113. 116. 125. 144. 147f. 192f. 198. 238. 241. 262f. 271. 274. 277-285. 287. 290. 292
Kunstwerk: 144-146. 154. 158. 237. 262. 282
Kuß (Küssen): 68. 79-81. 174
Lachen (Gelächter): 81-83. 90. 125. 192. 250f.
Land: 18. 20. 23. 25. 227. 233. 244

Landbewohner (Landbevölkerung): 11f. 14. 18f. 23-28. 60. 174. 226-229. 237. 251. 258 siehe auch *homo rusticus*
Laster (*vitium*) : 75-77. 79. 103f. 253f.
Latein: siehe Sprache
Laune: 90. 94. 109
Lebensqualität: 33. 35. 130. 206. 208. 224f. 293
Lebensstandard: 32f. 35. 41. 136. 224f. 292f.
Lebensweise (Lebensart, Lebensstil):
- kultivierte: 11. 13. 17. 32. 42. 44. 49. 51. 57. 86. 109. 136. 173. 204. 233. 259
- primitive: 227
- stadtrömische (hauptstädtische, urbane): 36. 43. 57. 92. 153. 229. 233. 236. 238. 258-260. 292
- verfeinerte (veredelte): 13. 16. 23f. 28. 30f. 41. 45. 55. 57. 62f. 113. 119. 131. 163. 167. 172. 184. 189. 203. 209. 222-224. 230. 233. 236. 239. 248. 258-260. 262. 287. 290f.
- zivilisierte: 33

Leistung: 102. 171. 241. 256. 260
Liebenswürdigkeit, liebenswürdig (liebenswert, *amabilitas*, *amabilis*): 57. 87f. 106. 125. 128. 130. 180. 230
Liebeskunst (*ars amatoria*): 43. 74. 127. 227. 279
Liebeslehre: 29f. 56. 69. 86. 124. 181. 193. 236. 253. 255. 279. 287. 291f.
Literatur: 20. 31f. 40. 86f. 125. 130. 144. 171. 240f. 260. 262f. 278-281. 283. 285. 287-290

Lob (Lobeshymne, Lobpreis, Lobspruch, lobende Worte, *laus*): 70-74. 90. 102. 122. 171. 199. 219
Lust (*libido*): 81. 200. 245. 273f. 276
Luxus (*luxuria [privata]*): 23. 30. 57. 138f. 149. 152. 165. 167. 170. 172. 194. 196f. 236. 239. 244. 246-248. 255. 259. 287
Mäßigung (*moderatio*): 22. 110. 115. 117. 123. 125f. 129. 165. 173. 192. 198. 237. 239. 248. 253. 260f.
Magie (magische Mittel; Zaubergesang): 65. 107f. 284
Marmor: 34. 37. 234-236
Maß (*modus*): 18. 110. 248. 252. 257f. 261
- rechtes: 17. 27. 111f. 164. 226. 242-244. 249. 261f. 291
Maßhalten: 11. 113. 242. 248. 252
Materialien, kostbare: 34. 37. 236f. 244
Matrone (Ehefrau): 150f. 177. 180f. 185
militia amoris: 95f. 115
Mimik: 74. 109
Mode: 134. 142. 146. 163f. 236. 262
Modebewußtsein: 163. 229. 242
Moral: 130. 156. 176. 178. 188. 200. 229. 245. 257f. 284
Moralvorstellung (Moralauffassung): 124. 130. 173-175. 178. 180. 184. 186. 188. 191. 229. 248. 259
mos maiorum: 23. 81. 139. 170. 173. 203. 257f. 289. 292
Musik (Musenkunst): 44. 49f. 52-54. 56
Musikinstrument (Instrument): 52-54. 291
- Kithara: 50f. 54. 141
- Nablium: 51. 54
- Saiteninstrument: 51. 54. 240

Muße: 11. 13. 18. 57. 208. 289
Nachgiebigkeit (*indulgentia*): 12. 64f. 71. 88f. 93. 106. 109. 113. 260
Nachsicht, nachsichtig: 64. 254
Natürlichkeit, natürlich: 44. 133. 193. 265
Natur (*natura*): 71. 144. 148. 150. 154. 156. 193. 199. 245. 247. 257
Nützlichkeit (*utilitas*): 106. 189. 193. 198
Nutzen: 22. 34. 41. 48. 69. 106f. 190. 241. 260. 279
Oberschicht: 36. 52f. 103. 226. 240. 244. 258. 267. 288f.
Perücke (Haarersatz, Zweitfrisur): 147f. 161. 164. 197-199
Phantasie: 100. 109. 122. 125. 260
pietas: 107. 169. 283
Pracht (Prunk, Pomp, Gepränge): 30. 34. 41. 57. 138. 152. 164. 194. 196f. 234-237. 259
Prachtentfaltung (Prunkentfaltung): 23. 28. 196. 236f. 241f. 245. 259
probitas: 53. 185. 228
Prostituierte: 151. 195
Prostitution: 150. 200
Prüderie, prüde: 136. 230
Prunksucht: 138. 196f. 244f.
Purpur: 72. 149. 197
Putzsucht: 199. 246. 248. 255
Raffinement, Raffinesse: 14. 104. 109. 125. 160. 228. 267. 277
Rede: 44. 65. 67. 267
- Redeweise: 24-26. 28. 31. 61. 79. 193. 225. 230. 249. 265
Reichtum, reich (Vermögen, Geld, Glücksgüter): 13. 18. 102. 169. 171f. 194. 236. 239. 241. 255-257. 259. 269
Rhetorik: 44. 46. 49. 56. 73

Rivale (Nebenbuhler): 102. 108.
115f. 121. 127. 179. 229
Rollenverhalten (Rollenspiel): 43.
46. 56. 86. 116. 128. 135
Rücksicht: 103. 126. 254
Rückständigkeit, rückständig: 130.
174. 185f. 203. 228-230
Ruhm: 102f. 106. 172. 182f. 216
rusticitas, rusticus: 15-17. 25. 32.
60. 81. 112. 127. 130. 136. 157. 172.
174-176. 179f. 184-186. 193. 203f.
226-230. 287. 293
Scham (Schamgefühl, *pudor*): 71.
81. 97f. 120. 123f. 126. 147. 156.
173-175. 184-186. 197. 227f.
Scherz: 31. 52. 86. 93. 123. 249-251
Scheu: 174. 185f.
Schicklichkeit, schicklich (Anstand,
decor, decorum): 14. 16f. 21f. 51.
55. 64. 82. 113. 117. 119. 123f. 129.
132. 137f. 143f. 150. 192. 226. 238.
252
Schlichtheit: 23. 33. 44. 67. 227.
233. 235f.
Schmeichelei (*blanditiae, blandus*):
44. 49. 62. 66-71. 73f. 77. 80. 106.
122. 178. 253
Schmuck(stück): 133. 137. 194. 196.
199. 244. 246. 291
Schönheit: 11. 13. 37. 46. 49f. 72.
76. 87f. 102. 122. 128. 133. 135.
137. 140. 142. 147. 154f. 157f. 161f.
164f. 176. 185. 193. 198-200. 212.
230. 236f. 245-248. 259. 287
Schönheitsdefizit: 155. 197f.
Schönheitsfehler: 75. 123. 135. 154.
163. 253
Schönheitsideal: 74. 77. 133. 135.
141. 150. 164. 194. 243. 261
Schönheitsmittel: 135f. 154. 159.
165. 243. 248

Schönheitspflege (Kosmetik): 30f.
94. 109. 129. 131. 133. 136-139.
141. 150. 152. 154-159. 165. 192.
195-198. 200f. 211. 226. 242. 246-
249. 259. 261. 275. 287. 291
- Enthaarung (Epilieren): 132. 154.
195. 200
- Schminke (Make-up): 154f. 160.
194. 247
Selbstbeherrschung: 17f. 93. 229.
248. 251f. 260
Selbstkontrolle: 94. 106. 126
servitium amoris: 93-95. 115. 129.
179. 279
Singen: 51-53. 119. 240
Sitten (*mores*): 155. 173. 177. 180.
212. 221f.
Sittengesetzgebung (Sittengesetze):
174. 178. 183. 229. 231
Sittenstrenge: 176. 258
Sittenverfall: 246. 248
Sittlichkeit, sittlich: 130. 174. 176.
178. 184f. 189f. 229. 245f.
Sittsamkeit (*pudicitia*): 151. 173.
190. 200. 245. 247. 257. 259
Sklave (Sklavin, *servus*, Unfreier):
93-96. 98f. 105. 117. 126f. 160. 183
Spiel (*ludus*): 31. 48. 56. 91-93. 146.
230. 251. 266. 277. 288f. 291. 293
Spott: 134. 164. 181f. 242. 249
Sprache: 11-13. 18f. 25. 27-31. 44.
46. 59-62. 67. 81. 193. 212. 214f.
217f. 225. 230. 249. 268. 277. 287.
289f. 292
- Artikulation: 21. 66. 193
- Aussprache: 19. 21. 26. 59f. 65.
193. 213
- Griechisch (griechische Sprache):
46. 212f. 225. 240
- Intonation: 19. 21. 26. 59. 65. 265
- Klang (*sonus*): 21. 25. 27. 59f. 62.

64-67. 212. 225
- *blandus*: 66f.
- *dulcis*: 66f.
- *mollis*: 66f.
- Klangfarbe: 62f. 65-67
- Latein, lateinische Sprache: 46. 60. 213. 215f. 225. 240
- *sermo rusticus*: 24-26. 193
- *sermo urbanus*: 16. 19. 21. 25-28. 44. 59. 64. 66. 87. 212. 215. 248. 292
- Sprechweise: 12. 16f. 20f. 23. 27. 29. 43. 49. 59f. 64-68. 120. 193. 248
- Ton: 29. 63. 65-67. 69. 120. 126. 248. 251. 266. 268
- Tonfall: 25f. 62. 66
- verstellte: 65f. 81. 192f.
- Wort: 59-61. 71. 215. 225. 248. 271
- Wortschatz (Vokabular): 16. 19. 26f. 60f. 66f. 213. 215. 225. 230. 265. 269. 277. 289
- Wortwahl: 66. 225. 265
Sprödigkeit, spröde: 180. 258
Stadtbewohner (Städter, Stadtbevölkerung): 12-14. 18. 20. 22-25. 28. 109. 120. 129. 131. 171f. 175. 206. 226. 229. 240. 249. 253. 258. 260. 268 siehe auch *homo urbanus*
Stadtrömer (Stadtrömerin): 21-31. 52. 57. 59f. 64. 85. 121. 125. 130. 134. 142. 156. 160. 172. 183. 191. 194f. 203. 207. 224. 227-229. 237. 248. 250. 252. 287f. siehe auch *homo urbanus*
Stimme: 22. 26. 59f. 62-67
Streit (Streiterei, Zank): 64. 89. 93. 115. 126. 129. 182
Tändelei: 116. 119. 184. 228

Täuschung: 66. 70. 74. 77. 79f. 100. 104. 106
Tafelluxus: 237-239. 260
Tanz (Tanzdarbietung, Tanzen, Tanzkunst): 51-53. 73. 102. 119. 240. 250. 257
Tölpelhaftigkeit: 174. 185. 227
Toilette: 159. 161. 185
Toilettengeheimnis: 136. 159. 165
Toleranz (tolerantes Verhalten): 77. 126. 186. 189
Tomi (auch Tomis): 31. 34f. 37. 41. 63. 151. 173. 203-210. 212-216. 218-226. 287
- Einwohner (Einwohnerschaft, Tomitaner): 205. 209-212. 216. 219. 222f. 226
Treue (*fides*): 45. 104. 111. 157. 169f. 173. 177. 184. 186f. 189. 222. 248. 256. 258
Trinken: 118. 123. 293
- Wein (Weingenuß): 118-120. 124. 193. 238
Trunkenheit (Berauschtsein, Betrunkenheit, Rausch): 64. 118-120. 124
Tugend: 77. 81. 104. 107. 109. 193. 228f. 237. 253f. 256f.
Überfeinerung: 13. 17. 19. 30. 130. 133. 156. 164f. 191-194. 196-198. 239. 242. 261
Umgänglichkeit, umgänglich (*facilitas*): 18. 128f.
Umgangston: 44. 93. 120. 253. 266
Unaufrichtigkeit: 70. 178. 252. 261
Ungepflegtheit, ungepflegt: 24. 211
Unterhaltung (Kurzweil, Vergnügung, Zerstreuung, Zeitvertreib): 16. 22f. 35. 54. 56. 91. 103. 121f. 125. 184. 208. 221. 251. 253. 288

Untreue (Treulosigkeit, treulos):
110. 112. 114. 116. 176-180. 186.
195. 200. 257. 259. 284
urbanitas, urbanus (Urbanität): 11.
14-16. 19-21. 24. 27-32. 35. 46. 61.
68. 85f. 129. 136. 159. 161. 164f.
171f. 179. 203. 208f. 222. 224-226.
229f. 233. 241. 248-250. 252. 255.
258-262. 266. 268. 270. 277f. 281.
287-293
- Auswuchs: 16f. 19. 255
Verführung (Seduktion): 50. 52. 54.
82. 86. 160
Verhalten (Benehmen, Betragen,
Gebaren, Manieren, Umgangsform,
Verhaltensform, Verhaltensmuster,
Verhaltensweise): 11. 14f. 20f. 23.
27f. 30. 32. 49. 71. 73. 79-81. 83. 86.
90-93. 107. 117. 120. 123. 129. 174.
176. 181. 203. 221f. 226-230. 249.
252. 254. 258. 260. 267. 287. 289
- allgemeinmenschliches: 163. 165.
173. 184. 290. 293
- bäurisches: 258
- hauptstädtisches: 73. 93. 100
- kultiviertes: 18. 59. 89. 124. 130
- rückständiges: 228
- städtisches (urbanes): 110. 126f.
170. 178. 191. 209f. 212. 223.
252f.
- ungeschliffenes: 258
- unkultiviertes: 230
- veredeltes (sublimiertes, verfeinertes): 12. 16f. 20. 22. 31. 43. 48.
52. 56. 59. 74. 85f. 93. 100. 104.
109. 112. 115. 124. 129f. 179.
182. 226. 229. 260
Verkehr (Umgang), gesellschaftlicher (sozialer): 32. 48. 59. 66. 74.
83. 86-88. 97. 109. 116f. 122. 124f.

127. 129. 221. 228. 251f. 260. 287.
290
Versprechung: 68f. 74. 77-79. 186f.
190
Verstellung (Schauspielerei, schauspielern): 64. 70. 73f. 86. 104f. 107f.
120. 178. 253. 260
vita urbana: 19. 23. 31. 167. 233.
287. 290
voluptas: 35. 273-275
Weinen: 81-83. 90. 107. 125. 192
- Träne: 68. 79-81. 192. 271
Werben: 43f. 48. 68. 82. 85. 97. 186
Wert: 134. 169-172. 189. 195. 228-
231. 256. 288
- altrömischer: 174. 176
- herkömmlicher (traditioneller):
130. 176. 200. 262. 281. 289. 292
- materieller: 100f. 105. 167. 245.
256
- Veränderung (Umkehrung, Verkehrung): 102. 130
Wertesystem (Tugendsystem, Wertekanon): 104. 109. 169. 172. 185.
228. 244. 259. 285. 292
- römisches: 81. 107. 130. 256f.
- traditionelles: 173
Wertvorstellung: 36. 189. 289
Witz: 12-14. 16f. 20f. 23. 25. 28. 31.
67. 71. 86f. 147. 249. 251. 253. 267.
269. 275-277. 288
Würde (*dignitas*): 22. 34. 133f. 164f.
194-196. 242-244. 261f. 278. 281
Zeitalter, Goldenes (*saeculum aureum*): 29. 100. 102. 108. 136. 167f.
171. 194. 200
Zivilisation, zivilisiert: 30. 34. 36.
49. 85. 176. 182. 206f. 210. 222.
236. 273f. 288. 292
- Lob der: 31. 33. 136. 167. 272

Zorn (Zornesausbruch): 93. 113-115. 129
Zurückhaltung, zurückhaltend: 11f.
16-18. 117. 138. 175. 178. 186. 227

STUDIEN ZUR KLASSISCHEN PHILOLOGIE
Herausgegeben von Michael von Albrecht

Band 1 Ulrike Kettemann: Interpretationen zu Satz und Vers in Ovids erotischem Lehrgedicht. 1979.

Band 2 Walter Kißel: Das Geschichtsbild des Silius Italicus. 1979.

Band 3 Peter Smith: Nursling of Mortality. A Study of the Homeric Hymn to Aphrodite. 1981.

Band 4 Änne Bäumer: Die Bestie Mensch. Senecas Aggressionstheorie, ihre philosophischen Vorstufen und ihre literarischen Auswirkungen. 1982.

Band 5 Christiane Reitz: Die Nekyia in den Punica des Silius Italicus. 1982.

Band 6 Markus Weber: Die mythologische Erzählung in Ovids Liebeskunst. Verankerung, Struktur und Funktion. 1983.

Band 7 Karin Neumeister: Die Überwindung der elegischen Liebe bei Properz. (Buch I - III). 1983.

Band 8 Werner Schubert: Jupiter in den Epen der Flavierzeit. 1984.

Band 9 Dorothea Koch-Peters: Ansichten des Orosius zur Geschichte seiner Zeit. 1984.

Band 10 Bernd Heßen: Der historische Infinitiv im Wandel der Darstellungstechnik Sallusts. 1984.

Band 11 Cornelia Renger: Aeneas und Turnus. Analyse einer Feindschaft. 1985.

Band 12 Reinhold Glei: Die Batrachomyomachie. Synoptische Edition und Kommentar. 1984.

Band 13 Nikolaos Tachinoslis: Handschriften und Ausgaben der Odyssee. Mit einem Handschriftenapparat zu Allen's Odysseeausgabe. 1984.

Band 14 S. Georgia Nugent: Allegory and Poetics. The Structure and Imagery of Prudentius' Psychomachia. 1985.

Band 15 Anton D. Leeman: Form und Sinn. Studien zur römischen Literatur (1954-1984). 1985.

Band 16 Wolfgang Hübner: Die Petronübersetzung Wilhelm Heinses. Quellenkritisch bearbeiteter Nachdruck der Erstausgabe mit textkritisch-exegetischem Kommentar. (Band I-II). 1986.

Band 17 Roland Glaesser: Verbrechen und Verblendung. Untersuchung zum Furor-Begriff bei Lucan mit Berücksichtigung der Tragödien Senecas. 1984.

Band 18 Fritz-Heiner Mutschler: Die poetische Kunst Tibulls. Struktur und Bedeutung der Bücher 1 und 2 des Corpus Tibullianum. 1985.

Band 19 Rismag Gordesiani: Kriterien der Schriftlichkeit und Mündlichkeit im homerischen Epos. 1986.

Band 20 Madeleine Mary Henry: Menander's Courtesans and the Greek Comic Tradition. 1985. 2. Auflage 1988.

Band 21 Bernd Janson: Etymologische und chronologische Untersuchungen zu den Bedingungen des Rhotazismus im Albanischen unter Berücksichtigung der griechischen und lateinischen Lehnwörter. 1986.

Band 22 Ernst A. Schmidt: Bukolische Leidenschaft - oder Über antike Hirtenpoesie. 1987.

Band 23 Pedro C. Tapia Zúñiga: Vorschlag eines Lexikons zu den Aitia des Kallimachos. Buchstabe "Alpha". 1986.

Band 24 Eberhard Heck: MH QEOMAXEIN oder: Die Bestrafung des Gottesverächters. Untersuchungen zu Bekämpfung und Aneignung römischer religio bei Tertullian, Cyprian und Lactanz. 1987.

Band 25 Manfred Gerhard Schmidt: Caesar und Cleopatra. Philologischer und historischer Kommentar zu Lucan. 10,1-171. 1986.

Band 26 Wolfgang Jäger: Briefanalysen. Zum Zusammenhang von Realitätserfahrung und Sprache in Briefen Ciceros. 1986.

Band 27 Lewis A. Sussman: The Major Declamations Ascribed to Quintilian. A Translation. 1987.

Band 28 Klaus Kubusch: Aurea Saecula: Mythos und Geschichte. Untersuchung eines Motivs in der antiken Literatur bis Ovid. 1986.

Band 29 Helmut Mauch: O laborum dulce lenimen. Funktionsgeschichtliche Untersuchungen zur römischen Dichtung zwischen Republik und Prinzipat am Beispiel der ersten Odensammlung des Horaz. 1986.

Band 30 Karl Meister: Studien zu Sprache, Literatur und Religion der Römer. Herausgegeben von Viktor Pöschl und Michael von Albrecht. 1987.

Band 31 Hubert Müller: Früher Humanismus in Oberitalien. Albertino Mussato: Ecerinis. 1987.

Band 32 Andrea Scheithauer: Kaiserbild und literarisches Programm. Untersuchungen zur Tendenz der Historia Augusta. 1987.

Band 33 Carlos J. Larrain: Die Sentenzen des Porphyrios. Handschriftliche Überlieferung. Die Übersetzung von Marsilio Ficino. Deutsche Übersetzung. 1987.

Band 34 Catherine J. Castner: Prosopography of Roman Epicureans from the Second Century B.C. to the Second Century A.D. 2nd unchanged edition. 1991.

Band 35 Gabriele Möhler: Hexameterstudien zu Lukrez, Vergil, Horaz, Ovid, Lukan, Silius Italicus und der Ilias Latina. 1989.

Band 36 Clara-Emmanuelle Auvray: Folie et Douleur dans Hercule Furieux et Hercule sur l'Oeta. Recherches sur l'expression esthétique de l'ascèse stoïcienne chez Sénèque. 1989.

Band 37 Thomas Weber: Fidus Achates. Der Gefährte des Aeneas in Vergils Aeneis. 1988.

Band 38 Waltraut Desch: Augustins Confessiones. Beobachtungen zu Motivbestand und Gedankenbewegung. 1988.

Band 39 Maria-Barbara Quint: Untersuchungen zur mittelalterlichen Horaz-Rezeption. 1988.

Band 40 Eugene Michael O'Connor: Symbolum Salacitatis. A Study of the God Priapus as a Literary Character. 1989.

Band 41 Michael von Albrecht: Scripta Latina. Accedunt variorum Carmina Heidelbergensia dissertatiunculae colloquia. 1989.

Band 42 Werner Rutz: Studien zur Kompositionskunst und zur epischen Technik Lucans. Herausgegeben und mit einem bibliographischen Nachwort versehen von Andreas W. Schmitt. 1989.

Band 43 Henri Le Bonniec: Etudes ovidiennes. Introduction aux *Fastes* d'Ovide. 1989.

Band 44 Stefan Merkle: Die Ephemeris belli Troiani des Diktys von Kreta. 1989.

Band 45 Michael Gagarin: The Murder of Herodes. A Study of Antiphon 5. 1989.

Band 46 Joachim Fugmann: Königszeit und Frühe Republik in der Schrift *De viris illustribus urbis Romae*. Quellenkritisch-historische Untersuchungen. 1990.

Band 47 Sabine Grebe: Die vergilische Heldenschau. Tradition und Fortwirken. 1989.

Band 48 Bardo Maria Gauly: Liebeserfahrungen. Zur Rolle des elegischen Ich in Ovids Amores. 1990.

Band 49 Jörg Maurer: Untersuchungen zur poetischen Technik und den Vorbildern der Ariadne-Epistel Ovids.1990.

Band 50 Karelisa V. Hartigan: Ambiguity and Self-Deception. The Apollo and Artemis Plays of Euripides. 1991.

Band 51 Hermann Lind: Der Gerber Kleon in den 'Rittern' des Aristophanes. Studien zur Demagogenkomödie. 1990.

Band 52 Alexandra Bartenbach: Motiv- und Erzählstruktur in Ovids Metamorphosen. Das Verhältnis von Rahmen- und Binnenerzählungen im 5., 10. und 15. Buch von Ovids Metamorphosen. 1990.

Band	53	Jürgen Schmidt: Lukrez, der Kepos und die Stoiker. Untersuchungen zur Schule Epikurs und zu den Quellen von De rerum natura. 1990.
Band	54	Martin Glatt: Die 'andere Welt' der römischen Elegiker. Das Persönliche in der Liebesdichtung. 1991.
Band	55	John F. Miller: Ovid's Elegiac Festivals. Studies in the *Fasti*. 1991.
Band	56	Elisabeth Vandiver: Heroes in Herodotus. The Interaction of Myth and History. 1991.
Band	57	Frank-Joachim Simon: Ta; kuvll j ajeivdein. Interpretationen zu den Mimiamben des Herodas. 1991.
Band	58	Arthur J. Pomeroy: The Appropriate Comment. Death Notices in the Ancient historians. 1991.
Band	59	Martina Kötzle: Weibliche Gottheiten in Ovids Fasten. 1991.
Band	60	Glynn Meter: Walter of Châtillon's Alexandreis Book 10–A commentary. 1991.
Band	61	Burghard Schröder: Carmina non quae nemorale resultent. Ein Kommentar zur 4. Ekloge des Calpurnius Siculus. 1991.
Band	62	Michele V. Ronnick: Cicero's Paradoxa Stoicorum. A Commentary, an Interpretation and a Study of Its Influence. 1991.
Band	63	Mary Frances Williams: Landscape in the *Argonautica* of Apollonius Rhodius. 1992.
Band	64	Christine Walde: Herculeus labor. Studien zum pseudosenecanischen Hercules Oetaeus. 1992.
Band	65	Anna Elissa Radke: Harmonica vitrea. 1992.
Band	66	Werner Schubert: Die Mythologie in den nichtmythologischen Dichtungen Ovids. 1992.
Band	67	Karl Galinsky (Hrsg.): The interpretation of Roman poetry. Empiricism or hermeneutics? 1992.
Band	68	Alexander Kessissoglu: Die fünfte Vorrede in Vitruvs De architectura. 1993.
Band	69	Peter Prestel: Die Rezeption der ciceronischen Rhetorik durch Augustinus in De doctrina Christiana. 1992.
Band	70	Ursula Hecht: Der Pluto furens des Petrus Martyr Anglerius. Dichtung als Dokumentation. 1992.
Band	71	Richard Laqueur: Diodors Geschichtswerk. Die Überlieferung von Buch I - V. Aus dem Nachlaß herausgegeben von Kai Brodersen. 1992.
Band	72	Christine Korten: Ovid, Augustus und der Kult der Vestalinnen. Eine religionspolitische These zur Verbannung Ovids. 1992.
Band	73	Kurt Scheidle: Modus optumum. Die Bedeutung des "rechten Maßes" in der römischen Literatur (Republik – frühe Kaiserzeit), untersucht an den Begriffen Modus – Modestia – Moderatio – Temperantia. 1993.
Band	74	Sibylle Tochtermann: Der allegorisch gedeutete Kirke-Mythos. Studien zur Entwicklungs- und Rezeptionsgeschichte. 1992.
Band	75	Hansgerd Frank: *Ratio* bei Cicero. 1992.
Band	76	Günter Klause: Die Periphrase der Nomina propria bei Vergil. 1993.
Band	77	Jelle Bouma: Marcus Iunius Nypsus – Fluminis Varatio / Limitis Repositio. Introduction, Text, Translation and Commentary. 1993.
Band	78	Sabine Rochlitz: Das Bild Caesars in Ciceros *Orationes Caesarianae*. Untersuchungen zur *clementia* und *sapientia Caesaris*. 1993.
Band	79	Anna Lydia Motto / John R. Clark: Essays on Seneca. 1993.
Band	80	Ernst Zinn: Viva Vox. Römische Klassik und deutsche Dichtung. 1993.

Band 81 Hee-Seong Kim: Die Geisttaufe des Messias. Eine kompositionsgeschichtliche Untersuchung zu einem Leitmotiv des lukanischen Doppelwerks. Ein Beitrag zur Theologie und Intention des Lukas. 1993.

Band 82 Tilmann Leidig: Valerius Antias und ein annalistischer Bearbeiter des Polybios als Quellen des Livius, vornehmlich für Buch 30 und 31. 1994.

Band 83 Thomas Zinsmaier: Der von Bord geworfene Leichnam. Die sechste der neunzehn größeren pseudoquintilianischen Deklamationen. Einleitung, Übersetzung, Kommentar. 1993.

Band 84 Victoria Tietze Larson: The Role of Description in Senecan Tragedy. 1994.

Band 85 Eugen Braun: Lukian. Unter doppelter Anklage. Ein Kommentar. 1994.

Band 86 Sabine Wedner: Tradition und Wandel im allegorischen Verständnis des Sirenenmythos. Ein Beitrag zur Rezeptionsgeschichte Homers. 1994.

Band 87 Karlhermann Bergner: Der Sapientia-Begriff im Kommentar des Marius Victorinus zu Ciceros Jugendwerk *De Inventione*. 1994.

Band 88 Angelika Seibel: Volksverführung als schöne Kunst. Die Diapeira im zweiten Gesang der Ilias als ein Lehrstück demagogischer Ästhetik. 1994.

Band 89 Gabriele Ledworuski: Historiographische Widersprüche in der Monographie Sallusts zur Catilinarischen Verschwörung. 1994.

Band 90 Aldo Setaioli: La vicenda dell'anima nel commento di Servio a Virgilio. 1995.

Band 91 James S. Hirstein: Tacitus' Germania and Beatus Rhenanus (1485-1547). A Study of the Editorial and Exegetical Contribution of a Sixteenth Century Scholar. 1995.

Band 92 Thomas Stäcker: Die Stellung der Theurgie in der Lehre Jamblichs. 1995.

Band 93 Egert Pöhlmann: Studien zur Bühnendichtung und zum Theaterbau der Antike. 1995.

Band 94 Barbara Feichtinger: Apostolae apostolorum. Frauenaskese als Befreiung und Zwang bei Hieronymus. 1995.

Band 95 Andreas W. Schmitt: Die direkten Reden der Massen in Lucans Pharsalia. 1995.

Band 96 Burkard Chwalek: Die Verwandlung des Exils in die elegische Welt. Studien zu den *Tristia* und *Epistulae ex Ponto* Ovids. 1996.

Band 97 Axel Sütterlin: Petronius Arbiter und Federico Fellini. Ein strukturanalytischer Vergleich. 1996.

Band 98 Oleg Nikitinski: Kallimachos-Studien. 1996.

Band 99 Christiane Reitz: Zur Gleichnistechnik des Apollonios von Rhodos. 1996.

Band 100 Werner Schubert (Hrsg.): Ovid – Werk und Wirkung. Festgabe für Michael von Albrecht zum 65. Geburtstag. 1999.

Band 101 Martin Korenjak: Die Ericthoszene in Lukans *Pharsalia*. Einleitung, Text, Übersetzung, Kommentar. 1996.

Band 102 Sabine Schäfer: Das Weltbild der Vergilischen *Georgika* in seinem Verhältnis zu *De rerum natura* des Lukrez. 1996.

Band 103 Andreas Pronay (Hrsg.): C. Marius Victorinus: Liber de definitionibus. Eine spätantike Theorie der Definition und des Definierens. Mit Einleitung, Übersetzung und Kommentar. 1997.

Band 104 Paola Migliorini: Scienza e terminologia medica nella letteratura di età neroniana. Seneca, Lucano, Persio, Petronio. 1997.

Band 105 Eva-Carin Gerö: Negatives and Noun Phrases in Classical Greek. An Investigation Based on the *Corpus Platonicum*. 1997.

Band 106 Mercedes Mauch: Senecas Frauenbild in den philosophischen Schriften. 1997.

Band 107 Threni magistri nostri Ioannis Eckii in obitu Margaretae concubinae suae. Untersucht, ediert, übersetzt und kommentiert von Franz Wachinger. 1997.

Band 108 Roland Granobs: Studien zur Darstellung römischer Geschichte in Ovids *Metamorphosen*. 1997.

Band 109 Diane Bitzel: Bernardo Zamagna "Navis Aëria". Eine Metamorphose des Lehrgedichts im Zeichen des technischen Fortschritts. 1997.

Band 110 Joachim Fugmann: Königszeit und Frühe Republik in der Schrift *De viris illustribus urbis Romae*. Quellenkritisch-historische Untersuchung. II,1: Frühe Republik (6./5. Jh.). 1997.

Band 111 Paul Größlein: Untersuchungen zum *Juppiter confutatus* Lukians. 1998.

Band 112 Jula Wildberger: Ovids Schule der 'elegischen' Liebe. Erotodidaxe und Psychagogie in der *Ars amatoria*. 1998.

Band 113 Andreas Haltenhoff: Kritik der akademischen Skepsis. Ein Kommentar zu Cicero, Lucullus 1-62. 1998.

Band 114 Wolfgang Fauth: Carmen magicum. Das Thema der Magie in der Dichtung der römischen Kaiserzeit. 1999.

Band 115 Rosario Guarino Ortega: Los comentarios al *Ibis* de Ovidio. El largo recorrido de una exégesis. 1999.

Band 116 Francesca Prescendi: Frühzeit und Gegenwart. Eine Studie zur Auffassung und Gestaltung der Vergangenheit in Ovids *Fastorum libri*. 2000.

Band 117 Hans Bernsdorff: Kunstwerke und Verwandlungen. Vier Studien zu ihrer Darstellung im Werk Ovids. 2000.

Band 118 Milena Minkova: The Personal Names of the Latin Inscriptions in Bulgaria. 2000.

Band 119 Aurora López / Andrés Pociña: Estudios sobre comedia romana. 2000.

Band 120 Martina Erdmann: Überredende Reden in Vergils Aeneis. 2000.

Band 121 Frank Beutel: Vergangenheit als Politik. Neue Aspekte im Werk des jüngeren Plinius. 2000.

Band 122 Anna Lydia Motto: Further Essays on Seneca. 2000.

Band 123 Javier Velaza: *Itur in antiquam silvam*. Un estudio sobre la tradición antigua del texto de Virgilio. 2001.

Band 124 William E. Wycislo: Seneca's Epistolary *Responsum*. The *De Ira* as Parody. 2001.

Band 125 Christopher Nappa: Aspects of Catullus' Social Fiction. 2001.

Band 126 Christopher Francese: Parthenius of Nicaea and Roman Poetry. 2001.

Band 127 Karelisa V. Hartigan: Muse on Madison Avenue. Classical Mythology in Contemporary Advertising. 2002.

Band 128 Milena Minkova: The Protean *Ratio*. Notio verbi *rationis* ab Ioanne Scotto Eriugena ad Thomam Aquinatem (synchronice et diachronice). 2001.

Band 129 Antje Schäfer: Vergils Eklogen 3 und 7 in der Tradition der lateinischen Streitdichtung. Eine Darstellung anhand ausgewählter Texte der Antike und des Mittelalters. 2001.

Band 130 Christian Rudolf Raschle: Pestes Harenae. Die Schlangenepisode in Lucans Pharsalia (IX 587-949). Einleitung, Text, Übersetzung, Kommentar. 2001.

Band 131 Jörg Schulte-Altedorneburg: Geschichtliches Handeln und tragisches Scheitern. Herodots Konzept historiographischer Mimesis. 2001.

Band 132 Silvia Strodel: Zur Überlieferung und zum Verständnis der hellenistischen Technopaignien. 2002.

Band 133 Francis Robert Schwartz: Lucans Tempusgebrauch. Textsyntax und Erzählkunst. 2002.

Band 134 Rüdiger Niehl: Vergils Vergil: Selbstzitat und Selbstdeutung in der *Aeneis*. Ein Kommentar und Interpretationen. 2002.

Band 135 Andreas Heil: Alma Aeneis. Studien zur Vergil- und Statiusrezeption Dante Alighieris. 2002.

Band 136 Elizabeth H. Sutherland: Horace's Well-Trained Reader. Toward a Methodology of Audience Participation in the *Odes*. 2002.

Band 137 Stephan Hotz: Mohammed und seine Lehre in der Darstellung abendländischer Autoren vom späten 11. bis zur Mitte des 12. Jahrhunderts. Aspekte, Quellen und Tendenzen in Kontinuität und Wandel. 2002.

Band 138 Chrysanthe Tsitsiou-Chelidoni: Ovid, *Metamorphosen* Buch VIII. Narrative Technik und literarischer Kontext. 2003.

Band 139 Rosa García Gutiérrez / Eloy Navarro Domínguez / Valentín Núñez Rivera (eds.): Utopía. Los espacios imposibles. 2003.

Band 140 C. Valerius Flaccus: Argonautica / Die Sendung der Argonauten. Lateinisch / Deutsch. Herausgegeben, übersetzt und kommentiert von Paul Dräger. 2003.

Band 141 Antonio Mauriz Martínez: La palabra y el silencio en el episodio amoroso de la Eneida. 2003.

Band 142 Joachim Fugmann: Königszeit und Frühe Republik in der Schrift "De viris illustribus urbis Romae". Quellenkritisch-historische Untersuchungen. II,2: Frühe Republik (4./3. Jh.). 2004.

Band 143 Zsigmond Ritoók: Griechische Musikästhetik. Quellen zur Geschichte der antiken griechischen Musikästhetik. Aus dem Griechischen übersetzt von Hadwig Helms. 2004.

Band 144 Studia Humanitatis ac Litterarum Trifolio Heidelbergensi dedicata. Festschrift für Eckhard Christmann, Wilfried Edelmaier und Rudolf Kettemann. Herausgegeben von Angela Hornung, Christian Jäkel und Werner Schubert. 2004.

Band 145 Monica Affortunati: Plutarco: Vita di Bruto. Introduzione e Commento Storico. Edito da Barbara Scardigli. 2004.

Band 146 Kurt Wallat: *Sequitur clades* – Die Vigiles im antiken Rom. Eine zweisprachige Textsammlung. 2004.

Band 147 Paolo Pieroni: Marcus Verrius Flaccus' *De significatu verborum* in den Auszügen von Sextus Pompeius Festus und Paulus Diaconus. Einleitung und Teilkommentar (154, 19–186, 29 Lindsay). 2004.

Band 148 Marcus Valerius Martialis: Epigrammaton liber decimus. Das zehnte Epigrammbuch. Text, Übersetzung, Interpretationen. Mit einer Einleitung, Martial-Bibliographie und einem rezeptionsgeschichtlichen Anhang herausgegeben von Gregor Damschen und Andreas Heil. 2004.

Band 149 Michael von Albrecht / Walter Kißel / Werner Schubert (Hrsg.): Bibliographie zum Fortwirken der Antike in den deutschsprachigen Literaturen des 19. und 20. Jahrhunderts. 2005.

Band 150 Sabine Lütkemeyer: Ovids Exildichtung im Spannungsfeld von Ekloge und Elegie. Eine poetologische Deutung der *Tristia* und *Epistulae ex Ponto*. 2005.

Band 151 Arne Feickert: *Euripidis Rhesus*. Einleitung, Übersetzung, Kommentar. 2005.

Band 152 Raymond Marks: From Republic to Empire. Scipio Africanus in the *Punica* of Silius Italicus. 2005.

Band 153 Quesiti, temi, testi di poesia tardolatina. Claudiano, Prudenzio, Ilario de Poitiers, Sidonio Apollinare, Draconzio, *Aegritudo Perdicae*, Venanzio Fortunato, *corpus* dei *Ritmi Latini*. A cura di Luigi Castagna. Con la collaborazione di Chiara Riboldi. 2006.

Band 154 Daria Santini: *Wohin verschlug uns der Traum?* Die griechische Antike in der deutschsprachigen Literatur des Dritten Reichs und des Exils. 2007.

Band 155 Anna Elissa Radke: Franciscus Dionysius Kniaznin *Carmina selecta*. Edition mit einem Kommentar. Ein Blick in die Dichterwerkstatt eines polnischen Neulateiners. 2007.

Band 156 Carsten Heinz: Mehrfache Intertextualität bei Prudentius. 2007.

Band 157 Andrea Scheithauer: Verfeinerte Lebensweise und gesteigertes Lebensgefühl im augusteischen Rom. *Urbanitas* mit den Augen Ovids gesehen. 2007.

www.peterlang.de

Bestellungen: Verlag Peter Lang AG, Moosstr. 1, CH-2542 Pieterlen, Switzerland

Kurt Wallat

Sequitur clades – Die Vigiles im antiken Rom
Eine zweisprachige Textsammlung

Frankfurt am Main, Berlin, Bern, Bruxelles, New York, Oxford, Wien, 2004.
205 S., zahlr. Abb.
Studien zur klassischen Philologie. Herausgegeben von Michael von Albrecht.
Bd. 146
ISBN 978-3-631-52473-2 · br. € 39.–*

Die Schaffung der Vigiles von Rom durch Augustus gilt als Auftakt professioneller Feuerwehren. Die Studie will anhand antiker Schriftquellen und archäologischer Befunde das tägliche Arbeitsumfeld dieser Sondertruppe darstellen. Dabei helfen zahlreiche Zitate zeitgenössischer Autoren, die sich mit dem Thema *Feuer* in unterschiedlichster Weise auseinandersetzen. Archäologische Erkenntnisse ergänzen diese um architektonische Details. Ein Schwerpunkt der Studie widmet sich der Frage nach den Gründen für die Einrichtung der Vigiles – mit dem überraschenden Ergebnis, dass Augustus die Feuerwehr in unserem Sinne eben nicht geschaffen hat.

Aus dem Inhalt: Der Brand Roms 64 n.Chr. · Antike Quellen zu Brandkatastrophen · Stadtentwicklung Roms · Einrichtung einer Feuerwehr durch Augustus · Politische Gründe für die Schaffung einer Feuerwehr · Architektur und Inventar römischer Bauten · Unterkunft und Ausrüstung der Vigiles

---

Frankfurt am Main · Berlin · Bern · Bruxelles · New York · Oxford · Wien
Auslieferung: Verlag Peter Lang AG
Moosstr. 1, CH-2542 Pieterlen
Telefax 00 41 (0) 32 / 376 17 27

*inklusive der in Deutschland gültigen Mehrwertsteuer
Preisänderungen vorbehalten
Homepage http://www.peterlang.de